全国船舶工业职业教育教学指导委员会推荐教材

船 舶 钳 工

主　编　付锦云　田　彪
副主编　夏　霖
主　审　唐亦斌

哈爾濱工程大學出版社
Harbin Engineering University Press

内容简介

《船舶钳工》教材是以船舶钳工国家职业标准和船舶动力工程技术及相关专业教学标准为依据，以综合职业能力培养为目标，以典型工作任务为载体，以学生为中心，以职业能力清单为基础，根据典型工作任务和工作过程设计的一系列模块化的学习任务综合体。船舶动力工程技术专业培养的是船舶动力机械装配与调试的高素质技术技能型人才，其在船舶建造中的典型工作任务是船舶主机、船舶轴系、船舶辅机、船舶舵系和船舶管系等轮机的安装调试。

船舶钳工课程是船舶动力工程技术专业核心课程，对应的是船舶修、造行业的钳工装配、维修核心岗位。本书按照“以能力为本位，以职业实践为主线，以项目课程为主体的模块化专业课程体系”的设计要求，以培养学生掌握实践技能，巩固理论知识，紧紧围绕工作任务的需要来选择和组织内容，突出了工作任务与知识的联系。每个模块按照学习情景描述—学习目标—任务书—获取信息—评价反馈的顺序来编写，实现了以学生为主体，教师辅助，配合国家级船舶动力工程技术专业资源库里丰富的数字资源，通过任务引领构建深度学习管理体系。

本书可供船舶设计、生产及航运系统的有关工程技术人员与管理人员参考，也可作为船舶企业人员工作和学习的参考书。

图书在版编目(CIP)数据

船舶钳工／付锦云，田彪主编．—哈尔滨：哈尔滨工程大学出版社，2023.12
ISBN 978-7-5661-3939-9

Ⅰ．①船… Ⅱ．①付… ②田… Ⅲ．①船舶-钳工 Ⅳ．①U671

中国国家版本馆 CIP 数据核字(2023)第 255519 号

船舶钳工
CHUANBO QIANGONG

选题策划 史大伟
责任编辑 刘海霞
封面设计 李海波

出版发行 哈尔滨工程大学出版社
社　　址 哈尔滨市南岗区南通大街 145 号
邮政编码 150001
发行电话 0451-82519328
传　　真 0451-82519699
经　　销 新华书店
印　　刷 哈尔滨市海德利商务印刷有限公司
开　　本 787 mm×1 092 mm　1/16
印　　张 23.25
字　　数 576 千字
版　　次 2023 年 12 月第 1 版
印　　次 2023 年 12 月第 1 次印刷
书　　号 ISBN 978-7-5661-3939-9
定　　价 70.00 元
http://www.hrbeupress.com
E-mail:heupress@hrbeu.edu.cn

前　言

为了深入贯彻党的二十大关于“教育强国”的重要精神，国务院颁发了《国家职业教育改革实施方案》(简称“职教 20 条”)，目的是推动实施“三教”改革，积极推进课程改革和教材创新，为职业教育教学和培训提供更加丰富多样、实用的新教材，更好地满足我国海洋装备制造快速发展的需要，办好人民满意的职业教育。

《船舶钳工》教材是以船舶钳工国家职业标准和船舶动力工程技术及相关专业教学标准为依据，以综合职业能力培养为目标，以典型工作任务为载体，以学生为中心，以职业能力清单为基础，根据典型工作任务和工作过程设计的一系列模块化的学习任务综合体。船舶动力工程技术专业培养的是船舶动力机械装配与调试的高素质技术技能型人才，其在船舶建造中的典型工作任务是船舶主机、船舶轴系、船舶辅机、船舶舵系和船舶管系等轮机的安装调试。

船舶钳工课程是船舶动力工程技术专业核心课程，对应的是船舶修造行业的钳工装配、维修核心岗位。本书按照“以能力为本位，以职业实践为主线，以项目课程为主体的模块化专业课程体系”的设计要求，以培养学生掌握实践技能、巩固理论知识、紧紧围绕工作任务的需要来选择和组织内容，突出了工作任务与知识的联系。每个模块按照学习情景描述—学习目标—任务书—获取信息—评价反馈的顺序来编写，实现了以学生为主体，教师辅助，配合国家级船舶动力工程技术专业资源库里丰富的数字资源，通过任务引领构建深度学习管理体系。

本书按典型工作任务分成了九个模块。模块一是机械制图基础；模块二是常用钳工加工和测量设备；模块三是钳工基础技能；模块四是典型船舶辅机的拆装和检修；模块五是船舶轴系安装工艺；模块六是船用齿轮箱安装工艺；模块七是船舶主机安装工艺；模块八是船舶舵系安装工艺；模块九是船舶管子的加工与管系的安装。武汉船舶职业技术学院实验师田彪轮机长担任主编，负责编写模块一、二、三；武汉船舶职业技术学院夏霖实验师担任副主编，负责编写模块四、六、八；武汉船舶职业技术学院副教授、高级工程师梁卫武和志鹏船舶科技有限公司具有丰富经验的轮机管理人员吉鸿翔负责编写模块五、七；武汉船舶职业技术学院付锦云教授担任主编，与沪东中华造船(集团)有限公司唐亦斌工程师负责编写模块九；本书主审由唐亦斌担任。在书稿编写和出版过程中得到了全国船舶工业职业教育教学指导委员会、哈尔滨工程大学出版社的大力支持与帮助，在此一并深表谢意。囿于编者经历和水平，书中难免存在不足之处，衷心地期望使用本教材的专家、教师、工程技术人员及学生对书中的不当之处进行批评指正，我们会及时探讨修改意见和建议，以便再版修订。

编　者

2023 年 7 月

目　　录

模块一

机械制图基础

一、学习情景描述

1. 教学情景描述：同学们进入船舶的主机舱、集控室、应急发电机室等工作舱室，观察船舶主机、辅机、法兰等设备和装置的外形；

2. 关键知识点：零件图、装配图；

3. 关键技能点：零件图和装配图的识读。

二、学习目标

1. 了解零件图的内容和组成；

2. 了解剖面图和剖视图的作用及组成；

3. 掌握零件图的识读；

4. 掌握装配图的识读。

三、任务书

班级		组号		指导教师	
组长		学号			

表(续)

	姓名	学号	姓名	学号
组员				
任务分工				

四、获取信息

引导问题1:无论你是生产车间的一线操作工人还是刚刚开始学习机械制图的初学者,当你开始需要看机械图纸或者绘制机械图纸时,你都必须了解视图。如下图所示的三维物体,怎么能让它在二维的图纸上展示出来,让别人在不用听你讲解的情况下就能看懂它,这就需要你学会使用各种视图。那么视图到底怎么使用呢?

1. 请同学们标识下面视图的名称:

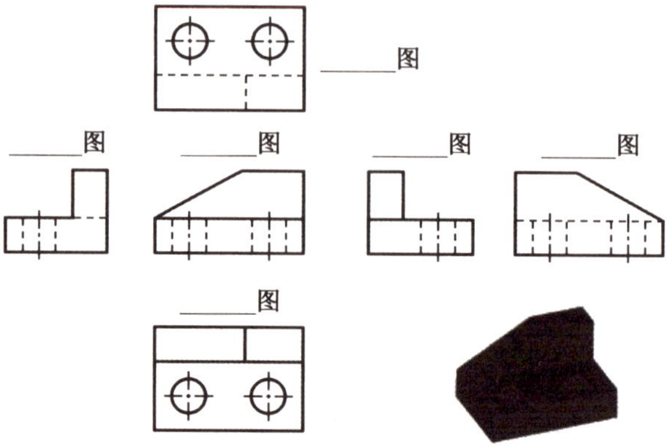

2. 名词解释

(1)投射中心位于有限远处,投射线汇交于一点的投影法,称为________投影法。

(2)投射线相互平行的投影方法称为________投影法。

(3)正投影法——投射方向与投影面________。

(4)斜投影法——投射方向与投影面________。

(5)主视图——形体的________投影。

(6)俯视图——形体的________投影。

(7)左视图——形体的________投影。

(8)剖视图的种类分为________视图、________视图、________视图。

(9)假想用剖切平面将机件的某处切断,只画断面的真实形状,并画上剖面符号,这个图形称为________,分为________、________。

引导问题2:机械制图俗称工程师的语言。它使用图形和尺寸资料来表达工程师的设计意图,使加工人员可以参照图纸把产品加工制造出来。所有的机械产品都要用设计图纸表达出来。所以如果你想成为机械类专业的设计人员或生产工作者,就必须学会机械制图。请同学们识读零件图,写出相关图面表达信息。

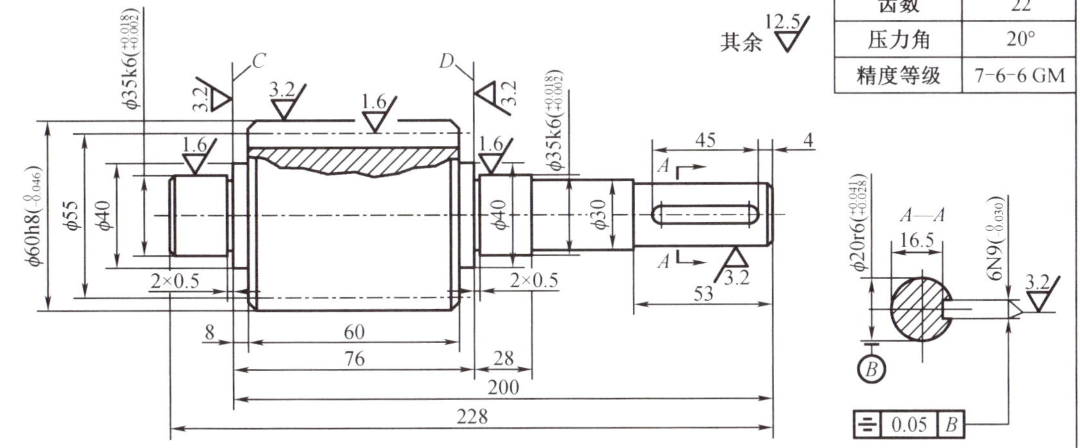

模数	2.5
齿数	22
压力角	20°
精度等级	7-6-6 GM

技术要求

1.调质220~250 HB。

2.未注倒角均为C2。

3.去锐边毛刺。

4.线性尺寸未注公差为GB/T 1804-m。

齿轮轴			比例		(图号)	
			件数	1		
班级		(学号)	材料	45	成绩	
制图		(日期)	(校名)			
审核		(日期)				

1. 观察标题栏,指出该零件名称、材料。

2. 图中采用了哪些视图、剖视和其他画法？想象和说明零件的形状、结构。

3. 查看尺寸标注、分析零件的尺寸基准。

4. 查看技术要求，说明零件各表面的粗糙度。

引导问题 3：任何一台机器或一个部件都是由若干零件装配而成的，制造机器首先要依据零件图加工零件，再根据装配图将零件组装成机器或者部件。在机器或者部件的设计过程中，一般先根据设计要求画出装配图以表达机器或者部件的工作原理、传动路线，零件之间的装配关系以及零件的结构形状，然后按照装配图设计零件，并绘制零件图。在生产过程中，装配图又是制定机器或部件装配工艺规程，指导装配、检验、安装和维修的依据。读装配图的目的是了解机器（或部件）的性能、工作原理，搞清各零件的装配关系、各零件的主要结构形状和作用。

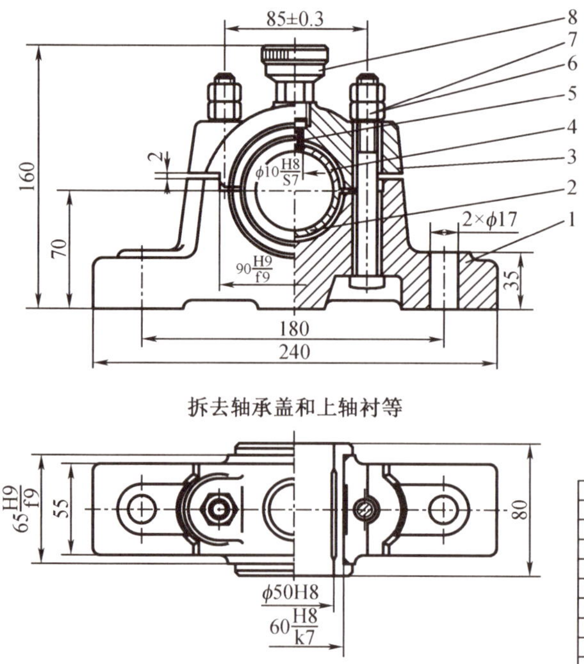

技术要求

1.上下轴衬与轴承座及轴承盖之间应保证接触良好。

2.轴衬最大压力$p \leqslant 29.4$ MPa。

3.轴衬与轴颈最大线速度$v \leqslant 8$ m/s。

4.轴承温度低于120 ℃。

8	油杯12	1		GB/T1152—1989
7	螺母M12	4		GB/T6171—2000
6	螺栓M12×130	2		GB/T8—1988
5	轴承固定套	1		GB/T700—1988
4	上轴衬	1	ZQAL9-4	
3	轴承盖	1	HT150	
2	下轴衬	1	ZQAL9-4	
1	轴承座	1	HT150	
序号	名称	数量	材料	备注
设计			共 张 第 张	(单位)
校核				滑动轴承
审核			比 例 1：2	(图号)

具体步骤是：

1. 概括了解：首先看标题栏，了解其为________装配图。从画图的比例，结合图上的总体尺寸可想象出该装配体的总体大小。再看明细栏，结合图中序号了解零件的数目，估计部件的复杂程度。

2. 装配图的特殊表达方法：

①________画法　②________画法　③________画法　④________画法

3. 装配图需要标注 5 个方面的必要尺寸：

①________　②________　③________　④________　⑤________

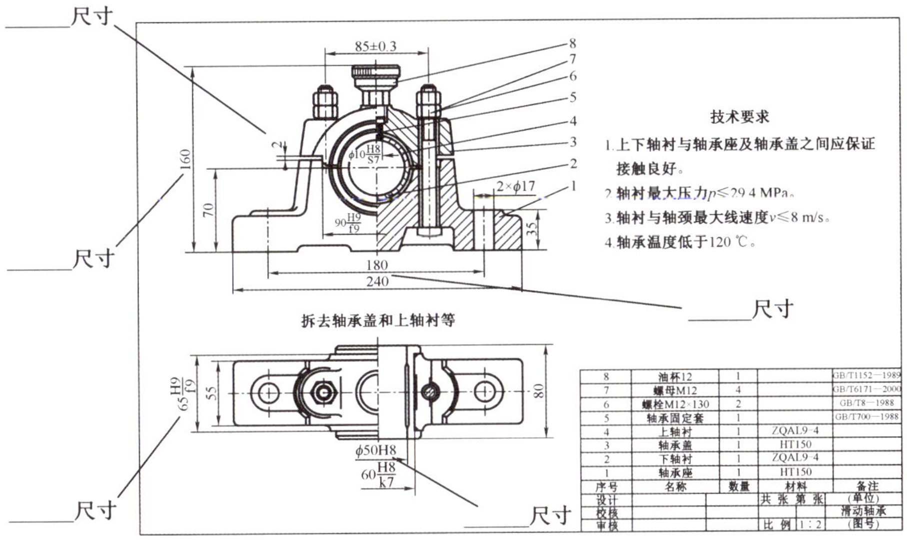

五、评价反馈

各组代表展示作品，介绍任务完成情况，并完成评价表。

学生自评表

任务	完成情况记录
任务是否按计划时间完成	

表(续)

任务	完成情况记录
相关理论完成情况	
技能完成情况	
材料上交情况	
收获	

学生互评表

序号	评价项目	小组互评	教师评价	总评
1	任务是否按时完成			
2	材料上交情况			
3	任务完成质量			
4	语言表达能力			
5	小组成员合作情况			

教师评价表

序号	评价项目	小组互评	教师评价	总评
1	学习准备			
2	引导问题填写			
3	规范操作			
4	完成质量			
5	关键操作要领掌握			
6	完成速度			
7	参与讨论主动性			
8	沟通协作			
9	展示汇报			
10	5S 管理(如有)			

注:评价档次统一采用 A(优秀)、B(良好)、C(合格)、D(努力)4 档。

六、学习情境的相关知识点

机械制图是一门研究绘制和阅读机械图样的技术基础课。而图样是人们表达设计思想、传递设计资讯、交流创新构思的重要工具之一，是现代工业生产部门、管理部门和科技部门人员使用的一种重要的技术资料。其在工程设计、施工、检验、技术交流等方面具有极其重要的地位，因此被誉为工程技术界的通用语言。

(一)零件图内容

零件图(图 1.1)的内容包括一组视图、完整的尺寸、标题栏、技术要求。

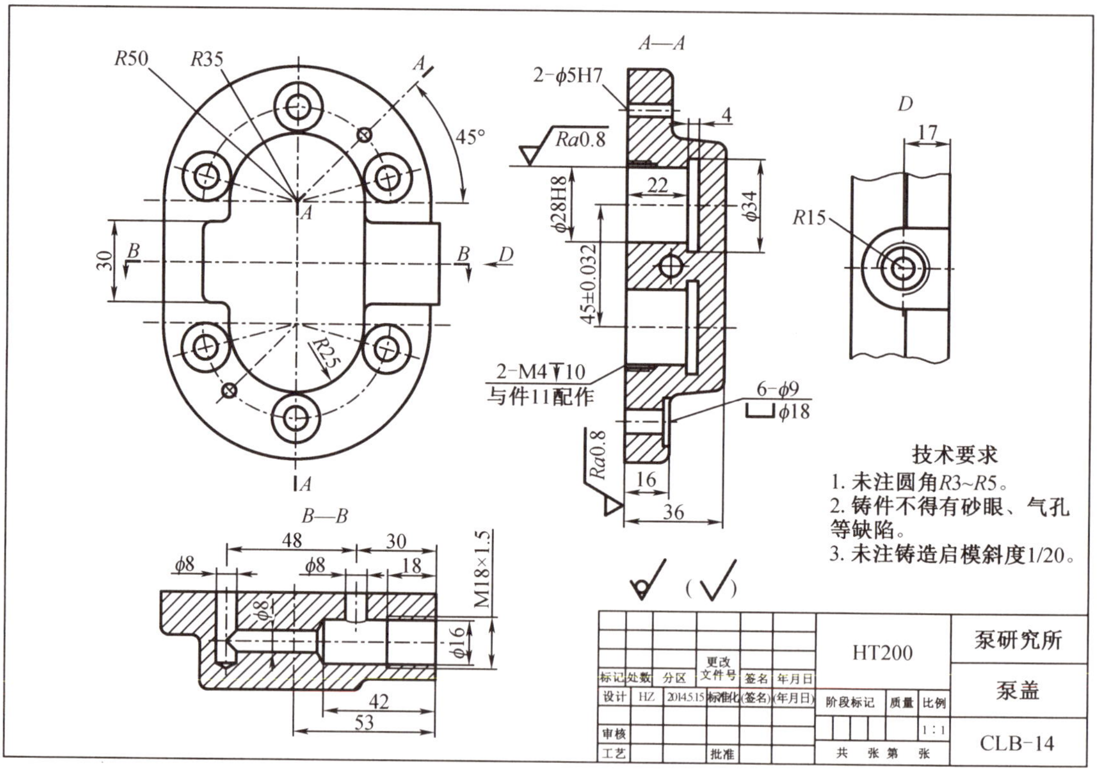

图 1.1　零件图

1. 一组视图

要综合运用视图、剖视、剖面及其他规定的简化画法，选择能把零件的内、外结构形状表达清楚的一组视图。

2. 完整的尺寸

完整的尺寸用以确定零件各部分的大小和位置。零件图上应注出零件加工完成和检验零件是否合格所需的全部尺寸。

(1)尺寸单位:国家标准规定机械图样上的尺寸以 mm 为单位时,不需要标注计量单位的代号和名称。例如图 1.1 中长度 53,即表明 53 mm。

(2)圆和圆弧代号:标注圆的尺寸通常包括直径、半径。直径是指通过圆心到圆的两个端点之间的距离,半径是从圆心到圆周上任意一点的距离,圆周长是圆周的长度。在标注圆的尺寸时,应该使用符号“ϕ”表示直径,符号“R”表示半径。例如,一个直径为 16 mm 的圆应该标注为“ϕ16”,一个半径为 50 mm 的圆应该标注为“R50”。

(3)尺寸公差:尺寸公差(简称公差)是指允许的最大极限尺寸与最小极限尺寸之差的绝对值,或允许的上偏差与下偏差之差,即指合格实际尺寸的变化范围。例如 45±0.032。

3. 标题栏

标题栏说明零件的名称、材料、数量,绘图日期,图的编号、比例以及描绘、审核人员签字等。根据国家标准,有固定形式及尺寸的零件,制图时应按标准绘制。

4. 技术要求

技术要求用一些规定的符号、数字、字母和文字注解,简明、准确地给出零件在使用、制造和检验时应达到的技术要求,包括表面粗糙度、尺寸公差、形状和位置公差、表面处理和材料处理等要求。

(1)表面粗糙度:加工表面具有的较小间距和峰谷所组成的微观几何形状特性称为表面粗糙度。

①零件加工表面粗糙度用代号“$\checkmark$”表示,非加工表面粗糙度用代号“$\checkmark$”表示。

②表面粗糙度轮廓算术平均偏差 Ra、微观不平度十点高度 Rz、轮廓最大高度 Ry,单位均为微米(μm)。

(2)表面处理和材料处理要求:

①对毛坯的要求。例如:铸件、锻件,不准有铸造(锻造)缺陷、未注圆角、拔模斜度等。

②对热处理的要求。例如:调质处理 HRC28-32、淬火 HRC45-50 等。

③未注倒角。

④表面处理。例如:非加工面涂防锈底漆等。

⑤其他需要用文字说明的要求。

(二)基本视图和三视图

视图,机械制图术语。在机械制图中,将物体按正投影法向投影面投射时所得到的投影称为“视图”。

1. 中心投影法

投射中心位于有限远处,投射线汇交于一点的投影法,称为中心投影法。

2. 平行投影法

投射线相互平行的投影方法称为平行投影法。

(1)正投影法——投射方向与投影面垂直;

(2)斜投影法——投射方向与投影面倾斜。

3. 三视图

将物体置于三投影面体系中,用正投影法向三个投影面分别投影所得的三个图统称三视图(图 1.2、图 1.3)。

(1)主视图 ——形体的正面投影;

(2)俯视图 ——形体的水平投影;

(3)左视图 ——形体的侧面投影。

三视图的投影规律为:

①主、俯视图——长对正;

②主、左视图——高平齐;

③俯、左视图——宽相等,且前后对应。

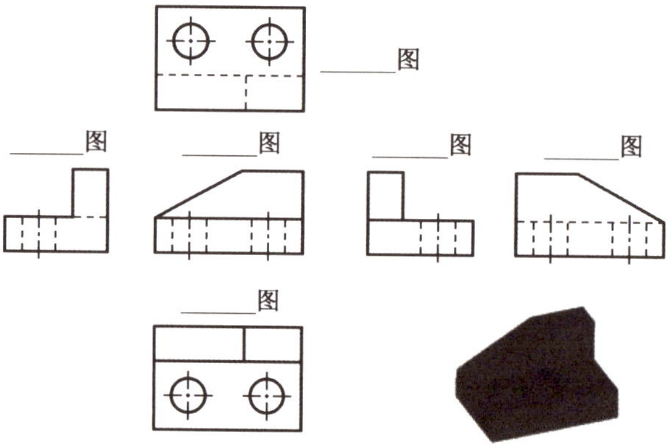

图 1.2　三视图配置关系

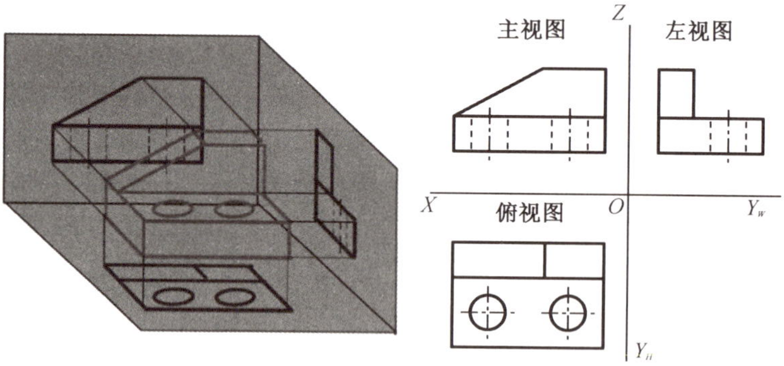

图 1.3　三视图

4. 局部视图

将机件的某一部分向基本投影面投影所得的视图称为局部视图(图 1.4)。局部视图是一个不完整的基本视图,利用局部视图可以减少基本视图的数量。当机件某一局部形状没有表达清楚,而又没有必要用一完整基本视图表达时,可单独将这一部分向基本投影面投影,从而避免另一部分结构的重复表达。

画局部视图时,应在局部视图上方正中位置用大写拉丁字母标出视图名称,在相应视图附近用箭头指明投影方向,并注上同样的字母。当局部视图按投影关系配置,中间又无其他图形隔开时，允许省略标注。

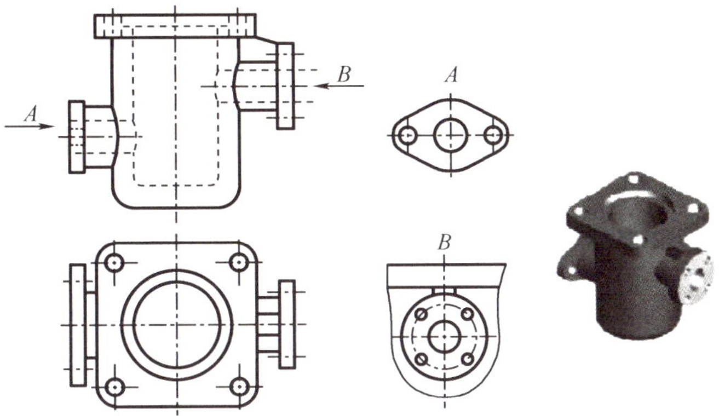

图 1.4　局部视图

(1)用带字母的箭头指明要表达的部位和投射方向，并注明视图名称。

(2)局部视图的范围用波浪线表示。当表示的局部结构是完整的且外轮廓封闭时，波浪线可省略。

(3)局部视图可按基本视图的形式配置，也可按向视图的形式配置。

5. 斜视图

机件向不平行于任何基本投影面的平面进行投影所得的视图称为斜视图。设立一个与该倾斜部分平行且与正面投影面垂直的新投影面，将该倾斜部分向这个投影面进行投影，以反映倾斜部分的实形，即得到斜视图(图 1.5)。

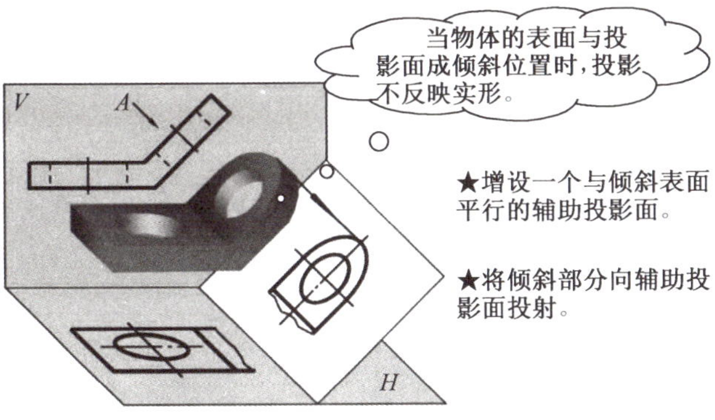

图 1.5　斜视图

6. 旋转视图

当机件上倾斜部分的结构具有明显的回转轴时，可假想将机件的倾斜部分旋转到与某一选定投影面平行后再向该投影面投影，所得的视图称为旋转视图(图 1.6)。旋转视图无须加任何标注。在新的制图标准中，没有提及旋转视图，但在表达某些机件时，用旋转视图更清晰。

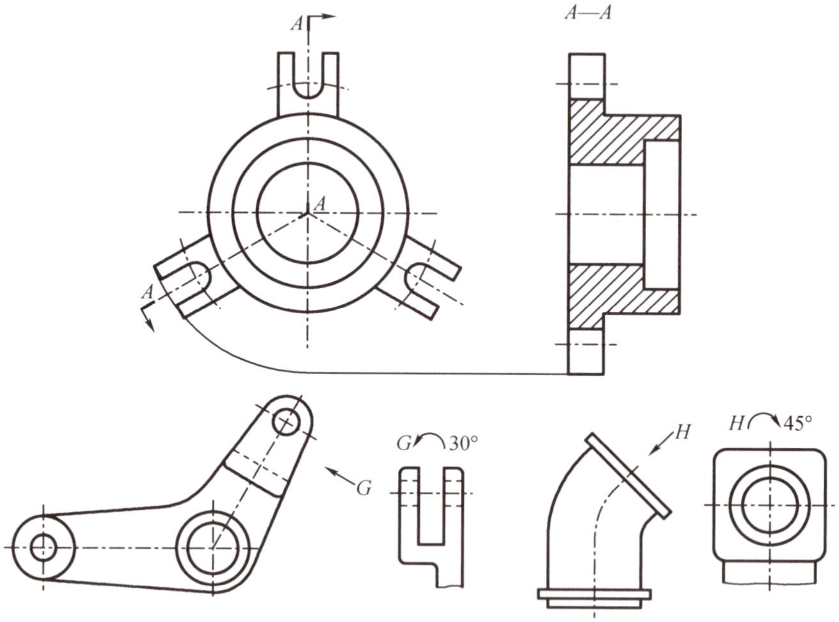

(a) (b)

图 1.6　旋转视图

(三)剖视图

1. 剖视图的形成

假想用剖切面(平面或柱面)剖开机件,将处在观察者与剖切面之间的部分移去,将剩下部分向投影面投影(图 1.7),所得到的图形称为剖视图(简称剖视)。剖视图主要用于表达机件的内部结构形状。

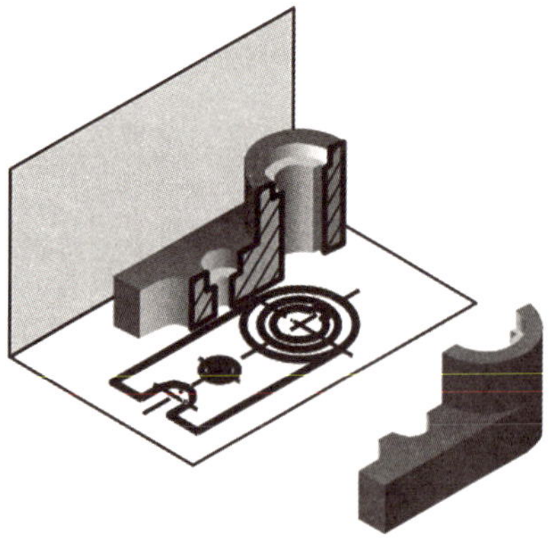

图 1.7　剖视图的形成

2. 剖视图的种类

(1)全剖视图(图 1.8):用剖切面完全地剖开机件所得的剖视图称为全剖视图。全剖视图主要用于表达内部结构复杂、外形比较简单的不对称机件。

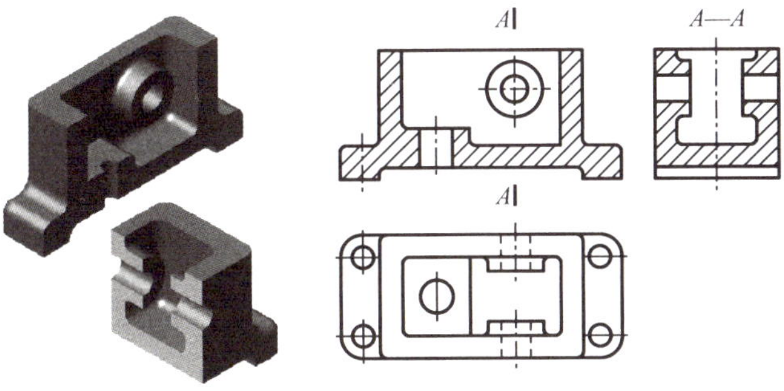

图 1.8　全剖视图

(2)半剖视图(图 1.9):当机件具有对称平面时,在垂直于对称平面的投影面上投影,以对称中心线为界,一半画成剖视图,另一半画成视图,此图称为半剖视图。

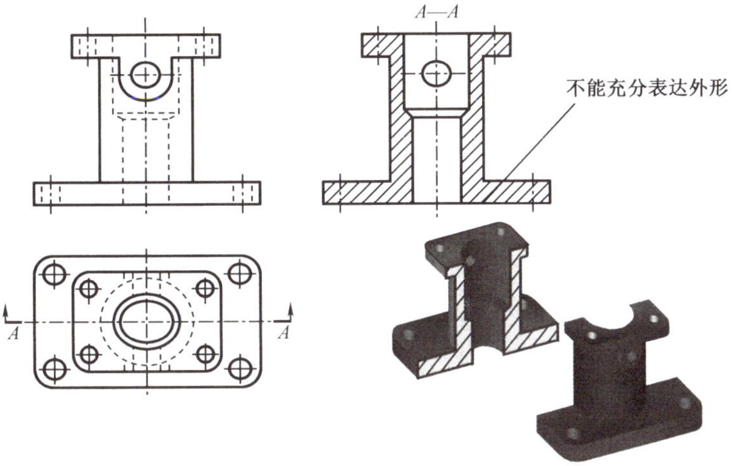

图 1.9　半剖视图(一)

(3)局部剖视图(图 1.10):用剖切面局部地剖开机件所得的剖视图称为局部剖视图。局部剖视图主要用于表达不宜采用全剖视图和半剖视图的机件。

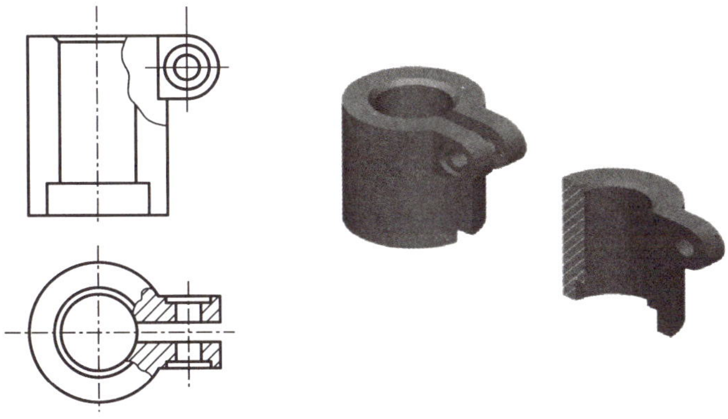

图 1.10　局部剖视图

3. 剖视图的画法

(1)确定剖切面的位置:剖切面应通过内部孔、槽等结构的对称面或轴线,且平行或垂直于某一投影面,以便使剖切后的孔、槽的投影反映实形。

(2)画剖开的机件部分的投影:应画出剖切面与机件实体相交的断面轮廓线的投影,还必须画出剖切面后面部分的投影。

(3)在剖面区域内画上剖面符号。

画半剖视图(图 1.11)时应注意:

(1)半剖视图中间应画细点划线,不应画成粗实线。

(2)因机件的内部形状已由半个剖视图表达清楚,所以在不剖的半个外形视图中,表达内部形状的虚线应省去不画;半剖视图不影响其他视图的完整性。

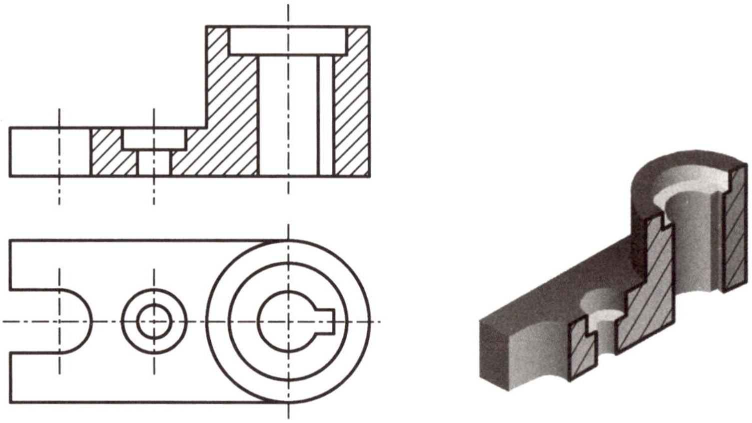

图 1.11　半剖视图(二)

(四)剖面图

1. 剖面的基本概念

假想用剖切面将机件的某处切断,只画断面的真实形状,并画上剖面符号,这个图形称为剖面图(图 1.12)。

剖面图与剖视图的区别:剖面图只画断面形状,而剖视图还要画出机件留下部分的投影(图 1.13)。

2. 移出剖面

画在视图外的剖面称为移出剖面(图 1.14)。

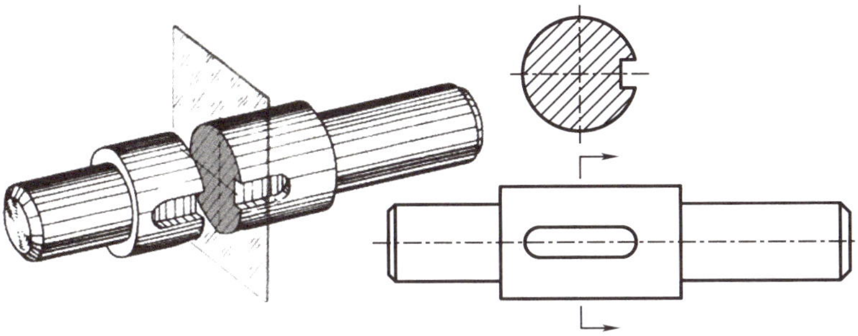

图 1.12　剖面图

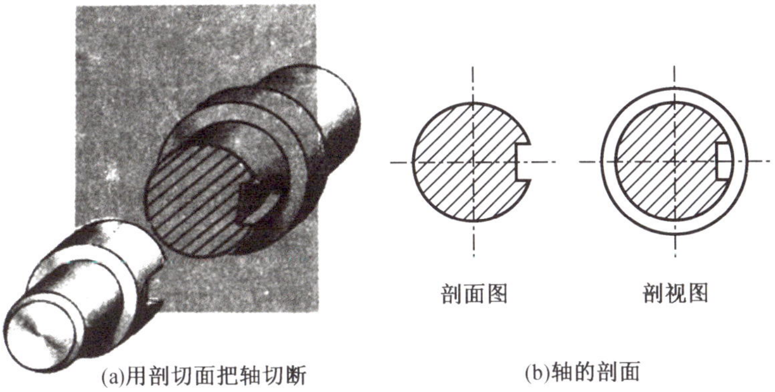

图 1.13　剖面图与剖视图的区别

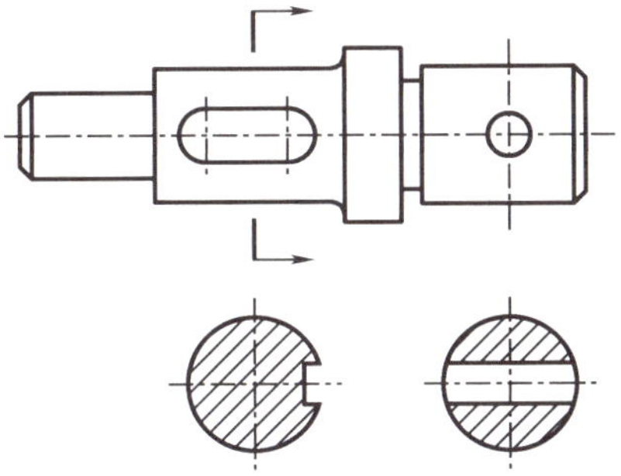

图 1.14　移出剖面(一)

(1)移出剖面的轮廓使用粗实线;应尽量配置在剖切面迹线的延长线上;剖切面迹线是剖切面与投影面的交线,用细点划线表示。

(2)剖面图形对称时,移出剖面也可画在视图中断处(图 1.15)。

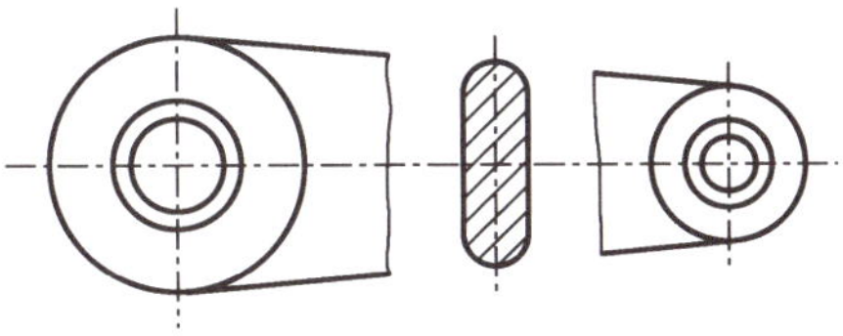

图 1.15　移出剖面(二)

(3)必要时,可将移出剖面配置在其他位置,标注剖切位置符号时应加注字母(图 1.16)。

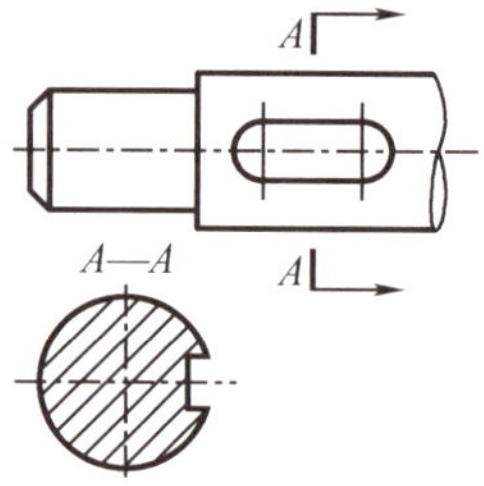

图 1.16　移出剖面(三)

(4)在不致引起误解时,允许图形旋转,加注"旋转"两字;当剖切面通过非圆孔,会导致出现完全分开的两个剖面时,应按剖视绘制(图 1.17)。

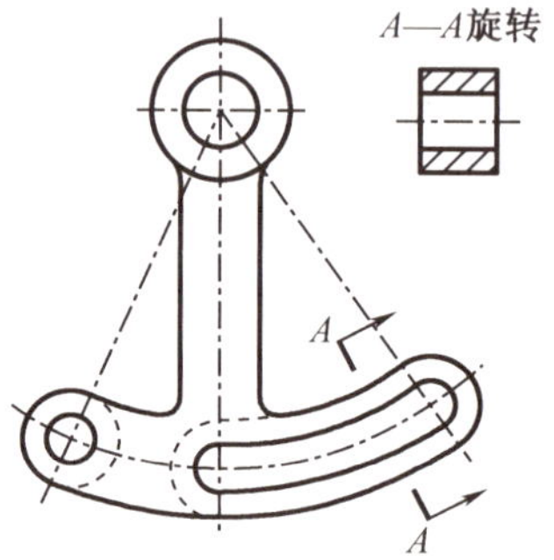

图 1.17　移出剖面(四)

(5)当剖切面通过回转面形成的孔或凹坑的轴线时,这些结构应按剖视绘制(图 1.18)。

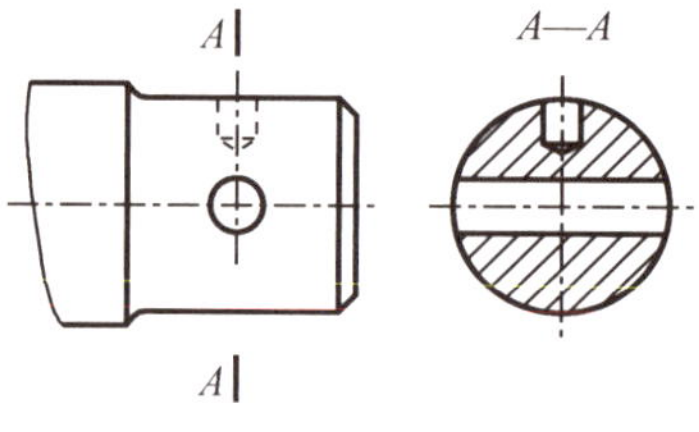

图 1.18　移出剖面(五)

(6)由两个或多个相交平面剖切得出的移出剖面,中间应断开。

3. 重合剖面

在不影响图形清晰的前提下,剖面也可以画在视图里面,称为重合剖面(图 1.19)。其轮廓用细实线绘制。

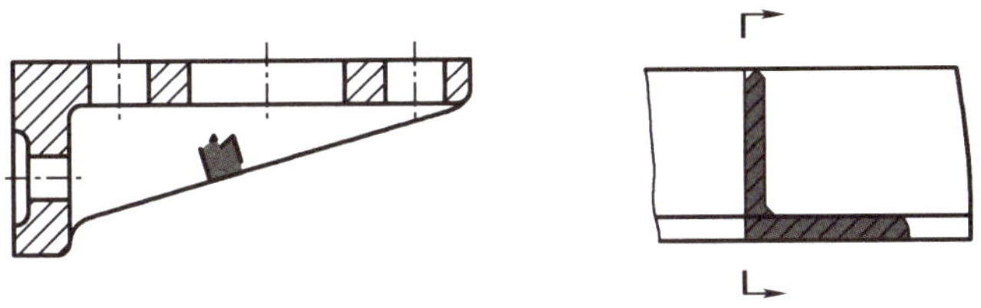

(a)支架　　(b)角钢

图 1.19　重合剖面

注:对称重合剖面不标注,不对称的要注出剖切位置符号和表示投影方向的箭头,不注字母。

4. 剖面图的画法

(1)确定剖切方法及剖面位置:选择最合适的剖切位置,以便充分表达机件的内部结构形状,剖切面一般应通过机件上孔的轴线、槽的对称面等结构。

(2)画出剖视图:用粗实线画出剖切面与机件的截交线及剖切面后方的可见轮廓线。

(五)识读零件图

1. 识读零件图的目的

在零件设计制造、机器安装、机器的使用和维修及技术革新、技术交流等工作中,常常要识读零件图。

识读零件图的目的是弄清零件图所表达零件的结构形状、尺寸和技术要求,以便指导生产和解决有关的技术问题,这就要求工程技术人员必须具有熟练识读零件图的能力。

2. 识读零件图的方法和步骤

(1)识读零件图的方法

①形体分析法。

②线面分析法。

③典型零件类比法。

注意:实际识读零件图时,三种方法常常综合运用,先用典型零件类比法,如果有些地方看不懂,再用形体分析法或线面分析法。

(2)识读零件图的常用步骤

①一看标题栏,了解零件概况。

②二看视图,想象零件形状。

③三看尺寸标注,分析尺寸基准。

④四看技术要求,掌握关键质量(关键质量是指要求高的尺寸公差、形位公差、表面粗糙度等)。

⑤归纳总结。综合前面的分析,把图形、尺寸和技术要求等全面系统地联系起来思索,并参阅相关资料,得出零件的整体结构、尺寸大小、技术要求及零件的作用等完整的概念。

(六)识读装配图

1. 识读装配图的目的

(1)了解机器(或部件)的性能、功用和工作原理。

(2)了解各零件间装配关系及各零件的拆装顺序。

(3)熟悉各零件的主要结构形状和作用。

(4)了解机器各系统,如润滑系统、密封防漏系统等的原理和构造。

2. 识读装配图的方法和步骤

(1)概括了解并分析视图

①阅读有关资料。

识读装配图不仅需要具备投影和表达方法的知识,而且必须具备一定的专业知识。因此,首先要通过阅读有关说明书、装配图中的技术要求及标题栏等,了解机器(或部件)的功用、性能和工作原理。

②分析视图。

识读装配图时,应分析整个图样采用了哪些表达方法,为什么采用,并找出各视图间的投影关系,进而明确各视图所表达的内容。

(2)深入了解部件的工作原理和装配关系

概括了解之后,进一步仔细阅读装配图,一般方法是:

①从主视图入手,根据各装配干线,对照零件在视图中的投影关系。

②由各零件剖面线的不同方向和间隔,分清零件轮廓的范围。

③由装配图上所标注的配合代号,了解零件间的配合关系。

④根据常见结构的表达方法来识别零件,如油杯、轴承、密封结构等。

⑤根据零件序号对照明细栏,找出零件数量、材料和规格,帮助了解零件作用并确定零件在装配图中的位置及范围。

⑥利用一般零件结构有对称性,且相互连接两零件的接触面应大致相同的特点,帮助想象零件的结构形状。有时甚至还要借助于阅读有关的零件图,才能彻底弄清机器(或部件)的工作原理及各零件的功用和结构特点。

(3)分析零件

随着识读装配图的逐步深入,可以对各组成零件进行形体、尺寸、加工要求和相互装配关系的分析。一台机器(或部件)上有标准件、常用件和一般零件。对于标准件、常用件一般是容易弄懂的,但一般零件有简有繁,它们的作用和地位又各不相同,应先从主要零件开始分析,运用上述一般方法确定零件的范围、结构、形状、功用和装配关系。

(4)综合分析

在对装配关系和主要零件的结构进行分析的基础上,还要对技术要求、全部尺寸进行研究,进一步了解机器(或部件)的设计意图和装配工艺。如柱塞泵凸轮轴的装配顺序应为凸轮轴→键→凸轮→两端轴承→衬套→衬盖;然后再一起由前向后装入泵体;最后装上四个螺钉。这样才能对整台机器(或部件)得到一个完整的概念。

剖面的标注取决于剖面图形是否对称和放置的位置。若剖面图形不对称,则要用剖切符号表示剖切面的位置,并用箭头表示其投影方向;若剖面图形对称,图形的中心线又画在剖切面位置的延长线上,则不需要标注。

模块二

常用钳工加工和测量设备

一、学习情景描述

1. 教学情景描述：同学们进入钳工实训室，根据实训室的钳工设备和零件，选择各种钳工工具和量具；

2. 关键知识点：钳工加工工具、钳工测量设备；

3. 关键技能点：测量设备的使用。

二、学习目标

1. 了解钳工和船舶钳工的工作内容；
2. 了解钳工加工工具的作用；
3. 掌握游标卡尺的使用方法；
4. 掌握千分尺和万能角度尺的使用方法；
5. 掌握百分表的使用方法。

三、任务书

班级		组号		指导教师	
组长		学号			

表(续)

<table>
<tr><td rowspan="8">组员</td><td>姓名</td><td>学号</td><td>姓名</td><td>学号</td></tr>
<tr><td></td><td></td><td></td><td></td></tr>
<tr><td></td><td></td><td></td><td></td></tr>
<tr><td></td><td></td><td></td><td></td></tr>
<tr><td></td><td></td><td></td><td></td></tr>
<tr><td></td><td></td><td></td><td></td></tr>
<tr><td></td><td></td><td></td><td></td></tr>
<tr><td></td><td></td><td></td><td></td></tr>
<tr><td>任务分工</td><td colspan="4"></td></tr>
</table>

四、获取信息

引导问题1:钳工是手持工具对金属进行加工的方法。钳工工作主要以手工方法,利用各种工具和常用设备对金属进行加工。同学们,工业发展这么快,为什么还需要手工操作呢?因为在实际工作中,存在一些机械加工不太适宜或不能解决的问题,需要由钳工完成。随着工业的发展,在不同的行业和企业里,对钳工还有比较细的分工,请同学们描述钳工和船舶钳工的工作内容分别是什么。

1. 钳工的工作内容

钳工是以________操作为主,有时也借助钻床等设备,在金属材料处于冷态时,利用钳工工具对__________________,获得合格产品的一种加工方法。

普通钳工技能包括:____等。

2. 船舶钳工的工作内容

船舶钳工负责机舱设备维修和保养,如______________,________________,____________________,________________,________________。

船舶钳工负责设备安装,如________________,________________,______________,________________,________________。修理中,机械类的拆检等也属于钳工的工作内容。

船舶钳工具体工作是维修和保养机舱设备、甲板机械设备，其中又可分为__________、________等。

引导问题2：钳工工作台是钳工常用设备之一。其适用于各种检验工作，精密测量用的基准平面用于机床机械测量基准，检查零件的尺寸精度或形位偏差，并做精密画线。虎钳在钳工工作中是不可缺少的基本工具，请同学们标注钳工工作台和虎钳的结构。

1. 钳工工作台

钳工工作台由硬质木材或钢材制成，用来安装______________________________等。钳工工作台要求坚实、平稳，台面高度约____________。

2. 请同学们在画线处填写各设备名称。

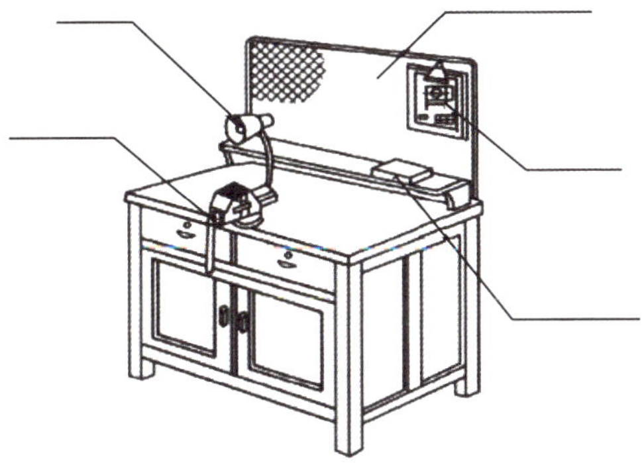

3. 请同学们描述虎钳结构。

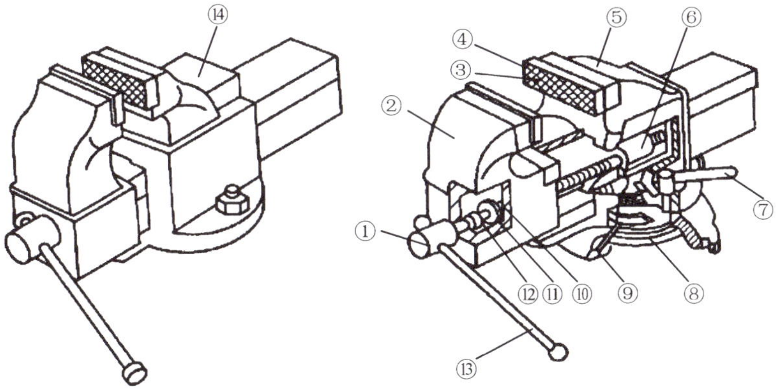

①__________　②__________　③__________　④__________

⑤__________　⑥__________　⑦__________　⑧__________

⑨__________　⑩__________　⑪__________　⑫__________

⑬__________　⑭__________

引导问题3：游标卡尺是一种测量长度、内外径、深度的量具，由主尺和附在主尺上能滑动的游标两部分构成。游标卡尺作为一种常用量具，可具体应用在以下这四个方面：测量工件宽度、测量工件外径、测量工件内径以及测量工件深度。我们在量度过程中又应该如何正确读数呢？

1. 下面游标卡尺的读数为________。

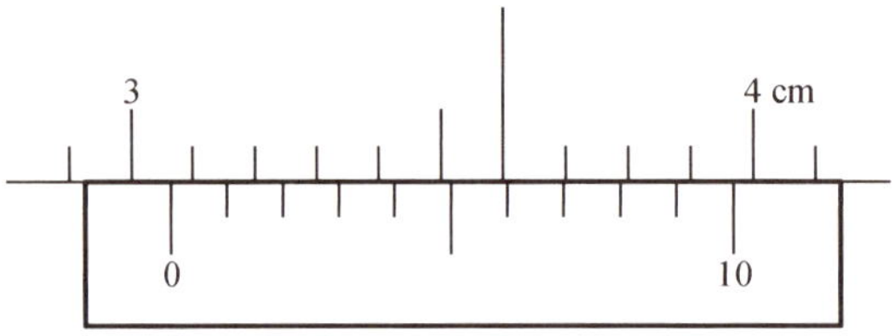

2. 用游标卡尺（测量值可准确到 0.02 mm）测定某圆筒的内径时，卡尺上的示数如图所示，可读出圆筒的内径为________mm。

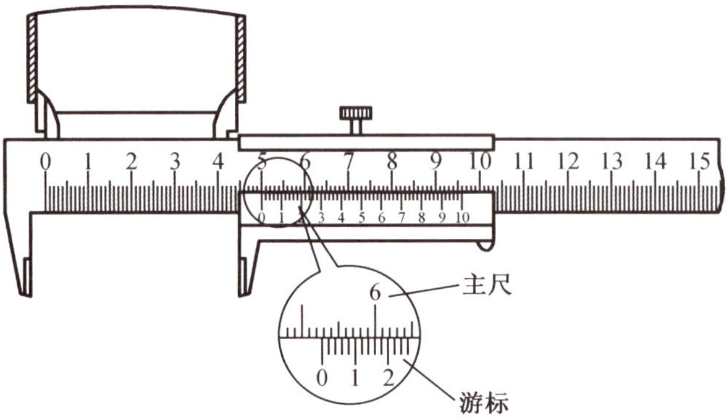

引导问题 4：千分尺是测量中常用的精密量具之一，千分尺的测量精度为 0.01 mm。按照用途不同可分为外径千分尺、内径千分尺、深度千分尺、内测千分尺和螺纹千分尺。我们在量度过程中又应该如何正确读数呢？

1. 下面千分尺的读数为________。

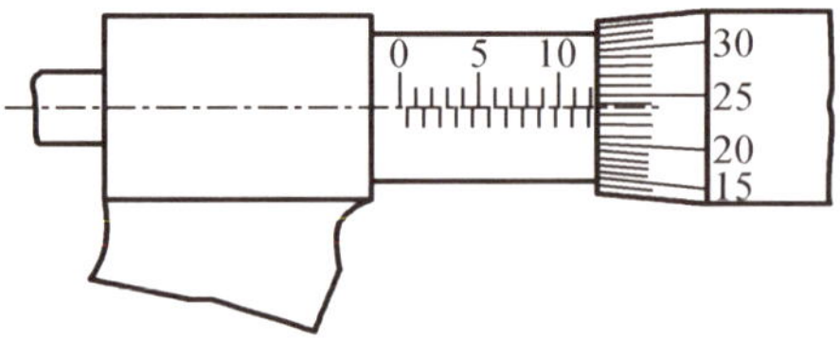

2. 下面千分尺的读数为________。

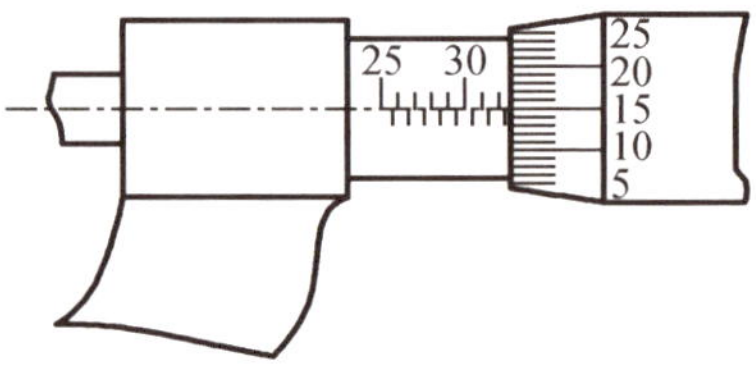

引导问题 5:万能角度尺又被称为角度规、游标角度尺和万能量角器,是利用游标读数原理来直接测量工件角度或进行画线的一种角度量具。万能角度尺适用于机械加工中的内、外角度测量,可测 0°~320°外角及 40°~130°内角。我们在量度过程中又应该如何正确读数呢?

1. 下面万能角度尺的读数为________。

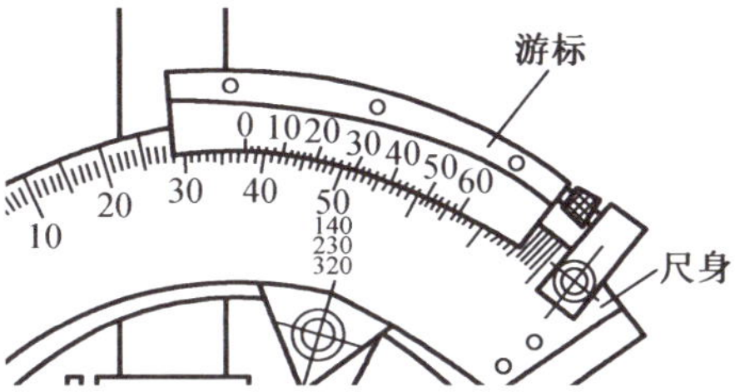

2. 万能游标量角器是用来测量工件________的量具,按其游标测量精度分为________和________两种。

3. 2′万能游标量角器尺身刻线每格为________,游标刻线每格为________,二者之差为________。

4. 万能游标量角器能测量________的外角和________的内角。

引导问题 6:百分表是利用齿条齿轮或杠杆齿轮传动,将测杆的直线位移变为指针的角位移的计量器具。百分表的结构较简单,传动机构是齿轮系,外廓尺寸小,质量轻,传动机构惰性小,传动比较大,可采用圆周刻度,并且有较大的测量范围,不仅能做比较测量,也能做绝对测量。我们在量度过程中又应该如何正确读数呢?

1. 百分表主要用于测量工件的________、________和________等。

2. 百分表的分度值为________mm,测量范围为________、________、________。

3. 下面百分表的读数为________。

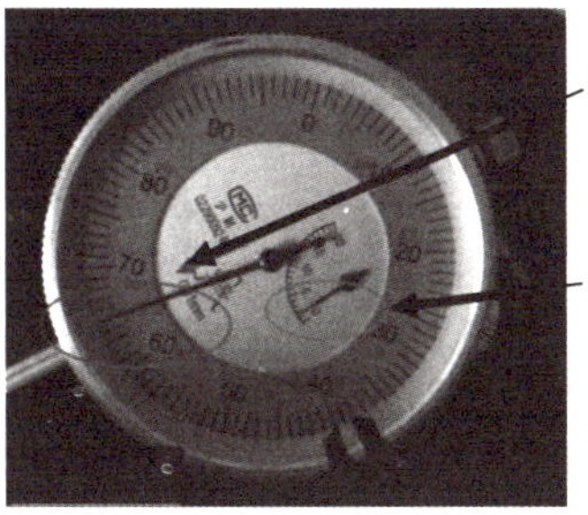

第二步:读大刻度数为______
此数乘以_____,得______

第一步:先读小刻度数为______

总结:得出读数为______

五、评价反馈

各组代表展示作品,介绍任务完成情况,并完成评价表。

学生自评表

任务	完成情况记录
任务是否按计划时间完成	
相关理论完成情况	
技能完成情况	
材料上交情况	
收获	

学生互评表

序号	评价项目	小组互评	教师评价	总评
1	任务是否按时完成			
2	材料上交情况			
3	任务完成质量			
4	语言表达能力			
5	小组成员合作情况			

教师评价表

序号	评价项目	小组互评	教师评价	总评
1	学习准备			
2	引导问题填写			
3	规范操作			
4	完成质量			

表(续)

序号	评价项目	小组互评	教师评价	总评
5	关键操作要领掌握			
6	完成速度			
7	参与讨论主动性			
8	沟通协作			
9	展示汇报			
10	5S 管理(如有)			

注:评价档次统一采用 A(优秀)、B(良好)、C(合格)、D(努力)4 档。

六、学习情境的相关知识点

钳工是机械制造行业中的重要工种之一,在机械生产过程中起着重要的作用。科技的发展、先进的机械设备不断涌现,对于那些不适合机械加工,或者采用机械加工反而增加成本的操作,还是应该依靠钳工完成。由此可见,钳工的各项操作技能非但不能取消,反而应该加强、提高。制造出先进的机械设备,离不开具有创新精神,从事先进的工、量、模具等工艺装备制造的工人;离不开高技能的装配工人;也离不开对机械设备进行维护、维修的具有专业知识和较高技能的机械维修人员。2022 年大国工匠年度人物,广西汽车集团有限公司钳工郑志明,从事钳工工作 23 年,始终奋战在生产一线,将钳工技能练得炉火纯青,将手工锉削的精度控制在“航天级”的 0.002 mm,还带领团队改进和研发生产设备,其中,由气密性检测、液压调直、机加工、机器人工作站、环焊专机等多种复杂设备组成的后桥壳自动化焊接生产线，自动化程度达到 80%以上，比原生产线减少操作岗位 40%以上。目前该生产线是国内唯一一条自主研发的微车自动化后桥壳焊接生产线，填补了国内自动化后桥壳焊接生产线的空白；完成创新项目 1 100 项，交付自动化工艺装备 2 190 台（套），并解决多个工业生产难题。

（一）船舶钳工的安全生产

1. 安全生产的规程

（1）安全生产，人人有责。职工必须加强法制观念，认真执行党和国家有关安全生产的方针、政策与法规。严格遵守船舶工业职工安全生产行为守则和其他安全技术操作规程、各项安全生产规章制度。遇到严重危及生命安全的情况，职工有权停止操作，并及时向安全部门报告。

（2）按规定正确使用好个人防护用品。凡进入船台、平台、船坞、码头等生产区域以及基建施工、内场立体交叉作业场所时，均需戴好安全帽，扣好帽带。2 m 以上登高作业，若无防护栏杆等有效可靠的安全设施，必须系好安全带，带钩拴在固定牢靠的地方。水上作业穿好救生衣。机械转动部位严禁戴手套操作，女工应把发辫卷在帽内，有产生高速飞溅物的作业时应戴好防护眼镜（即三戴、一不戴）。

（3）凡从事起重驾驶、焊割等特种作业的人员，必须经过专业安全技术培训，经考试合格，取得省、部级特种作业操作证后，方能上岗单独操作，严禁无证操作。

（4）工作时应集中精力，坚守岗位，不准擅自把自己的工作交给他人，不是自己操作的设备不准随意开动。工作时不准嬉闹、打瞌睡和做与工作无关的事，不准穿拖鞋、赤脚、赤膊。工作前不准饮酒。

（5）在高空及立体施工场所作业时，严禁向下投掷工具、材料等物品；作业人员随身携带的工具、物料应安放稳妥，防止落下伤人。

（6）严禁任何人攀登吊运中的物体及在吊运物下通过和停留。

（7）爱护和正确使用各种设备。各种安全装置必须齐全可靠，不准随意拆除和占用。

（8）一切工具设备不得超重、超压、超载、超负荷使用。使用榔头时不准戴手套。

（9）两人共同操作，必须有主有从；三人以上的多人共同操作，应明确由一人统一指挥，密切配合，以确保安全。

（10）发生重大事故或恶性未遂事故，要及时抢救，保护现场并立即向领导和安全部门报告。

（11）在工厂内行走，应注意各种警示标志，严禁贪图方便跨越危险区，严禁从行驶中的机动车上爬上跳下。

（12）使用扶梯，应注意完好。竹梯脚要有橡皮包扎，扶梯的踏档不能缺损，上端要固定（或下端有支承物），防止梯子滑倒，上下扶梯时要面向梯子，手中不准携带重物。

（13）上下船舶时要走舷梯，不准自搭跳板随意行走。在水上船舶舷外作业时必须穿救生衣且要有防护措施，防止落水。

（14）明火作业前必须对电、气焊等工具以及作业场所、邻近区域（包括隔舱）进行全面检查，确保安全后方可施工。焊接和气割工件必须由焊割工进行，如钳工自行焊割，必须遵守焊割工的安全操作规程。作业中应注意安全，严格执行明火作业“十不烧”规定。

(15)严禁酒后上岗。

(16)船上油柜加油后，禁止在油柜附近、机舱等处吸烟。

(17)易燃易爆等危险场所，严禁吸烟和明火作业。不得在有尘毒、粉尘的生产场所进餐、饮水。

(18)在修、造船过程中，汽油、松香水、酒精、丙酮、油漆等易燃易爆物品在工作完毕后，一律带上岸，集中保管，不得留在船上，空油漆桶也要带走，做到工完、料尽、场地清。

(19)不得在防爆禁区内穿带有铁钉的鞋子和用金属物敲打，以防产生火花，发生爆炸。

(20)钳工在打磨、除锈时必须戴好头盔、口罩，进行有害气体或粉尘较大的作业时，应佩戴适当的呼吸防护设备，以保护呼吸道健康。

(21)各种消防器材、工具应按消防规范放置，不准随便动用，安放地点周围不准堆放其他物品。清洗设备工件时，不准用挥发性强的可燃液体清洗，如汽油、苯、丙酮等，必要时应有防火措施。在发生火灾时，应迅速撤离现场，保持冷静，寻找安全出口，并及时报警寻求帮助。

(22)非电气专业人员不准装、修、拆、搭电气设备和线路。钳工在进行电气作业时，要办理“设备检修停送电联系单”，由电工进行停送电，并按规定采取安全措施；无须经过电工，可由操作人员直接停车断电的设备，在检修时，停车、断电后，闸刀开关处加锁或在闸刀开关处挂上“禁止合闸”的标示牌，必要时设专人监护。在潮湿地点和阴雨天气使用电气设备时，经由电工检查，合格后才能使用。

(23)专业修理人员检修各类机械电气设备时，事先应切断电源，并挂上“严禁合闸”的警告牌。钳工无权取下警告牌，并严禁合闸。

(24)使用手持电动工具必须绝缘可靠，有良好的接地或接零措施，装有触电保护器，并戴好绝缘手套。手持行灯电压不得超过 36 V。

(25)在容器、双层底及狭小舱室内工作时，必须坚持双人监护制，即一人工作，一人监护。监护人要坚守工作岗位，不能离开现场，要注意观察情况，以防窒息、中暑、昏倒、触电等事故的发生。

(26)生产现场的安全设施和警界标识，不准私自摘除。因工作需要摘除的须经安全管理部门同意，工作完毕立即恢复。

(27)各类油料、含油废水、工业毒品、工业垃圾等，应倒在指定地点和指定容器内，不准乱抛或随意排放。

(28)夜间施工要有良好的照明，船上行走要注意人孔洞，上下洞口后要自觉将翻板盖好。

(29)进行设备检修时，工作前必须办理安全检修单，进入设备内检修必须事先办理进入设备、容器作业许可证，进入易燃易爆物的设备内检修时必须事先办理动火许可证。

2. 钳工安全操作和文明生产

安全文明生产是指确保劳动者在生产、经营活动中的人身安全、健康和财产安全。在工作中养成良好的文明生产习惯，严格遵守安全文明生产的操作规程是顺利完成工作的保障。在钳工操作中应遵守以下基本要求：

(1)安全法规

在作业时必须严格遵守国家法律法规和标准，确保操作安全，防止发生事故，保护自身和他人的生命安全以及船舶设备的运营安全。主要包括：

①国家法律法规。

a.《中华人民共和国安全生产法》：规定了安全生产的基本方针、政策和原则，明确了企业和从业人员在安全生产中的权利和义务，钳工在作业中必须遵守其各项规定。

b.《中华人民共和国海上交通安全法》：对于船舶维修保养过程中涉及的安全作业、人员资质、船舶设备管理等均有相关规定。

c.《中华人民共和国船员条例》：对船员的从业资格、培训、权利与义务等方面进行了规定，其中包括船员在船上进行维修保养时必须遵守的安全操作规程。

②行业标准。

a.《船舶建造与修理安全规程》：对船舶修理过程中钳工等工种的安全操作程序、个人防护、设备设施安全要求等做出了详细规定。

b.《船舶修理厂安全生产管理办法》：进一步细化了船舶修理厂内部的安全生产管理要求，包括钳工在内的所有工种都需要遵循该办法进行作业。

③企业内部规章制度。

船舶企业的安全生产规章制度：企业应根据国家法律法规和行业标准制定内部操作规程、安全手册等，对钳工等工种的具体工作内容、操作流程、安全措施、应急处置等方面做出具体规定。

④其他相关法规。

《中华人民共和国劳动法》和《中华人民共和国劳动合同法》对劳动者权益保护、劳动条件、劳动保护等方面也有相关规定，钳工作为劳动者同样受到这些法律的保护和约束。若涉及国际航行船舶，还需参照国际海事组织(IMO)发布的《国际船舶安全营运和防止污染管理规则》(ISM Code)等相关国际公约和建议案。

(2)个人防护

在进行钳工作业时，必须佩戴合适的个人防护装备(PPE)，如安全帽、防护眼镜、防护鞋、防尘口罩、防护手套等，以防止机械伤害、飞溅物伤眼、噪声伤害等。个人防护在船舶钳工的安全生产中扮演着至关重要的角色，它是保护工人免受职业伤害的第一道防线。钳工在进行各种作业时，可能会面临诸如机械伤害、物体打击、粉尘吸入、噪声损伤、电击、高温灼伤等多种职业危害，因此正确佩戴和使用个人防护装备显得极为关键。个人防护主要包括：

①头部防护。佩戴符合安全标准的安全帽，可以有效防止高空坠落物、移动机械或工具误操作带来的头部伤害。

②眼部防护。在进行打磨、焊接、切割等可能产生飞溅物的作业时，必须戴上防护眼镜或者面罩，防止异物飞溅入眼，造成视力损伤。

③呼吸防护。在可能存在粉尘、有害气体的环境下工作时，应佩戴合适的防尘口罩或呼吸器，防止吸入有害物质导致呼吸道疾病。

④听力防护。在噪声大的作业场所，如大型机械设备附近，应佩戴耳塞或耳罩，减轻噪声对听力的损害。

⑤身体防护。穿着工作服，尤其是在进行焊接、切割、高温作业时，应穿着隔热、防火的工作服，防止烫伤或烧伤。

⑥手部防护。根据作业性质选择不同类型的手套，如防割、防滑、防热、防寒、防电、防腐蚀手套等，保护手部免受机械损伤、化学品侵蚀和电击等伤害。

⑦足部防护。穿着防砸、防穿刺、防滑的安全鞋，防止重物砸伤、锐器刺伤以及滑倒摔伤等意外。

⑧高空作业防护。进行高空作业时，除了佩戴安全帽外，还需要系挂安全带，并确保安全带的质量可靠，防止高空坠落。

⑨特殊作业防护。对于特殊作业，如电工作业，还须穿戴绝缘手套和绝缘鞋，防止电击；在进行焊接作业时，应穿着具有反射性能的焊接防护服，戴上有护目镜的焊接面罩，保护皮肤和眼睛不受弧光和火花的伤害。

(3)作业前准备工作

作业前进行充分的安全检查，确保工具设备完好，作业环境安全无隐患。对即将进行的工作进行风险评估，制定并落实安全措施。作业前准备是船舶钳工进行安全生产的一个极其重要的阶段，它是确保整个作业过程安全、高效、有序进行的前提。作业前准备主要包括以下几个方面：

①熟悉任务与计划。在开始作业前，钳工应详细了解本次作业的内容、目的、要求，掌握施工图纸、工艺流程和质量标准，明确自己在整体工作中的职责和任务，并制定详细的工作计划和时间安排。

②安全教育与交底。参与作业的全体人员应接受安全教育，明确作业过程中的安全规章制度和操作规程，尤其是对新设备、新材料、新技术的使用，应进行专门的安全技术交底。

③安全检查与确认。

a. 工具与设备检查。对即将使用的工具、设备进行全面检查，确保其功能完好，无损坏、老化现象，特别是电焊机、切割机、起重机等重型设备，必须在使用前进行严格的安全性能检测。

b. 现场环境确认。检查作业现场是否存在安全隐患，如地面是否平整、有无障碍物、有无易燃易爆物品等，确保作业区域光线充足、通风良好、无积水等不利于安全的因素。

c. 个人防护装备检查。确保每位作业人员正确佩戴个人防护装备，如安全帽、防护眼镜、防护服、安全鞋、防护手套等，并确保其有效性。

d. 作业许可办理。对于特殊作业如受限空间作业、高空作业、动火作业等，必须申请并取得相应的作业许可证，确认各项安全措施已到位，方可进行作业。

e. 应急准备。确认现场已备齐必要的应急救援设备和器材，如消防器材、急救箱、应急通信工具等，并确保作业人员知晓应急撤离路线和紧急联络方式。

f. 协同合作与分工。根据作业内容与计划，明确团队成员的分工协作，确保在作业过程中相互配合，形成良好的安全作业氛围。

(4)操作过程安全

遵循正确的操作顺序和方法,避免野蛮施工和违章作业。主要包括:

①遵守操作规程。无论进行何种作业,都要严格按照相关的操作规程进行,不擅自简化操作步骤,不冒险作业。操作规程通常包含了对作业过程中的每一个环节的安全要求和注意事项。

②工具和设备的正确使用。使用钳工工具和设备时,要确保其处于良好状态,正确握持工具,避免手持部位靠近刃口或转动部位,以防意外受伤。对于电动工具和机械设备,应确保电源线无破损,接地良好,启动前确认无人处在危险区域。

③高空作业与受限空间作业。在进行高空作业时,必须佩戴安全带并确保安全带牢固固定,使用梯子或脚手架时,要确保其稳固,避免攀爬不稳造成跌落。受限空间作业前要做好通风、检测、监护等一系列准备工作,并随时保持与外部的通信联系。

④焊接与切割作业。作业前应清除作业区域内的可燃物,设置防火屏障,准备好灭火器材。操作人员应佩戴防护眼镜、面罩、防热手套,穿戴防护服等全套个人防护装备,避免弧光、火花和高温熔渣对人体的伤害。

⑤电气作业。进行电气作业时,必须先断电并验电,确认无电后方可作业。使用绝缘良好的工具,防止触电。在有电力线路的地方进行金属切割或焊接作业时,应采取绝缘遮蔽措施,防止电弧击穿导线引发火灾或电击事故。

⑥物料搬运与堆放。搬运重物时,采取正确姿势,避免扭伤腰背。堆放物料时,确保稳固,避免倒塌伤人。

⑦持续监控与沟通。在作业过程中,时刻保持警惕,关注周围环境变化,及时发现并排除安全隐患。与同伴保持良好沟通,协同完成作业任务,尤其在多人协作的复杂作业中,确保行动协调一致,避免误操作引发事故。

(5)起重作业安全

起重作业必须由具备相应资质的人员指挥,遵守起重作业规程,不超载、不斜吊,确保吊具、索具安全可靠。起重作业是船舶钳工日常工作中的重要内容,同时也是安全风险相对较高的作业环节。确保起重作业安全不仅关乎作业效率,更直接影响到人员的生命安全和船舶设备的完好性。主要包括:

①起重设备检查。在进行起重作业前,必须对起重设备进行全面细致的检查,包括起重机、吊索具、吊钩、链条、钢丝绳、滑车、卸扣等,确保设备无明显裂纹、磨损、变形等缺陷,而且必须定期进行维护保养和性能测试。

②负载估算与确认。精确估算待吊物体的质量,确保起重设备的额定载荷足以胜任。在吊装前,再次核对负载标签或通过其他方式确认负载质量,坚决杜绝超载现象。

③作业人员资质与配合。起重作业应由具备相应资质的起重机操作员和信号工进行,并且两人之间应建立清晰的通信方式,通过手势或灯光信号等方式确保指令准确传达,避免误解或误操作。

④作业环境与路径规划。确保作业区域内无障碍物,吊装路径上无人员逗留或通行,若有交叉作业,需提前协调并设立警示标识。同时,要考虑风速、风向、浪涌等因素对起重作业的影响。

⑤吊装操作与捆绑固定。正确选择和使用吊索具，确保捆绑牢固且不会对物体表面造成损伤。起吊时应平稳缓慢，避免快速冲击造成设备损伤或吊物摆动过大导致失控。在吊物接近目的地时，速度更要放缓，确保放置平稳。

⑥应急预案与救援准备。事先制定详细的起重作业应急预案，包括起重设备突然失灵、吊物脱落、人员受伤等情况下的应对措施，并确保现场有足够的救援设备和救护力量。

⑦监护与记录。在整个起重作业过程中，应有专人全程监护，记录起重作业的各个环节，包括起重设备检查、负载确认、操作过程等，为今后的安全管理提供参考依据。

（6）环境与健康管理

保持作业环境整洁，控制噪声、粉尘等环境污染，合理安排工作和休息时间，预防职业病的发生。环境与健康管理在船舶钳工安全生产中占据重要地位，主要包括：

①工作环境改善。船舶钳工在狭小、复杂的空间中作业，需关注作业环境的安全性和舒适性。例如，确保作业区域的通风良好，避免有毒有害气体积聚；控制噪声、振动等物理因素，防止长期暴露对听觉、神经系统造成损害；保持工作台面干燥整洁，减少滑倒摔伤风险；对高强度照明进行适当调控，避免视觉疲劳。

②职业健康维护。钳工在作业中可能接触到多种职业危害因素，如粉尘、焊接烟尘、有毒有害化学品、机械噪声、电磁辐射等。因此，应定期进行职业健康检查，及时发现和治疗职业病；提供并正确使用个人防护装备，如防尘口罩、耳塞、防护眼镜、防护手套等；定期进行职业健康教育与培训，提高员工自我保护意识。

③劳动强度与工间休息。合理安排工作任务，避免过度劳累，推行劳逸结合的制度，确保员工有足够的休息时间和合理的工作节奏。对于长时间重复性劳动，应设置必要的工间休息和锻炼时间，防止肌肉骨骼系统疾病的发生。

④环境卫生与废弃物处理。作业过程中产生的废弃物，如金属碎片、焊接废渣、废旧机油等，应按照环保法规妥善收集、存储和处理，防止对海洋环境造成污染。同时，保持工作场所清洁，避免环境污染影响员工健康。

⑤心理关爱与社会支持。关注员工的心理健康，创建和谐融洽的工作氛围，提供心理辅导服务，减轻员工的工作压力。建立健全安全生产激励机制，激发员工的积极性和主动性，构建良好的安全生产文化。

（7）节约资源

节约资源在船舶钳工的文明生产中占据重要地位，主要体现在以下几个方面：

①材料节约。船舶钳工在进行零件加工、设备装配和维修的过程中，应遵循精打细算的原则，合理规划和使用原材料，减少废料产生。例如，精心排版下料，精准计算所需钢材长度，尽量减少切割余料；对于剩余的小型材料和零件，应妥善保管和合理利用，避免直接废弃。

②能源节约。在使用电焊机、切割机等设备时，应根据实际工作需求合理选择设备功率，避免设备空载运行或长时间过度使用，减少电力消耗。同时，加强设备维护保养，保持设备的良好运行状态，降低能耗。

③水资源节约。在清洗、冷却等需要用到水资源的环节，应使用节水设备和方法，减少水资源浪费。例如，采用循环冷却水系统，而不是一次性使用后直接排放。

④工具设备使用寿命延长。船舶钳工在使用工具和设备时，应注重保养和维护，合理使用，避免野蛮操作导致的设备损坏，从而延长工具和设备的使用寿命，间接节约了资源投入。

⑤废弃物处理与回收利用。对产生的废弃物，如废金属、废油、废渣等，应分类收集，并根据废弃物特性选择适宜的处理方式，如回收再利用、无害化处理等，最大限度减少对环境的负面影响，这也是节约资源的一种体现。

⑥工艺技术创新。通过引进和研发更加节能环保的新工艺、新技术、新材料，降低资源消耗，提高资源利用效率。例如，采用更高效的焊接技术，减少焊接材料的消耗；使用轻量化、高性能的新型材料替代传统材料，降低整体用料成本。

(8)应急处理

熟悉各类应急预案，如火灾、机械伤害、中毒等，并定期进行应急演练。在船舶钳工的安全生产中，应急处理是非常关键的一环，它涵盖了对各类突发安全事故的快速响应、有效控制、损失最小化以及事后恢复等一系列行动。主要应急处理措施包括：

①应急计划与演练。预先制定全面详尽的应急计划，包括但不限于火灾、泄漏、机械故障、人员伤亡等各种可能发生的紧急情况，并定期组织员工进行应急演练，确保在真实事件发生时，所有人员都能够迅速、准确地按照预定程序进行应急操作。

②初期应急反应。一旦发生事故，首要任务是迅速判断事故性质和严重程度，立即启动应急响应程序，通知相关人员撤离危险区域，同时报告给船舶负责人和相关部门。对于火灾等紧急情况，应立即启用灭火设备进行初期扑救。

③现场管控与救援。根据事故性质，采取对应的现场管控措施，如设立警戒线、切断危险源、启动备用设备等。对于人员受伤情况，迅速进行初步救治并等待专业医疗救援。

④资源调度与协调。在应急处理过程中，及时调动和调配所需的应急资源，包括人力、物力、技术支持等，确保应急行动的有效执行。同时，保持与外界的有效沟通和协调，请求必要的外部支援。

⑤事故调查与分析。事故得到初步控制后，组织人员进行事故原因调查和分析，查找事故发生的根本原因，提出整改措施，防止类似事故再次发生。同时，按照相关规定和程序，做好事故记录和报告工作。

⑥恢复与重建。事故过后，进行受损设备的修复或更换，恢复正常生产秩序。对受影响的员工进行心理疏导，帮助他们恢复正常工作和生活状态。同时，汲取事故教训，完善和更新现有的安全管理体系和应急预案。

(9)培训与考核

定期进行安全生产知识和技能培训，通过考核后方可上岗作业，不断提升安全意识和技能水平。在船舶钳工的安全生产管理中，培训与考核是一个不可或缺的重要环节，它对提高员工安全素质、确保作业安全和有效预防事故具有重要意义。主要包括：

①入职培训。新入职的船舶钳工首先需要接受全面的入职安全培训，内容包括但不限于公司安全规章制度、岗位安全操作规程、个人防护装备的正确使用、常见安全事故的预防与应急处理等。通过培训，使新员工树立牢固的安全意识，掌握基本的安全操作技能。

②定期安全教育与培训。为确保钳工人员的安全知识和技能得以持续更新和提升，企

业应定期举办安全教育与培训活动,涵盖新颁布的安全生产法规、新的操作规程、先进的安全技术及近期国内外典型安全事故案例分析等,以提升全体员工的安全素养。

③特种作业培训与取证。对于从事高空作业、焊接与切割、电工、起重机操作等特种作业的钳工,必须经过专门的特种作业安全培训,并通过国家相关部门的考核获取相应特种作业操作证,确保其具备合法合规的上岗资质。

④实操技能培训。理论知识培训之余,企业还要注重钳工的实操技能培训,通过模拟演练、实地操作等形式,让员工熟练掌握各种安全操作技巧,提升他们在真实工作场景中的安全操作能力。

⑤安全考核机制。建立严格的安全考核制度,定期对员工的安全知识掌握程度、操作技能水平以及在实际工作中的安全行为表现进行考核,考核结果应与员工的绩效评定、职位晋升、奖金发放等挂钩,以此激励员工积极参与安全培训,主动提高安全意识和技能水平。

⑥反馈与改进。通过考核发现问题,针对性地对员工进行再培训,不断完善培训内容和方法,形成培训、考核、反馈、改进的闭环管理,持续提高整个团队的安全管理水平。

(10)安全检查与监督

定期进行自我安全检查,及时排除安全隐患;接受上级和安监部门的安全监督,针对检查发现的问题及时整改。在船舶钳工的安全生产管理中,安全检查与监督是确保安全规程得到有效执行、及时发现并消除安全隐患的关键手段。主要包括:

①日常安全检查。每日作业前,钳工需对作业环境、工具设备、个人防护装备等进行自查,确保其处于良好、安全的状态。同时,班组内部也应实行互检,确保每个人都清楚各自的安全责任和操作要求。

②专项安全检查。针对特定作业内容或设备设施,如高空作业、受限空间作业、电气设备、起重设备等,进行有针对性的专项安全检查,确保作业前的各项安全措施到位,潜在风险得到有效控制。

③定期巡检与维护。对船舶的钳工设备、消防设施、救生设备等进行定期的全面检查与维护保养,确保设施设备性能良好,随时可用。同时,定期对作业区进行安全巡视,查看是否存在违章作业、乱堆乱放、电线裸露等问题。

④事故隐患排查治理。定期开展隐患排查治理活动,对发现的各类事故隐患及时登记、跟踪、整改、复查,确保隐患彻底消除。同时,建立事故隐患举报奖励机制,鼓励全员参与到安全生产的监督管理中来。

⑤外部监管与审核。接受船舶监管部门、船级社、第三方认证机构等的定期或不定期的安全检查与审核,对照国家法律法规、行业标准以及公司的安全规章制度,及时调整和改进自身的安全管理策略和措施。

⑥安全监督与纠正措施。设立专职或兼职安全监督员,对钳工的作业过程进行实时监控,对违反安全规定的行为进行纠正,并进行记录和通报,督促员工严格遵守操作规程,形成良好的安全行为习惯。

(11)职业素养

职业素养是船舶钳工在日常工作中必不可少的品质和能力,它涵盖了道德品质、职业技能、行为规范、团队协作以及自我提升等多个维度，对于实现文明生产、保障安全生产以及提升服务质量具有决定性意义。主要包括：

①道德品质。船舶钳工应具备高尚的职业道德，诚实守信，对待工作认真负责，不弄虚作假，对安全隐患零容忍，对质量问题绝不姑息。尊重并保护船舶及其配套设备，爱护集体财物，自觉维护企业形象。

②职业技能。扎实掌握钳工基础知识和技能，包括但不限于识图、量具使用、金属材料加工、零部件装配与调试等。此外，还需紧跟时代步伐，学习并掌握新的工具、技术和工艺，不断提升自身的业务能力和技术水平。

③行为规范。严格遵守企业的各项规章制度和操作规程，服从管理，准时出勤，着装整洁，工具使用规范，工作现场保持干净整洁。在工作中不违规操作，不违章指挥，对潜在风险有预见性，对异常情况能迅速做出正确判断和处理。

④团队协作。具备良好的团队精神，善于与同事沟通协调，共同解决问题。尊重团队成员，积极参与团队活动，分享工作经验，协助同事完成任务，共同创造和谐高效的工作氛围。主要包括：

a. 明确分工与责任：每个工种和工人都应清楚自己的工作范围和职责，避免出现工作重叠或空白地带，确保每项任务都有专人负责，保证工作的连贯性和完整性。

b. 有效沟通：在作业过程中，钳工与其他工种需保持频繁有效的沟通，特别是在交叉作业或进行关键节点施工时，应提前协商好施工顺序和安全防护措施，确保各个工序的顺利衔接。

c. 信息共享：及时分享工作进展、发现的问题及解决方案等信息，确保团队成员对整体项目进度有清晰的认知，有利于团队共同解决问题，避免潜在的安全隐患。

⑤安全意识。始终将安全放在首位，严格遵守安全生产法律法规和企业安全规章制度，主动接受安全培训，了解和掌握安全操作规程，对各类安全隐患保持高度警觉，做到防患于未然。

⑥自我提升。具备终身学习的观念，持续提高自身综合素质，参加各类技能比赛和培训课程，不断提升专业知识和技能水平，适应船舶工业的发展需求。同时，培养良好的心理素质，具备较强的压力管理和情绪调控能力。

(12)持续改进

钳工应具备持续改进和自我提升的意识，关注行业最新技术动态，学习先进的生产工艺和管理方法，通过不断地改进和优化工作流程，提高生产效率，降低安全隐患，从而推动文明生产的长远发展。同时，对于工作中存在的不足之处，应勇于面对并寻找解决方案，努力提高整体的生产质量和安全水平。

(二)钳工和船舶钳工的工作内容

1. 钳工

“钳工是做什么的？钳工的工作就是加工、修理机械工具。在企业内凡是跟机器相关的修理、加工零件等工作都属于钳工的工作范围。不管企业属于重工型企业，还是属于轻工型企业,只要企业内有机器工具,那么就有钳工。”

钳工是以手工操作为主,有时也借助钻床等设备,在金属材料处于冷态时,利用钳工工具对金属材料及其工件进行切除加工,获得合格产品的一种加工方法。钳工的工作范围广,一般以手工为主,具有设备简单、操作方便、适用面广的特点,但生产效率低,劳动强度大,适合于单件与小批量制作或装配与维修作业。普通钳工技能包括划线、錾削、锉削、锯削、钻孔、扩孔、锪孔、攻螺纹、套螺纹、刮削和研磨等。

2. 船舶钳工

船舶钳工的具体工作是维修和保养机舱设备、甲板设备等,又可分为安装钳工、机修钳工等。

机舱设备中最重要的是动力设备,包括主推进动力装置、柴油发电机等设备,辅助设备有各种类型的水泵(淡水泵、海水泵、冷却水泵)和各种类型的油泵。甲板设备有锚机、绞缆机、克令吊等。以上所有的设备维修和保养工作都需要船舶钳工来完成。

造船中,设备底座打磨、艉轴镗孔、主机座研磨、设备安装等都属于船舶钳工的工作范围。船舶修理中,机械类的拆检等也属于船舶钳工的工作范围。

(三)钳工常用设备

1. 钳工工作台

钳工工作台(图 2. 1)用硬质木材或钢材制成,用来安装台虎钳(也称虎钳),放置工具、量具和工件等。钳工工作台要求坚实、平稳,台面高度为 800~900 mm, 台面上装有虎钳和防护网。

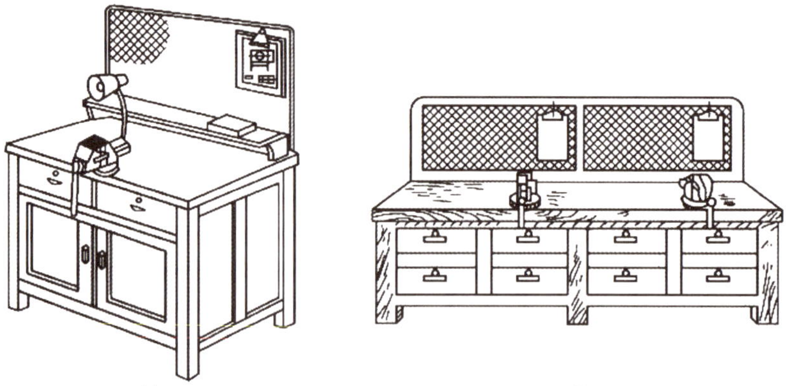

(a)　　(b)

图 2. 1　钳工工作台

2. 虎钳

虎钳(图 2. 2)是用来夹持工件的。其规格以钳口的宽度来表示,常用的有 100 mm、125 mm、150 mm 等。虎钳有固定式和回转式两种。回转式虎钳比固定式虎钳多了一个底座,工作时钳身可在底座上回转。

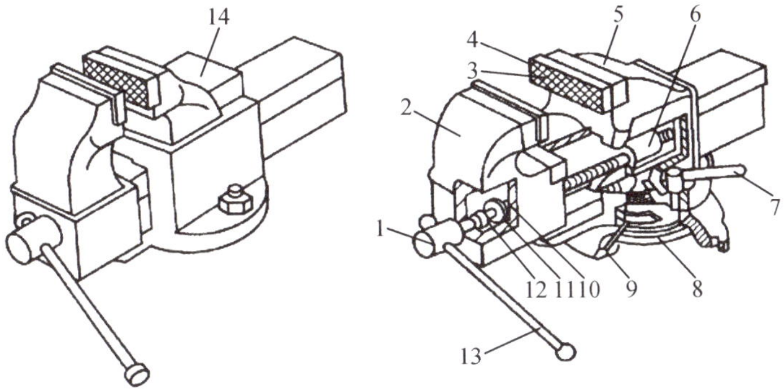

(a)固定式虎钳　　　　(b)回转式虎钳

1—丝杠;2—活动钳身;3—螺钉;4—钳口;5—固定钳身;6—螺母;7—手柄;8—夹紧盘;
9—转座;10—销钉;11—挡圈;12—弹簧;13—手柄;14—砧板。

图 2.2　虎钳

3. 砂轮机

砂轮机(图 2.3)是用来刃磨各种刀具、工具的常用设备,也用于对普通小零件进行磨削、去毛刺及清理等工作。其主要由基座、砂轮、电动机或其他动力源、托架、防护罩和给水器等组成,可分为手持式砂轮机、立式砂轮机、悬挂式砂轮机、台式砂轮机等。

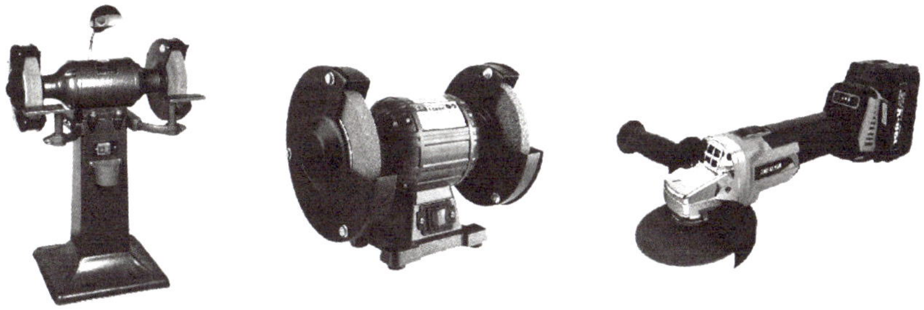

(a)立式砂轮机　　　　(b)台式砂轮机　　　　(c)手持式砂轮机

图 2.3　砂轮机

4. 钻床

钻床指主要用钻头在工件上加工孔的机床。通常钻头旋转为主运动,钻头轴向移动为进给运动。钻床结构简单,加工精度相对较低,可钻通孔、盲孔,更换特殊刀具后可扩孔、锪孔、铰孔或进行攻丝等加工。加工过程中工件不动,让刀具移动,将刀具中心对正孔中心,并使刀具转动。钻床的特点是工件固定不动,刀具做旋转运动。

钻床主要分为摇臂式(图 2.4(a))、立式(图 2.4(b))、台式(图 2.4(c))三种。其中立式钻床工作台和主轴箱可以在立柱上垂直移动,用于加工中小型工件。一种小型立式钻床最大钻孔直径为 12~15 mm,安装在钳工工作台上使用,多为手动进钻,常用来加工小型工件的小孔等。台式钻床简称台钻。摇臂式钻床,主轴箱能在摇臂上移动,摇臂能回转和升降,工件固定不动,适用于加工大而重和多孔的工件,广泛应用于机械制造中。

(a)摇臂式钻床　　(b)立式钻床　　(c)台式钻床

图 2.4　钻床

(四)钳工常用量具

在生产中,为保证零件的加工质量,要按照要求对加工出来的零件进行表面粗糙度、尺寸精度、形状精度、位置精度的测量,所使用的工具为量具。

钳工在制作零件、检修设备、安装调试等工作中,均需要用量具检测加工质量是否合乎要求。所以熟悉量具的结构、性能及其使用方法,是技术人员确保产品质量的一项重要技能。量具主要可以分为以下几类:

①万能量具:这类量具一般都有刻度,在其测量范围内可以直接测出零件和产品形状及尺寸的具体数值。如游标卡尺、千分尺、百分表和万能角度尺等。

②专用量具:这类量具不能测量出实际尺寸,只能测定零件和产品的形状、尺寸是否合格,如卡规、塞规等。

③标准量具:这类量具只能制成某一固定尺寸,通常用来校对和调整其他量具,也可以作为标准与被测量件进行比较,如量块、角度量块。

1. 游标卡尺

游标卡尺是钳工最为常用的一种量具,它能直接测量出工件的长度、宽度、高度、外径、内径和孔的中心距等尺寸。

(1)游标卡尺的分类

①机械式游标卡尺(图 2.5(a))。

机械式游标卡尺的测量稳定性最好,它主要由内测量爪、外测量爪、游标尺、深度尺、主尺、尺身和紧固螺钉等组成。在汽车维修工作中,使用最为广泛。

②数显式游标卡尺(图 2.5(b))。

数显式游标卡尺读数直观清晰、使用方便、测量效率高,它主要由尺体、传感器、控制运算部分和数字显示部分等组成。数显式游标卡尺按照传感器的不同形式可分为磁栅式和容栅式两大类。数显式游标卡尺需要使用电池为其提供电能,利用电磁感应原理工作。

③带表式游标卡尺(图 2.5(c))。

带表式游标卡尺也称为附表卡尺,它利用齿条传动齿轮带动指针显示数值,主尺上有大概的刻度,结合指示表读数。它比机械式游标卡尺读数更为快捷准确。带表式游标卡尺不怕油和水,但是在使用过程中需要注意防震和防尘。震动轻则会导致指针偏移零位,重则会导致内部机芯和齿轮脱离，影响示值。

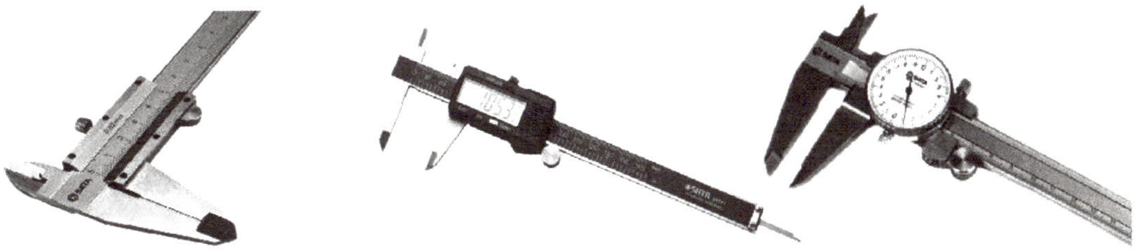

(a)机械式　　(b)数显式　　(c)带表式

图 2.5　游标卡尺

(2)游标卡尺的结构

游标卡尺的结构如图 2.6 所示，常见的有两种形式。

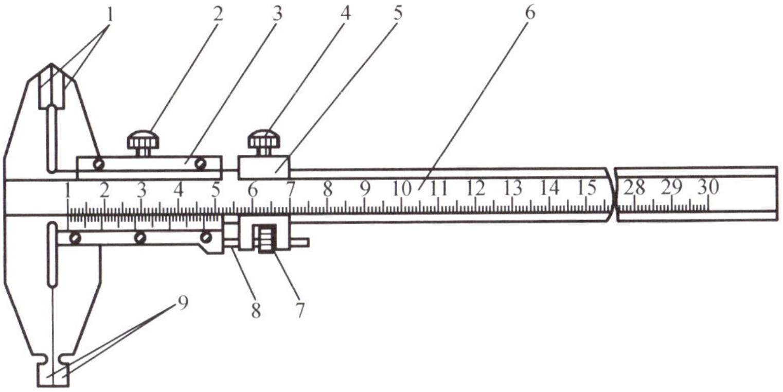

1—上量爪；2，4—紧固螺钉；3—游标；5—微调装置；6—尺身；7—微调螺母；8—螺杆；9—下量爪。

(a)可微动调节的游标卡尺

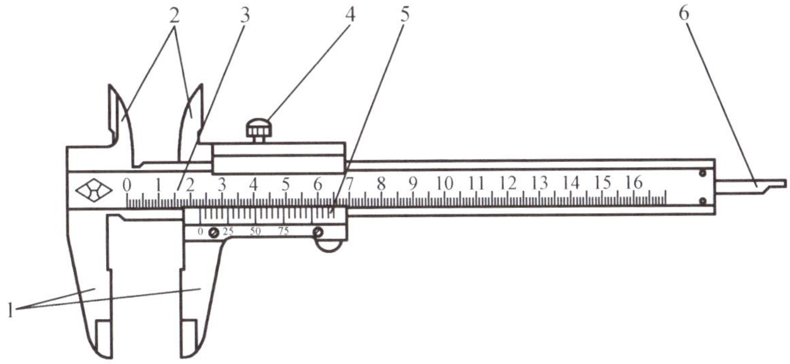

1—下量爪；2—上量爪；3—尺身；4—紧固螺钉；5—游标；6—深度尺。

(b)带测深杆的游标卡尺

图 2.6　游标卡尺

(3)游标卡尺的刻线原理及读数方法

①1/20 mm(0.05 mm)游标卡尺的刻线原理及读数方法

游标卡尺是利用尺身的刻线间距与游标的刻线间距差来进行分度的。主尺上每一格的长度为 1 mm,当两量爪合并时,游标上的 20 格刚好与尺身上的 19 mm 对正。因此,尺身与游标每格之差为:1-19/20=0.05(mm),此差值即为 1/20 mm 游标卡尺的测量精度,如图 2.7 所示。

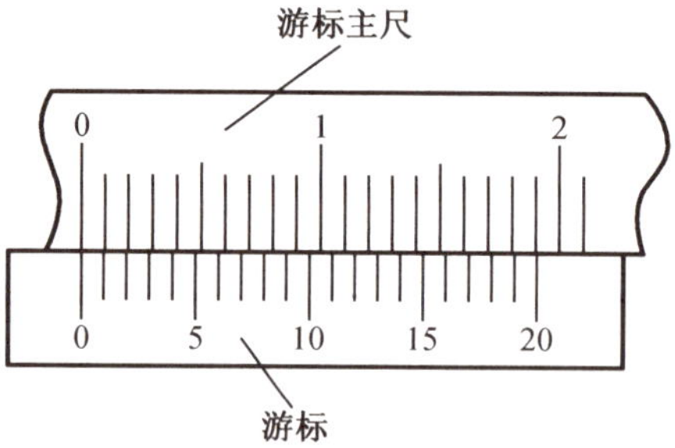

图 2.7　1/20 mm 游标卡尺刻线原理

读数分三个步骤:

a. 读出游标上零线左面尺寸的毫米整数;

b. 读出游标上哪一条刻线与尺身刻线对齐;

c. 把尺身和游标上的尺寸加起来即为测得尺寸,如图 2.8 所示。

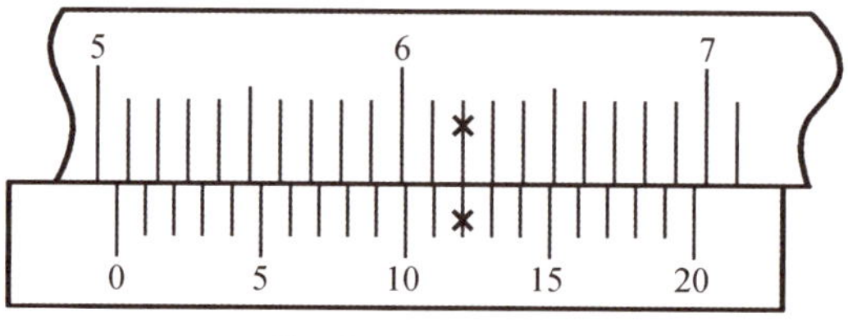

图 2.8　1/20 mm 游标卡尺读数方法

②1/50 mm(0.02 mm)游标卡尺的刻线原理及读数方法

主尺上每一格的长度为 1 mm,当两量爪合并时,游标上的 50 格刚好与尺身上的 49 mm 对正。因此,尺身与游标每格之差为:1-49/50=0.02(mm),此差值即为 1/50 mm 游标卡尺的测量精度,如图 2.9 所示。

1/50 mm 游标卡尺的读数方法跟 1/20 mm 游标卡尺的读数方法一样,如图 2.10 所示。

(4)使用游标卡尺的注意事项

①测量前:将卡尺的测量面用软布擦干净后使两个量爪合拢进行检查,看滑动是否灵活自如,并进行漏光检查和示值误差检查。

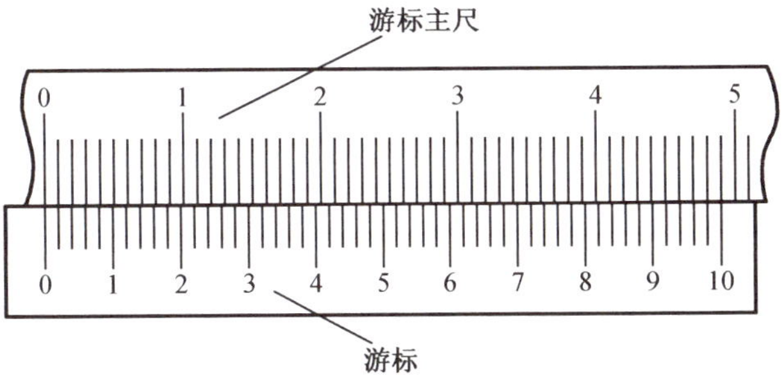

图 2.9　1/50 mm 游标卡尺刻线原理

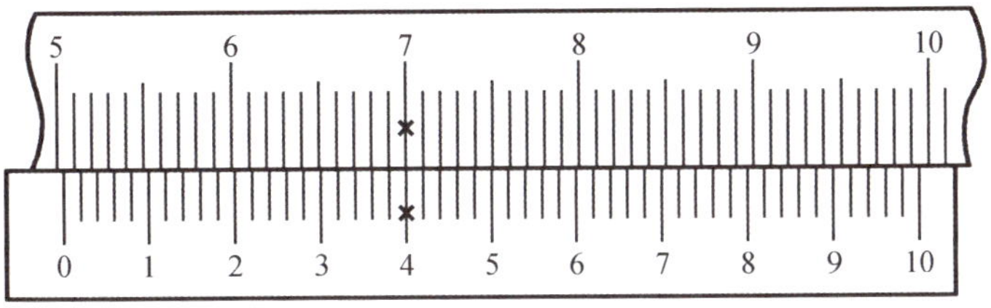

50+20×0.02=50.4

图 2.10　1/50 mm 游标卡尺读数方法

②测量时:量爪位置要摆正,不能歪斜;并保持合适的测量力(图 2.11)。

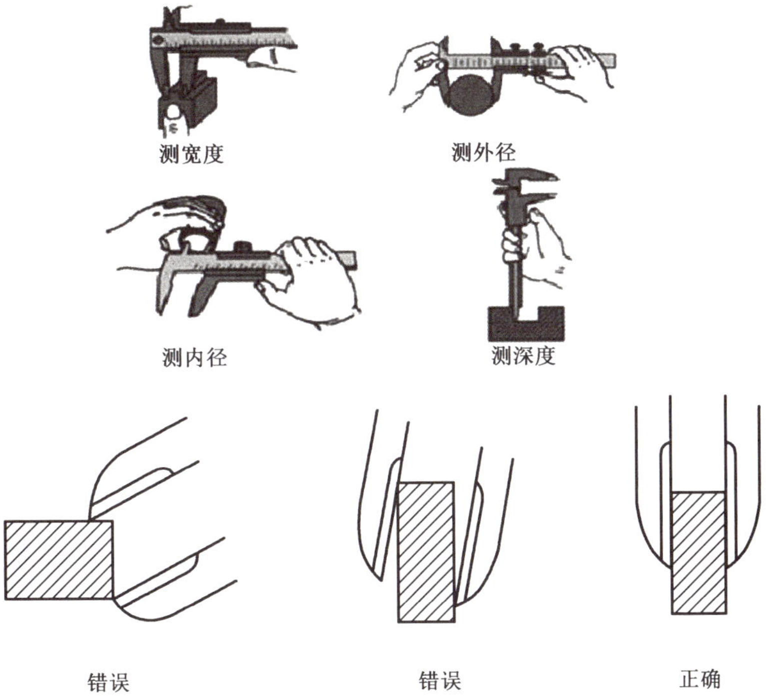

图 2.11　游标卡尺测量方法

③读数时：先注意尺框上的分度值标记，以免读错小数值产生误差；并且视线应与尺身表面垂直，避免产生视觉误差。

2. 千分尺

千分尺又称螺旋测微计，其测量精度比游标卡尺高，且较灵敏，广泛用于加工精度要求较高的工件的测量。千分尺(图 2.12)是利用螺旋副的运动进行测量和读数的一种测微工具，按用途可分为外径千分尺、内径千分尺(图 2.12(a))、深度千分尺(图 2.12(d))、专门测量螺纹中径的螺纹千分尺(图 2.12(b))及公法线千分尺(图 2.12(c))等。

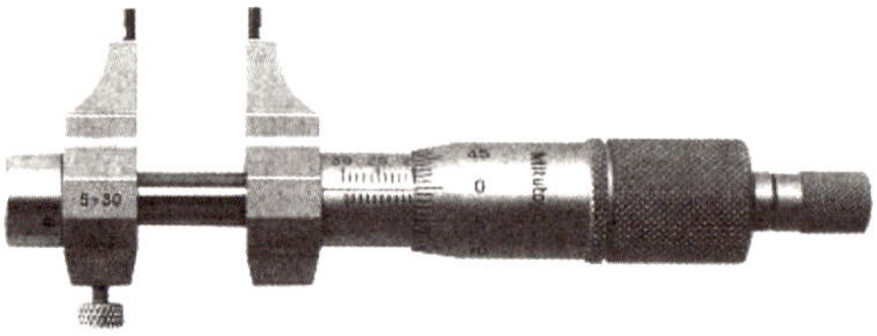

(a)内径千分尺

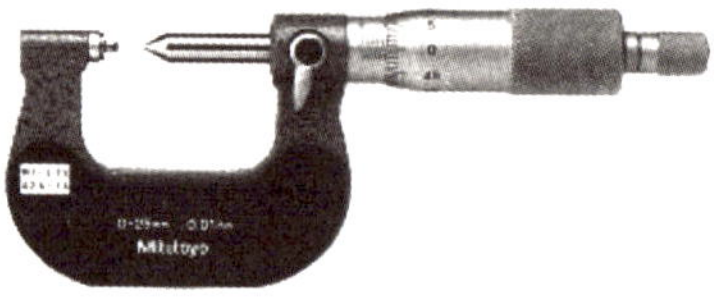

(b)螺纹千分尺

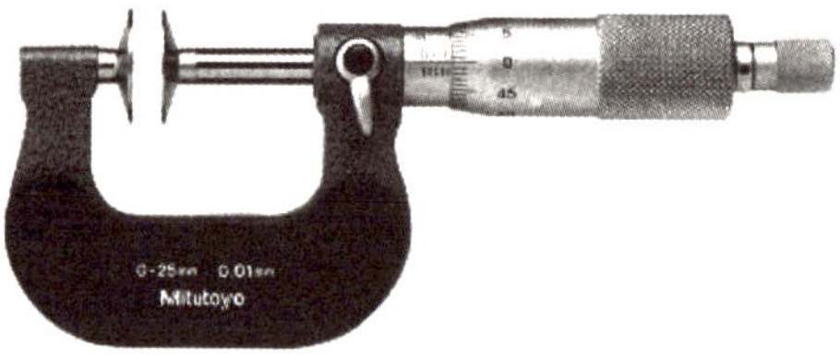

(c)公法线千分尺

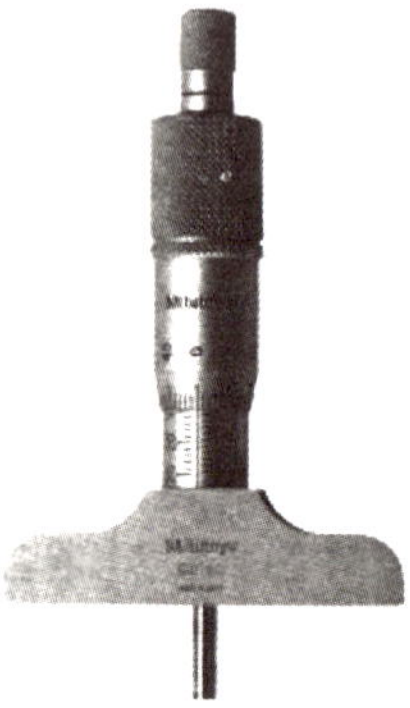

(d)深度千分尺

图 2.12　千分尺的种类

(1)外径千分尺的结构(图 2.13)

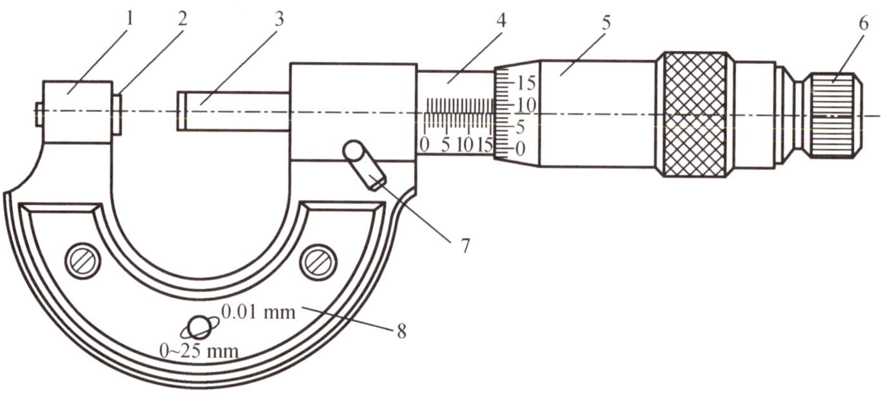

1—弓架；2—砧座；3—螺杆；4—固定套筒；5—活动套筒；6—测力装置；7—制动销；8—绝热板。

图 2.13　外径千分尺的结构

千分尺按制造精度分为 0 级、1 级和 2 级，0 级精度较高，1 级次之，2 级精度一般。

①尺架：装有砧座和锁紧装置，固定套管与尺架结合成一体，测微螺杆与微分筒装置结合在一起。

②尺身：当旋转测力装置时，就带动微分筒和测微螺杆一起旋转，并利用螺纹传动副沿轴向移动，使砧座和测微螺杆与两个测量面之间的距离发生变化。

③千分尺测微螺杆的移动量一般为 25 mm。

(2) 外径千分尺的读数原理

①千分尺的固定套管上刻有轴向中线，它是微分筒读数的基准线。

②在中线的两侧刻有两排刻线，每排刻线的间距为 1 mm，上下两排相互错开 0.5 mm。

③测微螺杆的螺距为 0.5 mm，微分筒的外圆周上刻有 50 等分的刻度。当微分筒旋转一周时，测微螺杆轴向移动 0.5 mm。如微分筒只转动一格，则螺杆的轴向移动为 0.5/50 = 0.01 mm，因而 0.01 mm 就是千分尺的分度值。

(3) 外径千分尺的读数步骤

①读出活动套管边缘左面，固定套管上显露出的刻线的数值。

②读出活动套管与固定套管上基准线对齐的那条刻线的数值。

③把以上两个读数相加。

(4) 千分尺使用时的注意事项

①使用前，擦拭干净后使两测量面合拢(借用标准杆)，检查漏光和示值误差，测微螺杆的轴线应垂直零件被测表面。

②转动微分筒接近工件被测工作表面，再转动测力装置上的棘轮使测微螺杆的测量面接触工件表面。避免损坏螺纹传动副。

③读数时，有必要取下千分尺时需使用锁紧装置，防止尺寸变动产生测量误差；读数时看清整数部分和 0.5 mm 的刻线。

④不能测量毛坯和转动的工件。

3. 万能角度尺

万能角度尺是用来测量工件内外角度的量具，按其分度值分为 5′和 2′两种，按其尺身的形状不同可分为扇形和圆形两种。

(1) 万能角度尺的结构

万能角度尺由尺身、基尺、游标、角尺、直尺、夹块、扇形板和制动器等组成，如图 2.14 所示。基尺随着尺身相对游标转动，转动到所需角度时，再用制动器锁紧。

(2) 万能角度尺的刻线原理和读数方法

尺身刻线每格为 1°，游标刻线共 30 格均分 29°，即每格为 29°/30，与尺身一格相差 $1°-29°/30=1°/30=2'$，即万能角度尺的分度值为 2′。

$$1°-\frac{29°}{30}=\frac{1°}{30}=\frac{60'}{30}=2'$$

万能游标量角器的读数方法同游标卡尺相似，先读出游标上零线以左的整度数，再从游标上读出第 n 条刻线(游标零线除外)与尺身刻线对齐，则角度值的小数部分为($n\times 2'$)，将两次数值相加，即为实际角度值。

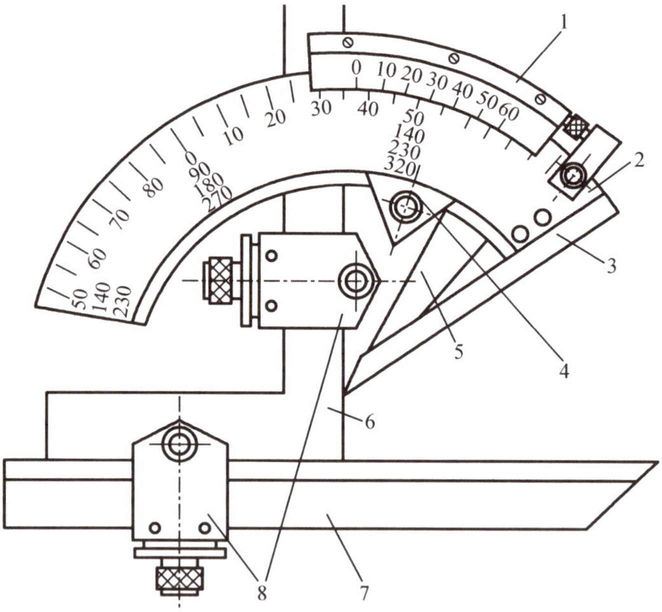

1—游标尺;2—主尺;3—基尺;4—制动器;5—扇形板;6—直角尺;7—基尺;8—制动块。

图 2.14　万能角度尺

(3)万能角度尺对不同角度的测量(图 2.15)

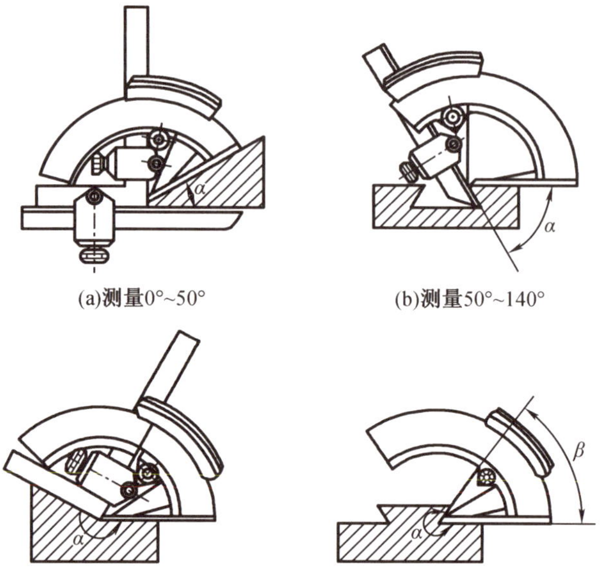

(a)**测量**0°~50°　(b)**测量**50°~140°

(c)**测量**140°~230°　(d)**测量**230°~320°

图 2.15　万能角度尺对不同角度的测量

①测量范围:0°~320°任意角度。

②根据所测角度不同,夹块将角尺和直尺以不同的方式与扇形板固定在所需的位置上。

③0°~50°时,角尺和直尺全部装上,被测工件放在基尺和直尺的测量面之间,此时按尺

身上的第一排刻度读数。

④50°~140°时,取下角尺,将直尺直接装在扇形板的夹块上,利用基尺和直尺的测量面进行测量,按尺身上的第二排刻度表示的数值读数。

⑤140°~230°时,取下直尺,装上角尺并调整角尺的位置,使角尺的直角顶点与基尺的尖端对齐。角尺的短边和基尺之间是测量面,按尺身上第三排刻度所示的数值进行读数。

⑥230°~320°时,将角尺、直尺和夹块全部取下,直接用基尺和扇形板的测量面对被测工件进行测量,按尺身上第四排刻度所示的数值进行读数。

(4)万能角度尺使用时的注意事项

①要根据被测工件的不同角度,正确搭配使用直尺和角尺;

②检查漏光和示值误差;

③测量时调整直尺的位置,使工件全长接触,避免误差。

4. 百分表

百分表主要用来检验机床精度和测量工件的尺寸、形状及位置误差等。百分表和千分表都是用来校正零件和夹具的安装位置、检验零件的形状精度或相互位置精度的,它们的结构和原理没有太大的不同,就是千分表的读数精度比较高,即千分表的读数值为0.001 mm,而百分表的读数值为0.01 mm,我们经常使用的是百分表。

(1)百分表的结构(图2.16)

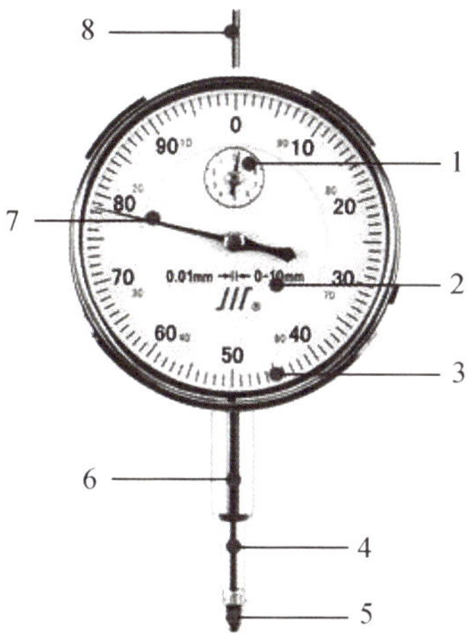

1—内表盘;2—量程;3—刻度表;4—测杆;5—合金测头;7—指针;8—提杆。

图2.16　百分表结构

当切有齿条的测量杆上下移动时,带动与齿条啮合和小齿轮转动,此时与小齿轮固定在同一轴上的大齿轮也随着转动。通过大齿轮即可带动中间齿轮与中间齿轮同轴的指针转动。这样通过齿轮传动系统可将测量杆的微小位移放大并转变成指针的转动,并在刻度盘上指示出相应的数值。

为了消除由齿轮传动系统中齿侧间隙引起的测量误差,在百分表内装有游丝,由游丝产生的扭矩作用在大齿轮上,大齿轮也和中间齿轮啮合,这样可以保证齿轮在正反转时都在齿的同一侧面啮合,从而可消除齿侧间隙的影响。大齿轮的轴上装有小指针,以显示大齿轮的转数。

(2)百分表的分度原理

百分表的测量杆移动 1 mm,通过齿轮传动系统使大指针回转一周。刻度盘沿圆周刻有100 个刻度,当指针转过 1 格时,表示所测量的尺寸变化为 1/100=0.01 mm,所以百分表的分度值为 0.01 mm。

(3)百分表使用时的注意事项

①测量前,先要检查表蒙玻璃是否破裂或脱落,测量头、测量杆、套筒等是否有磁粉或锈蚀;表盘和指针有无松动现象;检查指针的稳定性。

②查看量具检定合格证是否在有效期内。多次拨动测量头,指针应能回到原位。使用前将百分表装夹在表架或专用支架上,夹紧力要适当,不宜过大或过小,为了检验百分表装夹的可靠性,可把测量杆提起 1~2 mm,轻轻放下,反复二三次,如对零位置无变化,则表示装夹可靠,方可使用。

③测量时测量杆应垂直零件被测平面,测量圆柱面的直径时测量杆的中心线要通过被测圆柱面的轴线。

④测量头开始与被测表面接触时,测量杆应下压 0.5 mm 左右,以保持一定的初始测量力。

⑤移动工件时应提起测量头避免损坏测量仪器。

(4)内径百分表

内径百分表是由百分表和专用表架组成的,用于测量孔的直径和孔的形状误差,特别适用于深孔的测量。

①专用表架结构。

百分表的测量杆与传动杆始终接触,弹簧是控制测量力的,并经过传动杆、杠杆向外顶住活动测头。测量时活动测头的移动使杠杆回转,通过传动杆推动百分表的测量杆,使百分表指针回转。由于杠杆是等臂的,百分表测量杆、传动杆及活动测头三者的移动量是相同的,所以活动测头的移动量可以在百分表上读出来。

定位装置起找正直径位置的作用,活动测头和可换测头同轴,其轴线位于定位装置的中心对称平面上,由于定位弹簧的推力作用,孔的直径位于定位装置的中心对称平面上,因而保证了可换测头与活动测头的轴线与被测孔的直径重合。

②内径百分表使用时的注意事项。

内径百分表活动测头的移动量很小,它的测量范围可通过更换或调整可换测头的长度来实现。

a. 调整零位;

b. 测量头的轴线在平面内摆动,取最小读数作为孔径的实际偏差。

(5)杠杆百分表

杠杆百分表把杠杆测头的位移(杠杆的摆动)通过机械传动系统转变为指针在表盘上的偏转。其分度值为 0.01 mm,示值范围一般为±0.04 mm。

①优点。

杠杆百分表体积较小,杠杆测头的位移方向可以改变,因而在校正工件和测量工件时都较方便，尤其是在测量小孔以及校正车床零件时，可不受作业空间的限制。

②使用注意事项。

a. 装夹要牢固可靠，力臂要短；

b. 测量杆轴线与测量线尽量垂直。

模块三

钳工基础技能

一、学习情景描述

1. 教学情景描述：同学们进入钳工实训室，按照安全规范要求，选择合适的工具和量具加工零件；

2. 关键知识点：划线、錾削、锯削、锉削、攻(套)螺纹、孔加工、刮削、研磨；

3. 关键技能点：钳工加工技能。

二、学习目标

1. 了解钳工加工工具；

2. 掌握钳工的基本理论知识；

3. 掌握常用钳工操作技能，如划线、锯削、锉削、钻孔、攻丝与套丝、刮削、研磨、弯曲、锉配合等。

三、任务书

班级		组号		指导教师	
组长		学号			

表(续)

<table>
<tr><td>组员</td><td><table>
<tr><td>姓名</td><td>学号</td><td>姓名</td><td>学号</td></tr>
<tr><td></td><td></td><td></td><td></td></tr>
<tr><td></td><td></td><td></td><td></td></tr>
<tr><td></td><td></td><td></td><td></td></tr>
<tr><td></td><td></td><td></td><td></td></tr>
<tr><td></td><td></td><td></td><td></td></tr>
<tr><td></td><td></td><td></td><td></td></tr>
<tr><td></td><td></td><td></td><td></td></tr>
</table></td></tr>
<tr><td>任务分工</td><td></td></tr>
</table>

四、获取信息

引导问题 1：划线是机械加工中的一道重要工序，广泛用于单件或小批量生产。在铸造企业，对新模具首件进行划线检测，可以及时发现铸件尺寸形状上存在的问题，从而采取措施避免批量不合格造成的损失。根据图样和技术要求，在毛坯或半成品上用划线工具划出加工界线，或划出作为基准的点、线的操作过程称为划线。请写出下面工具的名称。

(1)________

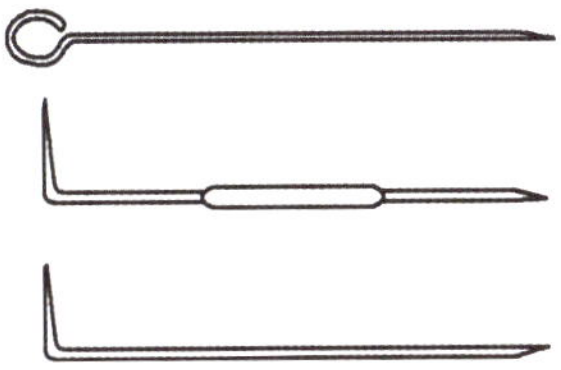

(2)________

(3)________

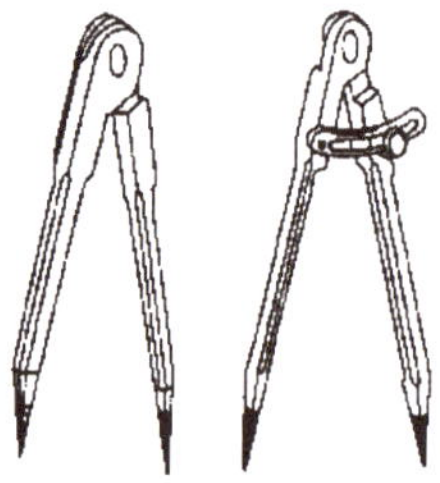

(4)________

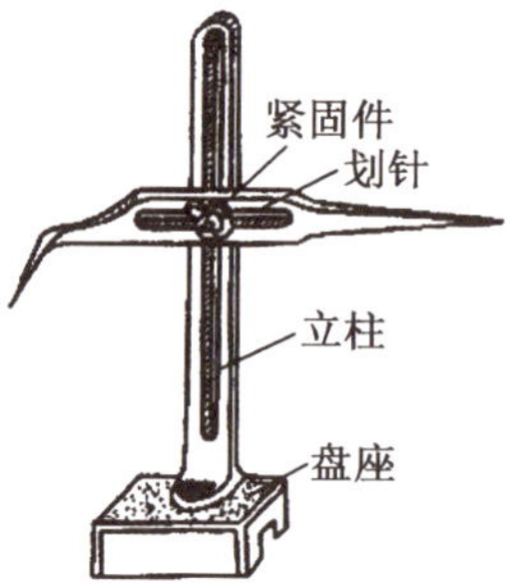

(5)________

(6)________

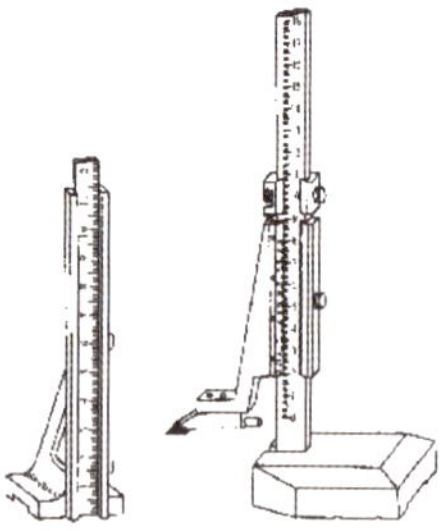

(7)________

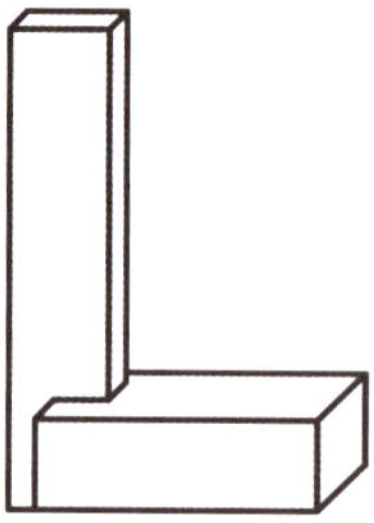

(8)________

(9)________

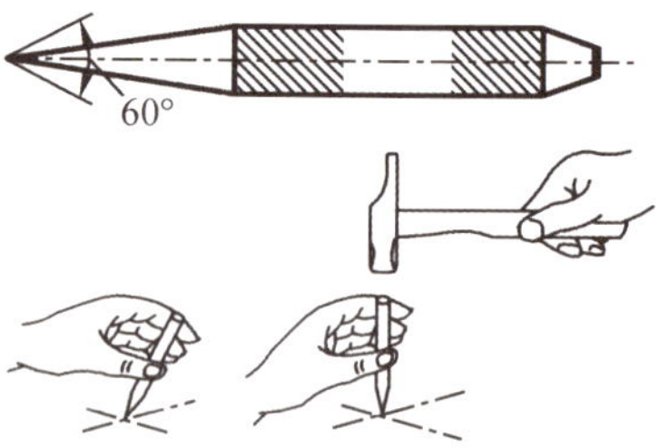

(10)________

引导问题2:錾削加工是钳工的基本操作技能。在切削加工中,加工质量取决于操作要素是否合理和正确。切削刃楔角的合理和锋利,是保证加工质量的重要前提。请同学们根据图片填写錾削工具的名称、錾削姿势、錾削站立姿势和挥锤的方法。

1. 錾削工具的名称

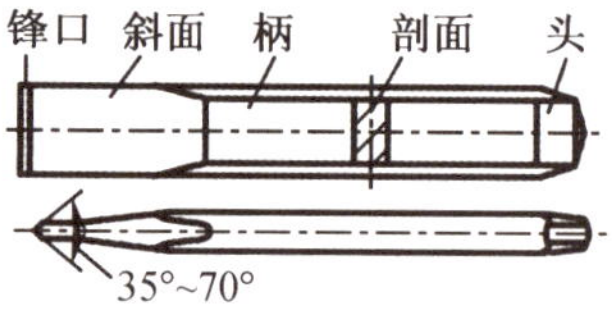

(1)________

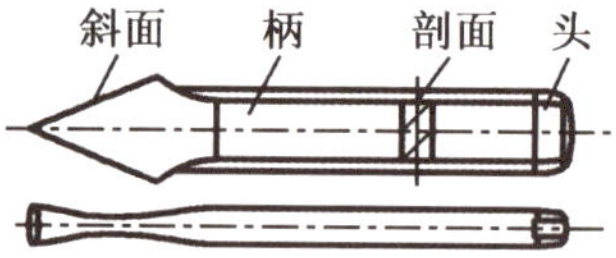

(2)________

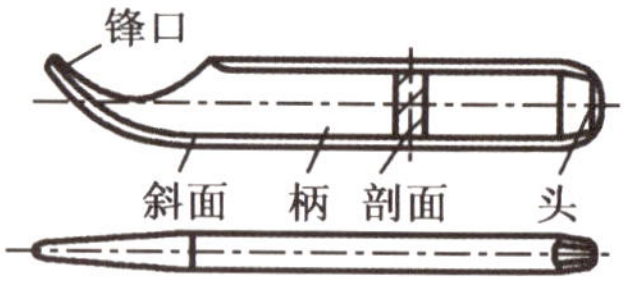

(3)________

2. 錾削姿势及要领

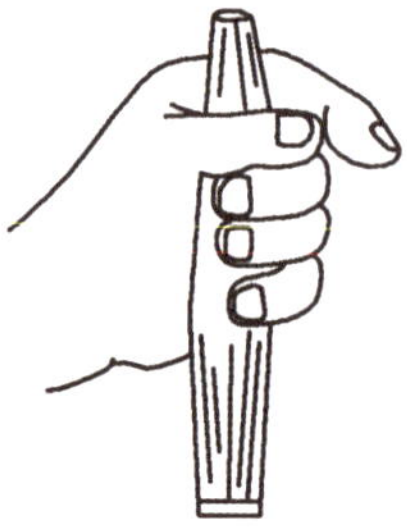

(1)________

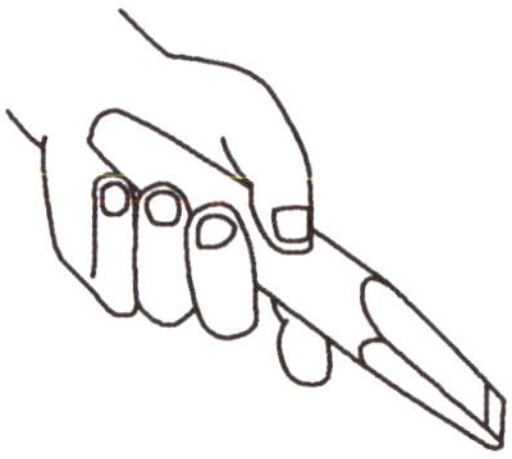

(2)________

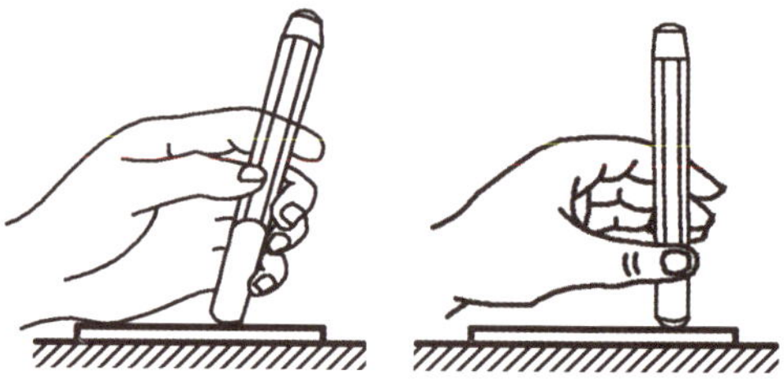

(3)________

3. 站立姿势和挥锤的方法

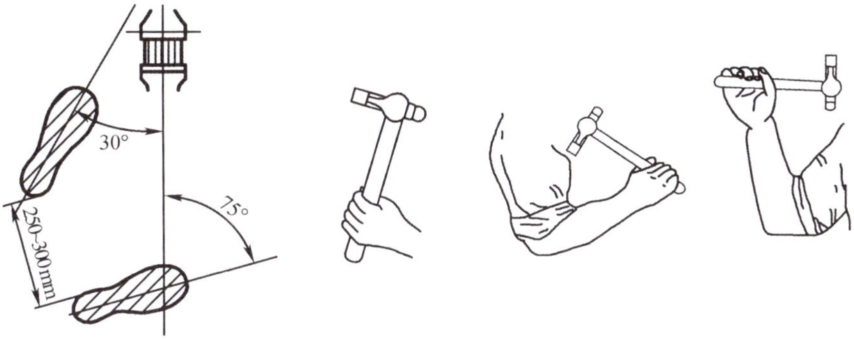

(1)________　(2)________　(3)________　(4)________

引导问题3:用锯对材料或工件进行切断或切槽等的加工方法称为锯削。锯削是锯切工具旋转或往复运动,把工件、半成品切断或把板材加工成所需形状的切削加工方法。它可以锯断各种原材料或半成品;也可以锯掉工件上的多余部分;还可以在工件上锯槽。

1. 锯弓的作用是张紧锯条,且便于双手操持,锯弓分为________、________。

2. 锯条的长度以两端安装孔中心距来表示,常用的锯条长度为________mm。

3. 起锯是锯削运动的开始,有________、________两种方法。

4. 锯削薄壁管子和精加工的管子时,应夹在________的两木板之间,型钢应从________进行锯割。

引导问题4:用锉刀对工件表面进行切削加工,使工件达到所需要的尺寸、形状和表面粗糙度,这种方法称为锉削。仔细观察锉刀的外形和锉齿的形状,请同学们填写下面的空格内容:

1. 锉刀有无数个锉齿,锉削时每个锉齿相当于一把錾子对金属材料进行切削。锉纹是锉齿有规则排列的图案,锉刀的齿纹有________和________两种。

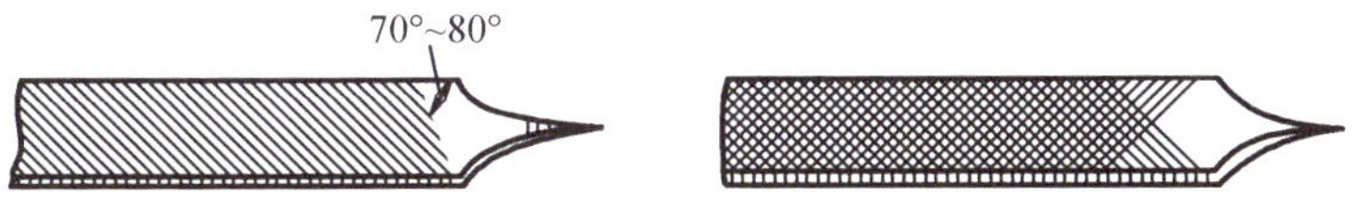

(1)________　(2)________

2. 锉削方法分为________和________两种。

引导问题5:在圆柱或圆锥的表面上,沿着旋线所形成的具有规定牙形的连续凸起称为螺纹。在外表面上形成的螺纹称为外螺纹。同学们考虑一下我们可以用什么工具来加工螺纹呢?

1. 丝锥是用来切削内螺纹的工具,丝锥类型分________和________两种。

2. 丝锥由________(包括________部分和校准部分)和________组成。

3. 铰杠分为________和________两种,又都可以分为________和________。

五、评价反馈

各组代表展示作品,介绍任务完成情况,并完成评价表。

学生自评表

任务	完成情况记录
任务是否按计划时间完成	
相关理论完成情况	
技能完成情况	
材料上交情况	
收获	

学生互评表

序号	评价项目	小组互评	教师评价	总评
1	任务是否按时完成			
2	材料上交情况			
3	任务完成质量			
4	语言表达能力			
5	小组成员合作情况			

教师评价表

序号	评价项目	小组互评	教师评价	总评
1	学习准备			
2	引导问题填写			
3	规范操作			
4	完成质量			
5	关键操作要领掌握			
6	完成速度			
7	参与讨论主动性			
8	沟通协作			
9	展示汇报			
10	5S 管理(如有)			

注:评价档次统一采用 A(优秀)、B(良好)、C(合格)、D(努力)4 档。

六、学习情境的相关知识点

钳工加工工具和设备价格相对比较低廉,并且携带和使用方便,操作灵活。随着机械生产技术的日益发展,钳工技术也越来越复杂,于是产生了专业性的分工,有普通钳工(简称钳工)、装配钳工和修理钳工等。无论哪一种钳工,都必须掌握各项操作。要求学生通过学习,能够掌握钳工的基本理论知识和常用的操作技能,如划线、削、锉削、钻孔、攻丝与套丝、刮削、研磨、弯曲、锉配合等。“蛟龙号”是中国首个大深度载人潜水器,有十几万个零部件,组装起来最大的难度就是保证密封性,精密度要求达到了“丝”级。而在中国载人潜水器的组装中,能实现这个精密度的只有钳工顾秋亮,也因为有着这样的绝活儿,顾秋亮被人称为“顾两丝”。多年来,他埋头苦干、踏实钻研、挑战极限,追求一辈子的信任,这种信念,让他赢得了潜航员托付生命的信任,也推动了中国从海洋大国向海洋强国的迈进。

(一)划线

1. 划线简介

根据图样和技术要求,在毛坯或半成品上用划线工具划出加工界线,或划出作为基准的点、线的操作过程称为划线。

划线有平面划线和立体划线两种。只需要在工件一个表面上划线后即能明确表示加工界线的,称为平面划线;需要在工件几个互成不同角度(一般是互相垂直)的表面上划线,才能明确表示加工界线的,称为立体划线。

对划线的基本要求是线条清晰均匀,定形、定位尺寸准确,一般要求划线精度达到0.25~0.5 mm。应当注意,工件的加工精度(尺寸、形状精度)不能完全由划线决定,而应该在加工过程中通过测量来保证。

2. 划线的作用

(1)确定工件加工余量,使加工有明显的尺寸界限。

(2)为便于复杂工件在机床上的装夹,可按划线找正定位。

(3)能及时发现和处理不合格的毛坯。

(4)当毛坯误差不大时,可通过借料划线的方法进行补救,提高合格率。

3. 划线的准备工作

(1)划线前,必须认真地分析图纸和工件的加工工艺规程,合理选择划线的基准,确定划线方法和找正借料的方案。

(2)清理毛坯件的浇口、冒口,锻件毛坯的飞边和氧化皮,已加工工件的锐边、毛刺等。

(3)根据不同工件,选择适当的涂色剂,在工件上的划线部位均匀涂色。

4. 划线的工具

(1)划线平台(又称划线平板,图 3.1(a)):由铸铁毛坯经精刨或刮削制成。其作用是安放工件和划线工具,并在平台工作面上完成划线过程。

(2)划针(图 3.1(b)):是直接在毛坯或工件上划线的工具。在已加工表面上划线时经常使用 $\phi3\sim5$ mm 的弹簧钢丝或高速钢制成的划针,将划针尖部刃磨成 15°~20°,并经淬火处理以提高其硬度和耐磨性,如图 3.1(c)所示。在铸件、锻件等表面上划线时,常用尖部焊有硬质合金的划针,可与钢直尺配合使用,划线时划针向划线方向倾斜 45°~75°夹角。

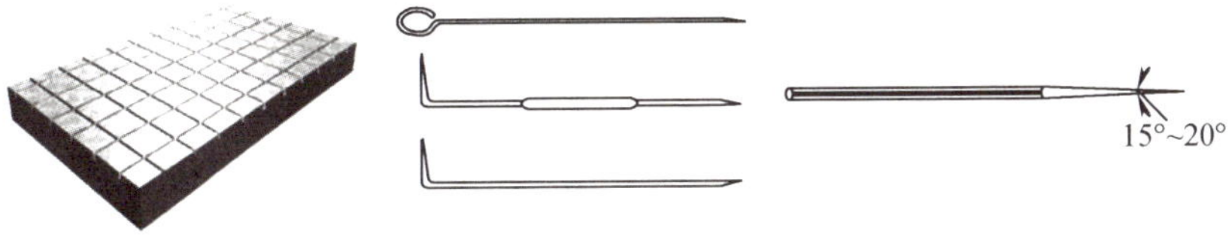

(a)划线平台 (b)划针 (c)划针尖端

图 3.1 划线工具(一)

(3)划规(图 3.2(a)):是用来划圆、圆弧、等分线段、等分角度和量取尺寸的工具。划规两脚长度要磨得稍有不等,两脚合拢时脚尖才能靠紧,划圆弧时应将手力作用到作为圆心的一脚,以防中心滑移。

(4)划线盘(图 3.2(b)):是直接划线或找正工件位置的工具。一般情况下,划针的直头用来划线,弯头用来找正工件。使用划线盘进行划线时,划针应尽量处于水平位置,底面与平板之间应保持清洁,划较长直线时要采用分段划线。

(5)钢直尺(图 3.2(c)):是一种简单的测量工具和划线的导向工具。尺身上有尺寸刻线,最小刻线距离为 0.5 mm。

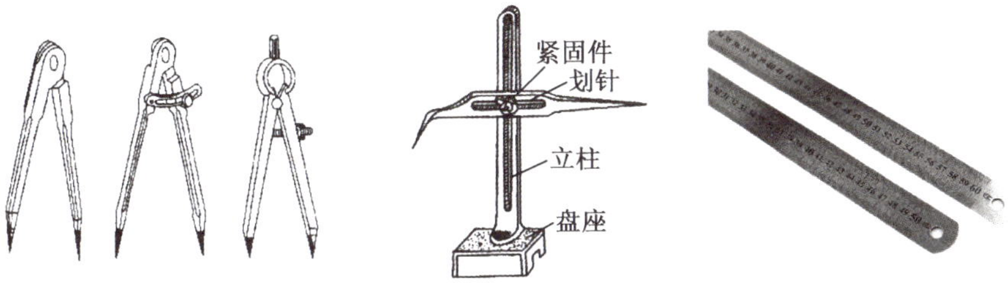

(a)划规 (b)划线盘 (c)钢直尺

图 3.2 划线工具(二)

(6)高度游标卡尺(图 3.3(a)):是比较精密的量具及划线工具,它可以用来测量高度,又可以用量爪直接划线。其读数精度一般为 0.02 mm。在划线时,划线脚与工件划线表面之间应成 45°角,毛坯料一般不能直接用高度游标卡尺划线,用完后及时上油。

(7)90°刀口角尺:它在钳工制作中应用广泛,可作为划平行线、垂直线的导向工具,还可以用来找正工件在划线平板上的垂直位置,并可检验工件两平面的垂直度或单个平面的平面度。90°刀口角尺主要有宽座直角尺(图 3.3(b))和样板直角尺(图 3.3(c))两种。

(8)样冲(图 3.3(d)):用于在工件所划的加工线条上打样冲眼,作为加强工件界限的标志,还用于圆弧中心或钻孔时的定位中心打眼。

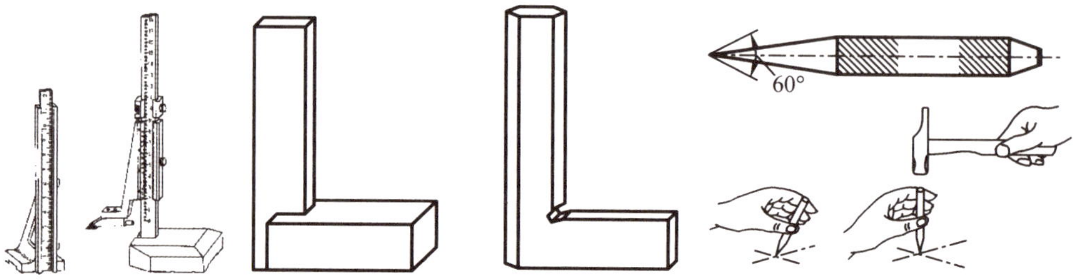

(a)高度游标卡尺　(b)宽座直角尺　(c)样板直角尺　(d)洋冲

图 3.3　划线工具(三)

(9)支承夹持工件的常用工具有垫铁、V 形架、角铁、方箱和千斤顶等,如图 3.4 所示。

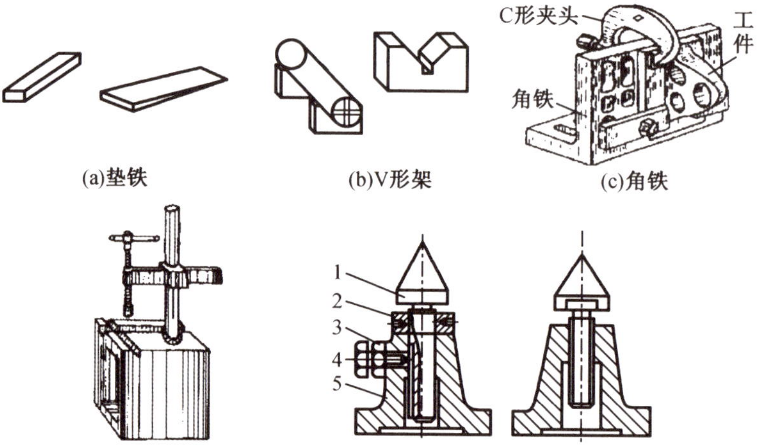

(a)垫铁　(b)V形架　(c)角铁

(d)方箱　(e)千斤顶

1—顶杆;2—圆螺母;3—锁紧螺母;4—定向螺母;5—千斤顶座。

图 3.4　划线工具(四)

5. 划线的方法

(1)样板划线法:是指根据工件形状和尺求要求将加工成型的样板放在毛坯适当的位置上划出界线的方法。该方法适用于形状复杂、批量大、精度要求一般的场合。其优点是容易对正基准,加工余量留得均匀,生产效率高。在板料上用样板划线可以合理排料,提高材料利用率。

(2)几何划线法:是根据图纸的要求,直接在毛坯或零件上利用平面几何作图的基本方法划加工界线的方法。该方法适用于小批量、较高精度要求的场合。它的基本线条有平行线、垂直线、圆弧与直线连接线、圆弧和圆弧连接线等。

(3)平面划线基准的选择(图 3.5):划线时,首先要选择和确定基准线及基准平面,然后根据二者划出其余的线。一般可选择图纸上的设计基准或重要孔的中心线作为划线基准;如工件上个别平面已加工过,则应选加工过的平面为基准。

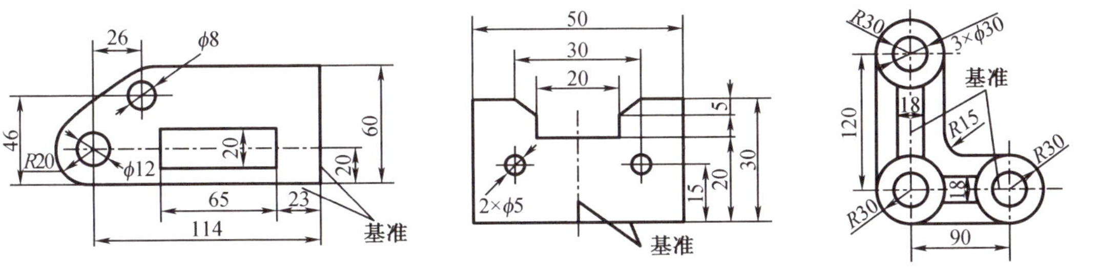

(a)以两个相互垂直的平面为基准 (b)以一条中心线和与它垂直的平面为基准 (c)以两条互相垂直的中心线为基准

图 3.5 平面划线基准的选择

(4)立体划线的步骤:

①根据图样分析工件形体结构、加工要求以及与划线有关的尺寸关系,明确划线内容和要求。

②清理工件表面,去除铸件上的浇冒口、披缝及表面粘砂等,并对工件涂色,选定划线基准。

③根据图纸,检查毛坯工件是否符合要求。

④恰当地选用工具和正确安放工件。

⑤找到基准后,进行划线。

⑥复检,并仔细检查有无线条漏划。

⑦划好线条后,再打上必要的样冲眼。

6. 找正与借料

找正和借料是划线中常用的加工手段,是新手钳工必懂的操作,主要目的是充分保证工件的划线质量,并在保证质量的前提下,充分利用、合理使用原材料,从而在一定程度上降低成本,提高生产率。所谓找正,是指利用划线工具使工件上的有关表面处于合适位置的操作过程。

当零件毛坯材料在形状、尺寸和位置上的误差缺陷用找正后的划线方法不能补救时,就要用借料的方法来解决。所谓借料,就是通过若干次的试划线和调整,使各个加工面的加工余量合理分配,互相借用,从而保证各个加工表面都有足够的加工余量,而误差和缺陷可在加工后排除。

应该指出的是:划线时的找正和借料这两项工作是密切结合进行的。因此,找正和借料必须相互兼顾,使各方面都满足要求,如果只考虑一方面,忽略其他方面,是不能做好划线工作的。

(二)錾削

1. 錾削工具

錾子(图 3.6)是錾削工件的刀具,一般用碳素工具钢(T7A 或 T8A)经锻打成型后再进行刃磨和热处理而形成。錾身一般制成八菱形,便于控制錾刃方向。头部做成圆锥形,顶部略带球面,使锤击时的作用力易于和刃口的錾切方向一致。切削部分由前刀面、后刀面和切削刃组成。

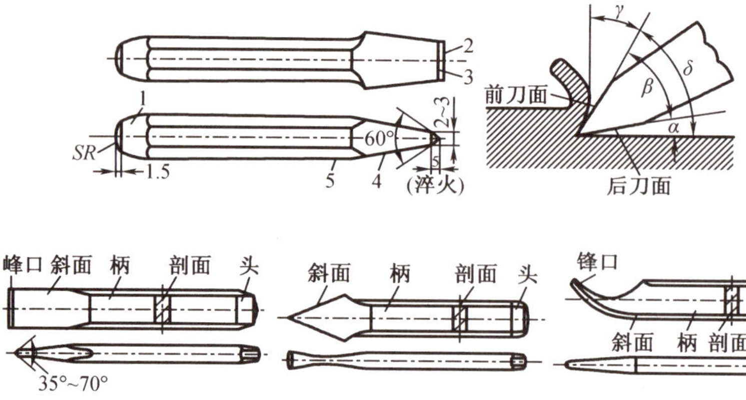

(a)扁錾　　(b)狭錾　　(c)油槽錾

1—头部;2—切削刃;3—切削部分;4—斜面;5—柄。

图 3.6　錾子

2. 錾削姿势及要领(图 3.7)

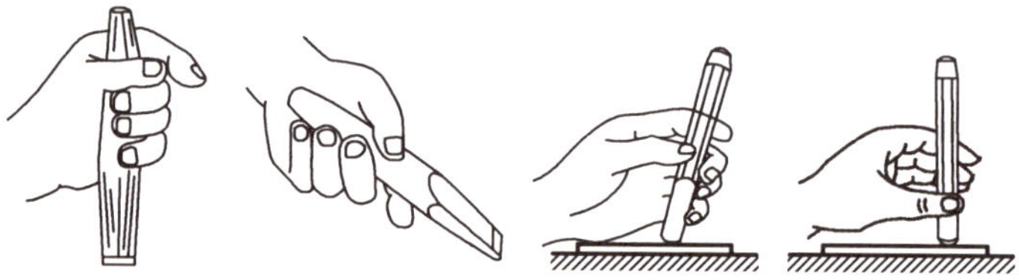

(a)正握法　　(b)反握法　　(c)立握法

图 3.7　錾削姿势

3. 手锤的握法(图 3.8)

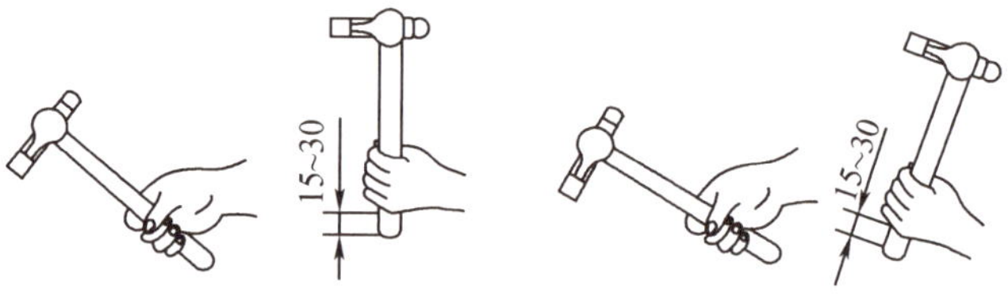

(a)紧握法　　(b)松握法

图 3.8　手锤的握法

4. 錾削的方法

(1)站立姿势和挥锤的方法(图 3.9)

錾削时,身体在虎钳的左侧,左脚跨前半步与虎钳呈 30°角,左腿略弯曲,右腿习惯站立,一般与虎钳的中心线约成 75°角,两脚相距 250～300 mm,右脚要站稳伸直,不要过于用力。身体与虎钳中心线成 45°角,并略向前倾,保持自然。挥锤的方法有腕挥、肘挥、臂挥三种。

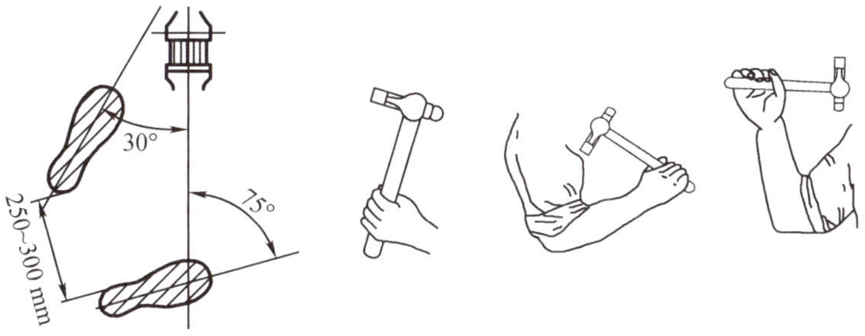

(a)站立的姿势　(b)腕挥　(c)肘挥　(d)臂挥

图 3.9　錾削站立姿势和挥锤的方法

(2)起錾和终錾

起錾时采用斜角起錾,先在工件边缘尖角处起錾,将錾子尾部略向下倾斜,锤击力较小,先錾切出一个约 45°的小斜面后,缓慢地把錾子移到小斜面中间,然后按正常錾削角度进行錾削。

终錾时,要防止工件边缘材料崩裂,当錾削接近尽头 10~15 mm 时,必须调头錾去余下部分,尤其是錾铸铁、青铜等脆性材料更应如此,否则尽头处易出现崩裂。

(3)錾削平面

錾削平面时,一般采用扁錾,常取后角为 5°~8°。錾削过程中,一般每錾削两三次,可将錾子退回一些,稍微停顿,然后再将刃口顶住錾削处继续錾削,每次錾削材料厚度为 0.5~2 mm。

(4)錾切材料(图 3.10)

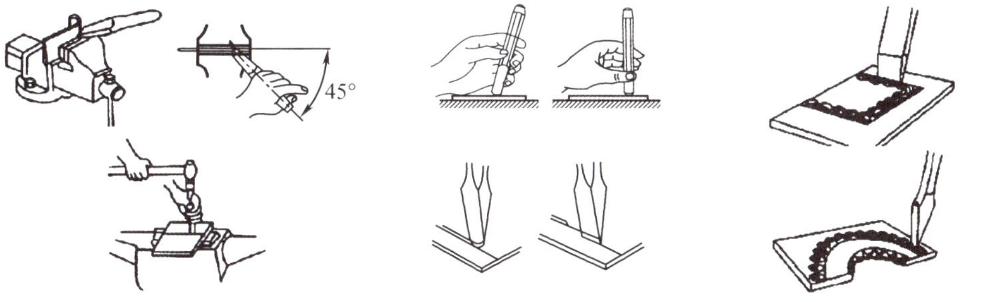

(a)工件夹在虎钳上錾切　(b)在铁砧上或平板上錾切　(c)用密集钻孔配合錾子錾切

图 3.10　錾切材料

(5)錾削油槽

油槽錾的切削部分应根据图样上油槽的断面形状、尺寸进行刃磨,同时在工件需錾削油槽部位划线,如图 3.11(a)所示。

起錾时,錾子要慢慢地加深到要求尺寸,錾到尽头时刃口必须慢慢翘起,保证槽底圆滑过渡。如果在曲面上錾油槽,錾子倾斜情况应随着曲面而变动,使錾削的后角保持不变,保证錾削顺利进行,如图 3.11(b)所示。

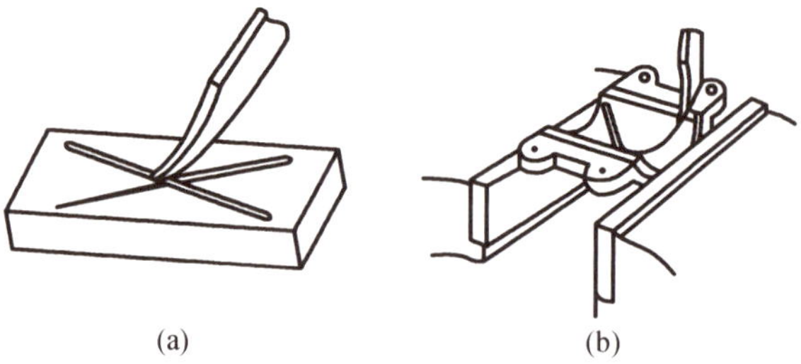

图 3.11 錾削油槽

(三)锯削

1. 锯削工具

(1)锯弓

锯弓的作用是张紧锯条,且便于双手操持,如图 3.12 所示。

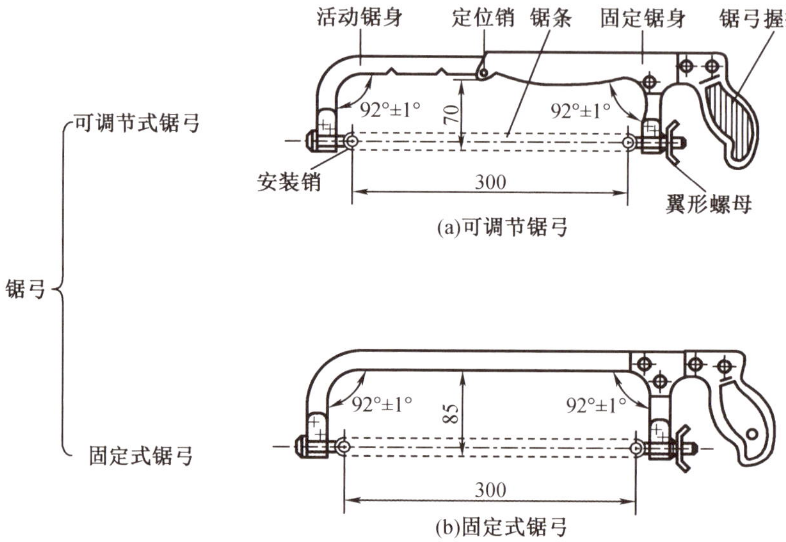

图 3.12 锯削工具和锯削方法

(2)锯条

锯条是用来直接锯削材料或工件的工具。锯条一般由渗碳钢冷轧制成,也有用碳素钢或合金钢制成的,经热处理淬硬后才能使用。锯条的长度以两端安装孔中心距来表示,常用的锯条长度为 300 mm。锯条规格及应用见表 3.1。

表 3.1 锯条规格及应用

规格	每 25 mm 长度内齿数	应用
粗	14~18	锯削软钢、铜、铝、铸铁、人造胶质材料
中	22~24	锯削中等硬度钢、厚壁的钢管、铜管
细	32	薄片金属、薄壁管子
细变中	32~20	一般工厂中用,易于起锯

2. 锯削的操作方法

(1)锯削前的准备

①锯条的安装:手锯向前推时才起切削的作用,因此锯条安装时一定要注意锯齿应向前倾斜。锯条安装的松紧程度是通过调节翼形螺母来控制的,不能太紧也不能太松。

②工件的夹持:工件一般应夹持在虎钳的左面,以便操作。工件伸出钳口不应过长,防止工件在锯削时产生振动,一般锯缝离开钳口侧面为 20 mm 左右,且锯缝线保持与钳口侧面平行,便于控制锯缝不偏离划线线条。夹紧要牢靠,避免锯削时工件移动或使锯条折断,同时要避免将工件夹变形和夹坏已加工面。

(2)锯削的操作(图 3. 13)

起锯是锯削运动的开始,起锯质量的好与坏,直接影响锯削的质量。如果起锯不当,常会出现锯条跳出锯缝将工件拉毛或者引起锯齿崩裂的现象,或是起锯后锯缝与划线位置不一致,而使锯削尺寸出现较大的偏差。起锯的方法有远起锯和近起锯两种。远起锯是指从工件远离操作者的一端起锯,锯齿逐步切入材料,不易被卡住,起锯较为方便。近起锯是指工件靠近操作者的一端起锯。无论采用哪一种起锯方法,起锯角度 α 都要小,一般 α 在 15°左右,如果起锯角度太大,则起锯不易平稳,锯齿容易被棱边卡住,而引起崩齿,尤其是在近起锯时。

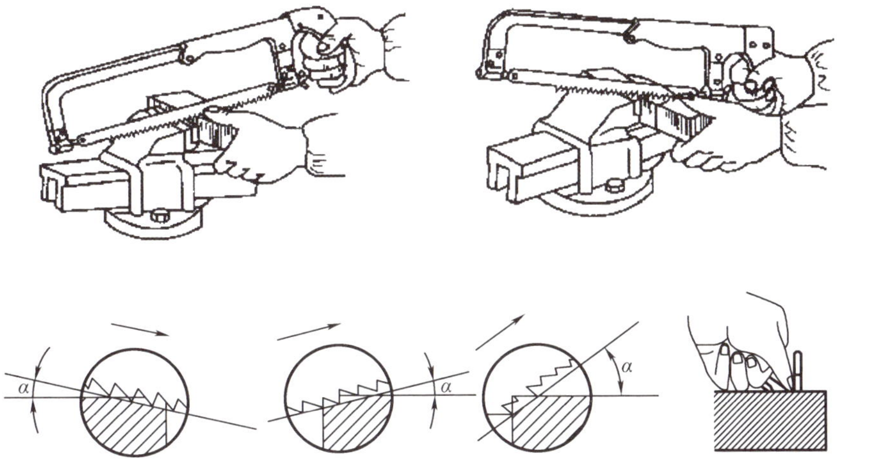

(a)远起锯　(b)起锯角过大　(c)近起锯　(d)用拇指挡住锯条起锯

图 3. 13　锯削的操作

3. 各种材料的锯削方法

(1)棒料的锯削(图 3. 14(a))

锯削的断面要求平整,则应从开始到结束连续锯。若锯出的断面要求不高,可分几个方向锯削,这样,由于锯割的面变小而容易锯下,可提高工作效率。

(2)薄板的锯削(图 3. 14(b))

薄板材料锯削时尽可能从宽面上锯下去,由于板料截面小,锯齿容易被钩住和崩齿,可用两块木板夹持一起锯下去,这样可避免崩齿和减少振动。另一种方法是把薄板夹在虎钳上,用手锯横向斜推锯,使薄板料与锯齿的接触面增大,避免锯齿崩裂。

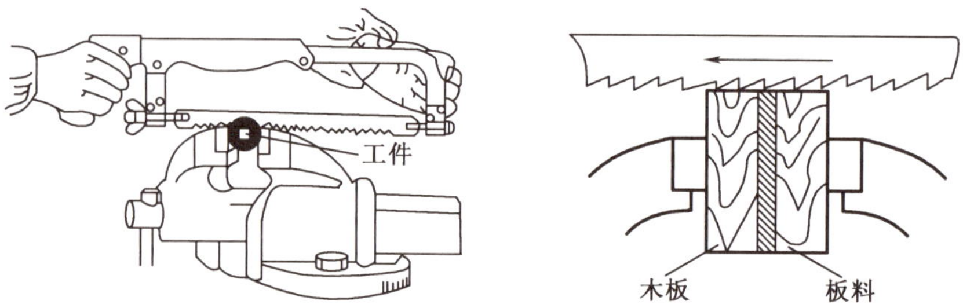

(a)棒料的锯削　(b)薄板的锯削

图 3.14　棒料及薄板的锯削

(3)管子的锯削(图 3.15)

锯削薄壁管子和精加工的管子时,应夹在带有 V 形槽的两木板之间,以防管材被夹扁或表面被夹坏。锯削薄壁管子时不可在一个方向从开始连续锯削至结束,否则锯齿容易被管壁钩住而崩裂。正确的锯削方法是先从一个方向锯削到管子内壁处,然后把管子向推锯方向转过一定角度,仍旧锯到管子内壁处,如此不断改变方向,直到锯断为止。

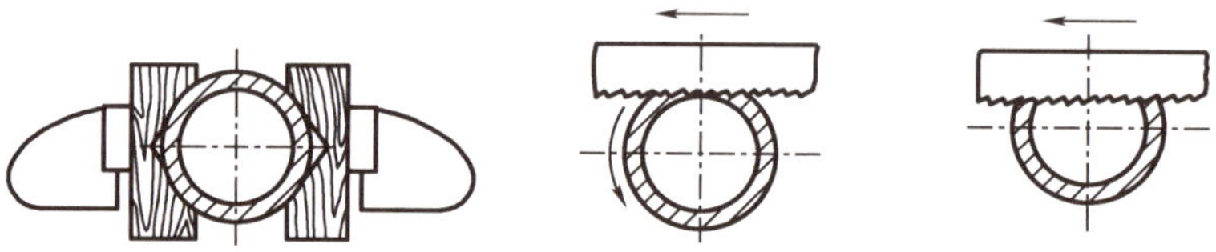

(a)管子的夹持　(b)转位锯削　(c)不正确锯削

图 3.15　管子的锯削

(4)型钢的锯削(图 3.16)

型钢的锯割应从宽面进行,这样锯缝较长,参加锯削的锯齿也多,锯削的往复次数少,锯齿不易被钩住而崩断。角铁在锯好一个面后,将其转过一下方向再锯,这样才能得到比较平整的断面,锯齿也不易被钩住。槽钢的锯削方法与角铁相似。

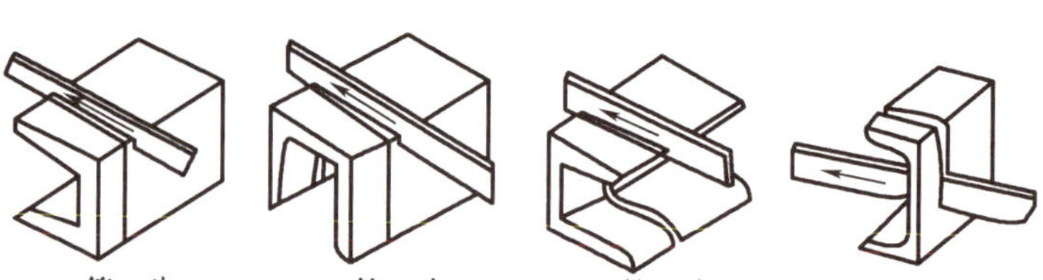

(a)第一步　(b)第二步　(c)第三步　(d)错误

图 3.16　型钢的锯削

(5)深缝的锯削(图 3.17)

锯削深缝时,正常安装的锯条一直锯到锯弓碰到工件为止,再将锯条转过 90°安装,使锯弓转到工件的侧面,或将锯弓转过 180°,锯条装夹成锯齿朝向锯缝内进行锯割。

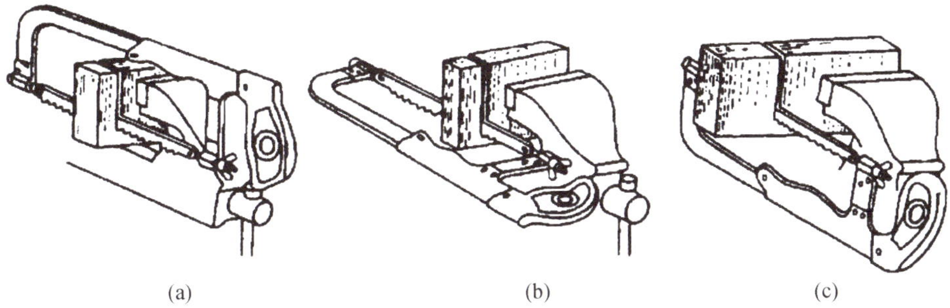

图 3.17　深缝的锯削

(四)锉削

1. 锉刀的构造(图 3.18)

锉刀有无数个锉齿,锉削时每个锉齿相当于一把錾子对金属材料进行切削。锉纹是锉齿有规则排列的图案,锉刀的齿纹有单齿纹和双齿纹两种。

锉刀的构造:
- 锉身:是指锉削前端到锉肩之间所包含的部分。
- 锉刀面:锉刀的主要工作面。
- 锉刀边:锉刀的两个侧面。
- 锉刀手柄:为了握住锉刀和用力方便,锉刀必须装上手柄。
- 主锉纹:在锉刀工作面上起主要锉削作用的锉纹叫作主锉纹。
- 辅锉纹:主锉纹覆盖的锉纹为辅锉纹。
- 主锉纹斜角(λ):主锉纹与锉身轴线的最小夹角。
- 辅锉纹斜角(ω):辅锉纹与锉身轴线的最小夹角。
- 锉刀舌:指锉身以外的部分,用以装入木柄内,便于握持并传递推力。

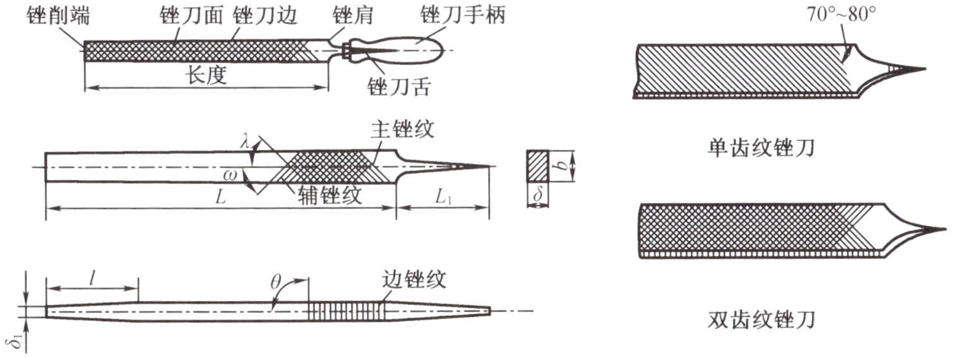

图 3.18　锉刀的构造

2. 锉刀的规格及选用

(1)选择锉刀的形状

锉刀断面形状应根据工件加工表面的形状来选择。锉内圆弧面选用圆锉或半圆锉;锉内角表面选用三角锉;锉内直角表面用扁锉或方锉等。

(2)锉齿粗细的选择

锉齿的粗细规格应根据工件加工余量的多少、加工精度和表面粗糙度要求的高低、工件的材质来选择。一般材料软、余量大、加工精度和表面粗糙度要求低的工件选用粗齿,反之选用细齿。

(3)锉刀锉纹的选择

锉削有色金属等软材料时,应选用单齿纹锉刀或粗齿锉刀,防止切屑堵塞;锉削钢铁等硬材料时,应选用双齿纹锉刀或细齿锉刀。

3. 锉削姿势(图 3.19)

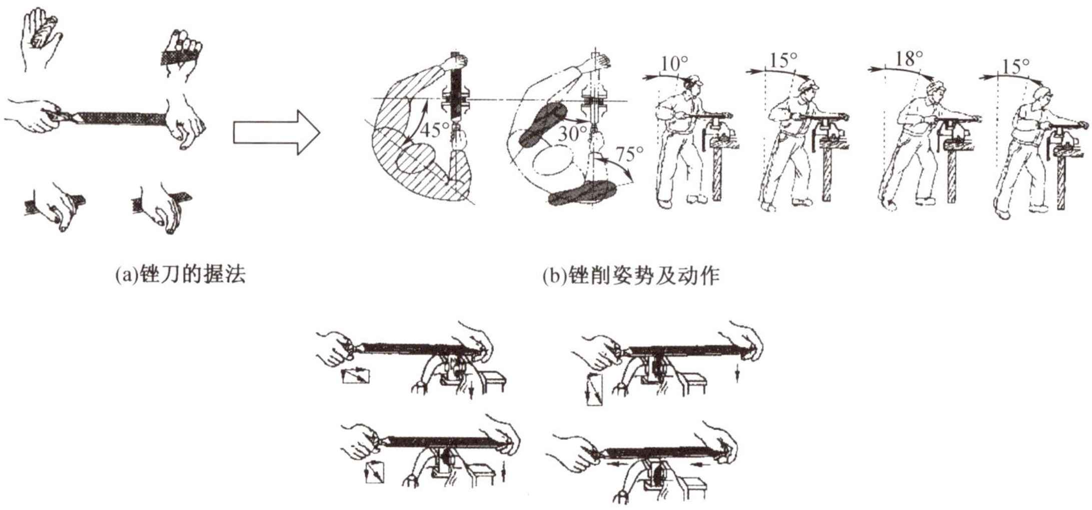

(a)锉刀的握法　(b)锉削姿势及动作

(c)锉削时两手的用力方向

图 3.19　锉削姿势

4. 锉削方法

(1)平面锉削

①普通锉削法:锉削时向前推压、后拉时稍把锉刀提起并沿工件横向移动。

②顺向锉(图 3.20(a)):锉削时,锉刀运动方向与工件夹持方向始终一致,在每锉完一次返回时,锉刀横向适当移动,再做下一次锉削。

③交叉锉(图 3.20(b)):是从两个以上不同方向交替交叉锉削的方法。

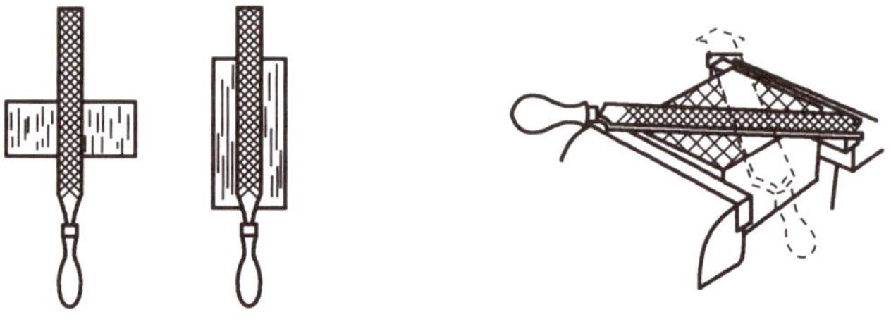

(a)顺向锉　(b)交叉锉

图 3.20　平面锉削

(2)曲面锉削(图 3.21)

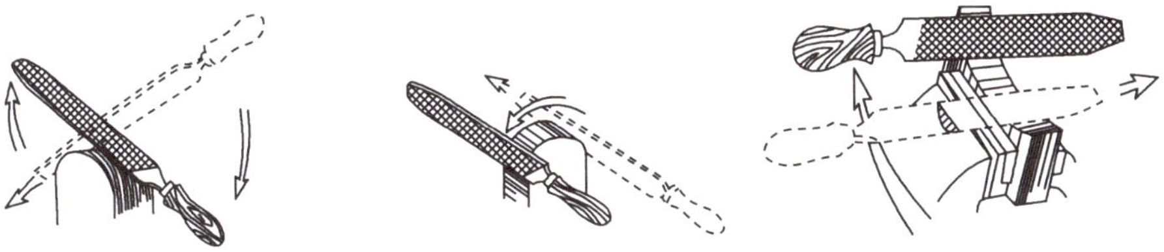

(a)顺着外圆弧面锉削　(b)横着外圆弧面锉削　(c)锉削内圆弧

图 3.21　曲面锉削

(五)攻螺纹

1. 攻螺纹工具

(1)丝锥(图 3.22)

丝锥类型:
丝锥是用来切削内螺纹的工具,分手用和机用两种。

丝锥的构造:
丝锥由工作部分和柄部组成,工作部分包括切削部分和校准部分。

丝锥的成组分配:
为了减少攻螺纹时的切削力和提高丝锥的使用寿命,一般将整个切削工作分配给几只丝锥来完成。

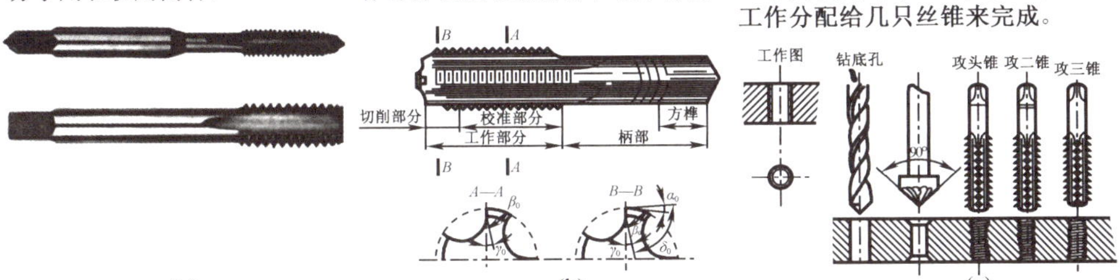

(a)　(b)　(c)

图 3.22　丝锥

(2)铰杠

铰杠分为普通铰杠和丁字形铰杠。普通铰杠(图 3.23)和丁字形铰杠(图 3.24)又都可以分为固定式和活络式。

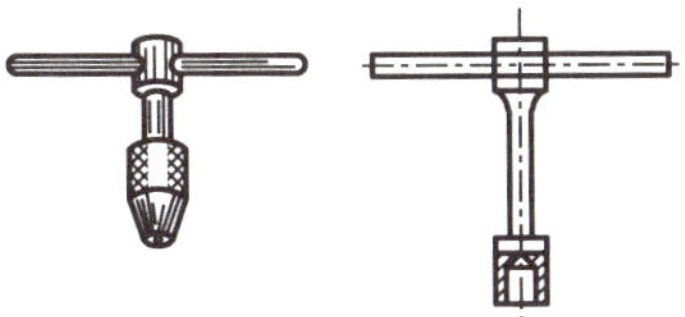

(a)固定式　(b)活络式

图 3.23　普通铰杠

(a)固定式

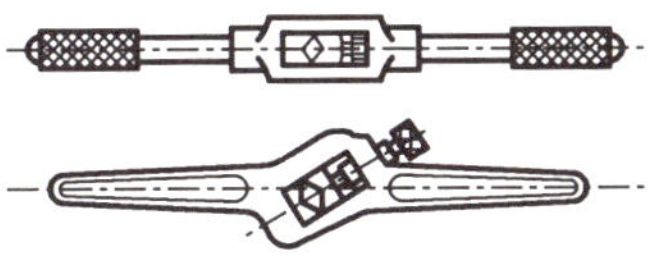

(b)活络式

图 3.24　丁字形铰杠

2. 攻螺纹前底孔直径的计算

用丝锥攻螺纹时,每一个切削刃在切削金属的同时,也在挤压金属,因此会将金属挤到螺纹牙尖，这种现象对于韧性材料尤为突出。若攻螺纹前底孔直径与螺纹小径相等，被挤出的材料就会卡住丝锥甚至使丝锥折断，并且材料的塑性越大，挤压作用越明显。因此，攻螺纹前底孔直径应略大于螺纹小径。这样挤出的金属正好形成完整的螺纹，且不易卡住丝锥。但底孔尺寸也不宜过大，否则会使螺纹牙型高度不够，降低螺纹强度。对普通螺纹来说，底孔直径可根据下列公式计算：

$$\text{脆性材料}\ D_{底}=D-1.05P$$

$$\text{塑性材料}\ D_{底}=D-P$$

式中，$D_{底}$ 为底孔直径，mm；D 为螺纹外径，mm；P 为螺距，mm。

3. 攻螺纹前底孔深度的计算

攻不通孔螺纹时，由于丝锥切削部分有锥角，前端不能切出完整的牙型，所以钻孔深度应大于螺纹的有效深度，可按下面公式计算：

$$H_{钻}=h_{有效}+0.7D_{大}$$

式中，$H_{钻}$ 为底孔深度，mm；$h_{有效}$ 为螺纹有效深度，mm；$D_{大}$ 为螺纹外径，mm。

4. 攻螺纹的方法

(1) 划线，计算底孔直径，然后选择合适的钻头钻出底孔。

(2) 在螺纹底孔的孔口倒角，通孔螺纹两端都倒角，倒角直径可略大于螺孔直径，这样可以使丝锥开始切削时容易切入，并防止孔口出现挤压出的凸边。

(3) 起攻时用头锥，可用手掌按住铰杠中部沿丝锥轴线用力加压，另一手配合做顺向旋进。也可用两手握住铰杠两端均匀施加压力，并将丝锥顺向旋进，应保证丝锥中心线与孔中心线重合，不能歪斜。当丝锥攻入 2 圈时，可用刀口直角尺在前后、左右方向进行检查，并不断校正。当丝锥切入 3~4 圈时，不允许继续校正，否则容易折断丝锥。

(4) 当丝锥的切削部分进入工件时，就不需要再施加压力了，而靠丝锥做自然旋进切削。此时，两手用力要均匀，一般顺时针转 1~2 圈，就需倒转 1/4~1/2 圈，使切屑碎断，避免切屑阻塞而使丝锥卡住或折断。

(5) 攻螺纹时必须按头锥、二锥、三锥的顺序攻削，以减少切削负荷，防止丝锥折断。

(6) 攻不通螺纹时，可在丝锥上做好深度标记，并要经常退出丝锥，清除留在孔内的切屑，否则会因切屑堵塞使丝锥折断或达不到规定深度。

(7) 攻韧性材料的螺孔时要加切削液，以减小加工螺孔的表面粗糙度和延长丝锥寿命。攻钢件时用机油；螺纹质量要求高时，可用工业植物油；攻铸件可用柴油。

(六) 套螺纹

1. 套螺纹的工具(图 3.25)

(1) 板牙：加工外螺纹的刀具。

(2) 板牙架：用来夹持板牙、传递扭矩的工具。

2. 套螺纹时圆杆直径的确定

套螺纹时，板牙在切削材料的过程中会产生挤压作用，使材料产生塑性变形。因此，套螺纹前的圆杆直径 D 要大于螺纹公称直径 d，可参照下式计算：

$$D=d-0.13P$$

式中，P 为螺距，mm。

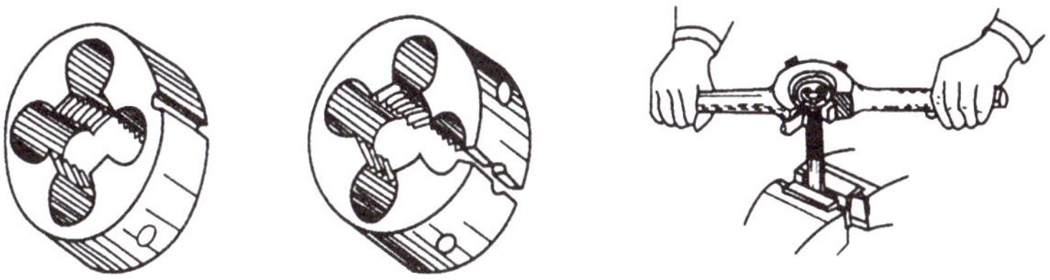

(a)封闭式板牙　(b)开槽式板牙　(c)板牙架

图 3.25　板牙和板牙架

为了使板牙起套时容易切入工件并做正确的引导，圆杆的端部应倒角为 15°~20°的锥角，其倒角处的最小直径应该略小于螺纹小径，避免螺纹端部出现锋口和卷边。

3. 套螺纹的方法

(1)确定圆杆直径，切入端应倒角为 15°~20°的锥角。

(2)用软钳口或硬木作的 V 形块将工件夹持牢固，注意圆杆要垂直于钳口，且不能损伤外表面。

(3)起套方法与攻螺纹起攻方法相似，开始套螺纹时，应检查校正，必须使板牙端面与圆杆轴线垂直。

(4)适当加压力并旋转扳手，当板牙切入圆杆 1~2 圈螺纹时，再次检查板牙是否套正，如有歪斜应慢慢校正后再继续加工，当板牙切入圆杆 3~4 圈螺纹后，应停止施加压力，平稳地旋动扳手，但要经常倒转板牙断屑。

(5)为了提高螺纹表面质量和延长使用寿命，套螺纹时要加切削液。常用的切削液有机油和乳化液，要求高时可用工业植物油。

(七)孔加工

1. 钻孔

(1)钻孔工具：钻孔工具为标准麻花钻。标准麻花钻一般由高速钢制成，淬火后 HRC62~68。标准麻花钻由柄部、颈部和工作部分组成，如图 3.26 所示。

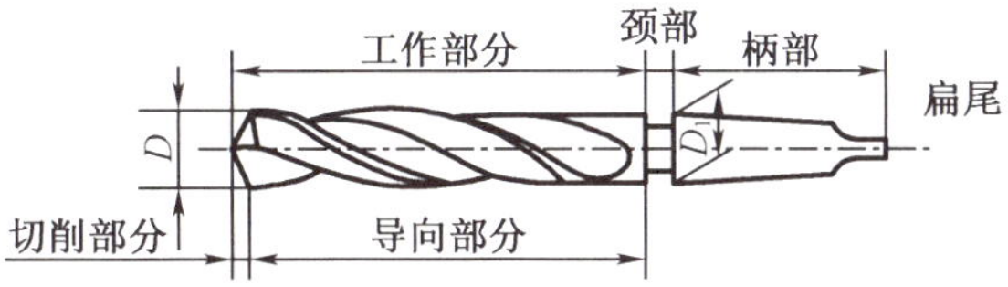

(a)锥柄式

(b)柱柄式

图 3.26　麻花钻的构成

(2)刃磨步骤(图 3.27):标准麻花钻使用一段时间后,会出现钝化现象,或因使用时温度高而出现退火、崩刃或折断等问题,故须重新刃磨钻头才能使用。刃磨要求:顶角 2ϕ 为 $118° \pm 2°$,外缘处的后角 α_0 为 $10° \sim 14°$,横刃斜角 ϕ 为 $50° \sim 55°$,两主切削刃的长度以及和钻头轴心线组成的两角要相等,两个主后刀面要刃磨光滑。

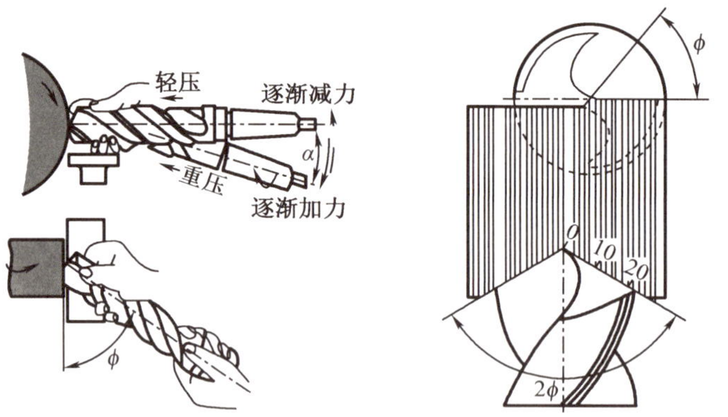

(a)标准麻花钻的刃磨　(b)标准麻花钻刃磨后的检验

图 3.27　刃磨步骤

①将主切削刃置于水平状态并与砂轮外圆平行。

②保持钻头中心线和砂轮外圈面呈 ϕ 角。

③右手握住钻头导向部分前端,作为定位支点,刃磨时使钻头绕其轴心线转动,左手握住柄部,做上下扇形摆动,磨出后角,同时掌握好作用在砂轮上的压力。

④两手的动作要协调一致,相互配合。一面磨好后,翻转 180°,刃磨另一面。

⑤在刃磨过程中,主切削刃的顶角、后角和横刃斜角同时磨出。为防止切削部分过热退火,应注意蘸水冷却。

⑥刃磨后的钻头常用目测法进行检查,也可用样板检验。

(3)钻孔步骤(图 3.28)

①钻孔时工件的划线:按图纸中有关位置尺寸要求,划出孔的十字中心线和孔的检查线(检查图或检查方框),并在孔的中心位置打好样冲孔眼。

②钻孔时工件的装夹:钻孔前一般都需要将工件夹紧固定,以防钻孔时工件移动使钻头折断或使孔位偏移。

a. 平口钳装夹:主要用于棒类工件的装夹。

b. V 形铁装夹:主要用于棒类工件的装夹。

c. 压板装夹:主要用于钻大孔或不便使用平口钳夹紧的工件。

d. 角铁装夹:主要用于各类角钢及型材的钻孔加工。

③钻头装拆:

a. 直柄钻头:直柄钻头用钻夹头装夹。钻夹头装在钻床主轴下端,用转夹头钥匙转动小锥齿轮时,直柄钻头被夹紧或松开。

b. 锥柄钻头:锥柄钻头用柄部的莫氏锥体直接与钻床主轴连接。拆卸时,将楔铁插入钻床主轴的长孔中将钻头挤出。

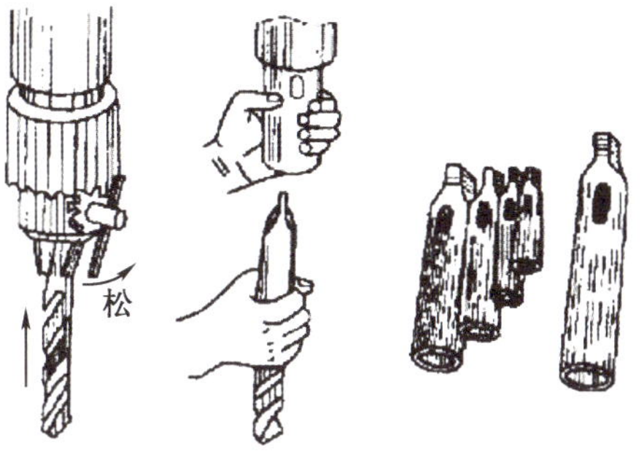

图 3.28　钻孔步骤

2. 扩孔

扩孔是用扩孔钻或标准麻花钻对已加工出的孔进行扩大加工的一种方法。它可以校正孔的轴线偏差，并使其获得正确的几何形状和较小的表面粗糙度，其加工精度一般为 IT10～IT9 级，表面粗糙度为 *Ra*6.3～3.2 μm。因此，扩孔常用于孔的半精加工和铰孔前的预加工。

(1)扩孔工具(图 3.29)。

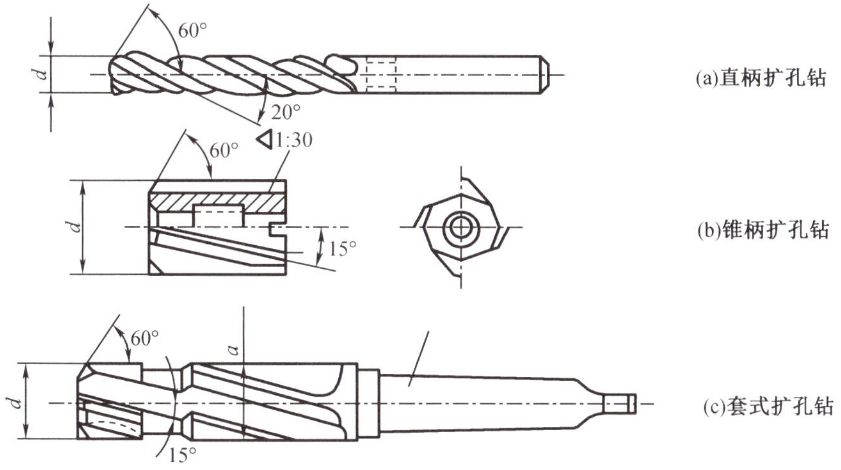

图 3.29　扩孔工具

(2)扩孔方法：

①实际生产中，一般用麻花钻代替扩孔钻使用，扩孔钻多用于成批大量生产。

②扩孔前，先用镗刀镗出一段直径与底孔相同的导向孔，这样可以在扩孔一开始就有较好的导向，而不至于随原有不正确的孔偏斜，多在铸孔、锻孔上进行扩孔。

③钻孔后，在不改变工件和机床主轴相对位置的情况下，立即换上扩孔钻进行扩孔。这样可使钻头与底孔的中心重合，使切削均匀平稳。

④采用钻套引导进行扩孔。

3. 铰孔

用铰刀从工件孔壁上切除微量金属层,以提高孔的尺寸精度和降低表面粗糙度的方法称为铰孔。由于铰刀的刀齿数量多,切削余量小,导向性好,因此切削阻力小,加工精度高,一般可达到 IT9～IT7 级,表面粗糙度达到 $Ra0.8\ \mu m$,属于孔的精加工。

(1)铰孔工具(图 3.30)。

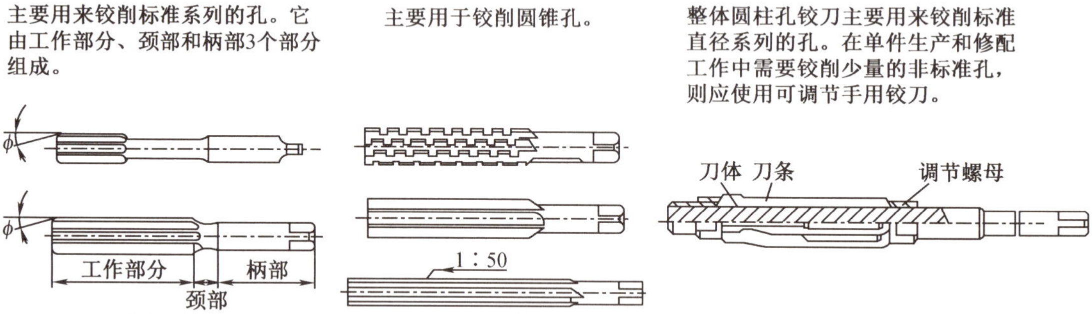

(a)圆柱孔铰刀　(b)圆锥孔铰刀　(c可调节手用铰刀

图 3.30　铰孔工具

(2)铰孔方法:

①手工铰孔的操作方法(图 3.31):

a. 工件装夹时的位置,应尽可能使铰刀的中心线与孔的中心线重合。

b. 起铰时,可用右手通过铰孔轴线施加进给压力,左手转动铰刀。正常铰削时两手用力应平稳,铰削速度要均匀,进给时不要猛力压铰刀。

c. 铰刀铰孔或退出铰刀时,均不能反转,以防止刃口磨钝以及切屑嵌入刀具后面与孔壁间,将已铰好的孔壁划伤。

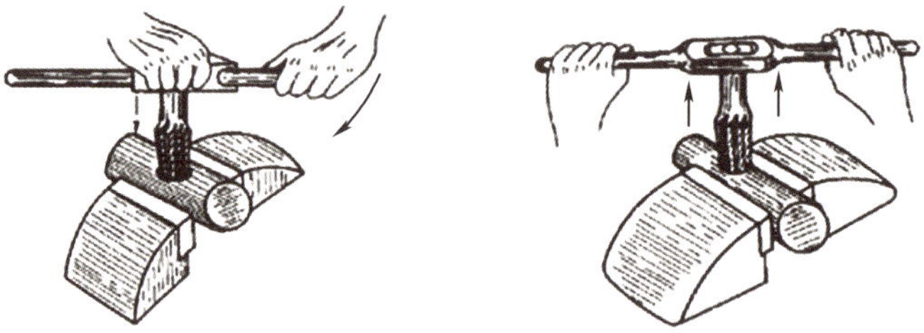

(a)手工起铰　(b)手铰运作与退刀

图 3.31　手工铰孔方法

②机动铰孔的操作方法(图 3.32):

a. 装夹工件时,必须严格保证钻床主轴、铰刀和工件孔三者之间的同轴度。

b. 开始铰孔时,应采用手动进给,当铰刀切削部分进入孔内以后,即可改用机动进给。

c. 铰削过程中,应按要求合理选用切削液。

d. 铰削盲孔时,应经常退出铰刀,清除铰刀和孔内切屑,防止因堵屑而刮伤孔壁。

e. 孔铰完后,应先退出铰刀,然后再停车,以防退出时将孔壁拉出刀痕。

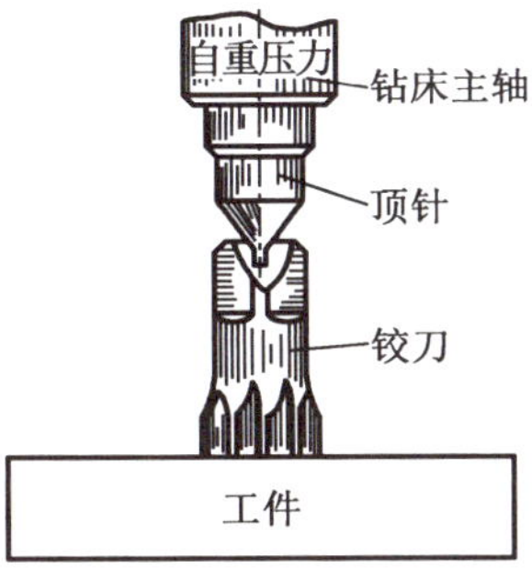

图 3.32　机动铰孔方法

4. 锪孔

用锪钻在孔口表面锪出一定形状的孔和表面的加工方法称为锪孔。锪孔的目的是保证孔端面与孔中心线的垂直度,以便与孔连接的零件位置正确,连接可靠。

(1)锪孔工具(图 3.33)。

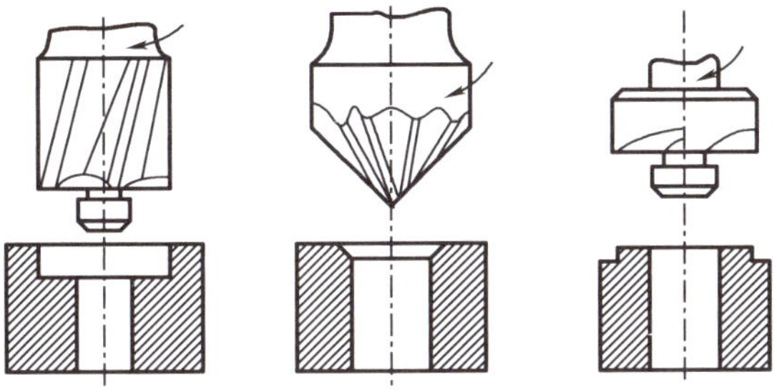

(a)柱形锪钻　(b)锥形锪钻　(c)端面锪钻

图 3.33　锪孔工具

(2)锪孔方法:

①锪锥形埋头孔时,按图样锥角要求选用锥形锪孔钻。锪深一般控制在埋头螺钉装入后低于工件表面约 0.5 mm,加工表面应无振痕。

②锪柱形埋头孔时,底面要平整并与底孔轴线垂直,加工表面无振痕。如果用麻花钻改制的不带导柱的锪钻锪柱形埋头孔时,必须用标准麻花钻扩出一个台阶孔做导向,然后用平底锪钻锪至深度尺寸。

③锪孔时的切削速度一般是钻孔速度的 1/3~1/2。精锪时,甚至可以利用钻床停止时主轴的运动惯性来锪孔。

(八)刮削

用刮刀刮除工件表面上的薄层,从而提高加工精度,以满足使用要求的加工方法叫刮削。

1. 刮削原理

刮削时,先在工件与校准工具或工件与其配合件之间的配合面上涂上显示剂,经相互对研后显出工件表面高点,然后用刮刀刮去高点,如此反复地显出高点和刮削高点。刮削中,刮刀对工件还有推挤和压光作用。

刮削工作主要应用于机床导轨及相配合表面、滑动轴承接触表面、工量具的接触面和密封表面等场合。

2. 刮削工具

刮削时使用的校准工具(图 3. 34)是用来推磨研点和检查被刮面准确性的工具,也称研具。常用的有校准平板、桥式平尺、工字形平尺、角度直尺,校研曲面用的研磨棒以及根据被刮面形状设计制造的专用校准型板等。

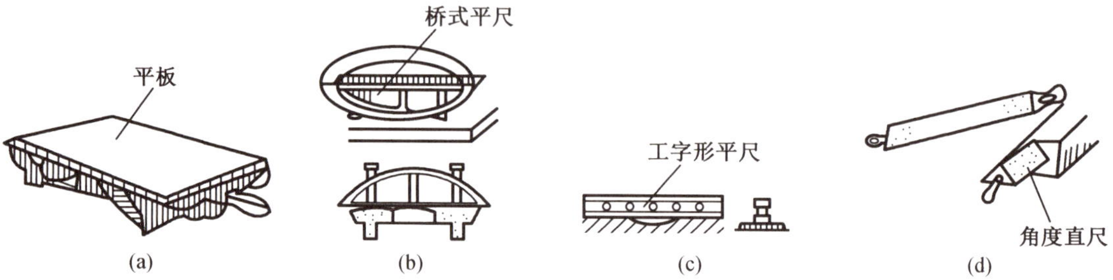

图 3. 34　校准工具

刮削工具如图 3. 35 所示。

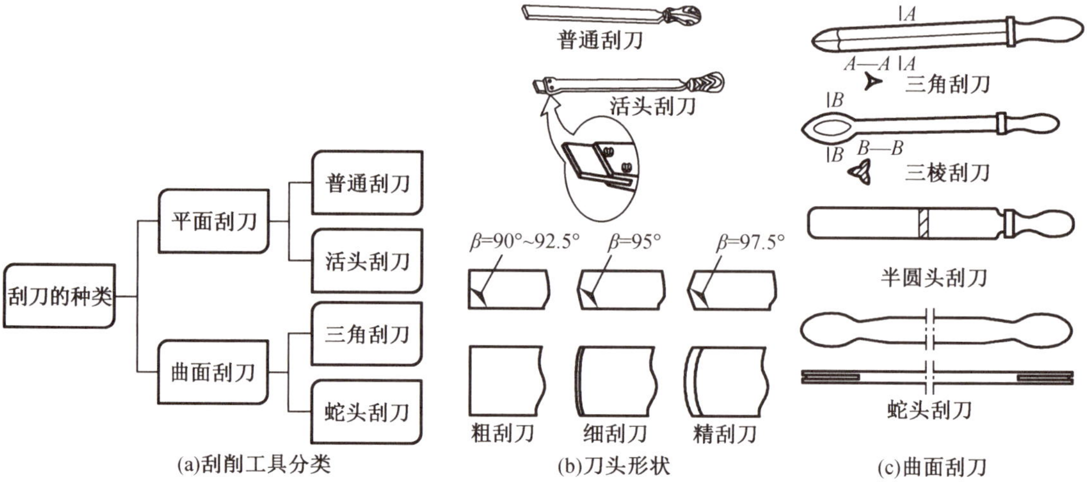

图 3. 35　刮削工具

3. 刮削方法

(1)挺刮法:将刀柄抵住小腹右下侧肌肉处,双手握住刀身,左手在前,掌心向下,横握刀身,距刀刃约 80 mm;右手在后,掌心向上握住刀身。双腿叉开成弓步,身体自然前倾,使刮刀与刮削面成 25°~40°夹角。刮削时,双手使刮刀刀刃对准显点,左手下压刮刀,同时用腿部和手臂发出的前挺力量使刮刀对准研点向前推挤,瞬间右手引导刮刀方向,左手快速将刮刀提起,刀头提起高度约为 10 mm,方完成一次挺刮动作。挺刮法劳动强度大,但刮削效率比手刮法高,故被广泛应用。

(2)手刮法:右手握刀柄(与握锉刀柄相似),左手四指向下蜷曲握住刀身近头部约 50 mm 处。刮刀和刮削平面成 25°~30°夹角。使刀刃抵住刮削平面,同时,左脚前跨一步,上身随着往前倾斜一些,这样可以增加左手压力,也便于看清刮刀前面的研点情况。刮削时,右臂利用上身摆动使刮刀向前推进,推进的同时,左手下压并引导刮刀前进方向;当推到所需的距离时,左手立即提起刮刀,完成一次手刮动作。手刮法虽动作灵活,但切削量小,且手臂易疲劳,所以只限用于大面积的刮削和不便挺刮的地方应用。

4. 平面刮削步骤

平面刮削可分为粗刮、细刮、精刮、刮花四个步骤。工件表面的刮削方向应与前道工序的刀痕交叉,每刮削一遍后,涂上显示剂,用校准工具研配,以显示出高点,然后再刮掉,如此反复进行。

(九)研磨

用研磨工具和研磨剂从工件上研去一层极薄表面层的精加工方法,称为研磨。

1. 研磨原理

(1)物理作用:研磨时要求研具材料比被研磨的工件软,这样受到一定压力后,研磨剂中微小磨料被压嵌在研具表面上。这些细微的磨料具有较高的硬度,像无数刀刃。

(2)化学作用:在研磨过程中,利用氧化铬、硬脂酸等化学研磨剂,使与空气接触的工件表面很快形成一层极薄的氧化膜,又不断地被磨掉,经过这样的多次反复,工件表面就能很快地达到预定要求。

2. 研磨工具(图 3.36)

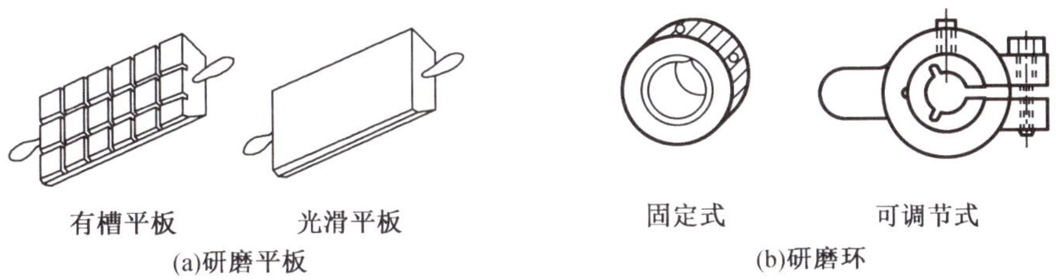

图 3.36　研磨工具

3. 研磨方法(图 3.37)

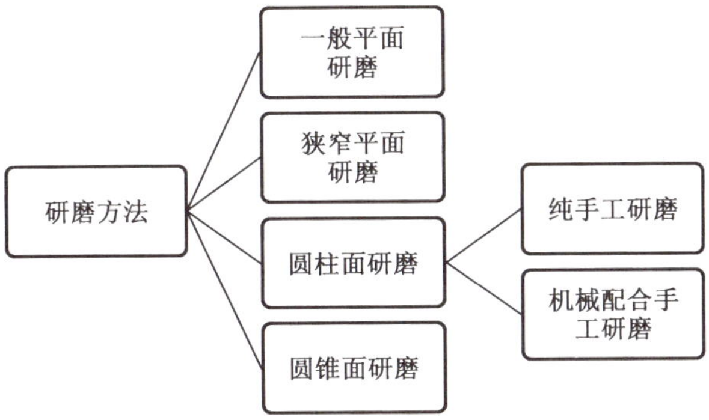

图 3.37　研磨方法

(十)螺纹连接

螺纹在拧紧时能产生很大的轴向力,它能方便地实现自锁,外形尺寸小,制造简单,能保持较高的精度,具有拆装简便、调整更换方便、易于多次拆装等优点,在现代机器制造和船舶制造中得到了广泛的应用。

1. 螺纹连接的基本形式和普通内螺纹的攻丝与钻孔要求

(1)螺纹连接的基本形式

螺纹连接由螺纹紧固件和连接件上的内外螺纹组成,主要形式有螺栓连接、双头螺柱连接、紧定螺钉连接、螺钉连接和特殊连接五种基本形式。它们的结构、主要尺寸关系、特点和应用列于表 3.2。

表 3.2　螺纹连接的基本形式、特点和应用

形式		结构	主要尺寸关系	特点和应用
螺栓连接	普通螺栓连接	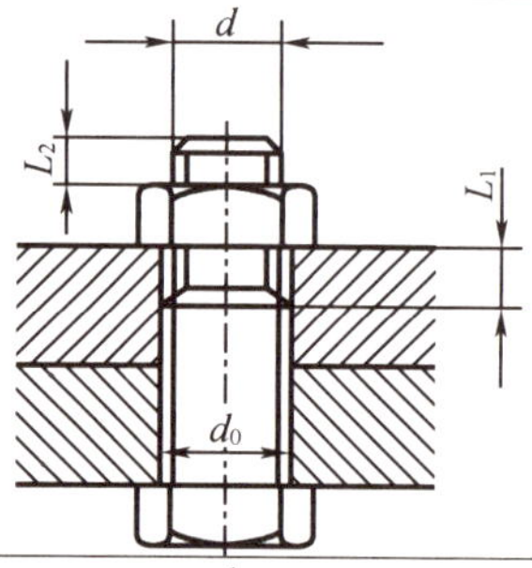	1. 螺纹余留长度 L_1: 普通螺栓连接静载荷 $L_1 \geq (0.3\sim0.5)d$;变载荷 $L_1 \geq 0.5d$;冲击、弯曲载荷 $L_1 \geq d$;配合螺栓连接尽可能小 2. 螺纹伸出长度 L_2: $L_2 \approx (0.2\sim0.3)d$ 3. 螺栓轴线到被连接件边缘的距离 e: $e=d+(3\sim6)$ 4. 通孔直径 d_0: $d_0 \approx 1.1d$	螺栓连接无须在被连接件上切制螺纹,结构简单,装拆方便,应用最广;用于通孔并能从连接件两边进行装配的场合
	配合螺栓连接	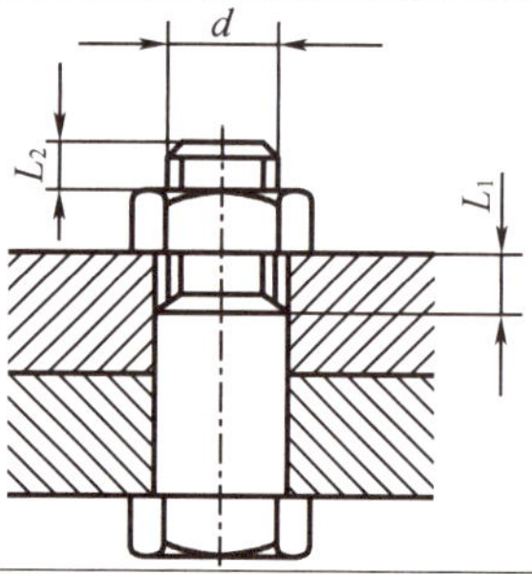		
双头螺柱连接		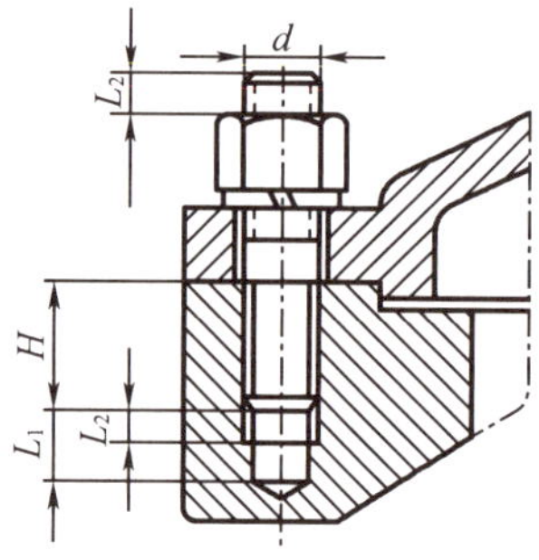	1. 螺纹旋入深度 H: 当螺纹孔材料为钢或青铜时 $H \approx d$ 铸铁时 $H \approx (1.25\sim1.5)d$ 铝合金时 $H \approx (1.5\sim2.5)d$ 2. 螺纹孔深度 H_1: $H_1=H+J_2$ 3. 钻孔深度 H_2: $H_2=H+J_3$ 其中 $J_2 \approx (0.41\sim0.66)d$ $J_3 \approx (0.65\sim1.52)d$	双头螺柱的座端旋入并紧定在被连接件之一的螺纹孔中,这一连接形式用于受结构限制而不能用螺栓或希望连接结构较紧凑且时常装拆的场合

表 3.2(续)

类型	结构	主要尺寸关系	特点和应用
紧定螺钉连接	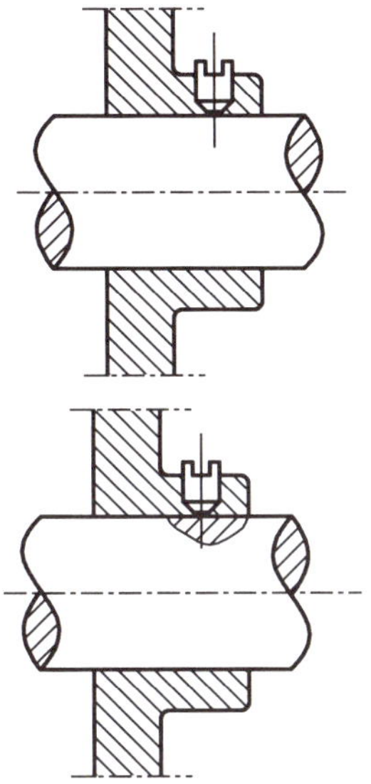	1. 螺纹旋入深度 H： 当螺纹孔材料为钢或青铜时 $H \approx d$ 铸铁时 $H \approx (1.25 \sim 1.5)d$ 铝合金时 $H \approx (1.5 \sim 2.5)d$ 2. 螺纹孔深度 H_1： $H_1 = H + J_2$ 3. 钻孔深度 H_2： $H_2 = H + J_3$ 其中 $J_2 \approx (0.41 \sim 0.66)d$ $J_3 \approx (0.65 \sim 1.52)d$	紧固螺钉旋入被连接件的螺纹孔中，其末端顶住另一被连接件的表面或顶入相应的坑中，以固定两个零件的相互位置，并可传递不大的力或转矩
螺钉连接	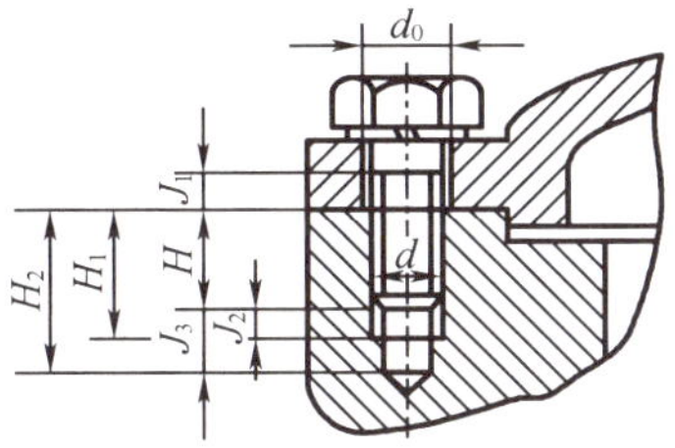		螺钉连接不用螺母，而且能有光整的外表面，其应用与双头螺柱连接相似，但不宜用于经常装拆的连接，以免损坏被连接件的螺纹孔
特殊连接	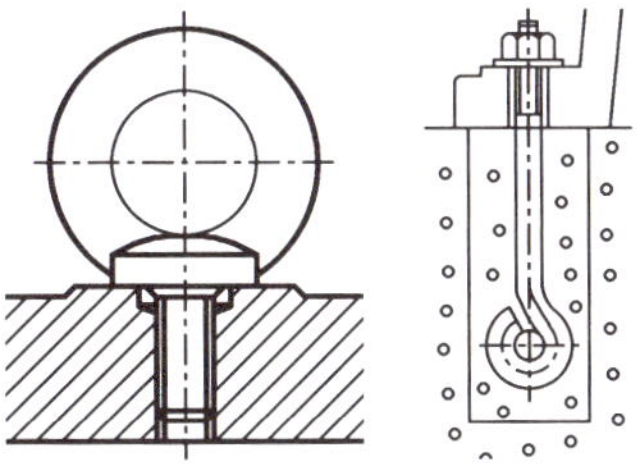		特殊连接用于地脚螺栓连接和吊环螺钉连接

螺纹连接件包括螺栓、双头螺柱、螺钉、螺母和垫圈等。螺栓、螺柱与相同等级的螺母和垫圈相配，机械上常用 A 级和 B 级表示。常用的螺纹连接件都已标准化，其形状和尺寸在国家标准中都有规定，使用时可按标准选择。

(2)普通内螺纹的攻丝与钻孔要求

①利用丝锥(也称罗丝攻)来加工螺母或其他机件上的普通螺纹的内螺纹工作称为攻丝。不同尺寸的螺纹对应有各种规格的丝锥，丝锥分为机用丝锥和手用丝锥两种，机用丝

锥用高速钢材料制成,适用于机床上攻丝;手用丝锥用碳素工具钢或合金工具钢制成,适用于手工攻丝。丝锥以初锥和底锥组成一组,为了便于攻丝和保证丝孔垂直,先使用初锥后再使用底锥完成攻丝工作,在攻丝时要涂润滑油或肥皂沫润滑,在攻丝过程中,不间断正反方向旋转,防止丝锥受力咬死,发生断裂,攻丝到规定深度后,取出丝锥,把螺纹孔内的铁屑垃圾清理干净,则攻丝工作完成。

②内螺纹攻丝对相应钻孔尺寸有明确要求,尺寸关系列于表3.3。

表3.3 内螺纹攻丝对相应钻孔的尺寸要求

内螺纹规格	M3	M4	M5	M6	M8	M10	M12	M14	M16	M18	M20
攻丝钻孔直径/mm	2.5	3.3	4.2	5	6.7	8.5	10.2	11.9	14	15.4	17.4
内螺纹规格	M22	M24	M27	M30	M33	M36	M39	M42	M45	M48	M52
攻丝钻孔直径/mm	19.5	20.9	24	26.4	29.2	32	35	37.3	40.5	42.7	47

2. 螺纹的尺寸标注、种类和表示方法

(1)螺纹的尺寸标注含义(普通公制螺纹)

螺距	P
原始三角形高度	$H=0.866\ 025P$
牙高(牙型高度)	$5/8H=0.541\ 266P$
内螺纹大径(内螺纹公称直径)	D
外螺纹大径(外螺纹公称直径)	$d=D$
内螺纹中径	$D_2=D-0.649\ 551\ 9P$
外螺纹中径	$d_2=d-0.649\ 519P$
内螺纹小径	$D_1=D-1.082\ 532P$
外螺纹小径	$d_1=d-1.082\ 532P$

(2)螺纹的划分

螺纹按螺距不同可分为粗牙和细牙;按标准不同可分为英制、公制、美制等;按用途不同可分为普通螺纹和管螺纹;按螺纹形状不同可分为一般普通螺纹和特殊螺纹;按安装方式不同可分为左旋和右旋;按公称直径规格不同可分为不同系列。为了保证螺纹的质量,除了常规测量公称尺寸和螺距外,用标准测齿规或齿模螺纹塞规等查验螺纹的标准规格和精度。

(3)螺纹的种类和表示方法

①普通螺纹(图3.38):牙型为等边三角形,牙型角 $\alpha=60°$;分为粗牙和细牙两种,粗牙螺纹用于一般连接,细牙螺纹在相同公称直径时,螺距小,螺纹深度浅,导程和升角也小,自锁性能好,适合用于薄壁零件和微调装置。

②管螺纹:专用于管件连接的特殊细牙三角形螺纹,牙型角 $\alpha=55°$,特点是连接密封性好。

螺纹的划分依据不一样,所以不同螺纹的表示方法也完全不同,例如普通螺纹的表示方法见表3.4,管螺纹的表示方法见表3.5。

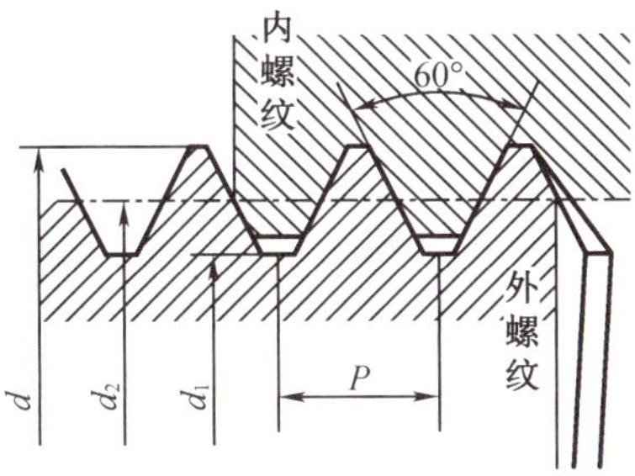

图 3.38　普通螺纹

表 3.4　普通螺纹的表示方法

标准	螺纹种类	螺纹分类	螺纹全称	表示方法	备注
公制规格	普通螺纹	粗牙普通螺纹	公称直径为 24 mm 粗牙普通螺纹	M24	第一系列
			公称直径为 24 mm 左旋粗牙普通螺纹	M24 左	第一系列
			公称直径为 4.5 mm 粗牙普通螺纹	M4.5	第二系列
			公称直径为 7 mm 粗牙普通螺纹	M7	第三系列
		细牙普通螺纹	公称直径为 24 mm 细牙普通螺纹	M24×1.5	1.5 为螺距
			公称直径为 24 mm 左旋细牙普通螺纹	M24×1.5 左	
			公称直径为 4.5 mm 细牙普通螺纹	M4.5×0.5	
			公称直径为 7 mm 细牙普通螺纹	M7×0.75	
英制规格	威氏螺纹	粗牙威氏螺纹	公称直径为$\frac{7''}{16}$粗牙威氏螺纹	$\frac{7''}{16}\times14$	14 为每英寸牙数
		细牙威氏螺纹	公称直径为$\frac{7''}{16}$细牙威氏螺纹	$\frac{7''}{16}\times18$	18 为每英寸牙数
美制规格	螺纹统一标准	粗牙统一标准螺纹	公称直径为 1″粗牙统一标准螺纹	1″-8UNC	UNC 表示粗牙
		细牙统一标准螺纹	公称直径为 1″细牙统一标准螺纹	1″-12UNF	UNF 表示细牙

注：第一系列—优先选用螺纹公称直径；第二系列—其次选用公称直径；第三系列—尽可能不选用公称直径。

表 3.5　管螺纹的表示方法

螺纹分类	螺纹形式	螺纹全称	表示方法	备注
55°圆柱管螺纹	圆柱管螺纹内螺纹	公称尺寸为圆柱管螺纹内径	G1	
	圆柱管螺纹外螺纹	公称尺寸为圆柱管螺纹外径	G1 A	A 为螺纹公差等级

表 3.5(续)

螺纹分类	螺纹形式	螺纹全称	表示方法	备注
55°圆锥管螺纹	圆锥管螺纹内螺纹	公称尺寸为圆锥管螺纹内径	RC1	
	圆锥管螺纹外螺纹	公称尺寸为圆锥管螺纹外径	R1 KG1	

注:圆柱管螺纹外径的螺纹公差等级分为 A 和 B 两种。

(4)特殊螺纹

因用途和使用技术要求不同,需要按螺纹形状不同加工成特殊螺纹。特殊螺纹一般分为矩形螺纹、梯形螺纹、锯齿形螺纹等。

①矩形螺纹(图 3.39):牙型多为正方形,传动效率高,但精加工困难,磨损后轴向间隙不易补偿。

②梯形螺纹(图 3.40):牙型为梯形,牙型角 $\alpha=30°$;传动效率比矩形螺纹稍低,但制造工艺性好,牙根强度高,定心性好。梯形螺纹主要用于可动连接(例如起重螺旋等)及传递运动(如机床丝杠等)。

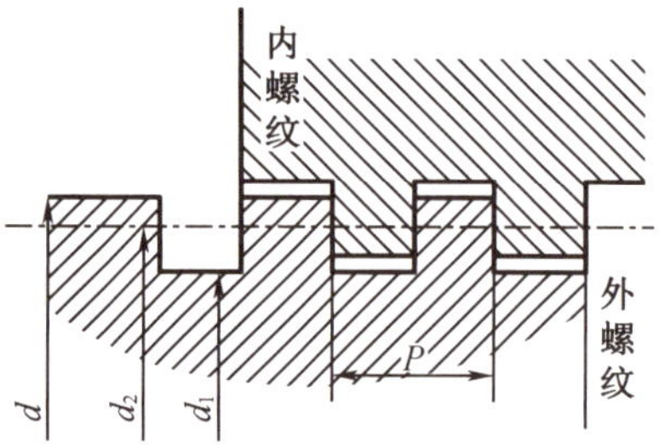

图 3.39　矩形螺纹

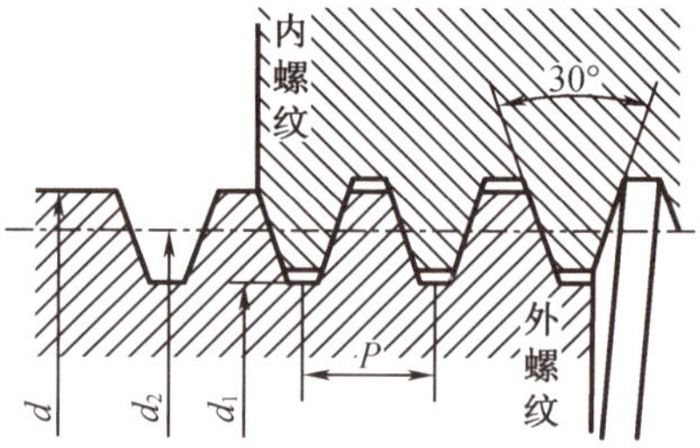

图 3.40　梯形螺纹

③锯齿形螺纹(图 3.41):牙侧角 β 两边不等,工作边为 3°,非工作边为 30°;综合了矩形螺纹的高效率和梯形螺纹牙根强度高的优点,适用于单向受载的传动螺旋。锯齿形螺纹用于单向受大轴向力的连接(如螺旋压床、碾压机的螺旋等)。

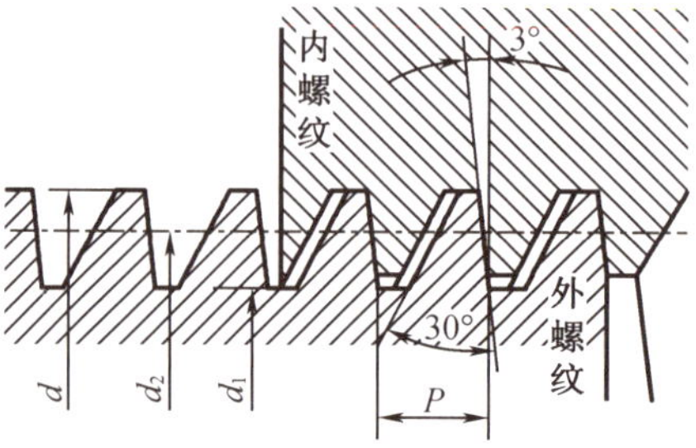

图 3.41　锯齿形螺纹

特殊螺纹的制作公差精度是由机床加工和螺纹塞规、螺纹环规检测来保证的，用于机床传动丝杠、行进螺杆、调节螺杆等的螺纹还应进行啮合研磨，确保内外螺纹结合具有较高精度。

3. 紧固双头螺栓的装配

（1）双头螺栓装配时的主要技术要求

①保证双头螺栓的紧固端与机体螺纹配合的紧固性，而不致在装拆螺母的过程中双头螺栓有任何松动的现象。因此，双头螺栓的紧固端应当采用螺纹中径有过盈、有台肩的形式（图 3.42），或最后几圈螺纹浅些，以实现螺纹配合的紧固性。当双头螺栓装入软材料工件时，过盈要大些。

(a)有台肩的形式　　(b)过盈或最后几圈带浅螺纹的形式

图 3.42　双头螺栓的紧固形式

②双头螺栓的轴心线必须与机体表面垂直，通常用角尺进行检验（图 3.43）。螺栓轴线的不垂直度较小时，一般可以把它敲准。

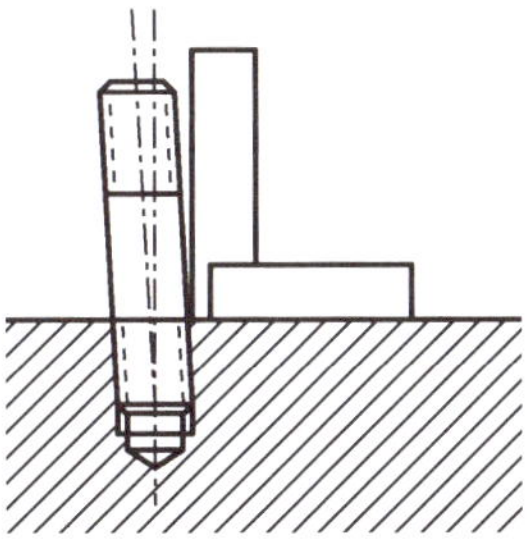

图 3.43　用角尺检验双头螺栓的垂直度

③装入双头螺栓时，必须用油润滑，以免旋入时产生咬住现象，同时使今后拆卸更换时较为方便。

此外，在双头螺栓安装时，还应注意以下几点：

①双头螺栓安装歪斜时，不应用校直的方法消除，否则容易造成螺栓弯曲或根部断裂。在此情况下，应该把它拧出来，再用丝锥校正螺孔；对偏斜大的，则应钻掉孔内螺纹，重新攻丝，再更换一端有相应直径的双头螺栓。

②若螺栓还未拧到底，就感觉阻力太大，这时应该将其拧出来，再用丝锥校正一下，并选择一个螺纹中径较小的螺栓拧入。

③双头螺栓旋入过深或过松时应旋出，选择一个中径较大的螺栓旋入，以保证螺栓的伸出长度和紧密配合。

④双头螺栓的有效旋入深度一般为螺纹直径的 1.5 倍以上，即 $H \geq 1.5d$。

(2)旋紧双头螺栓的专用工具

①图 3.44(a)所示为使用两个螺母的旋紧法。具体操作是将两个螺母相互旋紧，然后旋动上面的一个螺母，双头螺栓即旋入螺孔中。这种方法的缺点是在拆下螺母时，可能导致已经旋紧的双头螺栓松动。

②图 3.44(b)和(c)所示为使用长螺母的旋紧法。用制动螺钉或楔来阻止螺母和双头螺栓之间的相对运动，然后旋动长螺母，双头螺栓即可旋入。在松掉螺母时，先使螺钉或楔回松。

③图 3.44(d)和(e)所示为用带有偏心盘的套筒旋紧。偏心盘的周围有滚花，当套筒套入双头螺栓时，依旋紧方向转动手柄，偏心盘即可在双头螺纹的圆柱处楔紧而将它旋入螺孔中。回松时，将手柄倒转，偏心盘由于失去楔紧，故套筒可方便地退出。

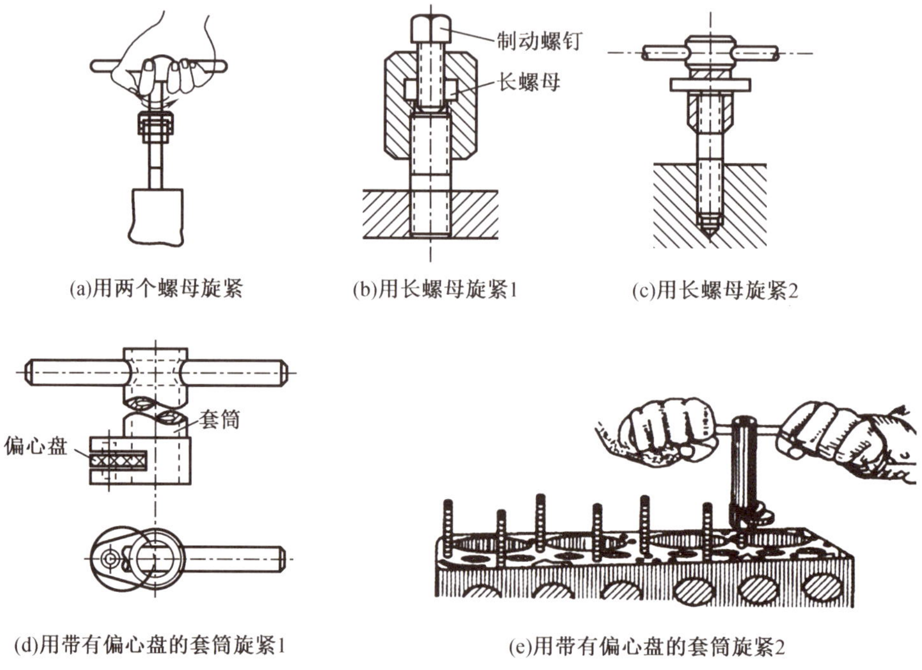

(a)用两个螺母旋紧　(b)用长螺母旋紧1　(c)用长螺母旋紧2

(d)用带有偏心盘的套筒旋紧1　(e)用带有偏心盘的套筒旋紧2

图 3.44　旋入双头螺栓工具

4. 螺母和螺栓的装配

在装配螺母和螺栓的时候，要保证它们连接得紧固有力，不会松动；拆卸的时候，要求零件完整无损。为此，掌握旋紧螺纹的要点是很重要的。对正确使用旋紧(或回松)螺纹用的工具也不能忽视。

(1)螺母和螺栓的装配要求

①螺栓或螺母与零件贴合的表面应光洁、平整，贴合处的表面应当经过加工，否则容易松动或使螺钉弯曲。

②接触的表面应当清洁，螺栓、螺母应当在机油中洗净，螺孔内的脏物应当用压缩空气吹净。

(2)螺纹连接的预紧和防松装置

旋紧螺纹时，松紧程度必须合适。旋紧力太大，会出现螺栓拉长或断裂、螺纹拉坏或滑牙、机件变形等现象，从而使螺栓在工作过程中发生断裂，甚至可能引起严重事故；旋紧力太小，则不能保证机器工作时的可靠性和准确性，并容易产生回松现象。

①预紧

a.拧紧力矩的确定。为了达到连接牢固可靠的目的，连接时必须施加拧紧力矩，使螺纹之间产生预装力，从而使螺纹具有一定的摩擦力矩。根据装配要求，测量螺栓拧紧后的伸长量，便可确定拧紧力矩是否合适。

b.扭角法，即螺栓拧至与被连接件贴紧后，再拧转一定的角度。

以上方法一般是根据经验进行操作。

c.利用专门的工具。利用专门的装配工具控制预紧力则比较准确、方便。常用的工具有扭力扳手和定力矩扳手(图 3.45)。

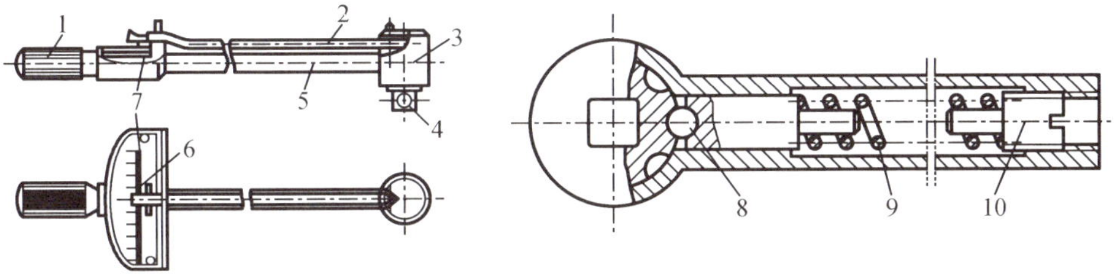

(a)扭力扳手　　(b)定力矩扳手

1—手柄；2—长指针；3—柱体；4—钢球；5—弹性杆；6—指针尖；7—刻度板；8—圆柱销；9—弹簧；10—调整螺钉。

图 3.45　控制预紧力的专用工具

②防松装置

连接用的螺纹一般都有自锁能力，但在冲击、振动或变载荷作用下，以及温度变化较大的场合，很容易发生松脱，为了确保连接可靠，必须采取以下防松措施。

a.将开口销插入螺栓孔内，使螺母自动回松不超过一定的限度，如图 3.46 所示。

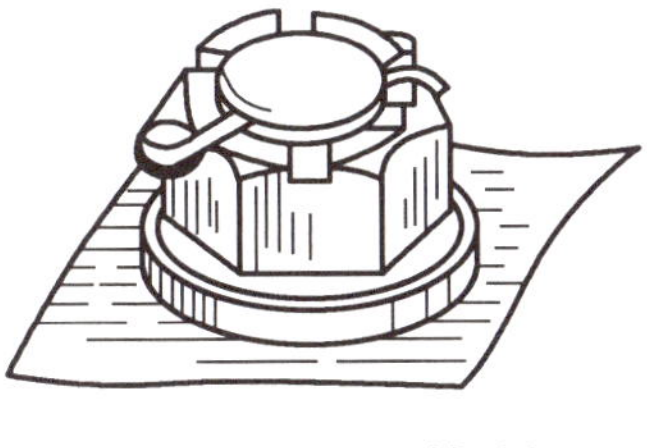

图 3.46　用开口销防松

b.对成对的或成组的螺栓和螺母，可以用钢丝穿过螺栓头互相绑住，以防止回松(图 3.47)。用钢丝绑住时，必须用钢丝钳或尖头钳拉紧钢丝，钢丝旋转的方向必须与螺纹旋转方向相同，使螺栓或螺母不松动。

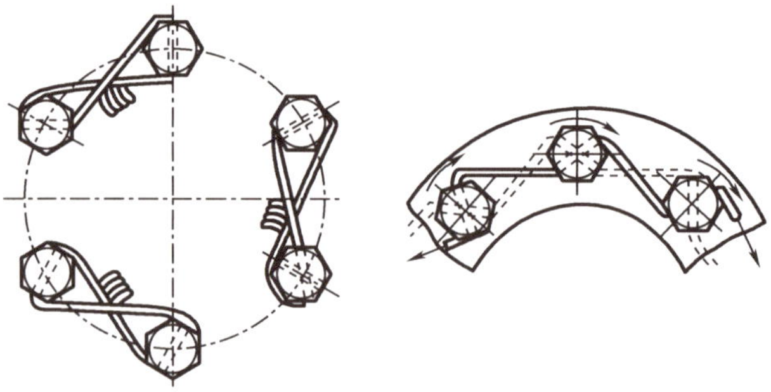

图 3.47　用钢丝防止螺纹回松

c. 用弹簧垫圈制止螺纹回松。这种防松装置可靠，所以应用较普遍，如图 3.48 所示。

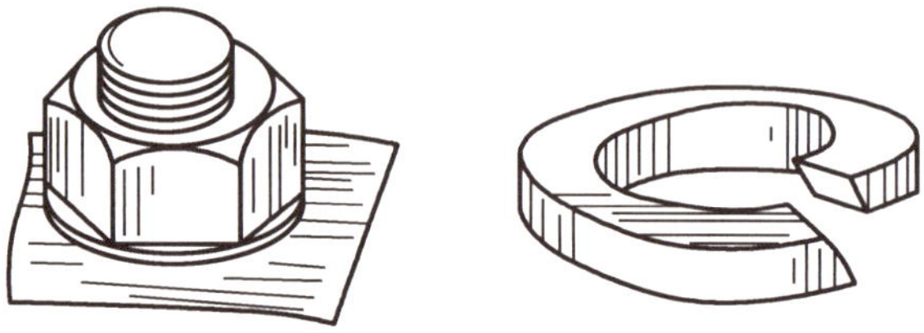

图 3.48　用弹簧垫圈防松

d. 用点铆的方法制止螺纹回松，如图 3.49 所示。这种方法用在不常拆卸的螺栓上。

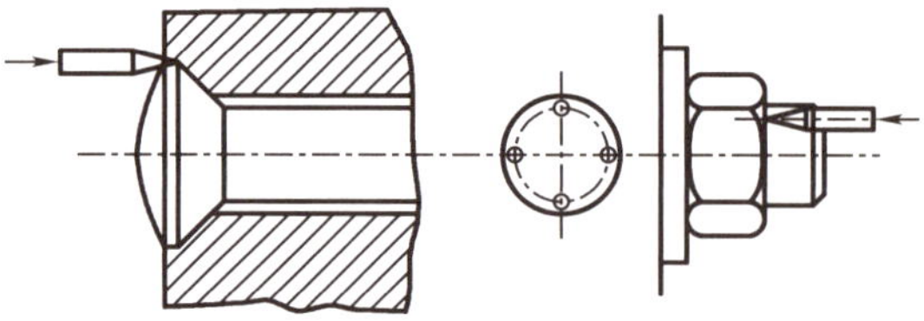

(a)螺钉上点铆　　(b)侧面点铆

图 3.49　点铆法防松

e. 用保险垫圈防止螺纹回松（图 3.50）。使用带耳垫圈（又称止动垫圈）时，必须把内外耳插入槽内。

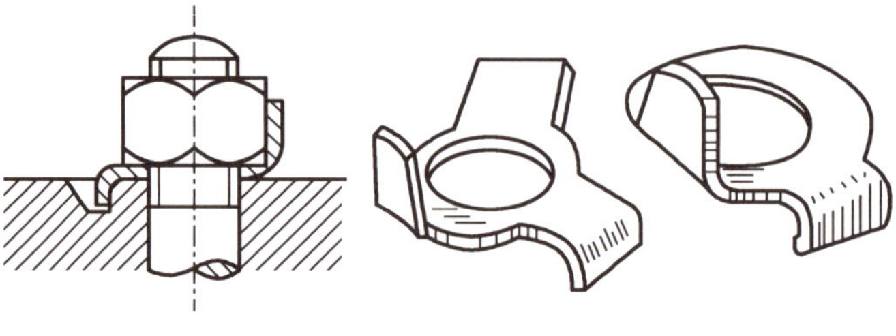

图 3.50　带耳垫圈防松

f. 用止动螺钉来制止螺纹回松，如图 3.51 所示。

g. 用锁紧螺母防松，如图 3.52 所示。它是依靠两螺母 a、b 间在螺母端面上所产生的摩擦力来防松的。

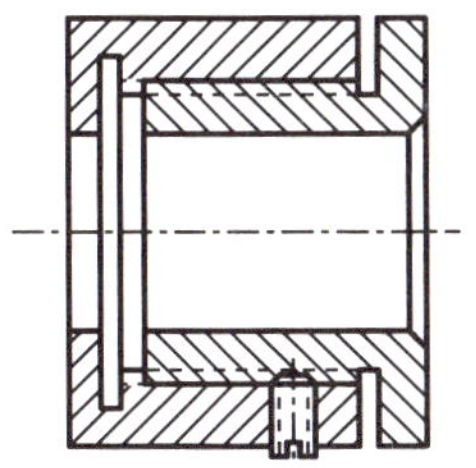

图 3.51　止动螺钉防松

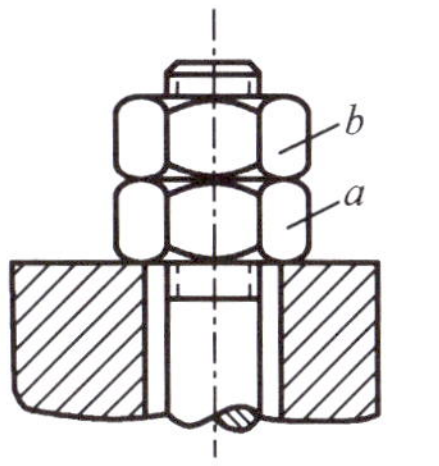

图 3.52　锁紧螺母防松

h. 涂黏合剂：在旋合的螺丝表面，涂上黏合剂，拧紧螺栓待黏合剂固化，起到防松作用，此方法对双头螺栓来讲效果更佳。

(3) 旋紧螺栓（母）的方法

螺栓的旋紧程度和次序，与装配工作的精度和机器的寿命有很大关系，因此必须采用正确的旋紧方法。下面举几种常见的例子加以说明。

①条形工件（图 3.53(a)）

螺栓的数量很多时，先分别将螺栓旋到靠近工件处，但不要加力；然后，按图示的顺序号 1,2,3,…依次旋到旋紧程度的 1/3 左右；之后，再按上述顺序旋到 2/3 左右；最后，再按顺序全部旋紧。这样做能使全部螺栓的旋紧程度一致，同时被连接的工件也不会变形。

②方形工件（图 3.53(b)）

分布在四角上的螺栓，应该对称交叉旋紧，也就是先把 1 和 2 旋紧 1/3；再分别旋紧 3 和 4；然后按同一顺序再旋紧。

③圆形工件（图 3.53(c)）

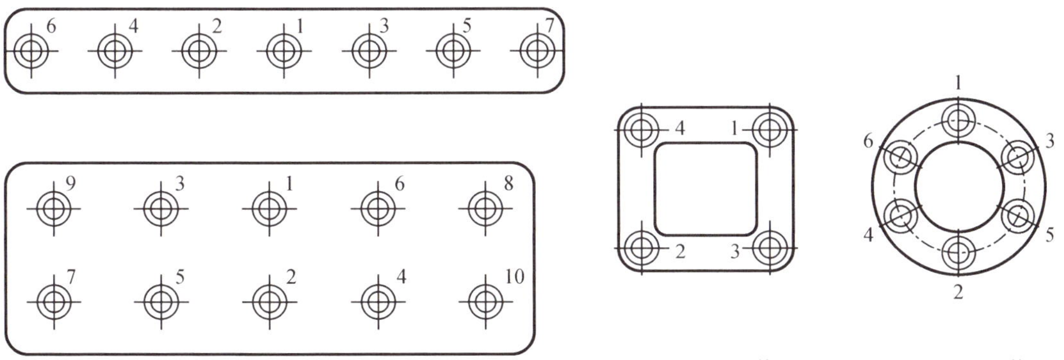

(a)条形工件　(b)方形工件　(c)圆形工件

图 3.53　拧紧螺栓的次序

圆形工件的旋紧方法与方形工件相同。

(4) 装配螺栓常用工具

由于螺纹连接的种类很多，所以装配工具也有各种不同的形式，必须根据生产需要，进行合理的选择。

①螺钉旋具(螺丝刀)

螺钉旋具(螺丝刀)用来旋紧(或松开)头部带沟槽的螺钉,一般是由碳素工具钢制成的。螺丝刀的种类很多,可根据工作情况的不同来选用。

螺丝刀(图 3.54)由柄、刀体和刀口组成。根据工作情况的不同有不同的规格。

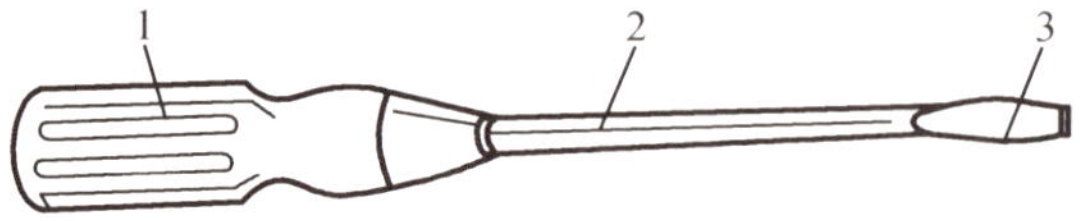

1—柄;2—刀体;3—刀口。

图 3.54 螺丝刀

使用螺丝刀时,要注意刀口的宽度和厚度必须与螺钉头上沟槽的长度和宽度相符。不能把螺丝刀当撬棒或錾子用。修磨螺丝刀时要保持起子的宽度和厚度,并经常浸水,以防起子刀口退火,使用时软口。

②弯头螺钉旋具(图 3.55)

弯头螺钉旋具有两个刀口,一端刀口与柄平行,另一端刀口与柄垂直,当空间受到限制时,可以调换使用。

图 3.55 弯头螺钉旋具

③快速螺钉旋具(图 3.56)

当把快速螺钉旋具手柄压紧时,它的麻花杆通过来复孔而转动,这样无须用手转动,就能把螺钉旋紧。

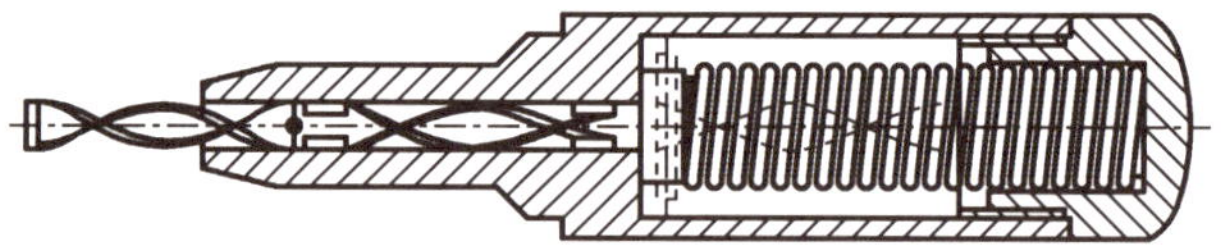

图 3.56 快速螺钉旋具

根据使用情况不同,还有限力螺钉旋具、丁字螺钉旋具、机械化螺钉旋具等。

④扳手

扳手是用来旋紧六角形、正方形螺栓和各种螺母的工具。扳手由工具钢、合金钢或可锻铸铁制成。它的开口处要求光洁且坚硬耐磨。

扳手可分为下列几种。

a. 固定扳手(图 3.57):主要用来装卸方形和六角形的螺母或螺栓。固定扳手的类型除了单头的和双头的外,还有梅花的。扳手的规格都以扳手的长度和开口大小来决定。使用时，必须严格符合螺栓或螺母的尺寸，以保证旋紧力适当，避免损伤螺栓或螺母的棱角或使扳手打滑。

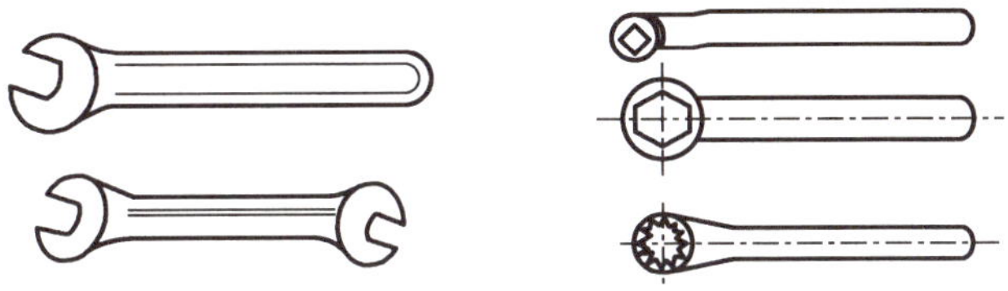

(a)开口扳手(呆扳手)　　(b)整体扳手

图 3.57　固定扳手

用得最广泛的是十二角形梅花扳手，它只要转过 30°就能调换方向，所以适合在狭窄的地方工作。整体扳手比开口扳手强度高，因为它受力的面积大，使用比较广泛。

b. 活络扳手(图 3.58)：工作中经常会用到很多不同尺寸的扳手，扳手太多时，保存和使用都不方便，故常采用活络扳手，其开口的尺寸能在一定范围内调节。它的规格很多，按长度有 100 mm、150 mm、200 mm、250 mm、300 mm、350 mm、400 mm、450 mm 等几种；按钳口的最大尺寸有 19 mm、30 mm、36 mm、41 mm、46 mm、50 mm 等几种；工厂中习惯用英寸(in)来表示扳手规格，如 3 in(1 in=25.4 mm)、4 in、6 in、8 in、10 in、12 in、14 in、18 in 活络扳手等。

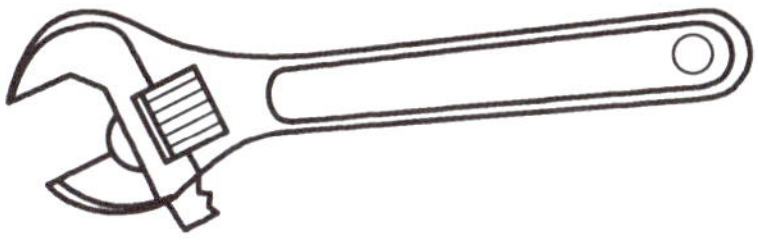

图 3.58　活络扳手

活络扳手使用时应让固定钳口受主要作用力(图 3.59)，否则会损坏扳手。钳口的尺寸应适合螺栓或螺母的尺寸，否则会扳坏。不同规格的螺栓或螺母应选用不同规格的活络扳手，不能把管子接头接在扳手上。活络扳手的效率不高，不够精确，活动钳口容易歪斜，往往会损坏螺栓或螺母，除修理时使用外，一般最好不选用。

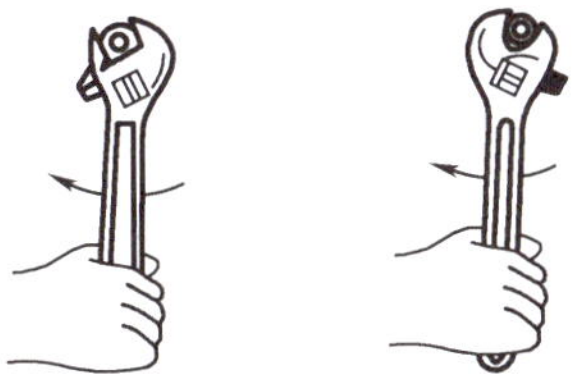

(a)正确　　(b)不正确

图 3.59　活络扳手的使用

c. 套筒扳手：在螺栓或螺母用普通方法装拆或为了节省装拆时间时采用成套套筒扳手(图 3.60)，它由一套尺寸不等的扳手组成。

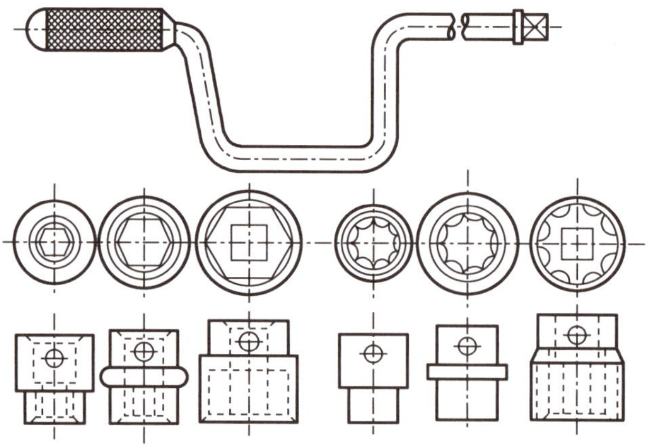

图 3.60　成套套筒扳手

d. 锁紧扳手：用在圆螺母上，如图 3.61 所示。在圆螺母的边缘或平面上开槽或钻孔，以便用锁紧扳手锁紧。

- 钩头锁紧扳手（图 3.61(a)），用来锁紧开槽的圆螺母。
- “U”形与冕形锁紧扳手（图 3.61(b)和(c)），用来锁紧在平面开槽或钻孔的螺母。
- 销头锁紧扳手（图 3.61(d)），用来锁紧在圆柱上钻孔的螺母。

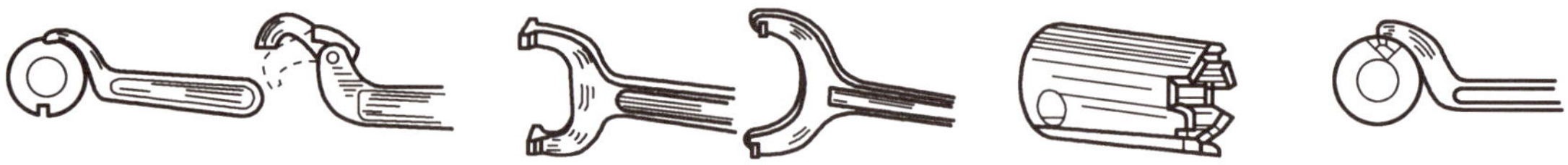

(a)钩头锁紧扳手　(b)“U”形锁紧扳手　(c)冕形锁紧扳手　(d)销头锁紧扳手

图 3.61　锁紧扳手

e. 内六角扳手（图 3.62）：用于旋紧内六角螺钉。这种扳手是成套的，可旋紧或旋出 M3～M24 的内六角螺钉。根据螺纹规格可采用不同的内六角扳手。

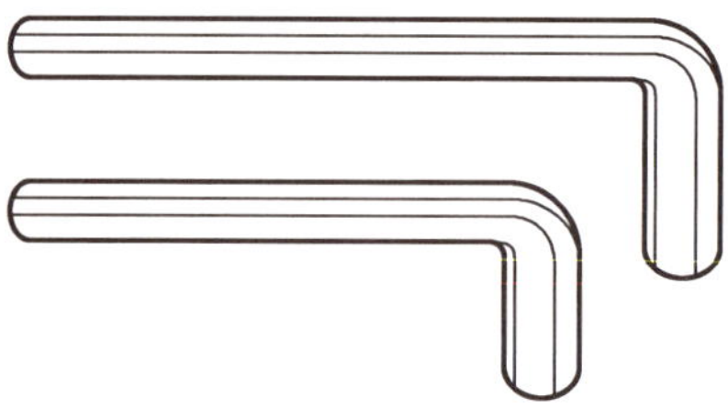

图 3.62　内六角扳手

f. 特种扳手。

- 棘轮扳手（图 3.63）：用于在狭窄的地方装卸螺栓或螺母。这种扳手只要摆动的角度不小于 20°，就能旋紧螺栓或螺母。工作时，正转手柄，棘爪就在弹簧的作用下进入内六角套筒的缺口内，套筒便跟着转动；反转时，棘爪就从套筒缺口的斜面上滑过去，因此螺母（或螺栓）不会随着反转。当需要扳手松开螺栓或螺母时，可以把它翻转过来，用另一面进行工作。

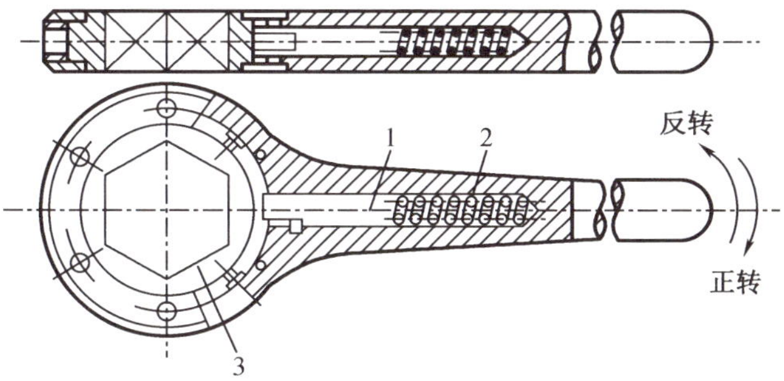

1—棘爪;2—弹簧;3—内六角套筒。

图 3.63　棘轮扳手

- 管子钳(图 3.64):装卸管子等要用管子钳。

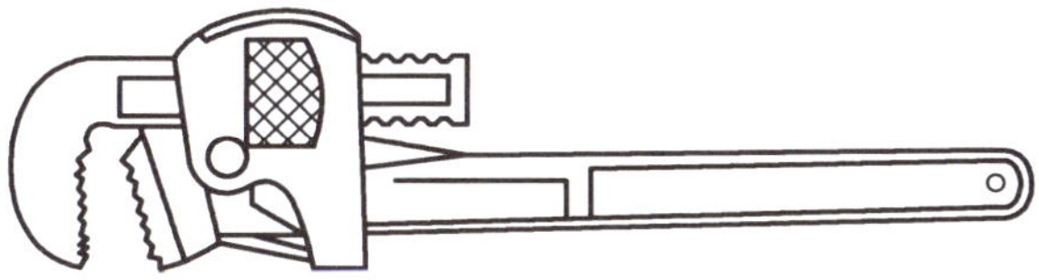

图 3.64　管子钳

- 扭力扳手和定力矩扳手(图 3.45):此种扳手为控制预紧力的专用工具。

5. 紧配螺栓的装配

紧配螺栓(俗称拂螺丝)的外圆和配合孔之间的公差采取过渡配合,螺栓的外圆和配合孔定位准确、无间隙。因为采用紧配螺栓连接无须在被连接上切制螺纹、结构简单、拆装方便,所以紧配螺栓在机械、设备、零件之间需要准确定位和通孔连接的场合得到了广泛的应用。

紧配螺栓在船舶设备的制造和安装中应用也很普遍。如主机和中间轴、中间轴和中间轴、中间轴和艉轴之间的连接都采用紧配螺栓。

(1)紧配螺栓配合孔的加工

为保证紧配螺栓配合孔加工的形状误差和位置误差,紧配螺栓孔的加工方法有以下两种:

①一对连接法兰或被连接件的孔分开加工。这种加工方法对加工精度的要求很高,一般用数控机床或专用工装进行加工才能满足要求。

②一对连接法兰或被连接件的加工分别先进行粗加工,连接后成组进行配合孔的精加工(或用铰刀铰孔)。

(2)紧配螺栓的机加工

紧配螺栓的机加工分两步:

①按图纸的要求先完成紧配螺栓所有尺寸的加工,但对紧配螺栓的配合外圆仅做粗加工,留有精车和磨加工余量。

②待紧配螺栓的孔加工结束后(加工时,在配合孔加工结束后,必须刮平与螺栓和螺母

接触的两个结合面)，准确测出孔的尺寸，按过渡配合的公差要求，留有合适的过盈量，精(车、磨)加工紧配螺栓的外圆(如果各紧配螺栓的孔的尺寸不同，则不但必须对每个螺栓进行单独加工配制，还应在每个配合孔与每个螺栓上分别做好标记)。

(3)紧配螺栓的安装

①按技术要求固定好被连接的法兰或被连接件(有配合标记的必须对准配合标记)，用其他相应尺寸的毛螺栓对称固定。

②对将安装的孔和紧配螺栓仔细进行清洁和检查(包括配合尺寸、配合表面的清洁工作、修除毛刺、接合面的平整)。

③在被安装的孔和紧配螺栓的外圆上均匀地涂上润滑油或二硫化钼。

④按对角、对称的次序分别安装和紧固紧配螺栓、螺母(紧固时，应先预紧，再紧固，逐步到位)。在安装过程中，不可使用蛮力。如发现不正常的情况，应及时取出螺栓进行检查，查明原因并消除故障后，方可继续安装，以免发生紧配螺栓和孔咬死的事故。

⑤拆去预安装的毛螺栓，装好相应位置的紧配螺栓。

⑥最后，紧固一遍全部紧配螺栓，并做好清洁、收尾工作。

6. 液压无键连接紧配螺栓

(1)液压无键连接紧配螺栓的特点

液压无键连接紧配螺栓是近年来在国外造船工业乃至机械工业各个领域应用较多的一种紧配螺栓。它的出现是对传统的紧配(铰制)螺栓的工艺变革。它主要具有下述优点：

①采用液压拉伸器装拆紧配螺栓，工艺简便快捷，取代了传统紧配螺栓的“锤击”或“冷套”的安装方法。

②液压紧配螺栓拆卸后，其带斜锥的螺栓杆身、中间锥套内外圆以及联轴节内孔等配合部位均保持原有表面粗糙度，故可反复使用。避免了传统紧配螺栓一旦拆卸，即因配合部位“拉毛”而报废的缺陷。

③螺栓靠其杆身的剪切力吸收扭矩的大部分，而扭矩的小部分由螺栓的预载荷所造成的法兰间平面摩擦力承担；预紧后的螺母不必单独锁紧。

④液压紧配螺栓并不要求相配内孔有精确的公差和螺栓的配磨加工，大大方便了内孔和螺栓的加工。螺栓完全互换，螺栓和内孔间的间隙视螺栓直径不同在 0.05~0.10 mm 内变化，故可手工推入和反复拆装。

图 3.65 所示为一种液压无键连接紧配螺栓。它是一种带有可扩涨中间锥套的紧配螺栓，由带斜锥的杆身、具有相应圆锥内孔的中间锥套和两只螺母组成。其在螺栓杆身上开设了螺旋形油槽。联轴节运转时，螺栓靠其杆身中的剪切力吸收扭矩的大部分，扭矩的小部分则由螺栓预载荷所带来的法兰间的摩擦力承担。预紧后的螺母不必单独锁紧。安装时，利用油泵和液压拉伸器将螺栓轴向拉伸，使中间锥套在内孔中涨成过盈配合，然后再对两端螺母进行预紧紧固；拆卸时，先用液压拉伸器松开螺母，再用油压扩涨法使螺栓松脱，或从另一端用液压拉伸器将螺栓反向拆卸。采用这种液压紧配螺栓，安装前中间锥套的外径与螺栓孔是间隙配合，安装时用手便可轻松推入，工艺简便快捷。

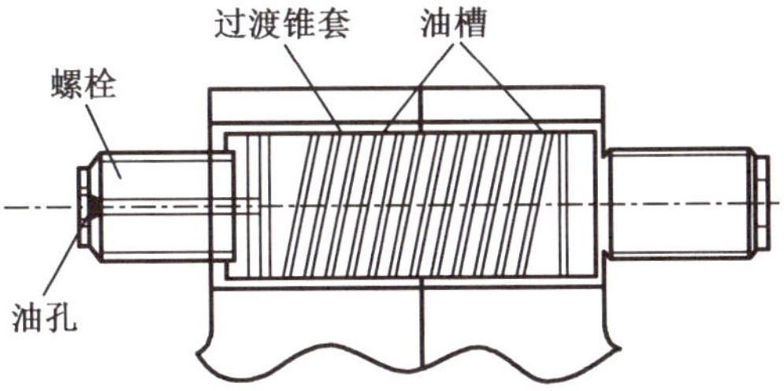

图 3.65　液压无键连接紧配螺栓

(2)液压无键连接紧配螺栓的轴向压入量和安装压力

①液压无键连接紧配螺栓的轴向压入量

液压无键连接紧配螺栓的轴向压入量是指液压无键连接紧配螺栓的中间锥套在安装时,在轴向方向上的移动值。

中间锥套扩涨式液压无键连接紧配螺栓安装拉伸前轴向压入量的确定是十分重要的,它直接决定了拉伸到位后,中间锥套外圆在相配内孔中的扩涨过盈值。安装拉伸前,可按此时中间锥套外圆在配合内孔的间隙来确定本次拉伸时的轴向压入量。一般轴向压入量为 4.5 mm 左右。

②安装压力

安装压力是指液压无键连接紧配螺栓在拉伸安装时,液压油泵的工作压力,是安装拉伸时的另一项极其重要的技术数据。安装压力的高低同轴向压入量、中间锥套与螺栓间的接触情况、毛刺、拉毛磨损以及润滑油、防咬剂的特性与厚薄等因素有关。正常情况下,拉伸时的压力应在一定范围内波动。也就是说,可按拉伸时的压力值波动情况来判断安装拉伸的正常与否。

(3)液压无键连接紧配螺栓的安装

①准备工作

用清洗剂清洗联轴节螺孔、中间锥套内外圆和拉紧螺栓锥部等配合部位的油脂、杂物,然后在上述部件的配合部位涂抹润滑油和防咬剂。

润滑油采用抗压性较强的机床液压油;防咬剂采用进口的 767 抗咬剂。

②确定相配的螺孔和螺栓

根据联轴节螺孔的镗孔记录和相配的液压紧配螺栓的中间锥套外圆的研磨加工尺寸间的间隙,确定与之相配的螺孔和紧配螺栓。确定安装油压 p 的值。若无特殊说明,则紧配螺栓和螺孔均可互换。

③拉伸

a. 用手将螺栓放入中间锥套,到位后一并放入所配装的螺孔中。

b. 在中间锥套沿拉伸方向前端放入止动板,装上液压拉伸器。

c. 接通高压油泵与液压拉伸器的油路,拉伸紧配螺栓。待压力 p 到位后,拉伸即结束,记录下此时压力 p 的值,拆卸液压拉伸器和止动板。

④螺母预紧

a. 将螺母分别旋上左、右端后,用扳手拧紧螺母。装上液压拉伸器,拉伸螺纹,待油压上升至规定的预紧压力值 $p(1\pm10\%)$ 时，即泵压结束。

b. 用扳手拧紧左端(拉伸器)螺母。

c. 拆卸液压拉伸器，螺母预紧即结束。

d. 螺母 M52×5，预紧压力 p 取 95.682 MPa。

e. 依次进行联轴节各孔液压紧配螺栓的拉伸安装和螺母预紧。

(4)液压无键连接紧配螺栓的拆卸

①螺母松卸

装上液压拉伸器拉伸螺纹，待油压上升至规定预紧压力或稍大时，用扳手旋松螺母，并拆卸液压拉伸器。旋松螺母，使法兰左端距离 λ 约为螺栓的轴向压入量 S 的 2 倍，即 $\lambda=2S$。

②螺栓松卸

a. 在拉伸螺栓的左端中部螺孔处接入高压油路。

b. 往螺栓左端中部螺孔中泵入高压油，待油压上升至一定值后，拉伸螺栓连同中间锥套即自动松脱。

c. 拆卸高压油路，分别旋下左、右端螺母，取出中间锥套和拉伸螺栓，拆卸即告结束。

③依次进行联轴节各孔液压无键连接紧配螺栓的螺母与螺栓松卸

安装时以油压 p 为主控制，轴向压入量 S 供参考，以判断拉伸的过程是否正常进行。

(十一)键连接的装配

键是用来连接轴和轴上零件(如齿轮、皮带轮、蜗轮等)，使它们之间连成一体，以传递转矩的一种机械零件。它具有结构简单、工作可靠、装拆方便等优点，因此在机械行业中得到广泛应用。

1. 平键的装配

平键依据断面形状分为正方形与长方形两种。正方形键一般用于实心轴与厚轮毂的连接，长方形键一般用于空心轴与薄轮毂的连接。

平键在装配时，它与轴上键槽的两侧面必须带有一定的过盈。这样，在工作中，当有顺、逆旋转时，键不会产生松动现象，以免降低轴和键槽的使用寿命及工作的平稳性。而键顶面和轮毂间必须留有一定的间隙。为了使键拆卸时不损坏，可在键上面备有螺孔，如图 3.66 所示。

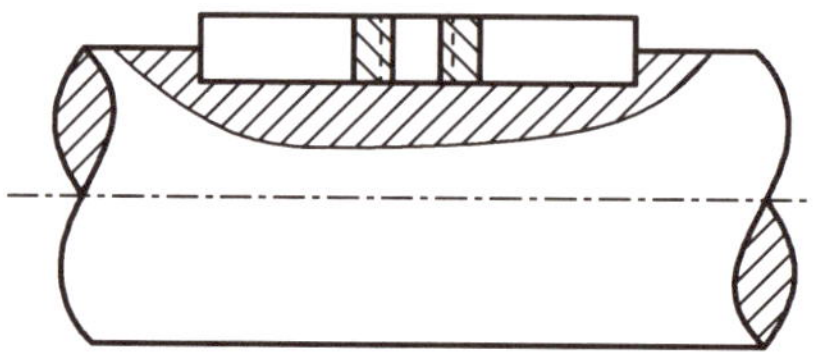

图 3.66　带有螺孔的平键

平键和键槽的共配方法如下：

(1)清除键槽的锐边，以防装配时过紧。

(2)修配键与槽的配合精度及键的长度。

(3)修锉键的圆头(一般装在轴端部的键为平头,装在轴中间的键为半圆头)。

(4)键安装于轴的键槽中,必须与槽底接触,一般采用虎钳夹紧(必须在虎钳与键平面之间垫上铜皮)或敲击等方法。

(5)轮毂上的键槽与键配合过紧时,可修整轮毂的键槽,但不允许松动。

2. 滑键和导键的装配

滑键和导键不仅带动轮毂旋转,还使轮毂沿轴线方向来回移动,故装配时,键与键槽(键座)宽度的配合必须是间隙配合,而键与非滑动件(轴)的键座(或键槽)两侧面必须过盈配合紧密,没有松动现象。有时,为防止键因振动而松动,须用埋头螺钉把键固定(图3.67)。这样才能保证滑动件在工作时正常滑动。

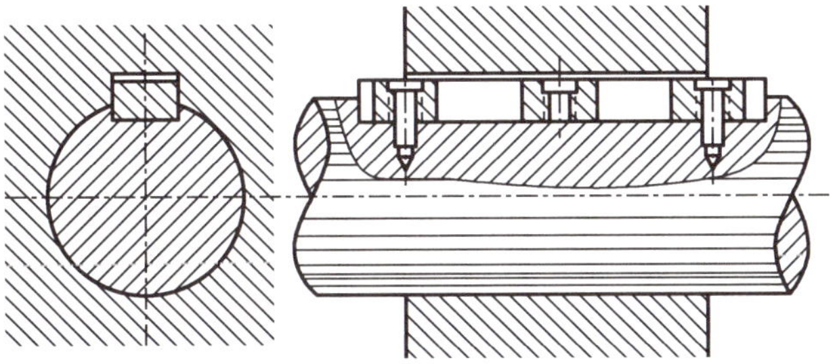

图 3.67　导键固定在轴上

3. 斜键(楔形键)的装配

斜键形状与平键相似,但在顶面有倾斜度。斜键有头(图3.68(a)),主要是为了便于拆装。拆卸工具如图3.68(b)和(c)所示。斜键的顶面亦与键槽的顶面接触,能承受振动和一定的轴向力。键槽的倾斜度与键的倾斜度一致,一般是1∶100。键的侧面与键间有一定的间隙。斜键为紧键连接,能传递转矩并能承受单向轴向力。

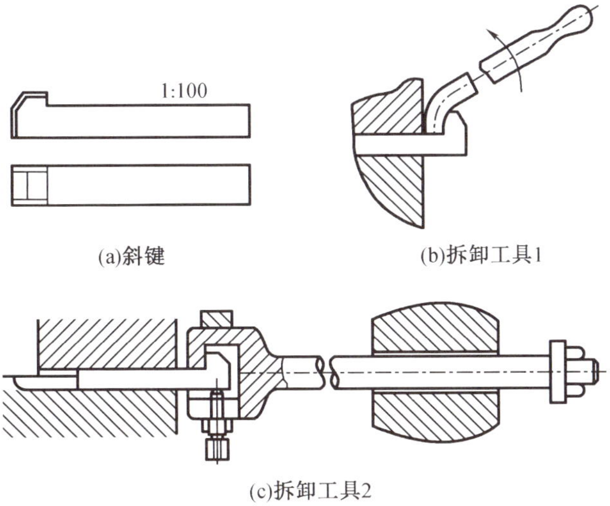

图 3.68　斜键及拆卸工具

斜键的装配方法如下：

(1)清除键槽锐边。

(2)修配键与槽的配合精度,然后把轮毂套在轴上。

(3)使轴与轮毂键槽对正,在斜键的斜面涂色来检查倾斜度正确与否,用刮削法进行修整,使键和轮毂键槽紧密贴合,并使接触长度符合要求。

(4)清洗斜键及键槽等,最后把斜键上油后,敲入键槽中。

4. 半圆键(月牙键)的装配

如图3.69所示,半圆键一般用在直径较小的轴或锥形轴上,以传递不大的动力,如机床上手轮和轴配合等。这种键的装配方法与平键相同,但键在键槽中可以滑动,能自动适应轮毂的倾斜度。

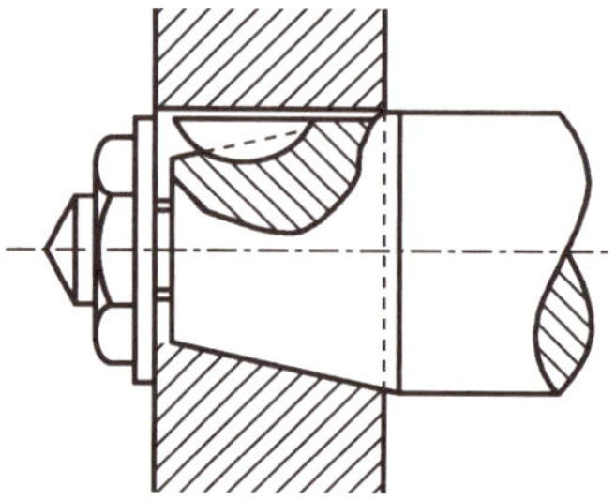

图3.69　半圆键

5. 花键的装配

花键连接有静连接、动连接两种方式,它的特点是轴的强度高,传递转矩大,对中、导向都很好,但制造成本较高,因此广泛用于机床、汽车、飞机等制造业中。

花键按齿廓形状可分为矩形花键、渐开线花键、三角形花键三种。其中,矩形花键用得最广,其结构形状如图3.70所示。

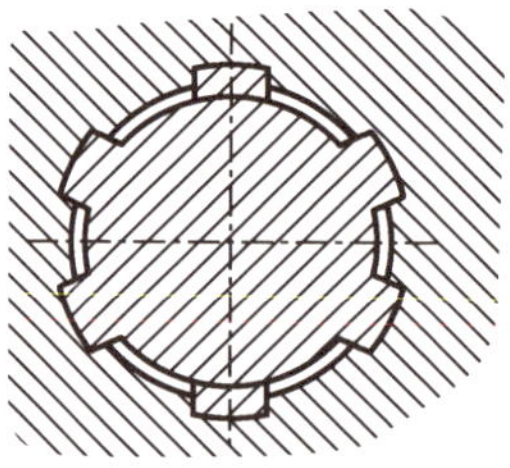

图3.70　矩形花键连接

(1)花键要素

①键数:花键轴的键数或花键孔的键槽数。

②大径和小径:花键配合时,公称的最大、最小直径。

③键宽:键或槽的公称宽度。

(2)定心方式

花键定心方式有大径定心、小径定心和齿侧定心三种。国家标准规定采用精度高、质量好的小径定心方式。

(3)矩形花键的配合

花键配合包括定心直径、非定心直径和键宽配合,根据精度要求和松紧来确定。

(4)花键连接的装配要求

①固定连接的花键。当过盈量较小时可用铜锤轻轻打入。对于过盈量较大的连接,可将套件加热至 80~100 ℃后进行装配。

②滑动连接的花键。花键轴与花键孔多为滑动配合,故属于滑键形式。花键轴在滚或铣出后,一般外圆经过磨削,花键孔是拉出来的,因此轴与孔配合比较准确。在装配前必须清理花键轴和孔上的凸起处的毛刺和锐边,以防装配时产生拉毛、咬住现象。然后,根据涂色的情况来修正孔套间的配合,直到花键孔在轴上能够自由滑动。

(十二)销连接的装配

销连接是指用销钉把机件连接在一起,使它们之间不能互相转动或移动。销连接可以起到定位、连接和保险作用。连接所用的销子有圆柱销和圆锥销两种。圆锥销的锥度为 1 : 50。按连接的用途,销子又可分成紧固销和定位销,除某些定位销外,销与销孔都是依靠过盈达到紧固连接的。

1. 圆柱销的装配

圆柱销全靠配合时的过盈,故一经拆卸失去过盈就必须调换。为了保证销子与销孔的过盈量,要求销子和销孔表面粗糙度较小,通常两零件的销孔必须同时钻出,并经过铰孔,以保证两零件销孔的重合性、销孔的尺寸及较小的表面粗糙度,如图 3. 71 所示。

装配时,在销子上涂油,用铜棒垫在销子端面上,把销子打入孔中,即打入法。对某些定位销,不能用打入法,可用“C”形夹头把销子压入孔内(图 3. 72),即压入法。压入法比打入法好,销子不会变形,工件间不会移动。

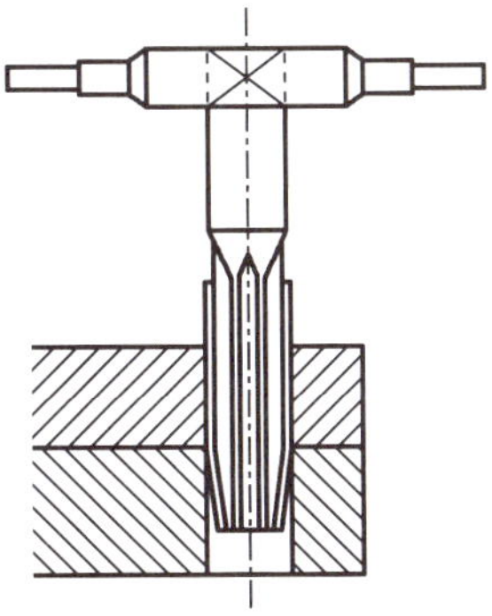

图 3.71　铰销孔

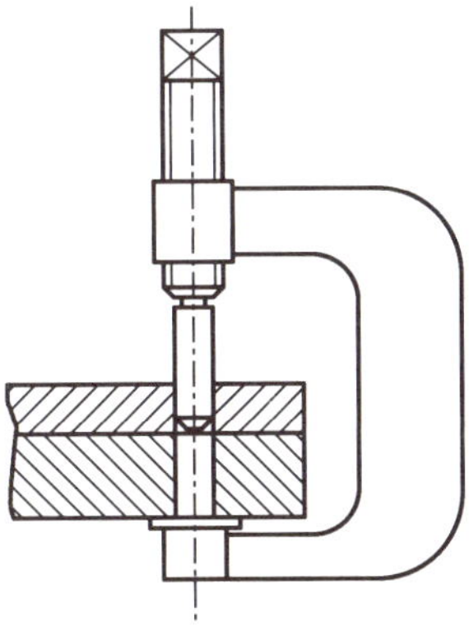

图 3.72　用“C”形夹头把销子压入孔内

2. 圆锥销的装配

圆锥销大部分是定位销，它的优点是装拆方便，可在一个孔内装拆几次，而不损坏连接质量。装配后，销子的大端应稍露出零件的表面，或与零件的表面一样平；小头应与零件表面一样平或缩进一些。圆锥孔铰好后，如果能用手将圆锥销塞入孔内 80% ~ 85%（图 3.73），则能获得正常的过盈，而销子装入孔中的深度一般也较适当。

有时为了便于取出销子，可采用带螺纹的圆锥销（图 3.74），旋紧图 3.74（a）上的螺母即可将带外螺纹的销子拔出。对带内螺纹的圆锥销（图 3.74（b）），要用拔销器取出，如图 3.75 所示。

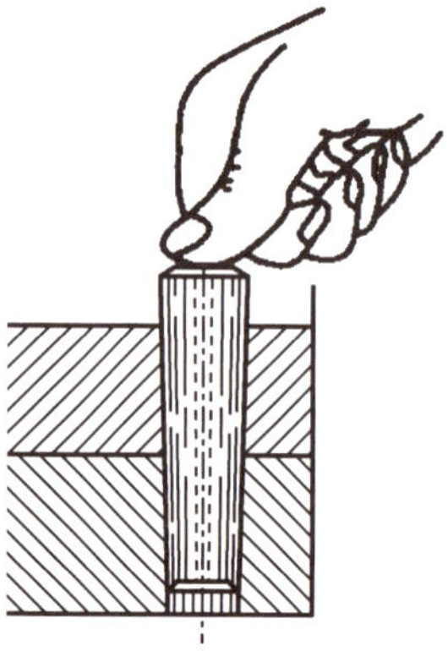

图 3.73　圆锥销的正确配合

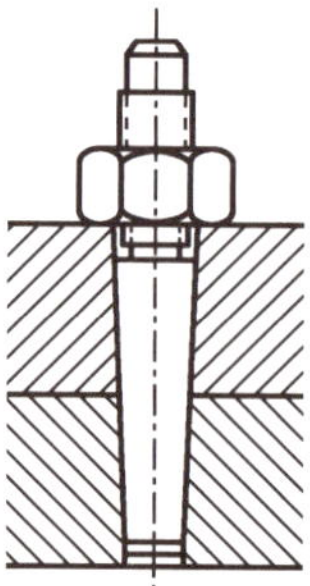

(a)带外螺纹的圆锥销

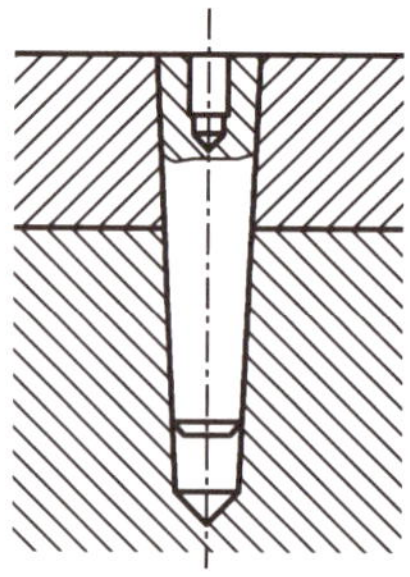

(b)带内螺纹的圆锥销

图 3.74　带螺纹的圆锥销

图 3.75　拔销器

（十三）过盈连接的装配

过盈连接依靠包容件（孔）和被包容件（轴）配合后的过盈值达到紧固连接的目的。装配后，由于材料的弹性变形，在配合面间产生压力，依靠此压力产生的摩擦力传递转矩和轴向力。过盈连接结构简单、对中好、承载能力强、能承受一定冲击力，但对配合面的加工精度要求高。

1. 过盈连接的装配要点

（1）装配前，应对工件进行清理，并将配合表面用油润滑，以防装配时擦伤表面。

（2）压入过程应保持连续，速度也不宜过快。

（3）压入时，应经常用角尺检查，以保证孔与轴的中心线一致。

（4）对于细长的薄壁零件，要特别注意检查其形状偏差，装配时最好垂直压入。

2. 装配方法

（1）锤击装配法

这种装配方法常用来装配过盈量较小的配合件，如图 3.76 所示。装配前，应对配合件的孔口及轴端进行倒角，并在连接表面涂上机械油。锤击时，应在工件锤击部位垫上软金属，锤击力方向不可偏斜，四周用力要均匀。

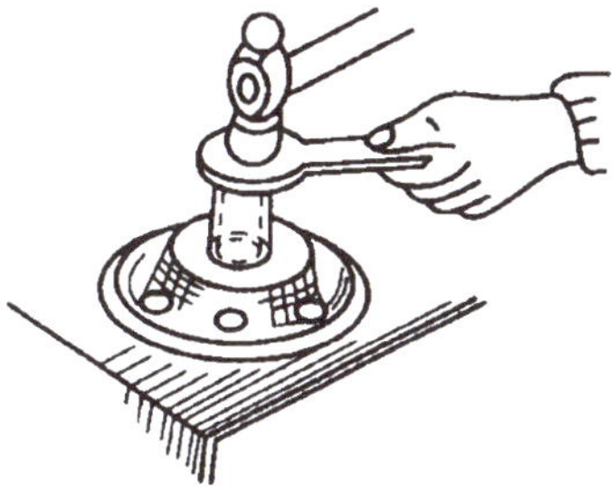

图 3.76　锤击装配法

(2)压入装配法

这种装配方法用压力机械将过盈连接的配合件压入。与锤击法相比较，它的导向性好，配合件受力均匀，能装配尺寸较大和过盈量较大的配合件。常用的压力机械有专用螺旋"C"形夹头、螺旋压力机、齿条压力机和气动压力机等(图 3.77)。压入装配时，配合表面必须涂上机械油润滑，压入速度要保持平稳，不允许有间断，否则配合表面会因停留产生压痕。

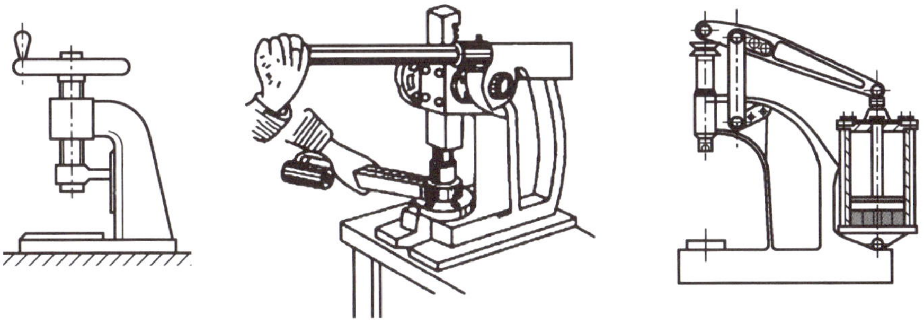

(a)螺旋压力机压入　(b)齿条压力机压入　(c)气动压力机压入

图 3.77　压入装配法及设备

(3)热胀法

热胀法是利用物体受热膨胀的原理，将孔件加热，使孔径增大，然后将轴件套入孔中，待冷却后，轴与孔便紧固地连接在一起。热胀法的加热方法应根据配合零件的尺寸大小来选择：一般中小型零件在燃气炉或电炉中进行加热，也可浸入油中加热；对大型零件，可用感应加热器等加热。

(4)冷缩法

冷缩法则是利用物体温度下降时体积缩小的原理将轴件冷却，使轴件尺寸缩小，然后将轴件套入孔中。当温度回升后，轴与孔便紧固连接。

冷缩法可用冰冷缩(可冷至−78 ℃)，也可用液氮冷缩(可冷至−195 ℃)，液氮冷缩的时间短，生产效率高。

冷缩法与热胀法相比，变形量小，多用于过渡配合，有时也用于小过盈配合。

(十四)弯形与矫正

作为冷作加工工艺的弯形与矫正是钳工所经常遇到的任务,它们利用的是金属材料的塑性变形。

1. 弯形

将坯料弯成所需形状的加工方法称为弯形。弯形是使材料产生塑性变形,因此只有塑性较好的材料才能进行弯形。

(1)弯形的方法

弯形的方法有冷弯和热弯两种。在常温下进行的弯形叫冷弯;而热弯则是将材料预热后进行的。根据加工手段不同,弯形又可分为机械弯形和手工弯形两种,钳工是以手工弯形为主的。

①板料在厚度方向上的弯形

小工件可在虎钳上进行变形加工,先在弯形的地方划好线,然后再用木锤锤击;也可用木块垫住工件再用钢锤敲击;如果弯形板料较大,超过钳口的宽度和高度时,可以用角铁夹持进行工作,如图 3.78 所示。

(a)用木锤弯形

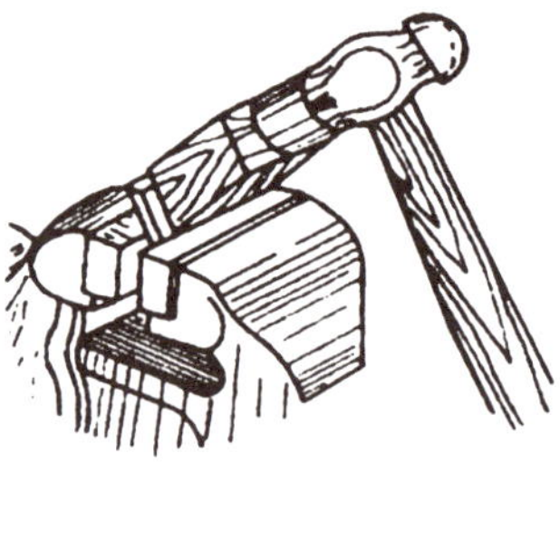

(b)用钢锤弯形

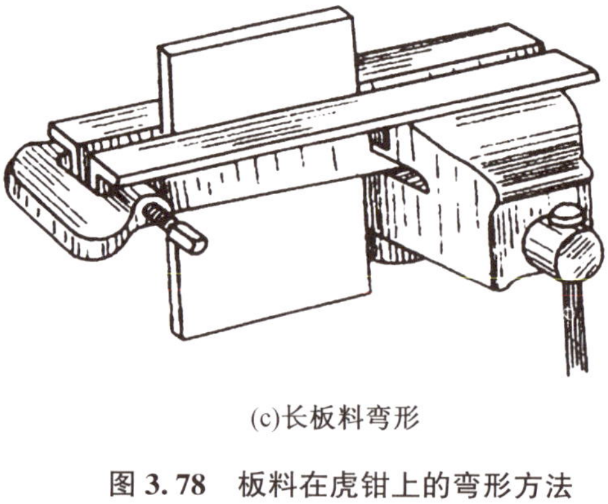

(c)长板料弯形

图 3.78　板料在虎钳上的弯形方法

②板料在宽度方向上的弯形

利用金属材料的延伸性能,锤击弯形的外弯部分,使材料向相反方向逐渐延伸,达到弯曲的目的,如图 3.79(a)所示;较窄的板料可以在 V 形铁或特制的弯形模上锤击,使工件弯形,如图 3.79(b)所示;另外,还可以在简单的弯形工具上进行弯形,如图 3.79(c)所示。

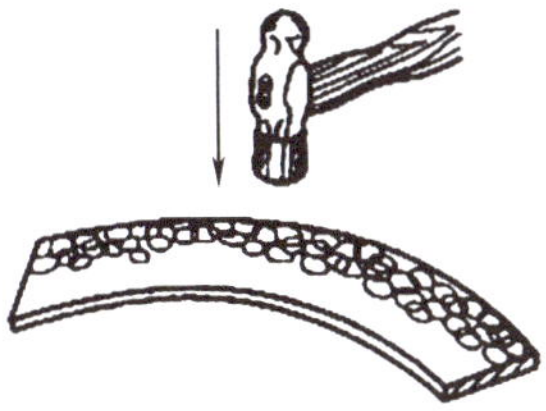

(a)锤击延伸弯形

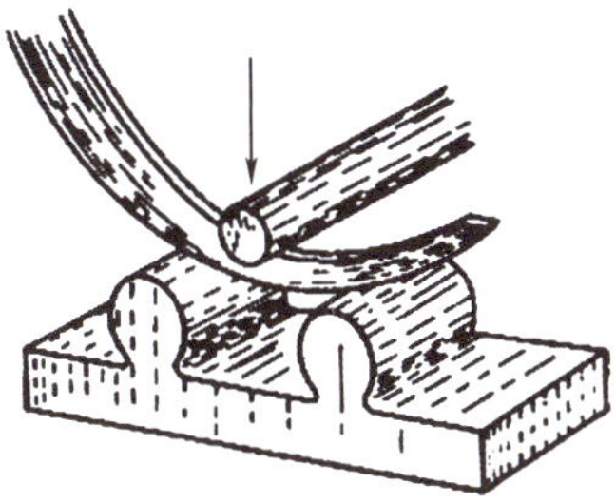

(b)在弯形模上弯形

(c)弯形工具弯形

图 3.79　板料在宽度方向上的弯形

③管件弯形

管件直径在 12 mm 以下可以用冷弯方法,直径大于 12 mm 一般采用热弯方法。管件弯形的临界半径必须是管件直径的 4 倍以上。管件直径在 10 mm 以上时,为防止管件弯瘪,必须在管内灌满、灌实干沙,两端用木塞塞紧。焊接管件弯形时,应将焊缝放在中性层位置,以减小变形,防止焊缝开裂。手工弯形管件的专用工具如图 3.80 所示。

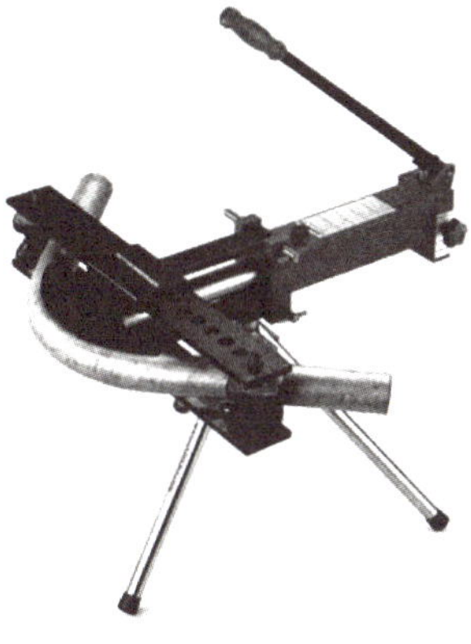

图 3.80　弯管工具

(2)弯形毛坯长度计算

工件弯形后,只有中性层长度不变,因此计算弯形工件坯料长度时,可按中性层的长度进行计算。但当材料弯形后,中性层并不在材料的正中,而是偏向内层材料一边。经试验证明,中性层的实际位置与材料的弯形半径 r 和材料厚度 t 有关。

当材料厚度不变时,弯形半径越大,变形越小,中性层的位置愈接近材料厚度的几何中心。弯形的情况不同时,中性层的位置也不同,如图 3.81 所示。

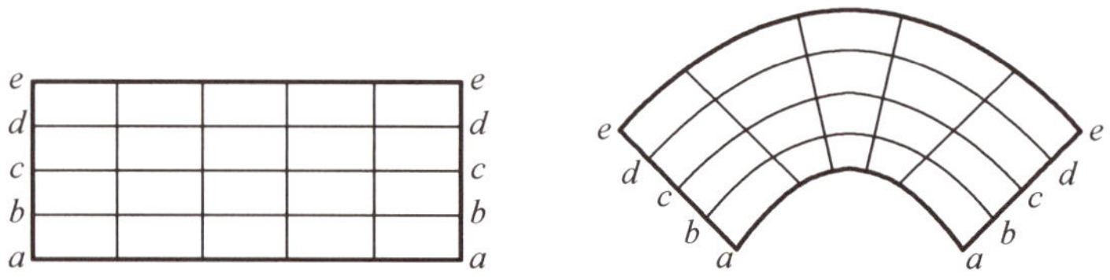

(a)弯形前　　(b)弯形后

图 3.81　钢板弯形前后情况

如表 3.6 所示为弯形中性层位置系数 x_0 的值。从表中 r/t 的比值可以看出，当弯形半径 $r \geqslant 16t$ 时，中性层在材料的中间（即中性层与几何中心重合）。在一般情况下，为简化计算，当 $r/t \geqslant 8$ 时，可取 $x_0 = 0.5$ 进行计算。

表 3.6　弯形中性层位置系数 x_0

r/t	0.25	0.5	0.8	1	2	3	4	5	6	7	8	10	12	14	≥16
x_0	0.2	0.25	0.3	0.35	0.37	0.4	0.41	0.43	0.44	0.45	0.46	0.47	0.48	0.49	0.5

弯形的形式有多种，图 3.82 所示为常见的几种弯形形式。

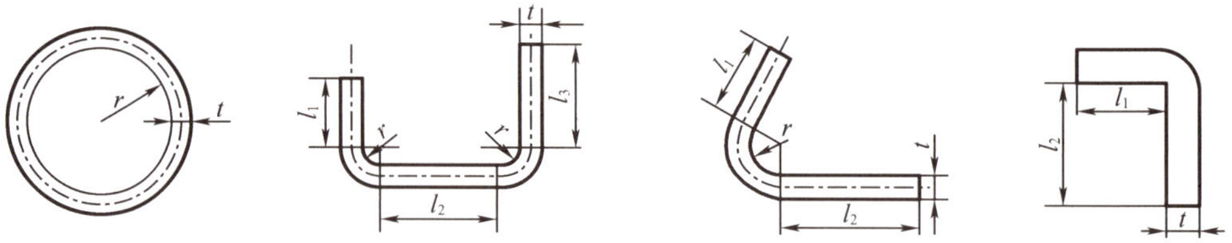

(a)圆环工件　　(b)带圆环工件　　(c)带圆弧工件　　(d)内边直角工件

图 3.82　常见的几种弯形形式

图 3.82(a)(b)(c)为内边带圆弧的制件，图 3.82(d)是内边为直角的制件。毛坯的长度等于直线部分（不变形部分）和圆弧中性层长度（弯形部分）之和。圆弧部分中性层长度，可按下列公式计算：

$$A = \pi(r + x_0 t) \cdot \frac{\alpha}{180}$$

式中　A——圆弧部分中性层长度，mm；

r——变形半径，mm；

x_0——中性层位置系数；

t——材料厚度，mm；

α——弯形角，即弯形中心角。

内边弯形成直角不带圆弧的制件，求毛坯长度时，可按弯形前后毛坯体积不变的原理计算，一般采用经验公式计算，取：

$$A = 0.5\,t$$

例如：把厚度 $t = 5$ mm 的钢板坯料，弯成图 3.82(c)所示的制件，若弯形角 $d = 120°$，内

弯形半径 $r=10$ mm，边长 $l_1=50$ mm，$l_2=80$ mm，求坯料长度 L 是多少？

解：$r/t=10/5=2$，查表 3.6 得 $x_0=0.37$

$$L=l_1+l_2+A$$

$$A=\pi(r+x_0t)\cdot\frac{\alpha}{180}$$

$$=3.14\times(10+0.37\times5)\times120/180$$

$$=3.14\times11.85\times2/3$$

$$=24.806$$

$$\approx24.8$$

$$L=50+80+24.8=154.8\ \text{mm}$$

由于材料本身性质的差异和弯形工艺及操作方法的不同，理论上计算的坯料长度和实际需要的坯料长度之间有误差。因此，成批生产弯形制件时，一定要采用试弯形的方法反复确定坯料的准确长度，以免造成废品。

(3)绕弹簧

①弹簧的种类

弹簧是经常使用的一种机械零件，在机构中起缓冲、减震和夹紧作用。弹簧按受力情况分为压缩弹簧、拉伸弹簧和扭转弹簧；按形状可分为圆柱弹簧、圆锥弹簧、矩形断面弹簧、板弹簧和圆弹簧等。其中圆柱弹簧是最常用的，如图 3.83(a)所示。

②弹簧材料

钢丝：强度高、弹性好、回火稳定性好，适用于做弹簧。

不锈钢丝：耐腐蚀、耐高温，适用于做小弹簧和大弹簧。

青铜丝：耐腐蚀、防磁、导电性和弹性较好。

③手工绕制圆柱弹簧

a. 将钢丝一端插入心轴的槽或小孔中，预盘半圈使其固定。然后把钢丝夹在虎钳软钳口上，夹紧力以钢丝能被拉动为度。

b. 摇动手柄使心轴按要求方向边绕边向前移，就可盘绕出圆柱弹簧。

c. 当盘绕到总圈数后再加 2~3 圈，将弹簧从心轴上取下，截断后在砂轮上磨平两端，如图 3.83(b)所示。

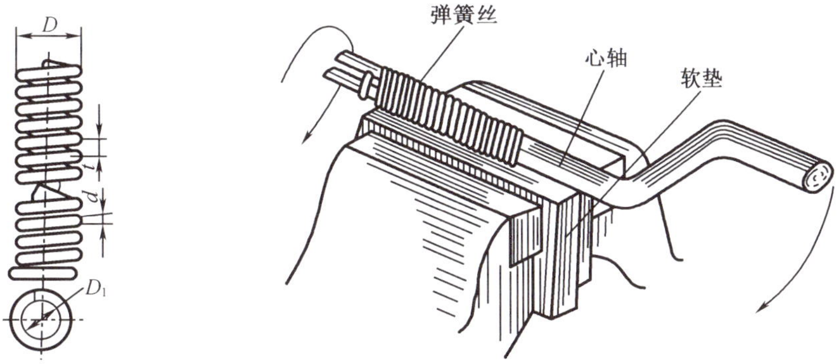

(a)圆柱弹簧　(b)盘弹簧的方法

图 3.83　手工绕制圆柱弹簧

2. 矫正

为消除材料的弯曲、翘曲、凹凸不平等缺陷而采取的操作方法称为矫正。矫正的实质就是让金属材料产生一种新的塑性变形,来消除原来不应存在的塑性变形。

(1)矫正的方法

矫正可分为冷矫正和热矫正。按矫正时产生力的方法还可分为手工矫正、机械矫正、火焰矫正与高频热点矫正等,钳工操作主要以手工矫正为主。手工矫正根据材料变形的类型常采用以下几种方法。

①扭转法

扭转法是用来矫正材料扭曲变形的方法。一般是将条料夹持在虎钳上,用扳手把条料向变形的相反方向扭转到原来的形状,如图 3.84 所示。

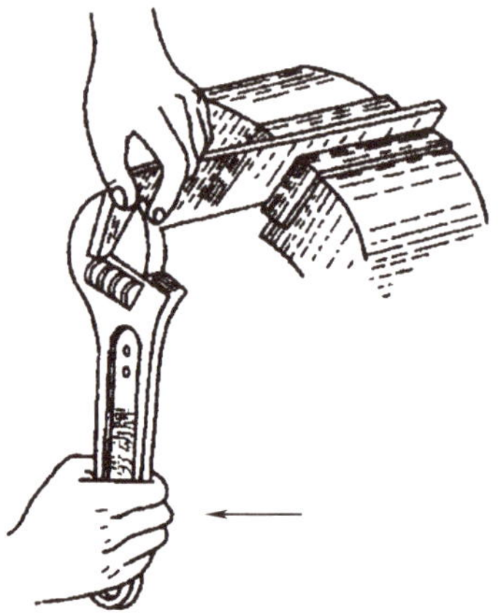

图 3.84　扭转法

②伸张法

伸张法是用来矫正各种细长线材的。将线材的一端固定,然后从固定处开始,将弯曲线材绕圆木一周,紧捏圆木向后拉,线材即可校直,如图 3.85 所示。

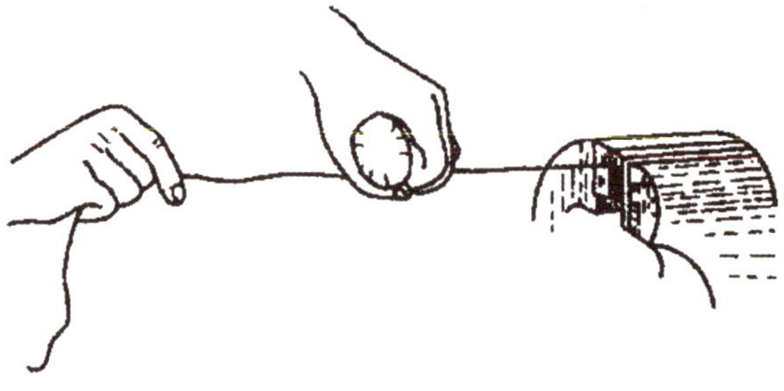

图 3.85　伸张法

③弯形法

弯形法是用来矫正各种弯曲的棒料轴类零件或大宽度方向上变形的条料的。直径较小的棒料和薄条料,可在虎钳上用扳手矫正;直径大的棒料和较厚条料,则要用压力机械矫正，再用百分表检查矫正情况，如图 3. 86 所示。

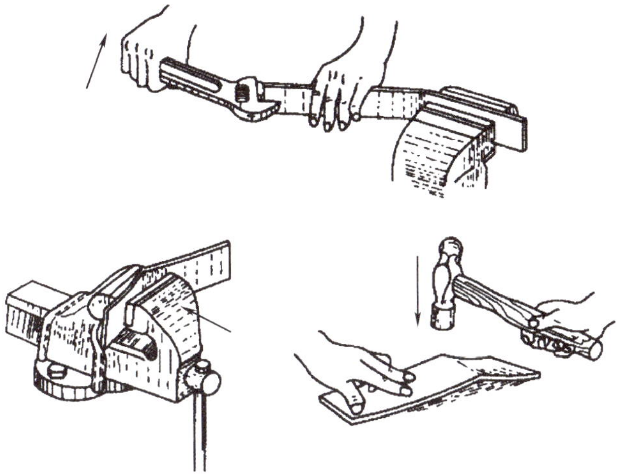

图 3.86　弯形法

④延展法

延展法是用手锤敲击材料，使其延展伸长来达到矫正的目的的。金属薄板最容易产生中部凸出、边缘呈波浪形以及翘曲等变形。如果板料是软材料，可用平整的木块，在平板上推压材料表面以及用木锤或橡皮锤锤击，如图 3. 87 所示。

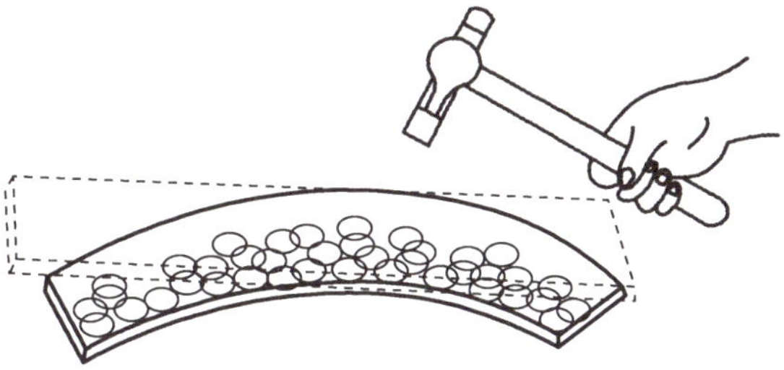

图 3.87　延展法

(2)手工矫正的工具

①平板和铁砧及虎钳

平板、铁砧及虎钳都可以作为矫正板材或型材的基座。

②软、硬手锤

矫正一般材料均可采用钳工常用手锤；矫正已加工表面、薄钢件或有色金属制件时，应采用铜锤、木锤或橡皮锤等软手锤。

③抽条和拍板

抽条是采用条状薄板弯成的简易手工工具，它用于抽打较大面积的板料；拍板是用质地较硬的檀木制成的专用工具，它用于敲打板料，如图 3. 88 所示。

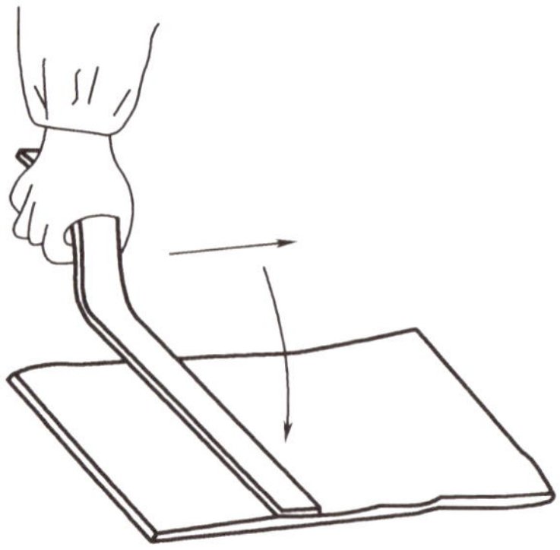

图 3.88　抽条和拍板

④螺旋压力工具(压板)

螺旋压力工具适用于矫正较大的轴类工件或棒料,如图 3.89 所示。

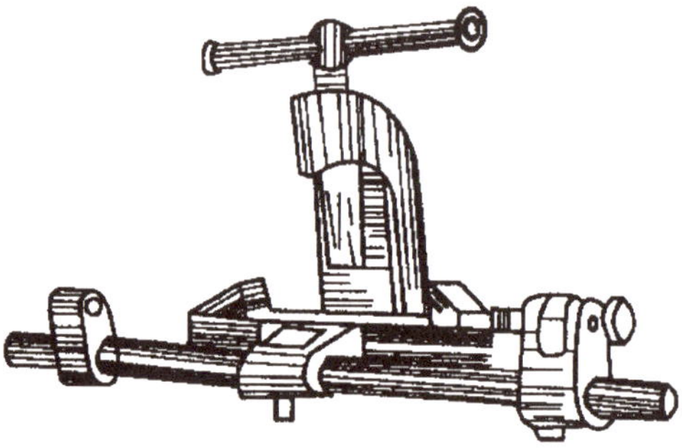

图 3.89　螺旋压力工具

(十五)铆接

铆接是利用铆钉连接两个或两个以上连接件而形成固定连接的一种连接方式。

1. 铆接过程

铆接过程如图 3.90 所示,将铆钉插入被铆接工件的孔内,铆钉头紧贴工件表面,然后将铆钉杆的一端镦粗成为铆合头。

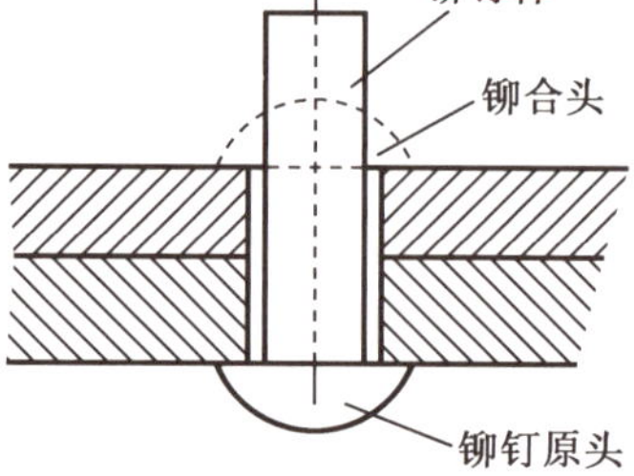

图 3.90　铆接过程

2. 铆接种类

(1)按铆接使用要求分

①活动铆接(或称铰链铆接)。它的接合部分是相互转动的。例如,各种手用钳、剪刀、卡钳、圆规等工具的铆接。

②固定铆接。它的结合部分是固定不动的,这种铆接按用途和要求不同,又可分为:

a. 强固铆接(坚固铆接)。应用于结构需要有足够的强度,承受强大作用力的地方。

b. 紧密铆接。应用于低压容器装置,这种铆接不能承受大的压力,只能承受小的均匀压力。紧密铆接对其接缝处要求非常严密,铆钉小而排列密,铆缝中常夹有橡皮或其他填料,以防止气体或液体的渗漏。

c. 强密铆接。应用于高压容器装置,这种铆接不但能承受很大的压力,而且要求接缝非常紧密,即使在一定压力下,液体或气体也可保持不漏。

(2)按铆接方法分

①冷铆接。冷铆接时,铆钉不需加热,直接镦出铆合头。冷铆接对铆钉的材质和铆装质量要求很高。材料具有较高的延展性,且直径在 8 mm 以下的铆钉,才可采用冷铆接方法铆接。

②热铆接。热铆接时,将铆钉杆或杆的端头加热到一定的温度后,再进行铆接。热铆接时压力小,铆合头容易成型,但由于冷缩现象,铆钉杆不易将铆钉孔填满。因此,这种方法只适用于 8 mm 以上钢制铆钉的铆接。

③混合铆。混合铆是指在铆接时,只把铆钉的铆合头端部加热。对于细长的铆钉,采用这种方法可以避免铆接时铆钉杆的弯曲。

3. 铆钉种类

铆钉按形状、用途和材料不同可分为以下几种。

(1)按铆钉的形状分

常用的有平头铆钉、半圆头铆钉、沉头铆钉、半圆沉头铆钉、管子空心铆钉和带铆钉等(表 3.7)。

表 3.7　铆钉种类及应用

名称	形状	应用
平头铆钉	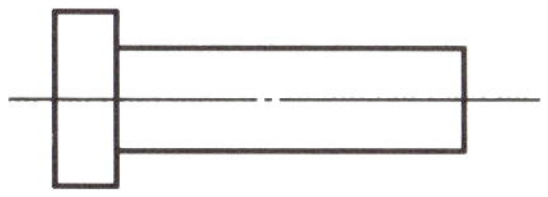	这种铆钉铆接方便,应用广泛,常用于一般无特殊要求的铆接中,如铁皮箱盒、防护罩壳及其他结合件中
半圆头铆钉	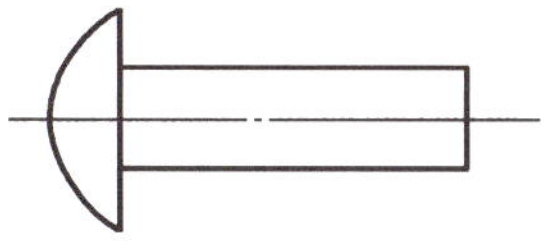	这种铆钉应用也很广泛,对钢结构的屋架、桥梁和车辆、起重机等,常用这种铆钉
沉头铆钉	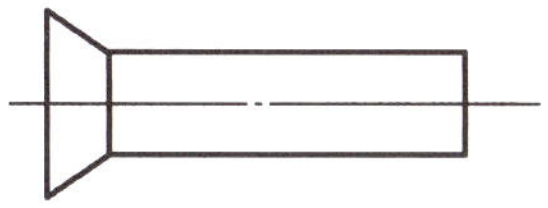	应用于框架等制品表面要求平整的地方,如铁皮箱柜的门窗以及有些手工具等

表 3.7(续)

名称	形状	应用
半圆沉头铆钉	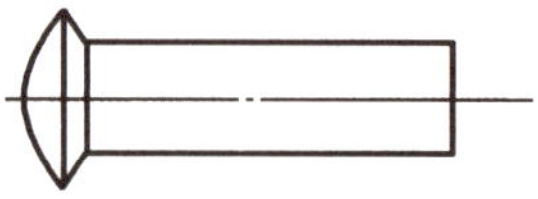	用于表面粗糙、不容易滑跌的地方,如踏脚板和走路梯板
管子空心铆钉	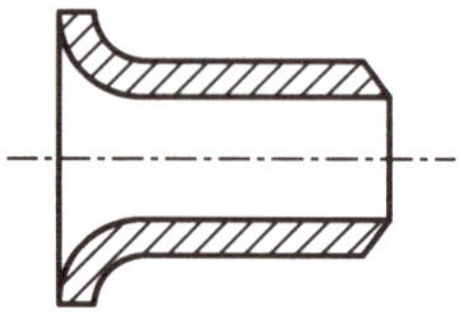	用于在铆接处有空心要求的地方,如电器部件的铆接等
带铆钉	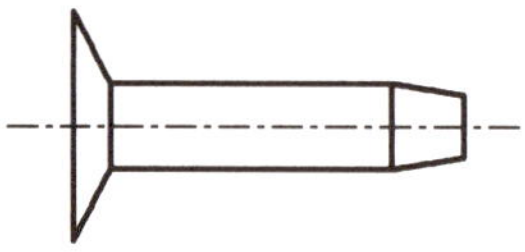	常用于铆接机床制动带以及铆接毛毡、橡皮、皮革等制件中

(2)按材料分

有钢质铆钉、铜质(紫铜或黄铜)铆钉、铝质铆钉等。铆钉的材料应具有良好的塑性、延展性,选用铆钉材料应尽量和铆接件的材料相近或一致。

4. 铆接形式

铆接连接的基本形式是由零件相互结合的位置所决定的,主要有三种形式:搭接,如图3.91(a)所示;对接,如图3.91(b)所示;角接,如图3.91(c)所示。

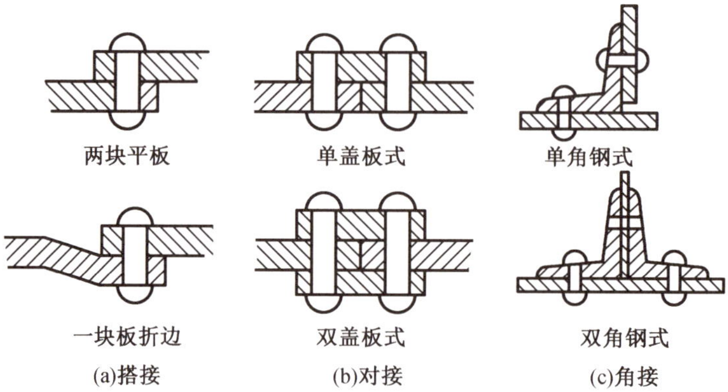

图 3.91 铆接形式

5. 铆接工具

铆接方法有手工铆接和机械铆接两大类,其中手工铆接常用的工具有压紧冲头、罩模、顶模以及空心铆钉冲头等,分别如图3.92和图3.93所示。

6. 铆钉直径

为了保证铆接的质量,还要进行铆钉尺寸的计算,如图3.94所示。

(1)铆钉直径 d 的确定

①铆钉直径的大小与被连接板的厚度、连接形式以及被连接板的材料等多种因素有关。当连接板材厚度相同时,铆钉直径等于板厚的1.8倍;当连接板材厚度不同时,铆钉直

径取最小板厚的 1.8 倍。

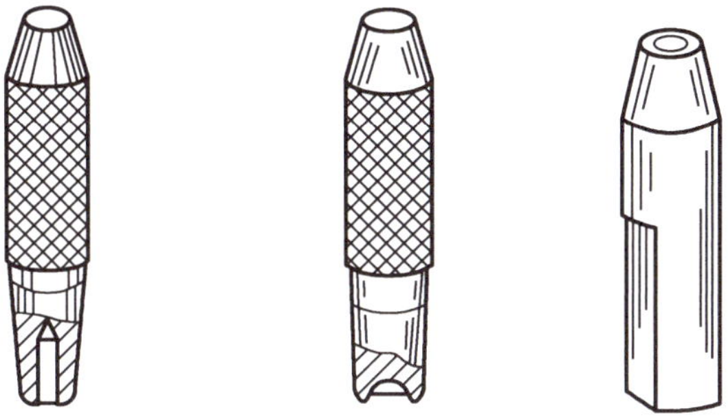

(a)压紧冲头　　(b)罩模　　(c)顶模

图 3.92　铆接工具

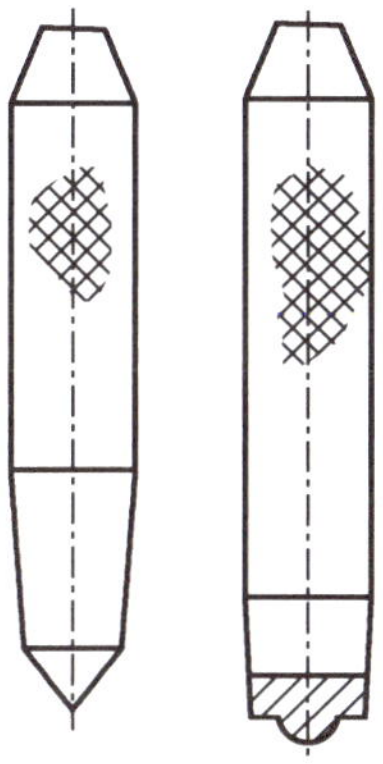

图 3.93　空心铆钉冲头

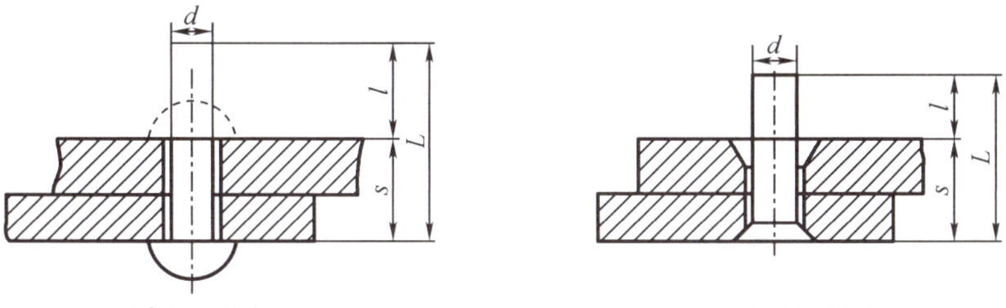

(a)半圆头铆钉　　(b)沉头铆钉

图 3.94　铆钉尺寸的计算

②铆接时，铆钉与铆钉孔的配合必须适当，铆钉孔比铆钉杆的尺寸稍大些，铆钉孔直径可根据铆接场合的不同在计算后按表 3.8 圆整。

表 3.8　标准铆钉直径及通孔直径(《紧固件 铆钉用通孔》GB 152.1—1988)　　单位：mm

公称直径		2.0	2.5	3.0	4.0	5.0	6.0	8.0	10.0
通孔直径	精装配	2.1	2.6	3.1	4.1	5.2	6.2	8.2	10.3
	粗装配	2.2	2.7	3.4	4.5	5.6	6.6	8.6	11

(2)铆钉长度 L 的确定

铆接时铆钉所需长度 L 除了被铆接件的总厚度 s 外，还要为铆合头留出足够的长度 l，即 $L=s+l$。因此，半圆头铆钉铆合头所需长度，应为圆整后铆钉直径的 1.25~1.5 倍；沉头铆钉铆合头所需长度应为圆整后铆钉直径的 0.8~1.2 倍。

(3)通孔直径 D 的确定

铆接时，通孔直径的大小应随着连接要求不同而有所变化。若孔径过小，会使铆钉插入困难；若孔径过大，则铆合后工件易松动，合适的通孔直径应按表 3.8 选取。

7. 铆接方法

一般钳工工作范围内的铆接多为冷铆接。铆接时用工具连续锤击或用压力机压缩铆钉杆端，使铆钉杆充满钉孔并形成铆合头。

(1)半圆头铆钉的铆接方法

半圆头铆钉铆接步骤有以下几步：

①铆钉穿过孔后，用顶模顶稳铆钉半圆头部，用压紧冲头把被铆接件压实，如图 3.95(a)所示。

②用手锤敲击铆钉杆伸出部分使其镦粗，如图 3.95(b)所示。

③用手锤敲打四周并成型，如图 3.95(c)所示。

④用罩模修整铆合头，如图 3.95(d)所示。

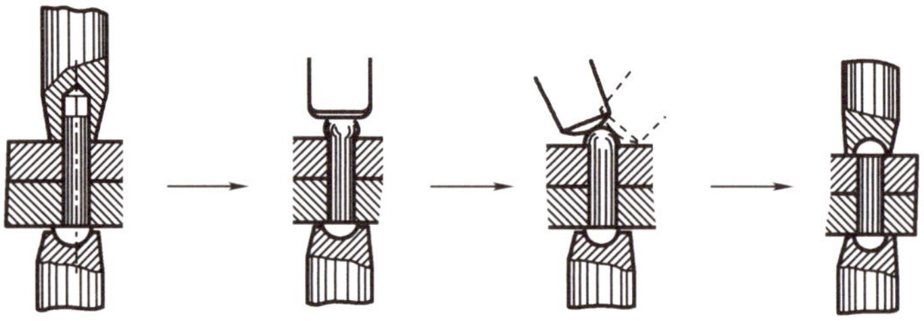

图 3.95　半圆头铆钉铆接过程

(2)沉头铆钉的铆接方法

沉头铆钉铆接步骤有以下几步：

①把铆接件彼此贴合，按划线钻孔，孔口锪 90°沉头孔，铆钉插入孔内，如图 3.96(a)所示。

②铆钉穿孔后，放在支承好的砧铁上，在正中做两面镦粗，如图 3.96(b)所示。

③先铆一个面，然后再铆另一个面，如图 3.96(c)所示。

④锉平高出的部分，如果用现成沉头铆钉铆接，则只要将一端材料打平即可，如图 3.96(d)所示。

(3)空心铆钉的铆接方法

空心铆钉铆接步骤有以下几步：

①将空心铆钉穿孔，并垫好下端铆钉头，用手锤击打样冲，使上端撑开，与铆接件接触，如图 3.97(a)所示。

②用圆凸冲头铆合成型，要轻轻敲打几次，以免过猛而出现裂纹，如图3.97(b)所示。

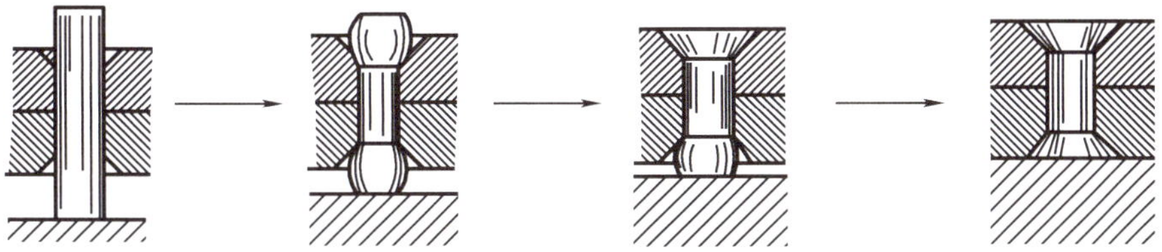

(a)步骤一　(b)步骤二　(c)步骤三　(d)步骤四

图3.96　沉头铆钉铆接过程

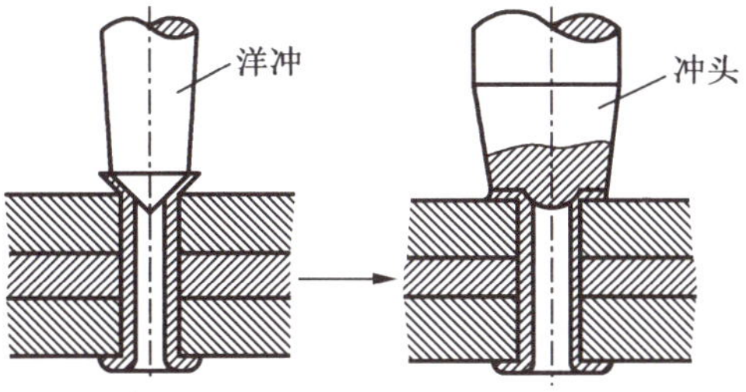

(a)步骤一　(b)步骤二

图3.97　空心铆钉铆接过程

8. 铆接注意事项

(1)铆接前要将长度计算好，如伸出部分的长度太短，则铆不成半圆，长度太长会使铆接的半圆头产生涨边现象，最好要试铆。

(2)半圆头铆接时，顶模、罩模要放正，防止半圆头面变形。

(3)应严格按铆接顺序进行铆接。

(4)铆合面之间接触应贴合，铆后应无缝隙。

(5)在活动铆接时，要经常检查活动情况，如果发现太紧，可把铆钉圆头垫在有孔的垫铁上，锤击铆合头，使其活动。

(6)用罩模在前后左右摇动铆合时，应防止罩模接触垫片表面，敲出印痕，破坏外形。

(7)在进行沉头铆接时，注意不要损伤加工表面。

9. 铆接常见缺陷分析

铆接常见缺陷分析见表3.9。

表3.9　铆接常见缺陷分析

常见缺陷	图示	缺陷产生原因
铆合头偏歪	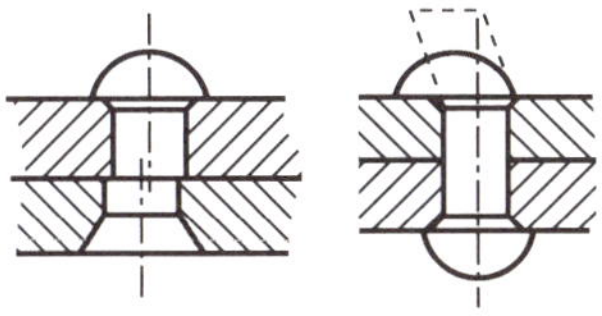	1. 铆钉太长 2. 铆钉歪斜，铆钉孔没对准 3. 镦粗铆合头时不垂直

表 3.9(续)

常见缺陷	图示	缺陷产生原因
铆合头不光洁或有凹痕		1. 罩模工作面不光洁 2. 铆接时捶击力过大或连接捶击,罩模弹回时棱角碰在铆合头上
半圆铆合头不完整		铆钉太短
沉头座没填满	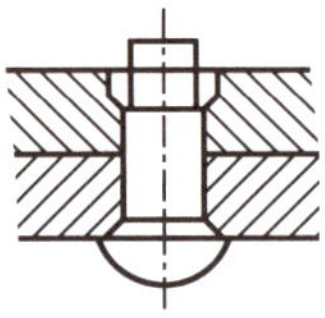	1. 铆钉太短 2. 镦粗时捶击方向和板料不垂直
原铆钉头没紧贴工件	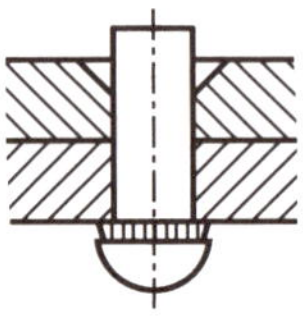	1. 铆钉孔直径太小 2. 孔口没倒角
工件上有凹痕	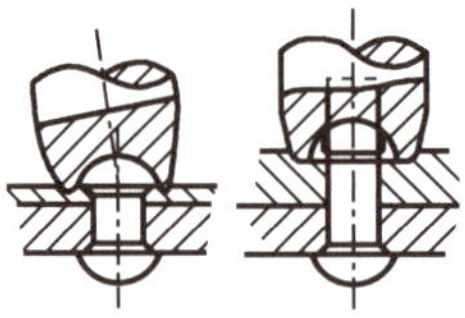	1. 罩模歪斜 2. 罩模凹坑太大
铆钉杆在孔内弯曲	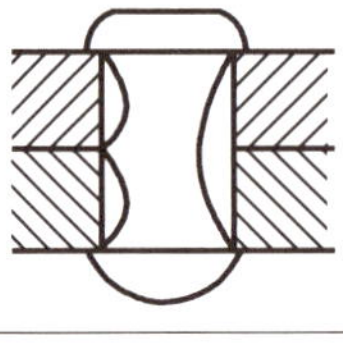	1. 铆钉孔太大 2. 铆钉杆直径太小
工件之间有间隙	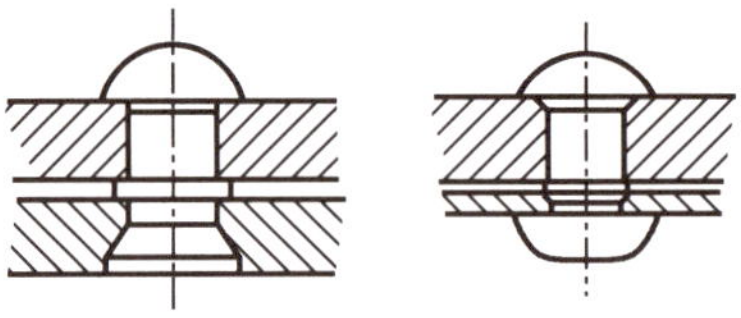	1. 工件板料不平整 2. 板料没压紧

(十六)黏接

随着科学技术的进步,黏接技术的发展相当迅速。其应用领域也越来越广泛,不仅大量应用于航空、航天及原子能等军事领域,而且在机械、电子、化工、建筑、轻纺、造船等部门都得到广泛的应用。随着新型胶黏剂的发展,黏接技术必将会得到更加广泛的应用。

1. 黏接技术的特点

(1)黏接的优点

①黏接力较强,可黏接各种金属或非金属材料,对钢铁的最高黏接强度可达 75 MPa。

②黏接中无须高温，不会有变形，也不会退火和氧化。

③工艺简便、检修容易、成本低，适于现场施工。

④黏缝有良好的化学稳定性和绝缘性，不同的金属间均可黏接，不会形成腐蚀电池。

⑤对电子元器件（组件）进行胶结封装，不但能稳定性能，而且能延长使用寿命。

⑥黏接应力小，分布均匀，且可以消除裂纹、变形等缺陷。

⑦具有密封、绝缘、耐水、耐油等特点。

（2）黏接的缺点

①不耐高温，有机胶黏剂一般只能在 150 ℃下长期工作，无机胶黏剂可耐 700 ℃高温。

②抗冲击性能差，胶层容易老化变质。

③黏接强度达不到焊接的水平。

④黏接质量的可靠性及无损的检查缺乏有效的方法。

（3）应用范围

①胶接和黏补零、部件的裂纹、破碎的部位等。

②填补铸件砂眼。

③用于对间隙、过盈配合表面或磨损面的尺寸恢复的黏接。

④连接面的密封补漏、防松紧固。

⑤以胶接代替螺栓连接，以及以黏代替铆、焊、夹，用以简化机构，提高装修工艺。

2. 常用胶黏剂的种类特点及应用

常用胶黏剂的种类特点及应用见表 3. 10。

表 3. 10　常用胶黏剂的种类特点及应用

种类	特点	应用
环氧树脂胶黏剂	1. 胶黏剂既可胶接金属材料，又可胶接非金属材料。高温固化，抗剪强度可达 25 MPa。室温固化，抗剪强度可达 15 MPa。胶接面的抗拉强度达 45 ~ 70 MPa，抗弯强度达 90 ~ 120 MPa 2. 工艺性良好，易与固化剂等混合，便于工艺操作 3. 固化后收缩性小，一般小于 2% 4. 稳定性良好，既耐酸碱，又耐许多有机溶剂的腐蚀 5. 良好的耐热性，固化后能在 100 ℃以上长期使用，特殊树脂可在 200 ℃以上长期使用 6. 有良好的电绝缘性能	1. 用于飞机制造业及各机械专业的金属与金属、合金之间及玻璃纤维增强塑料之间的胶接 2. 用于对出土文物的修复、地下工程的密封等

表 3.10(续)

种类		特点	应用
酚醛树脂胶黏剂	酚醛-丁腈胶黏剂	耐化学药品、油、燃料和溶剂,并有较高的使用温度,在短期的使用温度高达 380 ℃	1. 在飞机制造业中用于胶接各种材料 2. 在汽车制造业中用于胶接摩擦片衬垫等
	酚醛-氯丁胶黏剂	耐热性较通用酚醛树脂低	一般不作为结构胶黏剂使用,主要用于金属、玻璃、橡胶、织物、聚氯乙烯材料等的胶接
	酚醛-尼龙胶黏剂	有良好的耐油性,但耐水性较差	能与热固性酚醛树脂并用

3. 几种实用胶黏剂的牌号、性能及用途

几种实用胶黏剂的牌号、性能及用途见表 3.11。

表 3.11　几种实用胶黏剂的牌号、性能及用途

牌号	主要性能	主要用途
SA102 型快胶黏剂	本胶分甲、乙两组分,按 1∶1比例(体积)混合使用,被黏接物不需严格处理,可用砂纸打磨,无须脱脂,常温下即可黏接,15~30 min 固化,-60~120 ℃以内可以使用	对钢、铁、铝、钛、不锈钢、碳酸脂、聚氨酯、有机玻璃、聚苯乙烯、聚氯乙烯、碳素纤维、陶瓷、骨类、水泥、木材等,同种或异种金属与非金属之间黏接更佳,例如用在波浪键的黏接上
WM-58 耐高温密封胶	耐有机溶剂、合成油、气体等,工作温度为-100~810 ℃,将接合面处理干净涂上薄薄一层胶液后立即装配,空气中自行干固,即可达到良好密封效果	主要用于农机、车辆、化工机械、航空等部门的金属、非金属的平面与螺纹结合处密封,而且不腐蚀金属
501 胶	流动性好,室温快速固化,使用温度为-50~70 ℃,钢-钢室温固化抗剪强度≥20 MPa,抗拉强度≥25 MPa	用于金属与非金属需要快速固化的零件,不宜长期接触酸、碱和水
520 胶	流动性好,室温快速固化,使用温度为-40~70 ℃,黏接后 24 h 可达最高强度,碳钢的黏接抗剪强度≥10 MPa,抗拉强度≥25 MPa,对碱性物无黏接作用	黏接各种金属、玻璃(除聚乙烯、氟塑料及一些合成橡胶外)和一般橡胶
403 胶	合成橡胶溶剂型胶黏剂,使用时可涂两次胶,提高其强度	用于橡胶、金属与橡胶等黏接
107 胶	无色透明,无腐蚀胶体,黏接牢固,与水泥沙浆合用可增加其黏接强度	黏接纸张,粘贴木器、塑料贴面,与石灰乳混用粉刷室内有光泽且不掉粉

表 3.11(续)

牌号	主要性能	主要用途
乳胶	漆膜坚固,耐擦洗,色彩柔和,无毒、无味,不燃,耐水,抗碱,附着力强,遮盖力好	一种乳白色涂料,可适用于室内、室外装饰涂刷不掉粉
白胶	使用方便、贮存期长,无毒,对弱酸、弱碱无多大影响	用于纸张、木材、皮革、泡沫塑料、纤维板等的黏合,适量加入

4. 黏接的基本工艺

(1)黏接时的接头形式

合理的接头形式是保证黏接强度的关键因素,接头形式的选择主要考虑被黏接材料在黏接后的受力情况,黏接时常见的接头形式有平面接头、槽接头和套接头等三种基本类型,下面是常见黏接材料的接头形式。

①板材的接头形式,如图 3.98 所示。

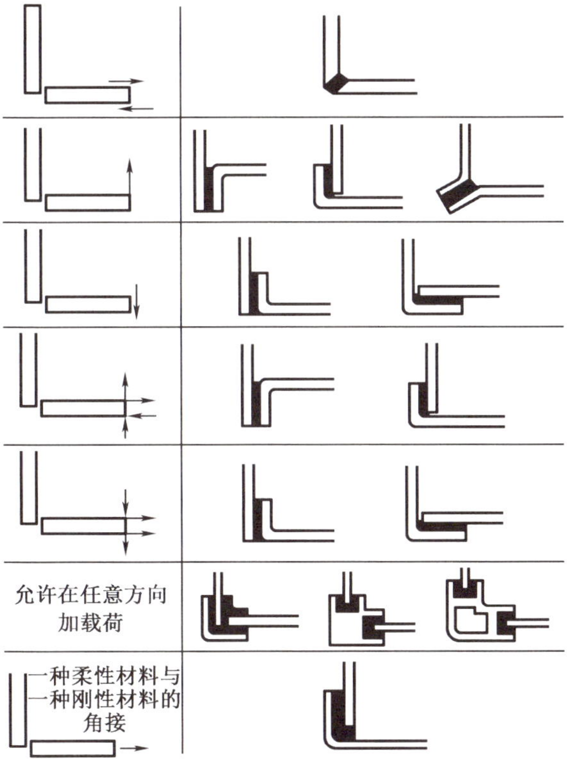

图 3.98　板材的接头形式(箭头表示受力方向)

②管材的接头形式,如图 3.99 所示。

③轴类零件的接头形式,如图 3.100 所示。

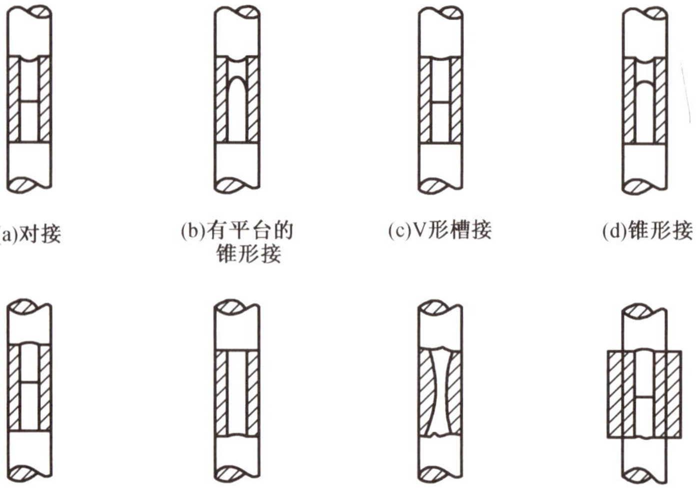

图 3.99　管材的接头形式

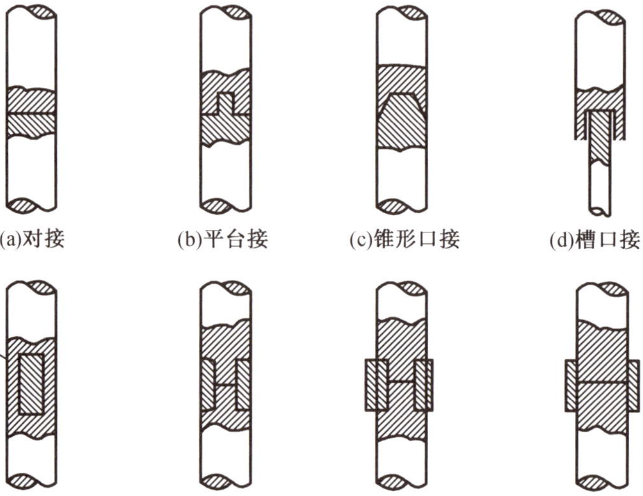

图 3.100　轴类零件的接头形式

(2)黏接表面的处理

黏接时,被黏接材料表面的油迹、锈迹及平整情况对黏接强度和效果有很大影响,因此在黏接之前必须先进行黏接表面的处理工作。

①表面除油

a. 有机溶剂除油。常用的有机溶剂有汽油、煤油、三氯乙烯、四氯化碳以及酒精等,其中汽油的应用最为广泛。

b. 手工除油是用毛刷或抹布蘸上除油剂,在零件表面上刷擦的除油方式,主要用于大型零件或光亮电镀零件。

c. 化学除油是利用化学制剂的化学作用将油脂分离的方法进行除油,常用的化学制剂有 NaOH、Na_2CO_2、$Na_3PO_4 \cdot 12H_2O$ 以及 OP 乳化剂等。

d. 电解除油。电解除油有阳极除油和阴极除油两种。对弹性大、强度高和薄壁零件，一般采用阳极除油；对其余零件一般先进行阴极除油 5～7 min，然后进行阳极除油 2～3 min。

②表面除锈

a. 机械法除锈。常用的方法有喷砂、刷光、抛光、磨光以及滚光等。

b. 化学腐蚀法除锈。利用化学药品对金属材料的腐蚀性进行表面除锈，其中黑色金属的腐蚀剂有盐酸、硫酸，铜以及合金的酸洗液主要有盐酸、硫酸（10%～15%），时间通常为 30～60 s。

（3）选择合适的施胶工艺

施胶的方法有刷涂法、喷涂法、滚涂法、浸涂法等，施胶工艺分为顺向法、反向法、交叉法、点涂法和线涂法等。

①点涂法，如图 3.101 所示。

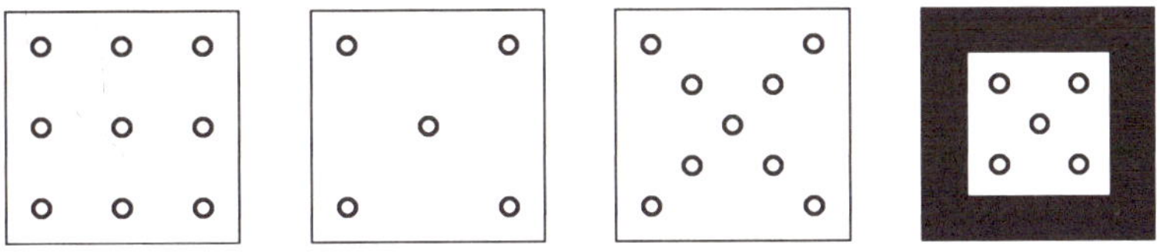

(a)　(b)　(c)　(d)

图 3.101　点涂法

②线涂法，如图 3.102 所示。

(a)　(b)　(c)　(d)

图 3.102　线涂法

模块四

典型船舶辅机的拆装和检修

一、学习情景描述

1. 教学情景描述：同学们进入船舶机舱、甲板，寻找各类船舶辅机，观察它们的外形；
2. 关键知识点：泵、分油机拆装和检测工艺；
3. 关键技能点：典型船舶辅机的拆装和检测。

二、学习目标

1. 了解齿轮泵拆装与检修工艺；
2. 了解往复泵拆装与检修工艺；
3. 了解分油机拆装与检修工艺；
4. 掌握船舶辅机安装一般工艺要求。

三、任务书

班级		组号		指导教师	
组长		学号			

表(续)

<table>
<tr><td>组员</td><td><table><tr><th>姓名</th><th>学号</th><th>姓名</th><th>学号</th></tr><tr><td></td><td></td><td></td><td></td></tr><tr><td></td><td></td><td></td><td></td></tr><tr><td></td><td></td><td></td><td></td></tr><tr><td></td><td></td><td></td><td></td></tr><tr><td></td><td></td><td></td><td></td></tr><tr><td></td><td></td><td></td><td></td></tr><tr><td></td><td></td><td></td><td></td></tr></table></td></tr>
<tr><td>任务分工</td><td></td></tr>
</table>

四、获取信息

引导问题1:船舶辅机是最为主要的船舶配套设施。比如:锚绞机、舵机、救生设施、吊机、电梯、舱口盖、空压机、水泵、空调、油污水处理设施、阀门、冷藏、辅锅炉、焚烧炉、海水淡化设施、风机以及净油设施等。请同学们填写齿轮泵的结构。

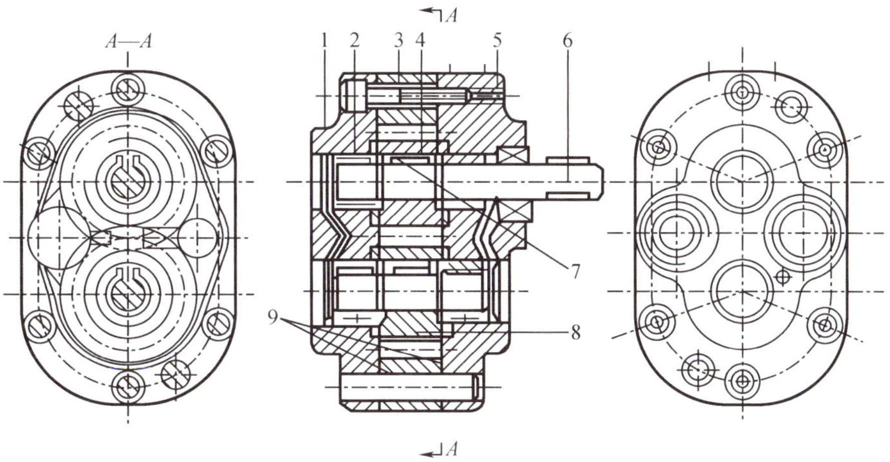

(1)________ (2)________ (3)________ (4)________ (5)________

(6)________ (7)________ (8)________ (9)________

引导问题2:齿轮泵的工作原理可以概括如下。

1. 当吸油口与压油口各用________与________和系统接通后,齿轮各齿槽和泵体以及前后端盖间形成____________,而啮合线又把他们分隔为两个不串通的________和____________。

2. 在吸油腔,齿轮在啮合点相互从____________退出,密封工作空间的有效容积不断__________,完成吸油过程。

3. 在排油腔,齿轮在啮合点相互进入____________,密封工作空间的有效容积不断____________,实现排油过程。

4. 齿轮连续转动,即可实现不断吸油和排油。

引导问题3:齿轮泵检修步骤概括为拆卸—复查数据—检查—修复或更换—组装及调整五个部分。请同学们概述拆装前准备工作的步骤:

(1)拆装前准备好的工具有:________________、______________、______________、______________、________________、______________。

(2)清理外啮合齿轮泵的外表面,____。

(3)用手转动____________________。

引导问题4:往复泵是一种典型的容积泵,主要由泵缸、活塞(或者柱塞)和吸、压水阀等构成。它的工作是依靠在泵缸内做往复运行的活塞(或者柱塞)来改变工作室的容积,从而达到吸入或者排液的目的。由于泵缸主要工作部件的运动是往复式的,因此称为往复泵。

按照结构特点,往复泵大致可以按以下分类:

1. 按缸数分:________、________、________、________等;

2. 按作用方式分:________和________;

3. 按液缸的布置和相互位置分:________、________、________、________。

引导问题5:分油机是船舶燃油、润滑油的净化、提纯及污油再生的重要设备,主要用于净化,去除水分和杂质。尘埃、砂子、铁锈以及棉纱、填料等固体物质会污染燃油。当粒度较大时,引起喷油系统故障,例如堵塞喷孔,加剧精密偶件的磨损。即使粒度较小也会对气缸造成磨料磨损,并易生成沉积物。燃油被水污染,例如油舱漏水或加热盘管漏水等。请同学们写出分油机拆装前的准备工作:

1. ____;

2. ____;

3. ____;

4. ____。

五、评价反馈

各组代表展示作品,介绍任务完成情况,并完成评价表。

学生自评表

任务	完成情况记录
任务是否按计划时间完成	
相关理论完成情况	
技能完成情况	
材料上交情况	
收获	

学生互评表

序号	评价项目	小组互评	教师评价	总评
1	任务是否按时完成			
2	材料上交情况			
3	任务完成质量			
4	语言表达能力			
5	小组成员合作情况			

教师评价表

序号	评价项目	小组互评	教师评价	总评
1	学习准备			
2	引导问题填写			

表(续)

序号	评价项目	小组互评	教师评价	总评
3	规范操作			
4	完成质量			
5	关键操作要领掌握			
6	完成速度			
7	参与讨论主动性			
8	沟通协作			
9	展示汇报			
10	5S 管理(如有)			

注:评价档次统一采用 A(优秀)、B(良好)、C(合格)、D(努力)4 档。

六、学习情境的相关知识点

船上除了主机和主推进系统外,还有各种类型的辅助装置和辅助机械,以满足全船对电能、热能和机械能的需要,保证主机、辅机和管路系统的正常工作,满足船员和旅客的生活、工作需要。

船舶辅助装置主要是指辅助动力装置,包括船舶电站和辅助锅炉。船舶辅助机械简称辅机,是指消耗电能、热能和机械能的各种机械设备,包括各种泵、空气压缩机、通风机、制冷机、制淡机、净油机和空调机等。甲板机械也属于船舶辅机。

(一)齿轮泵拆装与检修

1. 齿轮泵的结构与工作原理

齿轮泵属于容积式泵,是依靠泵缸与啮合齿轮间所形成的工作容积变化和移动来输送液体或使之增压的回转泵。图 4.1 为外啮合齿轮泵的结构。

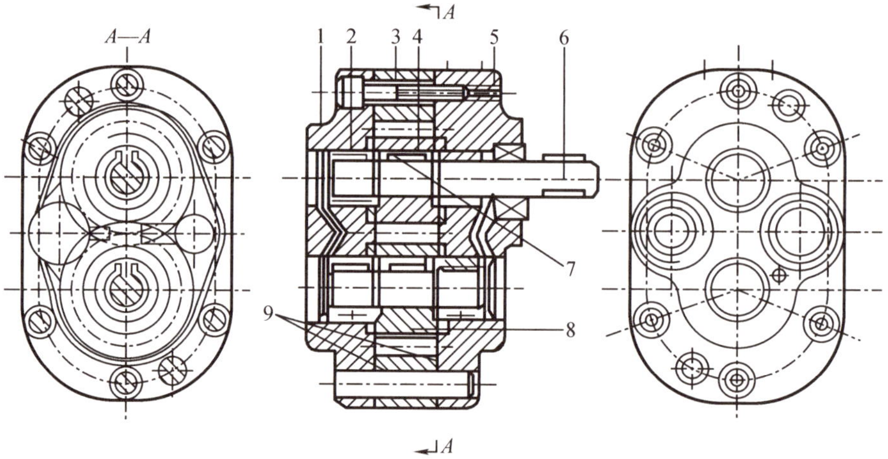

1—后泵盖;2—滚针轴承;3—泵体;4—主动齿轮;5—前泵盖;6—传动轴;7—键;8—从动齿轮;9—环形卸载槽。

图 4.1 外啮合齿轮泵的结构

当电动机带动主动齿轮轴逆时针转动时(图 4.2),主动齿轮轴带动从动齿轮轴转动,泵体前端进口处形成真空,油液通过进油孔吸入,再经过两齿轮的挤压产生压力油,最后通过油孔排出。齿轮泵也叫正排量装置,即像一个缸筒内的活塞,当一个齿进入另一个齿的流体空间时,液体就被机械性地挤排出来。因为液体是不可压缩的,所以液体和齿就不能在同一时间占据同一空间,这样,液体就被排除了。由于齿的不断啮合,这一现象就连续在发生,因而也就在泵的出口提供了一个连续排出量,泵每转一转,排出的量是一样的。随着驱动轴不间断地旋转,泵也就不间断地排出流体。泵的流量直接与泵的转速有关。为防止油压增高或空气进入产生出油不畅的事故,在泵盖上设计有安全阀装置,正常运行时,安全阀处在关闭状态,当油压升高超过安全阀的额定压力时,安全阀被压力顶开,这时出口的油通过安全阀里的通道返回进口处,形成油在泵体内部的循环,从而起到安全保护的作用。

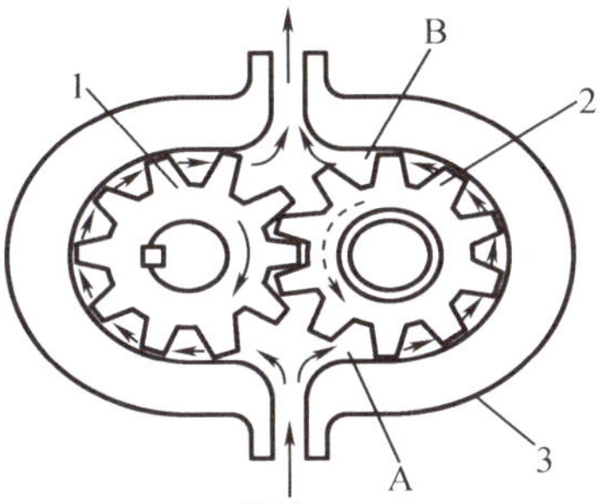

1—主动齿轮;2—从动齿轮;3—机油泵体;A—进油腔;B—出油腔。

图 4.2　外啮合齿轮泵原理

2. 齿轮泵的拆卸

(1)拆卸前准备工作

①拆卸前准备好内六方扳手、固定扳手、螺丝刀、螺旋测微器、铅丝、塞尺、牛油等工具。

②清理外啮合齿轮泵的外表面,观察外部形状,三片式的连接方式、螺钉及定位销数目与位置、油口的位置和大小,确定进、出油口,记录铭牌标记。

③用手转动主动轴。体会转动的轻重、声音,正反向转动,体会齿轮泵啮合间隙。

(2)拆卸程序

①用内六方扳手对称松开(拧松之前在端盖与泵体的结合处做上记号)并卸下泵盖上的六个螺栓,连同垫圈一一卸下。

②用螺丝刀轻轻沿前端盖与泵体的结合面处将端盖撬松(注意:不要撬太深,以免划伤密封面,因密封主要靠两密封面的加工精度及泵体密封面上的卸油槽来实现),卸下前端盖,取下密封胶圈,注意观察泵内结构及零件相互位置。

③用手转动主动轴,根据进、出油口的位置,确定输入轴齿轮工作的旋转方向;观察密封容积的大小变化情况、困油密封容积和大小变化情况,找到困油卸荷槽的位置,明确其作用。

④检查泵体及两齿轮厚度之差,分析三者厚度相关尺寸对保证泵性能的重要性。

⑤将端盖板拆下,从泵体中取出主、从动齿轮(取出前将主、从动齿轮与对应位置做好

记号),卸下后端盖,观察被动轴轴心的通孔、润滑油的流通通道、轴承状况。

⑥用煤油或轻柴油将拆下的所有零部件进行清洗并放于容器内妥善保管,以备测量和检查。

3. 齿轮泵的检修

(1)外观检查

①检查泵壳是否有裂纹,是否有腐蚀而形成较多的砂眼或穿孔,若有,看是否能修补,不能修补就换新。

②仔细检查齿轮、泵壳和端盖的工作表面,有无擦伤、槽痕或裂纹,如有必须设法消除,必要时换新。

③检查齿轮齿面腐蚀及点蚀,要求锈斑和点蚀不超过齿面积的 25%,牙齿不应有裂纹和折断。

④对于过度磨损或锈烂的泵轴,通常需要更换新轴,或重新压入新的轴承衬套,以恢复轴承间隙。

(2)齿顶间隙测量

齿轮的齿顶圆与泵壳的径向间隙即齿顶间隙。可用塞尺测量:选取规格合适的塞尺片(另外游标卡尺或内外径千分尺测泵壳内径和齿轮齿顶圆直径也可以),将主、从动齿轮正确装好,用塞尺测量各齿顶与泵壳间隙,做好记录,最后依据间隙最大值得出齿轮泵的径向间隙,齿轮泵的径向间隙应保持在 0.02~0.04 mm,最大不超过 0.08 mm,间隙过大时,更换新齿轮。

(3)端面间隙测量

①端面间隙即齿轮端面和端盖之间的间隙。截取两段长度等于节圆周长软度合适的铅丝,用牛油将圆形软铅丝黏于齿轮端面上。

②装上泵盖,对称均匀地拧动泵盖锁紧螺母:所有螺母均紧到拧不动时为止。

③对称均匀地拧下泵盖螺母,取下泵盖。

④取下软铅丝片并清洁:在每一圆形软铅丝片上选取 4 个测量点,用外径千分尺测量软铅丝片厚度,做好记录,最后根据 8 个测量值得出的平均值即为齿轮泵的轴向间隙,齿轮轴向间隙应为 0.04~0.08 mm,最大不超过 0.12 mm,此间隙可通过改变纸垫厚度来加以调整,如果齿轮端面擦伤而使端面间隙过大时,可通过增减泵盖垫片厚度进行调整。

⑤若无法通过调整达到要求时,可在平台上涂研磨砂,将泵体结合平面研磨到符合规定的端面间隙为好,一般情况下不研磨泵盖。若其磨损的凹陷超过 0.05 mm 时,才需要磨平。

(4)啮合间隙测量

啮合间隙即主、从动齿轮啮合面的间隙。

①截取三段规格合适的软铅丝,每段长能围住一个齿面为宜;装配好主动齿轮,将三段软铅丝用牛油沿从动齿轮一只轮齿的齿宽方向等距黏合好后装配从动齿轮,其黏合软铅丝的齿处于排出腔。

②在泵壳外部做标记后装配齿轮泵盖和传动装置。

③顺转向转动齿轮泵黏合软铅丝的齿到吸入腔。

④拆解齿轮泵,拆卸出从动齿轮,取下软铅丝片,用螺旋测微仪测量压于啮合齿轮两侧

压扁的铅丝，可得啮合间隙值。

4. 齿轮泵的装配步骤

(1)装配前准备工作

装配前将全部零件洗净擦干，所有油道要保证清洁通畅，用适当方法去除零件上的毛刺，消除划伤、磕碰等造成的损伤。

(2)装配程序

①将啮合良好的主、从动齿轮两轴装入左侧(非输出轴侧)端盖的轴承中，装上泵体，装复时应按拆卸时所做记号对应装入，切不可装反。

②装配密封件，其位置要正确，松紧合适。

③对准定位销钉与定位孔后，装右侧端盖，旋紧螺栓，应一边转动主动轴一边拧紧，并对称拧紧，以保证端面间隙均匀一致。注意：泵盖紧固螺栓应交替均匀拧紧，内六角螺栓头部不得凸出泵盖外端表面。

④装复联轴器，将电动机装好，对好联轴器，调整同轴度，保证转动灵活。

5. 外啮合齿轮的拆装注意事项

(1)拆装试验一定要在洁净的环境中进行。

(2)装配前，各零件必须仔细清理干净，用干净布擦去积油(勿用棉纱，以免线头掉入)，不得有切屑磨粒或其他污物。

(3)拆装时元件要轻拿轻放，不能用金属物件敲打。

(4)拆卸过程中，遇到元件卡住的情况时，不要乱敲硬砸，请指导老师来解决。

(5)装配齿轮泵时，先将齿轮、轴装在后泵端盖的滚针轴承内，轻轻装上泵体和前泵盖，打紧定位销。拧紧螺栓，注意使其受力均匀。

(6)装配时，遵循先拆的部件后安装，后拆的部件先安装的原则，安装完毕后应使泵转动灵活平稳，没有阻滞、卡死现象。

(二)往复泵拆装与检修

1. 往复泵的结构与工作原理

往复泵(图4.3)是一种典型的容积泵，主要是由泵缸、活塞(或者柱塞)和吸、压水阀等构成。它的工作是依靠在泵缸内做往复运行的活塞(或者柱塞)来改变工作室的容积，从而达到吸入或者排液的目的。由于泵缸主要工作部件的运动是往复式的，因此称为往复泵。

按照结构特点，往复泵大致可以按以下分类：

(1)按缸数分：单缸泵、双缸泵、三缸泵、四缸泵等；

(2)按作用方式分：单作用式和双作用式；

(3)按液缸的布置和相互位置分：卧式泵、立式泵、V形泵、星形泵。

通常以泵的上述区分来命名泵的名字：如单缸单作用立式柱塞泵、双缸双作用卧式活塞泵、三缸单作用柱塞泵等。

2. 往复泵的拆装

(1)拆装前准备

①技术准备：通过观看实物和图纸，熟悉结构，拟定拆装顺序。

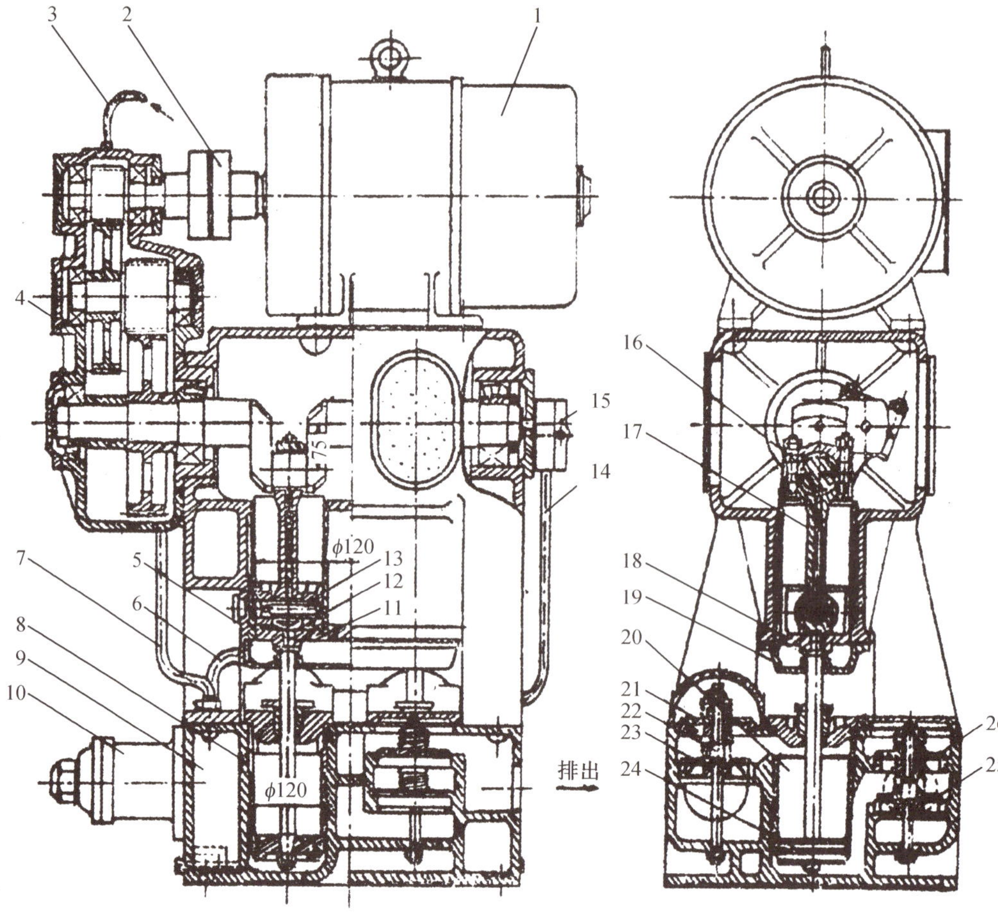

1—电机;2—联轴器;3,6,7,14—油管;4—减速器;5—堵子;8—水缸;9—滑油箱;
10—安全阀;11—锁紧螺母;12—定位弹簧圈;13—十字头销;15—滑油泵;16—曲柄连杆机构;
17—连杆;18—十字头;19—油盘;20—水泵;21,26—排水阀;22—固定螺栓;23,25—吸水阀;24—活塞。

图 4.3　2DSL 型电动往复泵

②工具准备:准备好所需的工具,包括放置零部件的工作台(木板或橡皮垫)和小木箱。

③对象准备:

a. 切断电源,在开关处挂上“禁用”牌。

b. 关闭往复泵的吸、排截止阀。

c. 如是热水泵,使其降温至常温。

d. 打开往复泵放残水旋塞。

e. 如有必要,拆掉有关管子。

f. 用油性记号笔或钢字码等工具在泵壳上各部件配合处标上号码和接缝记号,以保证装配时能按原来的顺序和位置装复。

g. 判明可能损坏的部件,并准备好备件、物料。

(2)拆卸过程

①拧下储油箱底部的螺丝堵,将滑油放空,再拆下滑油系统所有的连接管路及仪表。

②将电动机的接线脱开,拆除固定电动机的地脚螺栓和电动机与齿轮减速器连接的挠

性联轴器螺栓,然后就可以将电动机从曲轴箱盖上拆出。

③拆下固定滑油泵的螺丝,用顶丝顶松之后再拆下滑油泵。

④拆下接油盘,松开活塞杆和十字头之间的锁紧螺母及活塞杆和十字头的连接,然后旋出泵侧的堵头,拆去十字头销上的定位弹簧圈,用提环螺栓就可以将十字头销轴取出,为取出连杆做准备。

⑤取下曲轴箱有机玻璃观察孔盖,松开连杆大端螺栓,取出连杆大端下瓦,然后将曲轴转动一个适当的角度,就可以将连杆连同十字头一起从观察孔吊出。

⑥拆下固定齿轮减速器的螺栓,将曲轴连同齿轮箱一起吊出,然后再单独对齿轮箱进行解体清洗和检查。

⑦松去填料压盖和水缸盖上的固定螺栓,将水缸盖打开并提起,然后将活塞、活塞杆一起向上提,直到活塞全部露出为止,最后再将泵缸盖和填料箱盖从活塞杆上头取出。

⑧拆去水阀箱盖上的紧固螺帽,拆下水阀箱盖,取出里面吸水阀和拍水阀。

⑨拆除固定的安全阀,进行单独解体清洗和检查。

至此,解体工作基本结束,然后可用煤油或轻柴油等将拆下的零部件进行清洗。

(3)装配过程

①总装之前,先按概述中介绍的几个部分分别进行组合,然后再按下列顺序进行装配。把已组合好的吸、排水阀分别装入液缸阀箱内,盖好阀盖箱。

②将胶木胀圈放入沸水中浸泡,待其变软后取出。将已变软的胶木胀圈取出后,迅速套装于活塞上冷却,使其搭口间隙伸张到 8 mm 左右。待胶木胀圈完全冷却后,将其装入槽中。胀圈装配完毕后,将它的对口位置错开。将装好活塞环的活塞装入事先已压入缸套的液缸里,装上缸盖,然后再装上填料箱内套、填料,盖好填料压盖。

③把组装好的齿轮减速器和曲轴固定在机架上。

④将接油盘和滑道固定在机架上,再将十字头和连杆组装好,一起装进滑道,并装好十字头销轴。

⑤将连杆连接于曲轴上,此时应保证运转自如,但也不能太松,否则,应该调整连杆轴瓦的垫片。

⑥将组装好的机架安装在水缸上,并将活塞杆与十字头接妥,然后盘车使活塞上、下往复运动几次,再将连接螺栓拧紧,并装好连杆大端螺栓的开口销。装好齿轮滑油泵。

⑦安装好润滑系统的油管、油压表等各部件。

⑧装好电动机,注意调整好电动机轴线与减速器轴线的平行度、同轴度及相互位置,使其误差符合国家形位公差标准的要求。

⑨装上安全阀,各处盖板,拧紧螺丝等。

3. 往复泵的检修

(1)泵缸的检查

往复泵工作一定时间以后,由于缸套的磨损会影响泵的正常工作,因此要定期对缸套进行检查和测量。检查前,先用煤油或轻柴油将缸套的工作镜面清洗干净,再仔细检查缸套是否有单边磨损、擦伤或划痕等现象,缸套的两端是否出现凸台。如果发现上述情况,可用细油石打磨后再用细帆布抛光。缸套磨损情况要用内径千分尺定期进行测量和检查,若磨损量达到极限标准时,就应换新活塞或换新缸套。

（2）活塞和活塞环的检查

①检查活塞表面有无腐蚀，活塞与缸壁有无摩擦拉毛现象，如有摩擦痕迹，说明活塞杆对中性不良，应检查并重新找正。

②活塞环的材料随输送液体、温度、压力的不同而定，常用铸铁、青铜和夹布胶木、胶木、电木等。

③往复泵的活塞环常用夹布胶木，为了增加弹力，活塞环内侧开一圈凹槽，其中装一个弹性元件——磷青铜丝。

④夹布胶木活塞环在水中浸泡会发胀，以致使环的间隙变小而咬缸，因此使用这种材料制成的活塞环时，安装前最好先放进 80 ℃左右的热水中浸泡一段时间，待其完全变软胀开后再将其套在活塞上，等充分冷却后再装入槽内进行天地间隙测量，然后再放入缸套内。

⑤活塞环主要检查切口间隙和天地间隙。

活塞环切口间隙的大小是活塞环弹性强弱的标志。切口间隙过大，会导致密封性下降，应予以更新；切口间隙过小，也会引起卡死，造成缸套、活塞环的偏磨。

活塞环的天地间隙也应适宜，太大会引起活塞环在环槽内的上下撞击，加剧磨损甚至折断；天地间隙太小则会引起卡死。因此，要定期地对活塞环的切口间隙和天地间隙进行测量和检查。检查的方法是将活塞环放在泵缸中磨损量最大的位置，用塞尺测量其切口间隙的大小。而天地间隙的大小，可将活塞环装在环槽内直接用塞尺进行测量。用带深度尺的游标卡尺或外径千分尺测量胀圈槽的深度和胀圈的厚度。用角尺测量胀圈的搭口角应为 45°。如果切口间隙和天地间隙的大小超出极限值应予以换新。要求选用的工具、量具的品种、规格合适；对零部件的使用、清洁、保养和放置方法正确。

（3）填料和填料箱的检查

填料箱由压盖、填料和内套等组成。内套和压盖都做成倾斜面，以便上紧压盖螺帽时可把填料挤向活塞杆，从而保证密封。

填料的材料随输送液体的性质、压力和温度的不同而不同。船用泵一般均采用软填料。软填料一般是用浸油或浸石墨的石棉、大麻、棉纱等纤维物编织的绳索。填料装入填料箱时，为了避免填料使用后发生干燥和弹性消失，同时考虑到下次拆除上的方便，一般都在软填料的外面涂些油脂或石墨铅粉，然后按照活塞杆的周长将其切成小段，切口最好倾斜一角度。切好后，一圈一圈地装入填料箱中，各圈填料的切口应互相错开。最后装上压盖螺帽时，要对角轮流紧，用力均匀，防止单边上紧造成压盖偏斜，甚至拉断螺栓，或因压盖严重倾斜而碰擦活塞杆，以致运转时将活塞杆拉毛。还应注意：填料不能压得太紧，以防活塞杆发热而咬死，填料的松紧度可通过压盖的螺母来进行调节，以填料不发热，并能有少许液体渗出以起到冷却和润滑活塞杆的作用为宜，但漏泄量不得多于 50 滴/min。

（4）水阀的检查和修理

水阀由呈盘状或环状的阀盘及弹簧组成，借助于弹簧的压紧力，阀盘紧压在阀座上，而形成一个密封构件。构件的密封面也就是阀盘和阀座的接触面。这个面必须平整无缺陷，一般需要相互配研才能保持良好的严密性。

在新泵工作出 500 h 后，应仔细检查阀与阀座贴合面是否出现由于液体对阀面的腐蚀和由于水阀开关时的撞击而产生的锈蚀、斑点和裂痕等现象。如发现轻微的斑点可以用研磨砂或研磨膏在平板上研磨。也可以将阀放在阀座上相互研磨。如发现阀盘上斑点较深，应先光车，然后再研磨。在研磨时，应沿阀线均匀地涂点细研磨膏，同时切不可用力过猛。如果无须光车，应先进行粗磨再进行细磨。粗磨时将粗凡尔砂适量、均匀地涂于阀盘面（或阀座面）上，并滴少量机油，然后，用手给阀盘（或阀座）施以一定的压力，在平板面上以“8”字形轨迹研磨；根据研磨情况，可多次添加粗凡尔砂和机油，直至研磨面上无明显痕迹时，清洗阀盘（或阀座）。细磨时换以细凡尔砂，以粗研的同样方法研磨几分钟后，清洗之。研磨好的阀线应是封闭的。

检查研磨效果：在阀座面上均匀地涂以一薄层色油，将阀盘与阀座对研后，观察阀盘与阀座的贴合情况：以有均匀的色点为合格，否则应重新细研。亦可用涂红蓝粉或画铅笔痕等方法，检查阀与阀座的密合线的封闭程度。

阀的密封试验：将阀倒置后注入煤油，5 min 内不应渗漏为合格（《船用电动往复泵》GB/T 11034—2008），否则，应重新细研。

对使用中的阀弹簧也应经常注意检查是否有变形、折断或失去弹性等现象。如果阀弹簧因变形，使其自由长度缩小量达 5% 以上时，说明该弹簧力已经变弱，应予以换新。新换的弹簧在直径、圈数、自由高度和安装高度等方面均应和原来保持一致。在装阀时，特别要注意吸、排阀弹簧不要装错，因为一般排出弹簧的张力略大些。

4. 装复

（1）把已组合好的吸、排水阀分别装入液缸阀箱内，盖好阀箱盖。

（2）将胶木胀圈放于沸水中浸泡，待其变软后取出。将已变软的胶木胀圈取出后，迅速套装于活塞上、冷却，使其搭口间隙伸张到 8 mm 左右。待胶木胀圈完全冷却后，将其装入槽中。胀圈装配完毕后，将它的对口位置错开。将装好活塞环的活塞装入事先已压入缸套的液缸里，装上缸盖。然后再装上填料箱内套、填料，盖好填料压盖。

（3）把组装好的齿轮减速箱和曲轴固定在机架上。

（4）将接油盘和滑道固定在机架上，再将十字头和连杆组装好，一起装进滑道内，并装好十字头销轴。

（5）将连杆连接于曲轴上，此时应保证运转自如，但也不能太松，否则应该调整连杆轴瓦的垫片。

（6）将组装好的机架安装在水缸上，并将活塞杆与十字头接妥，然后盘车使活塞上、下往复运动几次，再将连接螺栓拧紧，并装好连杆大端螺栓的开口销。

（7）装好齿轮滑油泵。

（8）安装好润滑系统的油管、油压表等各部件。

（9）装好电动机，注意调整好电机轴线与减速器轴线的平行度、同轴度及相互位置，使其误差值符合国家形位公差标准之要求。

（10）装上安全阀，各处盖板，拧紧螺丝等。

（三）分油机拆装与检修

1. 分油机的结构与工作原理

船舶柴油机所用的燃油和滑油在进机使用前必须经过净化处理，除去其中的水分和杂质，分油机是实现上述工作的重要设备。在轮机管理中，分油机需要定期进行拆检和清洗，净化好坏对柴油机工作的可靠性和使用寿命影响极大。

远洋船舶一般都配备重油分油机、柴油分油机、滑油分油机。分油机又分为分杂机和分水机两种。当待分油中含有水分较多时,使用分水机,分离油中的水分及杂质;当待分油中所含水分较少时,使用分杂机,分离出的杂质和少量水分从排渣口排出。

船用分油机一般是指自动排渣分油机,它是在一般分油机的基础上加装了活动底盘、配水盘、密封环、滑动环及复位弹簧等部件。现以 ALFA-LAVAL MMPX 型自动排渣分油机为例加以说明。该分油机机体下部安装着分离筒的传动机构。分离筒由马达经摩擦离合器、涡轮机构驱动,以较高速度旋转。分离筒是分油机的核心部件,图 4.4 显示了其分离筒和自动排渣系统的主要结构。

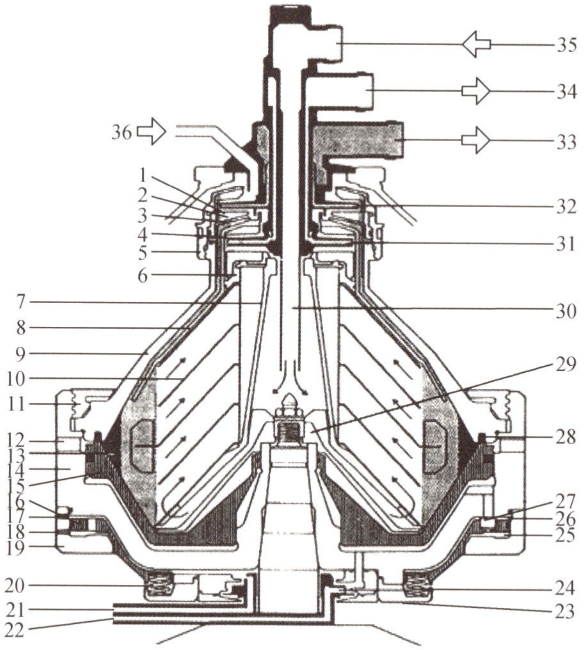

1—带翅套筒;2—水腔;3—重力环;4—油腔;5—小锁紧圈;6—液位环;7—配油器;8—顶盘;9—筒盖;10—分离盘组;11—大锁紧圈;12—排渣口;13—渣空间;14—分离筒本体;15—滑动底盘;16—滑动圈;17,18—喷嘴;19—定量环;20—弹簧;21—开启工作水进口;22—密封和补偿水进口;23—弹簧座;24—配水盘;25—密封水腔;26—开启水腔;27—泄水阀;28—筒盖密封环;29—配油锥体;30—进口管;31—向心油泵;32—向心水泵;33—出水口;34—净油出口;35—进油口;36—水封水/置换水进口。

图 4.4 分离筒和自动排渣系统的主要结构

分离筒本体(14)和筒盖(9)用大锁紧圈(11)锁紧。筒内安装配油器(7)、配油锥体(29)和分离盘组(10),待分油流过配油器、配油锥体,在分离盘组内进行分离。分离盘最上端为顶盘(8),其颈部与液位环(6)形成油腔(4),向心油泵(31)将油腔中的净油泵出分离筒。分离出的水沿分离盘组的外缘上升,经顶盘流至油腔上部的水腔(2)溢过重力环(3)由向心水泵(32)泵出。分出的固体残渣向筒内四周运动,汇集在分离盘组外缘的渣空间(13),通过排渣口(12)定时排出。重力环被小锁紧圈(5)固定在分离筒盖上,此锁紧圈也构成了水腔的上盖。其自动排渣系统主要由分离筒底部的滑动底盘(15)、定量环(19)、滑动圈(16)、配水盘(24)及工作水系统等构成。

分油机是靠离心力来净化燃油和滑油的。其主要工作原理是：让需净化的油进入分油机中做高速旋转，密度较大的水滴和机械杂质所受的离心力大，被甩向外围，水被引出，机械杂质则定期排出；密度较小的净油所受到的离心力较小，便向里流动，从靠近转轴的出口流出，油从而得到净化。

分油机分油前应将一部分热水经进油口注入分离筒，直至出水口有水流出为止，使之在筒内外周形成水封区，引入的水就叫作水封水。然后待净化的油由进油泵泵进分油机，进入分离筒后流向下部，再经盘架的分配孔进入分离盘间，被分离盘片分成若干层的油随分离筒一起高速转动。由于外围有一层水封，故能防止油从出口跑掉。从油中分出的水将挤兑原来的水封水，使之经顶盖和分离筒盖、重力环间的环形空间，由向心水泵排出。油中的机械杂质将穿过水封区被甩出聚集在分离筒内壁上，然后定期自动或手动排出。净油则连续地经过盘架和顶盖间的环形通道，由向心油泵排出。

在分离筒内油水因密度不同而形成油水分界的圆柱形面叫油水分界面。分界面以内的空间是油，分界面以外的空间为水和杂质。有水分界面的位置非常重要，其直接影响油的分离质量，其最佳位置应在分离盘的外边缘，从而使油能充分利用分离通道的全部长度，达到最佳的分离效果。若油水分界面向内移动进入分离盘组件，则造成分离盘片堵塞，被油携带的若干水滴和细小杂质将分离不出而随油一起排出分离筒，降低了分离效果。若分界面向外移动，一方面会降低从水中分离出油的效果，从而造成水中带油，另一方面，有可能破坏水封，造成油经出水口流出，即出水口跑油。

油水分界面的位置是由重力环的内径来确定的。重力环内径增大，油水分界面向外移；重力环内径减小，油水分界面向内移。所分离的油密度越大，选用的重力环内径应越小。为此，每台分油机均附带一套不同内径的重力环。

2. 分油机的拆装

(1)拆装前的准备

①确认分油机处在“STOP”状态，挂上警示牌。

②把刹车装置扳到刹车位置。

③准备好必备的分油机拆卸专用工具，如浮动环拆卸工具、活动底盘拆卸工具等。

④分别拆除污油进油管、净油出油管、水封水进水管。为了防止污物进入管路，用干净的棉布包裹好管口。

(2)分离筒的拆卸

①拆除入口管并紧螺母，拆除连接油管和水封水的入口分配箱螺丝，取下入口分配箱。

②拆除分油机盖4个紧固螺丝，做好标记后，取下分油机盖。这就是分油机的核心部件分离筒。

③拆除重力环锁紧环。为了防止转动惯性力使锁紧环松脱，一般分油机的重力环锁紧环为反螺纹，拆卸时注意不要拆反。用重力环专用拆卸工具，取下重力环。

④取下向心泵腔盖。向心泵腔盖上部和重力环组成分离水通道，下部配合向心泵形成净油通道。

⑤取出带向心泵的入口管，注意观察向心泵结构。

⑥把分离盘组拆卸压紧专用工具主螺杆旋入分离盘盖中心孔中，上紧分离盘组压紧螺

母，压住分离盘组。

⑦装上分离筒压盖拆卸专用工具，为了防止工具打滑，应上紧压紧螺栓。

⑧该型分油机刹车装置位于电机侧，电机停转时刹车对分离筒不起作用，拆卸分离筒盖时用榔头敲击拆卸工具可用一人稳住分离筒，另一人用榔头敲击拆卸工具手柄，利用惯性和冲力旋松分离筒盖。

⑨该机型分油量小，分离筒盖出口尺寸较小，拆下分离筒盖前还需再次拆下分离盘组压紧专用工具，体积较大的分油机分离筒盖出口尺寸大于专用工具尺寸，一般无须拆卸分离盘组压紧专业工具。

⑩拆除分离盘组压紧专用工具后，即可卸下分离盘盖。

⑪重新装上分离盘组压紧专用工具，整体提出分离盘组。

⑫把活动底盘拆卸专用工具旋到活动底盘底部凸台的螺纹上，顺时针旋转中心顶杆，利用螺栓推力，慢慢顶起活动底盘，取出活动底盘。

⑬拆除分离筒和泵轴连接的盖形螺母，和分离筒盖一样，该螺母也为反向螺纹。

⑭把上分配盘专用拆卸工具平放在分离筒平面上，装上三个专用提起螺杆。均匀上紧三个螺栓，慢慢提起上分配环。

⑮把专用螺栓装入浮动环上断面两螺孔内，为了便于提起浮动环，可在分离筒内壁涂上少许润滑油或洗涤精。两手均匀用力，慢慢提起浮动环。

⑯装上分离筒本体专用起吊工具，拆下分离筒本体。

3. 分油机的清洁检查

分油机拆卸完毕后要对分油机各部件进行检查，发现问题及时纠正。

(1)解组分离盘片，并放在柴油中浸泡后清洁，如果集聚的油泥比较重，可以用刮刀或毛刷去除盘面上的污垢，并在组装前用压缩空气或干净的布吹洗干净。

(2)将清洗干净的分离盘片逐个回装，最后用专用压紧工具压紧后备装。仔细清洗分离筒中污垢，检查各处水道、油道及排渣口有无堵塞情况，特别是分离筒外侧下部的两个泄水孔应仔细检查清洗，保持畅通。

(3)该机型的传动立轴兼有密封水水泵和输送管路作用，在立轴上部有一个和上分配环水路相通的小孔，注意检查是否脏堵。

(4)清洁并检查浮动环上三个尼龙阀是否良好，浮动环上各通水孔是否通畅，检查浮动环和密封圈是否老化或损坏，如失效应予换新。

(5)考虑热胀冷缩的影响，浮动环上的 O 形圈槽宽度一般比密封圈直径略小，密封圈被压环槽部分不易移位，安装时经常出现密封圈长度大于浮动环周长现象，可用手或圆棍一圈圈滚压，直至密封圈完全嵌入环槽中。

(6)检查分离筒盖上的密封圈有无破损、老化现象，是否压痕很深，如果失效则应换新。检查其他各密封环有无损伤、老化等缺陷，并视其损伤程度决定更换与否。

4. 分油机的装复

分油机经拆卸、清洗、检查后，确认所有零部件完好即可进行装配工作。装复操作的程序可按拆卸的反顺序进行。装配顺序如下：

(1)将分离筒本体装入分油机，拆下专用工具。

(2)为了便于安装,在下分配环四周涂上少量滑油,把下分配环放入分离筒本体中,注意下分配环上定位销和分离筒对应销槽的定位。

(3)将浮动环装入分离筒本体中,用力要均匀,并确保所有密封环都已以同心圆形式处于其沟槽中。

(4)装入上分配环。装入前要注意环底部的导孔和浮动环上的导销之间的定位。安装时注意用力均匀,可使用铜棒沿四周均匀地轻轻敲击使其归位。

(5)检查间隙 A,如果数值大于 2 mm,则说明导销没有进入导孔。

(6)上紧锁紧螺母。装入活动底盘,注意活动底盘上的销孔和上分配环上定位销之间的定位。装入分离盘组,分离盘组底座底面的六个凸耳应该落座在上分配环中心凸台周边的六个凹槽中。

(7)装上分离筒压盖。为了压盖上紧时对分离盘组上盖的过度磨损,应重新装上分离盘组专用压紧工具并压紧。

(8)装上分离筒压盖拆卸专用扳手。用铁锤敲击扳手手柄以拧紧分离筒体,一直到分离筒体和分离筒盖上的两个记号吻合为止。

(9)拆下分离盘组压紧工具,装上重力环密封圈。

(10)插入入口管,装上向心腔盖并适当向下下压,使其密封圈进入环槽内。装上适当重力环,套上重力环锁紧螺母并上紧。

(11)装复或换新分油机盖密封圈,为防止起吊时密封圈脱落,可用牛油抹在密封圈上以粘住密封圈。

(12)按原记号装复分油机盖,交叉对称上紧固定螺栓。放上入口分配箱垫片,装好入口分配箱,上紧螺丝。

(13)分别装复原油进油管、净油出油管和水封水管。

(14)装上入口管固定螺母并拧紧,装复水封水管。

(四)船舶辅机安装一般工艺

船舶辅机的安装工艺应与船体建造相适应,即船体在分制造时就进行安装,也可以制成单元,成为有关船体的结构,同时与船体构件一起完成。

1. 安装的方法

(1)把原动机和从动机械组装成一体(装在同一机壳或共有机座上)的机组(或称机组单元)船舶安装,适用于安装辅机的舱室空间宽敞,吊运无阻;或因机械设备供应期较迟,不能在船体平面分段内安装,也可在船体总成后安装。

(2)把辅机机组与功能性附属设备及管路在车间组装成一体的功能性单元,因其体积比较大,常加装临时支承或支架;但其刚性还是比较低的,如分油机功能单元、淡水制造单元等。

(3)对于机舱容积比较紧凑而机组比较疏散且有宽大的辅机,如操舵装置,大部分分成若干个完整部件吊运上船,在船上组装成整机,也有的在上层建筑未吊上前已将整机吊入。

(4)没有运动机件的设备和单元,如焚烧炉、各类热交换器、滤器、空气瓶、压力柜、辅锅炉热水井等,除可在平面分段建造时安装,也可在船体组成立体分段或总成之后安装,但必须在主机吊入机舱之前放妥。

（5）对于使用联轴节连接的辅机在安装时，常将较为重而大的机械先装，小巧而轻便的后装，以便于校中对合。如发电机机组，先安装原动机（柴油机），而发电机按柴油机输出端进行校中；又如分油机、驳运离心泵类先定泵体，而电动机根据泵轴对中连接。原动机与从动机两轴中心线对中的允许位移和曲折值，根据两轴连接的性质不同而异。

2. 安装时注意事项

近几年来，由于船厂起运设备能力增大，大都采用整组吊船安装，所以在安装之前应注意做好下述工作：

（1）严格检查机组的（或设备的）完整性。

（2）所有孔口，进出管子法兰都应用闷头，盲孔板或塑料粘胶纸带封闭，以防在吊运、安装期间异物进入机组内部。

（3）对于自制的各种辅机或设备都需要经过检验或验收；对外来产品，均需要制造厂的质量证书和船检证书。

（4）对于机组上易损零件、仪表，都应拆下包装吊运；否则，应用防护罩做好保护以防碰损。

（5）在吊运过程中，若机组或设备不可能在 24 h 到达安装地或安装完毕，则其机座或支承的安装支承面都应做好防锈准备措施。

模块五

船舶轴系安装工艺

一、学习情景描述

1. 教学情景描述：同学们进入船舶的主机舱、舵机舱，观察船舶尾部结构、主机轴系结构、螺旋桨结构和外形；

2. 关键知识点：主推进装置、船舶轴系；

3. 关键技能点：船舶轴系安装工艺。

二、学习目标

1. 了解船舶主推进装置的组成；
2. 了解船舶轴系的组成；
3. 掌握船舶轴系装配工艺；
4. 掌握船舶轴系安装工艺。

三、任务书

班级		组号		指导教师	
组长		学号			

表(续)

<table>
<tr><td>组员</td><td><table><tr><th>姓名</th><th>学号</th><th>姓名</th><th>学号</th></tr><tr><td></td><td></td><td></td><td></td></tr><tr><td></td><td></td><td></td><td></td></tr><tr><td></td><td></td><td></td><td></td></tr><tr><td></td><td></td><td></td><td></td></tr><tr><td></td><td></td><td></td><td></td></tr><tr><td></td><td></td><td></td><td></td></tr><tr><td></td><td></td><td></td><td></td></tr></table></td></tr>
<tr><td>任务分工</td><td></td></tr>
</table>

四、获取信息

引导问题 1:船舶主推进动力装置又称推进装置,是为船舶提供推进动力,保证船舶以一定速度航行的各种机械设备,是全船的心脏。请同学们根据观察写出下面空白处:

1. 主推进动力装置包括________、________、________和__________等。

2. 船舶轴系是从主机__________起至__________为止,连接主机和螺旋桨。

3. 对于直接传动的推进系统,主要有:________轴和________轴承、__________轴和__________轴承、__________轴和________轴承以及其他附件等。

4. 对于间接传动的推进系统,除有上述传动轴和轴承外,还有____________、__________和__________等其他部件。

5. 请同学们标识下面视图的名称:

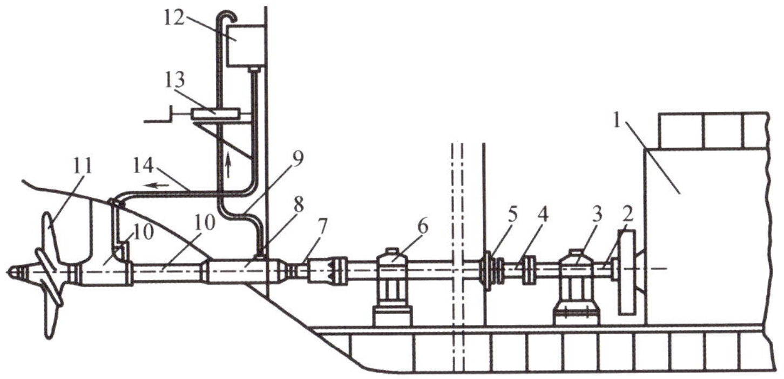

(1)________　(2)________　(3)________　(4)________
(5)________　(6)________　(7)________　(8)________
(9)________　(10)________　(11)________　(12)________
(13)________　(14)________

6. 传动方式可以分为__________、__________和特殊传动，其中特殊传动分为________、________、________。

引导问题 2：船舶轴系是船舶动力装置的重要组成部分，其任务是将船舶主机发出的功率传递给螺旋桨，同时又将螺旋桨所产生的推力传给船体以推动船的航行，请同学们根据不同的轴系进行分类。

1. 单轴系轴线布置于船体的纵中剖面上，并平行于船体基线。

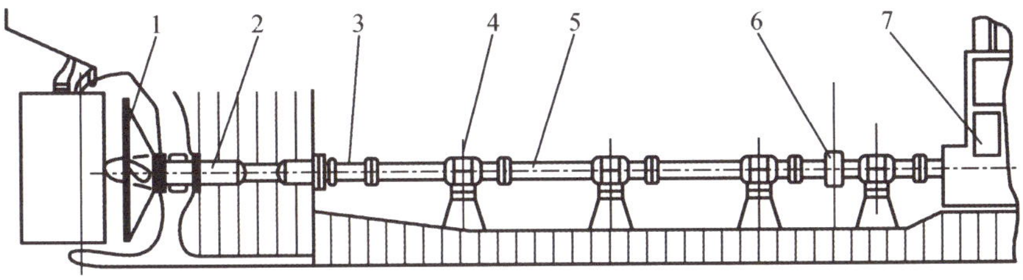

(1)________　(2)________　(3)________　(4)________
(5)________　(6)________　(7)________

2. 双轴系的两个轴系分别平行对称布置在船体纵中剖面的两侧，相对船体基线略有倾斜，以保证螺旋桨充分没入水中。由于船体结构的限制，螺旋桨至艉轴管距离较远，艉轴较长，需在船体外部设置人字架托住悬伸于船外的艉轴。

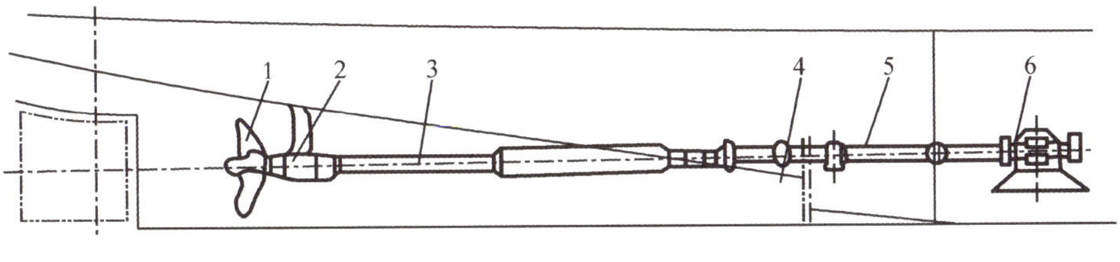

(1)________ (2)________ (3)________ (4)________

(5)________ (6)________

引导问题3：轴系是船舶主动力推进装置的重要组成部分，是船舶航行不可缺少的主要设备。船舶轴系的基本任务是将主机的功率、转速传递到螺旋桨，同时将螺旋桨旋转产生的轴向推力传给船体，以推动船舶运动。轴系的基本组成包括下列内容：

1. 传动轴：____。

2. 联轴节：____。

3. 支承轴承：____。

4. 减速齿轮箱：____。

5. 艉轴的密封装置：____。

6. 电气接地装置：____。

引导问题4：轴系理论中心线是船舶设计时所确定的轴系中心线。轴系和主机安装时轴系理论中心线是重要安装基准，根据轴系理论中心线确定主机的安装位置以及轴系各传动轴和轴承的安装位置。所以，轴系理论中心线十分重要。

1. 基准点有两个，即__________和__________。

2. 基准点的三维位置包括__________、________和________。

3. ________点，一般设在机舱内的前隔舱壁的肋位上。

4. ________点，通常设在船尾的零号肋位上。

5. 基准点高度位置的确定，在指定的肋位上，用__________________量出 。

引导问题5：轴系小于15 m时，常用拉钢丝线的方法来确定轴系理论中线，而对于舵系理论中线大多数是用拉线法来确定的。拉线法虽是一种老方法，但其操作简便易行，不需要特殊设备，所以至今仍被沿用。

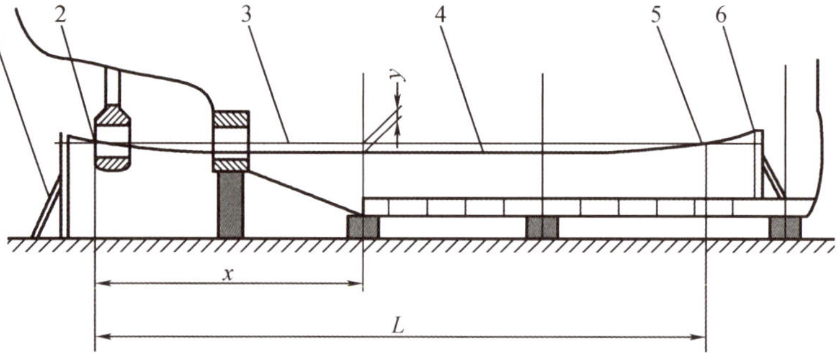

(1)________ (2)________ (3)________ (4)________

(5)________ (6)________

引导问题6：为了克服了拉线法精度不高的缺点，通过使用平行光管、望远镜、准直平行光管以及激光准直仪、经纬仪、五棱镜等光学工具，利用光在均匀介质中直线传播测定点、线、面的原理确定轴系中心线。

1. 将光学仪器先按两个基准光靶调好位置，使仪器的________同时通过两基准光靶上的________,此时仪器主光轴就代表轴系理论中心线。

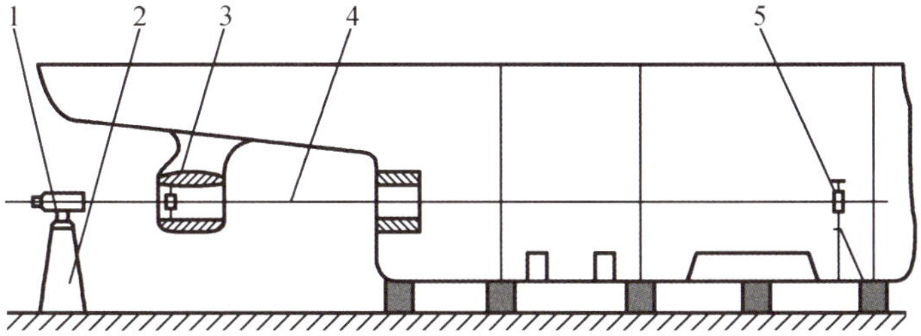

(1)________　(2)________　(3)________　(4)________　(5)________

五、评价反馈

各组代表展示作品,介绍任务完成情况,并完成评价表。

学生自评表

任务	完成情况记录
任务是否按计划时间完成	
相关理论完成情况	
技能完成情况	

表(续)

任务	完成情况记录
材料上交情况	
收获	

学生互评表

序号	评价项目	小组互评	教师评价	总评
1	任务是否按时完成			
2	材料上交情况			
3	任务完成质量			
4	语言表达能力			
5	小组成员合作情况			

教师评价表

序号	评价项目	小组互评	教师评价	总评
1	学习准备			
2	引导问题填写			
3	规范操作			
4	完成质量			
5	关键操作要领掌握			
6	完成速度			
7	参与讨论主动性			
8	沟通协作			
9	展示汇报			
10	5S 管理(如有)			

注:评价档次统一采用 A(优秀)、B(良好)、C(合格)、D(努力)4 档。

六、学习情境的相关知识点

船舶轴系是船舶动力装置中的重要组成部分,承担着将主机发出的功率传递给螺旋桨,再将螺旋桨产生的轴向推力传递给船体实现推船航行的目的。

(一)传动方式的特点、选择及使用原则

1. 主推进动力装置的组成

主推进动力装置包括主机、传动机构、轴系和螺旋桨推进器等。其中,船舶轴系是从主机输出端法兰起至艉轴为止,连接主机和螺旋桨。对于直接传动的推进系统,包括传递功率的传动轴及其轴承等零部件,主要有:推力轴和推力轴承、中间轴和中间轴承、艉轴和艉轴承以及其他附件等;对于间接传动的推进系统,除有上述传动轴和轴承外,还有离合器、弹性联轴器和减速齿轮箱等其他部件,如图 5.1 所示。

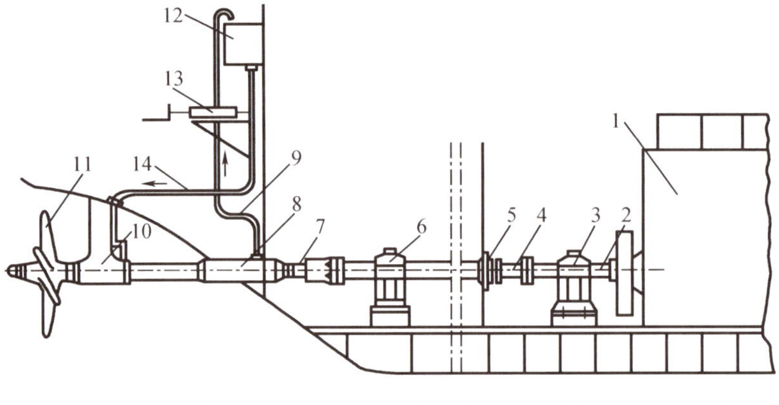

1—主机;2—中间轴;3—推力轴承;4—中间轴;5—隔舱壁填料函;6—中间轴承;7—艉轴;8—艉轴管;9—回油管;10—人字架;11—螺旋桨;12—艉轴油柜;13—艉轴润滑油泵;14—回油管。

图 5.1　船舶轴系简图

2. 传动方式分类

(1)直接传动

直接传动主要是主机功率直接通过轴系传给螺旋桨的传动方式,适用于大、中功率的民用船舶上,以提高动力装置的经济性。

其优点如下:

①传动损失少,传动效率高。

②主机多采用大型低速柴油机,耗油率低。

③螺旋桨转速也较低,推进效率较高,经济性好。

④结构简单,工作可靠,维护管理方便,寿命长。

其缺点如下：

①质量、尺寸大。

②非设计工况下运转时经济性差。

③船舶微速航行时受到主机最低稳定转速的限制。

(2)间接传动

间接传动是主机和螺旋桨之间的动力传递经过轴系和传动设备的传动方式，适用于中、小型船舶以及以大功率中速柴油机、汽轮机和燃气轮机为主机的大型船舶。间接传动分为只带减速器、只带滑差离合器、同时带有减速器和滑差离合器等三类。其缺点是轴系结构复杂，传动效率较低，但其优点如下：

①螺旋桨转速不受主机最低稳定转速的限制，机动性能提高。

②改善动力装置的操纵性能和机动性。

③改善螺旋桨的工作条件，使轴系布置比较自由。

④有利于多机并车运行及设置轴带发电机。

(3)特殊传动

①Z型传动——悬挂式螺旋桨装置

Z型传动适用于小型船舶，特别是港口作业船和在狭窄航道中航行的船舶，其优点是操纵性能好；可由艉部甲板开口处吊装螺旋桨，检修不用进坞，可以省掉舵、艉柱和艉轴管等结构，使船尾形状简单，船体阻力减少；主机可以使用不可逆转的中、高速柴油机。

②电力传动

电力传动主要用于游船、渡船、破冰船、拖船等船舶上，是由主机驱动发电机供电到主配电板，再由主配电板供电给电动机，而由发电机驱动螺旋桨运转的一种传动方式。

其优点包括：推进装置的配置和布置安排灵活、方便，舱室的利用率高；螺旋桨反转是靠改变主电动机(直流)电流方向来完成的，正倒车具有相同的功率，操纵容易，反转迅速，船舶机动性能提高；电动机对外界负荷的适应性好，甚至可以短时间堵转。

其缺点包括：要经过机械能变电能、电能变机械能两次能量转换，传动效率低；增加了发电机及电动机，使动力装置总的能量和尺寸都增加，造价和维护费用较高。

③可调螺距螺旋桨传动

可调螺距螺旋桨传动应用于渔船、拖船以及工程船舶等工况多变的船舶上。调距桨的桨叶相对其桨毂可以转动，桨叶的相对转动可以改变螺距的大小，从而改变推力的大小和方向，实现控制船舶航速和航向的目的。

可调螺距螺旋桨传动优点包括：部分负荷下的经济效能较好；能适应船舶阻力的变化，并有利于驱动辅助装置充分利用主机的功率；可以不设换向装置和减速齿轮箱结构简化；船舶的操纵性能和机动性好。

可调螺距螺旋桨传动缺点包括：调距桨本身的结构复杂，其制造、安装、维护、保养较困难，造价高；桨毂的尺寸较大，在设计工况下的效率比定距桨低。

(二)船舶轴系的种类

根据船舶类型、用途和动力装置等的不同，船舶轴系的数目、布置和结构也不同。对于民用船来说，有单轴系和双轴系之分；对于军用船来说，除单、双轴系外，还有多轴系。另外，其分类的方法还有长轴系和短轴系等。

1. 单轴系

单轴系布置图如图 5.2 所示。单轴系轴线布置于船体的纵中剖面上，并平行于船体基线。单轴系的长度主要由中间轴数目来定，而中间轴的数目则取决于机舱位置。中机舱的中间轴数量多，轴系长。凡具有两节或两节以上中间轴的轴系称为长轴系；艉机舱的中间轴数量少，甚至没有中间轴，轴系较短。凡具有一节中间轴或无中间轴的轴系称为短轴系。轴系短不仅便于船舱布置、节省船舶建造费用，而且便于维护管理。所以目前造船趋势都是采用艉机舱或近艉机舱的船舶结构。

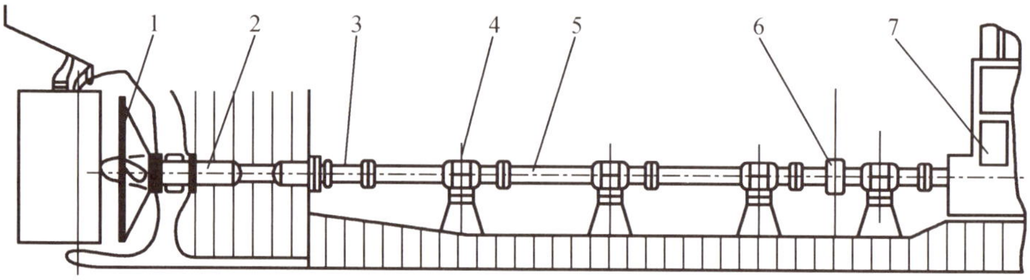

1—螺旋桨；2—艉轴管；3—艉轴；4—中间轴承；5—中间轴；6—联轴节（隔舱填料函）；7—主机。

图 5.2　单轴系布置图

单轴系的特点是：直接传动，结构简单可靠，传动损失小，便于操纵。单轴系多用于大型海船、拖轮及内河中小型船舶，如油船、集装箱船及散货船等。

2. 双轴系

双轴系布置图如图 5.3 所示。两个轴系分别平行对称布置在船体纵中剖面的两侧，相对体船基线略有倾斜，以保证螺旋桨充分没入水中。由于船体结构的限制，螺旋桨至艉轴管距离较远，艉轴较长，需在船体外部设置人字架托住悬伸于船外的艉轴。为了便于拆装将艉轴分为两段制造，中间用联轴器连接。在船体艉轴管内的轴段仍称为艉轴；悬伸在船外的轴段与螺旋桨连接，并由人字架支承，这段轴称为螺旋桨轴。

双轴系船舶具有高速、机动性好和生命力强的特点。但双轴系结构复杂、配套设备多，如双轴系为双机双桨，建造和修理工作量大，费用高，一般多用于客船和军用舰船。

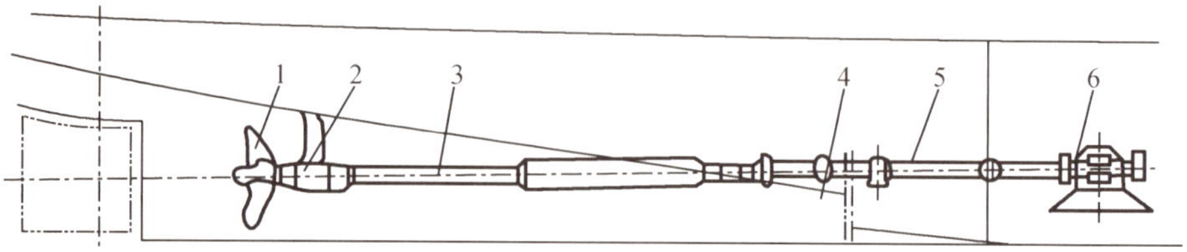

1—螺旋桨；2—人字架；3—螺旋桨轴；4—中间轴承；5—中间轴；6—推力轴及轴承。

图 5.3　双轴系布置图

3. 长轴系装置

长轴系的特点是轴系长度与直径之比较大,柔性较好,比较容易调整,但安装工作量大,在找正时,应先控制艏艉轴端的偏移和曲轴值,一般艉轴和主机输出端轴应安得偏高些,当动车运行一段时间后,能自动平轴。轴的中间部分偏移和曲折可放宽些。

4. 短轴系装置

机舱布置在艉部,发动机轴与艉轴之间只用一根中间轴连接,故为短轴系。其特点是轴系长度与直径之比较小,柔性较差,因而当轴线有不大的弯曲和曲折时,两端轴承的附加负荷就急剧增大,安装这类轴系时,在工艺上必须注意这一特点,要严格控制轴两端支承轴的同轴度要求。

(三)轴系的组成

轴系是船舶主动力推进装置的重要组成部分,是船舶航行不可缺少的主要设备。船舶轴系的基本任务是将主机的功率、转速传递到螺旋桨,同时将螺旋桨旋转产生的轴向推力传给船体,以推动船舶运动。轴系的基本组成包括下列内容:

1. 传动轴:中间轴、艉轴、螺旋桨轴。
2. 联轴节:固定连接法兰、可拆联轴节、液压联轴节、弹性联轴节。
3. 支承轴承:中间轴承、艉管轴承。
4. 减速齿轮箱:减速齿轮、推力轴承。
5. 艉轴的密封装置:前密封、后密封。
6. 电气接地装置:支架、转动环、接地电刷。

(四)轴系内场检查明细

1. 图纸审阅

图纸包括轴系安装图、轴系舱室分布图、艉轴安装图、艏艉密封安装图、随机资料。

2. 内场检查

所有进厂设备在内场或者仓库检查,主机还需定期保养盘车,外观检查(擦碰需注明,在签收单备注,并拍照留证),测量轴系法兰厚度、法兰孔径、轴颈位置、轴颈直径、轴系长度等数据,并且编号。

(1)艉管检查

①检查整体艉管端面尺寸(长度)螺栓孔攻丝情况。

②法兰端面外观、巴氏合金有无损伤。

③油管(艏艉密封)、艉部轴承温度传感器的安装。

④艉管密性试验并必须报检,通过之后进行保护。

⑤两端用木板保护。

(2)中间轴承检查

①外观检查,打开纸板检查轴承位置是否正确,附件是否齐全,如甩油环,根据零件编号对应检查。

②轴承座底平面一定要检查是否平整,有无砂眼等铸造加工缺陷,如有制造问题,严重

超差及时向上级汇报。

③用木板保护两端面,橡皮包裹轴瓦外侧。

(3)齿轮箱检查

①外观检查,最好拍照留证,易损件应及时拆除入库,并登记编号,拆下后露出的管口、接口等应用三防布包裹保护。

②底平面检查,需用垫板、平板检查,端面做好清洁。

(五)轴系零部件的车间装配

为了缩短轴系的安装周期以及保证轴系的安装质量,应将轴系上可在车间装配或配对的零部件事先在车间内装配或配对好,然后再拿上船,进行轴系的安装。

1. 轴的配对

轴的配对就是将轴系中各轴段两两对中,使相连接的两轴同轴,然后同铰连接法兰上的螺栓孔,并配制连接螺栓等工作。根据轴系船上安装的顺序,轴的配对工作可以自艉至艏,或自艏至艉依次在平台上进行。将配对的两轴段分别安放在两个可调支承上,为不使轴段的轴端因自重下垂而影响配对质量,故通常临时支承放在 $a=0.2L$ 处,如轴自艉至艏配对时,先将艉轴段(如艉轴)校得大致平行于平台,以艉轴段作为基础轴,调整艏段(与艉轴相连的中间轴)的前后位置,使二轴法兰端面紧密接触。0.03 mm 塞尺不能插入,然后用支承调整艏轴段高低和左右位置,使两连接法兰上的偏移和曲折值皆为零,对中即告结束。

对中结束后,用临时紧固螺栓将两法兰紧固,即可进行法兰螺栓孔的铰(镗)削,加工时,铰(镗)的进给方向应与螺栓压入方向一致,并应拆开一个临时紧固螺栓,铰(镗)一个孔,其余的临时紧固螺栓不能松开,以防法兰在铰(镗)中位置偏移。当一个孔加工完后,逐一用紧固螺栓和紧配螺栓换掉临时紧固螺栓。紧配螺栓与螺栓孔的配合加工精度应按规定要求,其圆柱度方向应为顺锥(顺着安装的方向),螺栓只准进口端小,螺栓孔只准进口端大,螺栓在装配后应有拧紧余量,并应采用双螺母或槽形螺母等防松装置,以免松动。

轴的配对工作完成后,打上法兰顺序号及两法兰外圆的配对标记。在紧配螺栓上及配合的螺栓孔上亦打上相同的序号。

2. 螺旋桨锥孔与艉轴的刮配

用紧键装配螺旋桨时,应先在车间内将螺旋桨锥孔(称锥孔)与艉轴锥体(称锥体)进行刮配。通常只刮削锥孔而不刮削锥体(但对于大直径低速运转的艉轴,也可适当刮削其锥体),所以一般在螺旋桨锥孔上留有刮削余量。刮配后应保证其接合面在全长上均匀贴合,在销键装配后检查时,贴合面积要求达到总接触面积的75%以上,并涂色检查。

螺旋桨锥孔与艉轴锥体刮配有两种方法。

(1)艉轴固定,移动螺旋桨进行刮配

中、小型螺旋桨的刮配一般采用此法。因为中、小型艉轴往往细而长、刚性差而易变形,故在刮配中不宜移动。

(2)螺旋桨固定,移动艉轴进行刮配

大型螺旋桨都采用这种方法,因为移动大型螺旋桨比较麻烦,相对来说移动艉轴较为方便,因为大直径艉轴往往短而粗,刚性好,移动中不易变形。

对于大型螺旋桨采用液压套合安装时，则螺旋桨锥孔与艉轴锥孔无须刮配，只须按技术要求加工合格后即可运上船安装。具有铜保护套的艉轴与螺旋桨装配应有橡皮水密装置。而水密橡皮圈是由铜套端面压紧的，故在与螺旋桨刮配好后，应测量放置橡皮圈尺寸，以供选用橡皮圈厚度，而间距由艉轴颈直径选用。

联轴器与轴的刮配也是在车间装配好的。一般是轴固定，移动联轴器进行刮配，具体方法与上述有关内容相同。

3. 艉轴管密封装置的装配

艉轴管密封装置分为首端密封和尾端密封装置，一般都应在车间进行装配并检验合格后，然后整体运船安装。

(1) 金属环式密封装置的装配

在装配前，应将金属环的两平面刮平，以消除平面的翘曲并测量金属环厚度，要求任何部分的厚度差≤0.02 mm。然后测量并要求环座板两平面及座槽平面厚薄差≤0.02 mm，环与环槽两侧纵向间隙(包括纸垫厚度在内)应大于推力轴承的平面纵向间隙，一般取0.02~0.35 mm。

(2) 橡皮环式密封装置的装配

车间组装前应先确定橡皮环装上弹簧后其内径与防蚀衬套外径的过盈量(橡皮环过盈量的大小直接影响密封效果和使用寿命)。加弹簧后的过盈量应取小些。防蚀衬套外径表面粗糙度较低，过盈量取大些。滑动环安装间隙小，过盈量应取大些。此密封装置装入艉轴管组装时，先将后面橡皮环的凸肩与压圈及滑动环压紧，再将袋形橡皮环和压圈装于滑动环上，并用前压盖将橡皮环压紧。螺栓不能拧得过紧，以免橡皮环变形而产生裂纹。然后将以上整个装置套入防蚀衬套上。

套入距离应保证最前一个橡皮环的唇部与防蚀衬套圆柱最前端的距离不小于5 mm。测量此时后压盖后端面至防蚀衬套法兰前端面的距离。此密封装置在艉轴首端组装方法与以上类同。组装后，在车间进行密封试验，检查有无漏油，合格后才能上船安装，并用四个扁钢架子将密封装置与防蚀衬套连接起来，然后运到船上安装。

4. 内场轴系保护

(1) 防锈：短期保护可以用机油涂刷在轴上，长期防护用蜡。

(2) 用塑料薄膜缠绕，再用白橡皮包裹，最后用三防布包住轴。

(3) 轴系、主机左右分布：严格按照图纸、工艺要求、编号一一对应进行主机、轴系安装，如在法兰标记、编号、轴进舱顺序。

(六) 轴系理论中心线确定

轴系理论中心线是船舶设计时所确定的轴系中心线。轴系和主机安装时轴系理论中心线是重要安装基准，根据轴系理论中心线确定主机的安装位置以及轴系各传动轴和轴承的安装位置。所以，轴系理论中心线十分重要。新造船舶在船体建造时应确定轴系理论中心线的实际位置。

生产中采用拉线法或光学仪器法来确定轴系理论中心线的位置。由于拉钢丝线确定轴系理论中心线存在钢丝自重下垂产生误差，所以拉钢丝法(0.5~1.0 mm)主要用于短轴系船舶,光学准直仪或激光准直仪适用于长轴系船舶。

1. 基准点的三维位置

轴系理论中心线是根据其基准点来定位的。基准点有两个,即艏基准点和艉基准点。

(1)纵向(轴向)位置:由机舱设计图纸确定。艏基准点的轴向位置一般取距离主机首端1~2个肋位处或在机舱前隔舱壁上;艉基准点取在船尾零号肋位或其后1~2 m处。

(2)左右位置:单轴系的艏、艉基准点左右位置位于船纵中剖面线(即轴系理论中心线的投影线)上,一般在船体建造时确定船纵中剖面线的位置;双轴系则以船纵中剖面线为基准,在其左、右按图纸规定的尺寸确定两条轴系的中线。

(3)高度位置:用钢直尺在指定肋位处即艏、艉基准点的轴向位置处,从双层底平面上的船纵中剖面线向上量取图纸规定的尺寸确定艏、艉基准点高度。

2. 基准点的确定

在艏、艉基准点和艉轴管首、尾端等处设立基准靶或拉线架便可以确定轴系理论中心线。艏基准点,一般设在机舱内的前隔舱壁的肋位上;艉基准点,通常设在船尾的零号肋位上。基准点高度位置的确定:一般图纸只标出基准点至船体基线的距离,在指定的肋位上,用钢直尺向上量取规定的值。但是为量取方便,艏基准点高度位置往往是从中龙骨平面(或双层底的上平面)的中线向上量取,艉基准点一般以舵托上的标志线向上量取。要注意的是此时所量取的值,艏基准点高度应等于图上标出的值减去中龙骨首高(或基线至双层底平面上的距离),而艉基准点高度应等于图上标出的值减去舵托标志线至基线的距离。

基准点的高度位置,也可借用连通管水平仪在船台上的船体基线标高尺上,将规定的艏、艉基准点的高度引向船内,以连通管两端玻璃管内的水平面线作为基准点的高度基准。如对基准点左右位置的确定:单轴系可采用铅锤对准船中线来确定,也可利用钢尺自两舷左右分中予以确定;而双轴系列需在双层底或船台上,根据轴系布置图上规定的艏、艉基准点距船中线距离,画出轴系理论中心线的投影线,然后再用吊铅锤的办法确定基准点的左右位置。

3. 轴系理论中心线的确定方法

(1)拉线法

在艏、艉基准点处安装拉线架以固定钢丝线的两端。根据艏、艉基准点的三维位置调节钢丝线的位置,使钢丝线通过基准点。拉线前,应该置拉线架并在钢丝线所要通过的舱壁等处预先开出小孔,孔径不宜开得过小,一般为成品圆的1/3~1/2即可。拉线架可用角铁或槽钢焊接而成,其上装有拉线工具,钢丝夹在夹头上,夹具能上下左右移动,依艏、艉基准点调整钢丝的位置,使钢丝通过艏、艉基准点,这时钢丝就代表轴系理论中心线。拉线法所用工具简单、操作方便,适用于短轴系。图5.4为拉线工具外形,图5.5为拉线法简图。

①初步拉线

a. 在两基准靶间传入钢丝,采用吊重物的方法拉线。钢丝要求为弹簧材料,无锈无痕、无扭曲。

b. 测量基准点间的距离,轴线左右偏差±1 mm。用水平管测量两基准点的高度差。偏差±1 mm,根据拉线结果确定轴桨座位置,安装轴桨座,要求偏差±3 mm,否则重新调整轴系理论中心线。

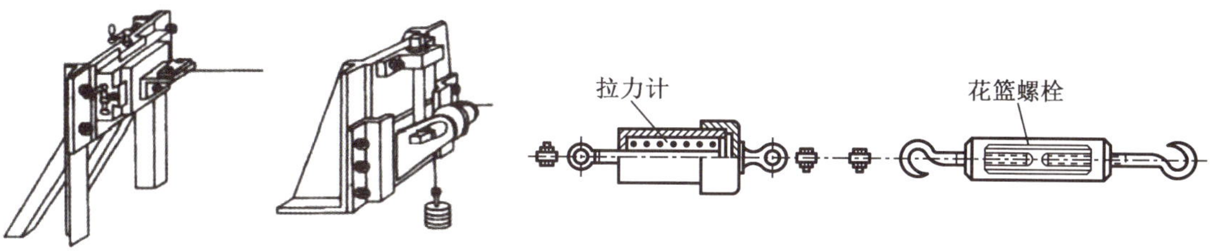

(a)拉线工具　　(b)松紧螺旋扣

图 5.4　拉线工具外形

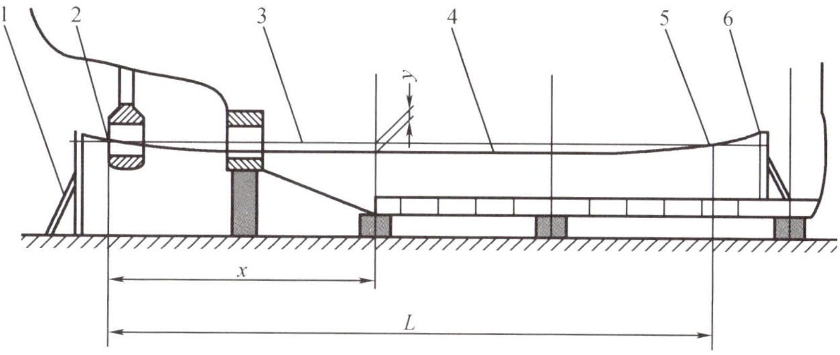

1,6—拉线架;2—艉基准点;3—轴系理论中心线;4—钢丝线;5—艏基准点。

图 5.5　用拉线法确定轴系中心线简图

c. 根据拉线结果确定中间轴承座位置,安装中间轴承座,要求偏差±2 mm,否则重新调整轴系理论中心线。

d. 根据拉线结果,确定主机位置,安装主机座,测量主机座面板到轴系理论中心线的垂直距离并记录,要求偏差±3 mm,否则重新调整轴系理论中心线。

e. 所有检验合格后,在船体结构上做出两基准点和两基准靶点的位置标记,作为精确拉线时的参考。

②精确拉线

舵桨座、中间轴承座、主机座安装焊接后,精确拉线。

a. 按照初步拉线留下的标记,检验其位置的准确性,重新拉线,检验轴系的倾斜角度和主机座垫块厚度是否满足设计要求。

b. 根据精确拉线的轴系理论中心线,安装主机、中间轴承死垫板。

c. 根据拉线校核机座精度,尽可能用死垫板高度补偿机座的高度误差,每块死垫板加工前编号,以免装错。

d. 死垫板加工。

e. 死垫板上船就位(注意斜度方向),将垫块卡紧在机座上,用 0.1 mm 塞尺检查应插不进,否则应重新研配直到达到要求。

f. 按十字线位置对称点焊固定,然后对称焊牢。

g. 在拉线钢丝拆去前,应在舵桨座、各中间轴承座、主机座面板做轴线标记。

由于钢丝线自重产生下垂而不能准确代表轴系理论中心线,轴系越长误差越大。为此应进行修正:求出钢丝线在各隔舱壁、中间轴承等处的下垂量,使钢丝所定位置升高相应的下垂量即可。利用所拉出的轴系理论中心线进行以下的检查(图 5.6):

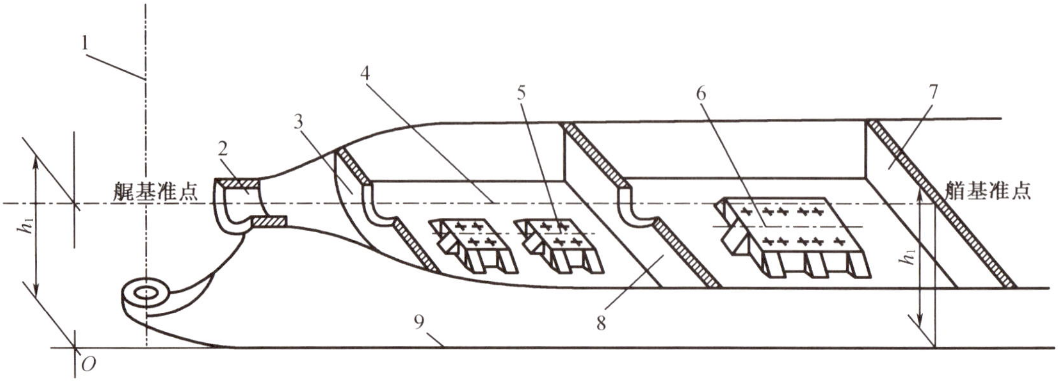

1—舵系中心线;2—艉轴亮孔;3—艉舱壁;4—轴系理论中心线;5—中间轴承基座;
6—主机基座;7—机舱前舱壁;8—机舱后舱壁;9—基线。

图 5.6　轴线拉好后应检查的施工项目

①检查人字架轴毂孔、艉柱轴毂孔中心线是否在此线上。

②检查主机底座面板、各中间轴承底座面板相对于钢丝线的高度尺寸和左右位置。

利用钢丝线确定各加工部位的中心点,即在人字架轴毂前、后端面,艉轴毂后端面,艉隔舱壁加强垫板端面,机舱前、后隔舱壁上,以钢丝线为中心画出十字线、加工圆线和检查圆线。

(2)光学仪器法

当轴系较长时,可采用光学仪器法确定轴系理论中心线的位置。利用光在均匀介质中直线传播的原理测定点、线、面的方法,将光学仪器先按两个基准光靶(光靶的十字线中心在基准点位置上)调好位置,使仪器的主光轴同时通过两基准光靶上的十字线中心,此时仪器主光轴就代表轴系理论中心线。工具:平行灯管、望远镜、准直平行光管以及激光准直仪、经纬仪、五棱镜等光学工具。轴线拉好后应检查如下施工项目:

①检查艉柱轴壳孔、人字架壳孔与通过拉线法所得的轴系理论中心线的同轴度,即要查明如以此中心线镗孔,能否按图纸镗出规定尺寸的孔,同时又要求使轴壳的最小厚度不小于规定数值。

②检查主机基座面板、中间轴承面板与轴系理论中心线之间的高度尺寸及基座的左右开挡尺寸,以检查安装后的垫片厚度及基座左右开挡尺寸是否符合验收范围。

③拉线验收结束后,即可在人字架轴壳前后端面、艉轴隔舱加强垫板端面、机舱后隔舱壁上画十字线、加工圆线,并打上样冲眼。

生产中使用的光学仪器依确定轴系理论中心的方法不同有多种。例如,望光法可采用准直望远镜或经纬仪望远镜;投射法采用激光导向准直仪或激光衍射准直仪,如图 5.7 所示。

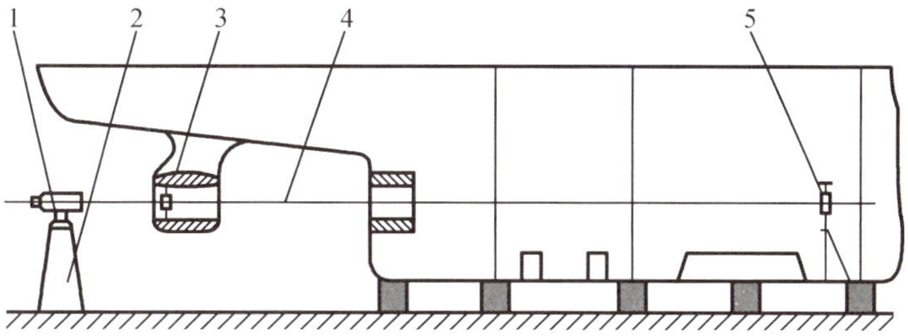

1—望远镜;2—仪器架;3,5—基准光靶;4—主光轴。

图 5.7 安装望远镜及基准光靶

4. 轴系理论中心线确定之后的后续工作

轴系理论中心线确定之后,紧接着进行以下后续工作:

(1)检查各待加工孔:检查各加工孔,如人字架轴毂孔、艉柱轴毂孔和艉轴管孔装焊后的位置是否正确,是否偏离所建立的轴系理论中心线。同时计算如果以此中心线镗孔,有无加工余量,能否镗出工艺文件规定尺寸的孔,同时艉柱(或人字架)轴壳的最小厚度不小于规范的规定数值。

艉柱轴壳壁厚 f 应满足以下规定:

$$f>(0.33\sim0.30)d$$

式中 f——轴壳壁厚,mm;

d——艉轴直径,mm。

若是浇铸环氧树脂,则需要测量其单边厚度能否满足树脂厂家的技术要求。

可以采用光学仪器法和拉线法进行测量。使用光学仪器法时,将光靶十字线中心调至与仪器十字线中心重合,再用钢直尺通过光靶十字线中心检查镗孔尺寸并测量十字线中心至轴毂外圆的最小尺寸,然后减去镗孔半径,即可知轴毂最小厚度;使用拉线法时,直接用直尺量取钢丝到内外壁的距离即可。

(2)测量主机组、中间轴承等基座的左右开挡尺寸是否满足安装要求,测量主机组和中间轴承基座面板与轴系理论中心线之间的高度尺寸,确认垫片厚度是否在规定范围之内。

(3)检查轴系中心线与舵系中心线的相交情况、垂直度以及其他相对位置关系是否满足图纸和文件的技术要求。

①轴系中心线与舵系中心线的允许偏差按下式计算:

$$\delta\leqslant\sqrt[3]{L}$$

式中 δ——允差,mm;

L——船的总长,m。

②中国造船质量标准(CSQC)要求轴系中心线与舵系中心线的偏离量不大于 8 mm,垂直度误差不大于 1 mm/m。

根据以上检查测量结果,如有必要,可调整轴线,轴线的允调值为:当轴系长度大于 15 m 时,高度方向允调值小于 10 mm,水平方向允调值小于 7 mm;当轴系长度小于 15 m 时,高度方向允调值小于 7 mm,水平方向允调值小于 3 mm。

(4)根据修正后的艏、艉基准点,重新将光学仪器找正定位,然后分别调整各待加工孔中的光靶,使光靶中心与光学仪器同轴,最后以靶心的圆心为圆心,在艉柱、人字架、艉轴管等待镗孔的轴壳孔前后端面划镗孔加工圆线和检验圆线,为镗孔做准备。

(七)按照轴系理论中心线镗孔

1. 镗排在船上的安装

镗排在船上的安装工作的主要任务是镗杆校中,另外还需要考虑镗排的刚度和振动问题。

(1)镗杆校中

镗杆校中就是使镗杆的轴线与轴系理论中心线重合。将镗杆在镗杆支承架上安装好后,可以通过调整镗杆支承的位置,使镗杆对中。镗杆校中的方法有以下几种:

①用定位螺钉校中镗杆

当采用拉线法确定了轴系理论中心线之后,在待加工的轴毂孔前、后两端面各焊上4个定位螺钉,螺钉头部磨平,用内卡钳配合千分尺,测量并调整螺钉头部到代表理论轴线的钢丝的距离,使左右两个定位螺钉与钢丝距离相等,而上部定位螺钉与钢丝距离比下部定位螺钉大 $2y$,y 为该处钢丝挠度。然后将螺钉固定好,镗杆校中即以此螺钉为依据。

当采用光学仪器法确定轴系理论中心线时,则是测量螺钉头部到靶心(或划线套筒)外圆的距离,然后调整螺钉,使得四个定位螺钉与靶心外圆的距离相等。

将镗杆在镗杆轴承支架上安装好之后,用调位螺栓调整镗杆支承的位置,使得轴毂前后两端面处测得 $L_1=L_2=L_3=L_4$,即可认为镗杆与理论轴线同轴,镗杆校中工作完成。如图5.8所示。

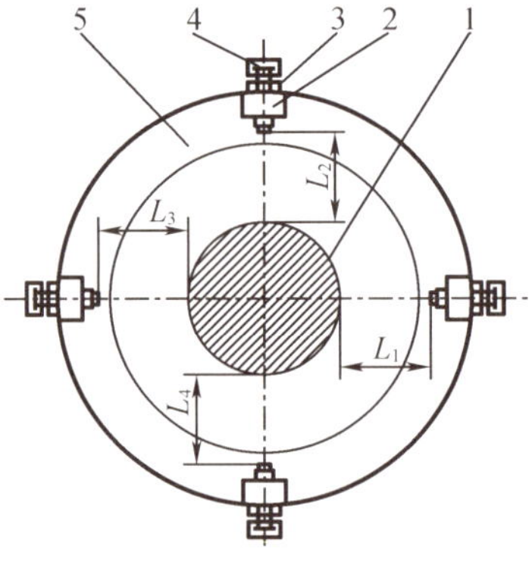

1—镗杆;2—支座;3—定位螺钉;4—薄螺母;5—待镗轴毂孔。

图5.8　用定位螺钉找正镗杆

②用加工圆线和检验圆线校中镗杆

根据划在轴毂孔端面上的代表轴系理论中心线的加工圆线和检验圆线,用独脚卡钳或者划针盘校中镗杆。如图5.9所示。

加工圆线的尺寸为镗孔尺寸。检验圆线用于检验镗孔质量,与加工圆线同心,尺寸比加工圆线大20~30 mm。加工圆线和检验圆线的划法如下:

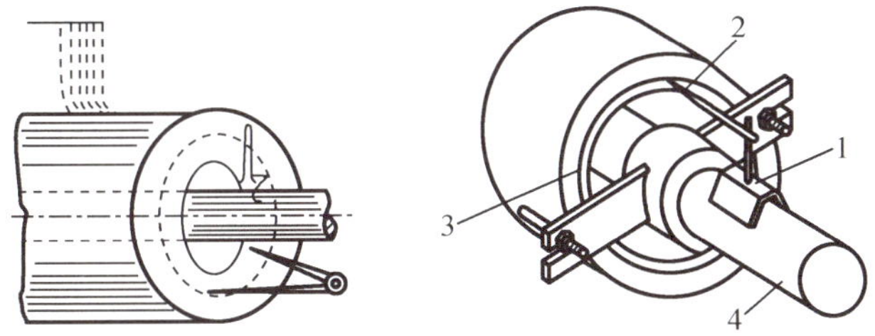

1—V 形划针座;2—划针;3—检验圆线;4—镗排。

图 5.9 用加工圆线和检验圆线校中镗杆

a. 光学仪器法

用光学仪器确定轴系理论中线时,在待加工孔的两端安装光靶,将光靶中心调至与代表轴系理论中心线的仪器的主光轴或光束重合。取下十字线靶心,换上带中心孔的钢靶心,以钢靶心的中心孔为圆心,用圆规分别在待加工孔的前、后端面上划出加工圆线和检验圆线。此时需注意,因为轴承孔的中心线比艉轴轴线高出轴承间隙的一半,如果靶心的中心孔在靶心的圆心上,镗孔后装入艉轴承和艉轴,艉轴中心将比轴系理论中心线低。因此常将钢靶的中心孔制成偏心,偏心值为轴承间隙的一半。如图 5.10 所示。

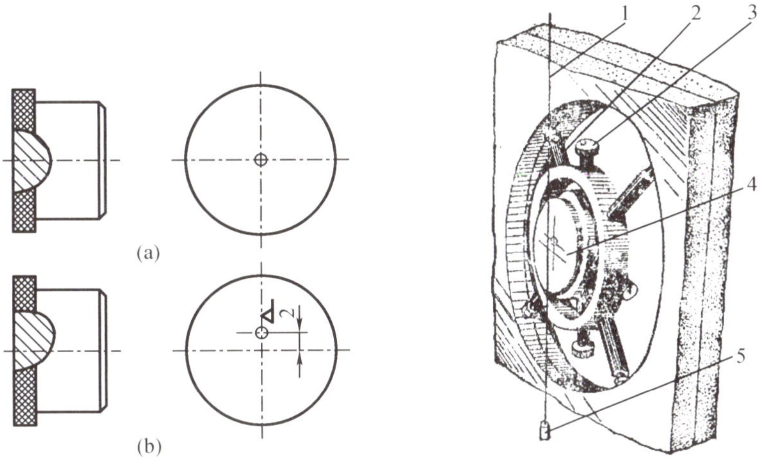

1—钢丝;2—支承螺钉;3—调节螺钉;4—钢靶;5—铅锤。

图 5.10 钢靶心

b. 拉线法

用拉线确定轴系理论中线时,先按钢丝在待镗孔的端面上划出十字线,而加工圆线和检验圆线通常是在拆除钢丝后按十字线划出。常用做法为:在钢丝拉着时,在划十字线的一根线上任意取一点,打上样冲眼,用卡钳量取该点至钢丝的最小距离,以此为准,在其余三根十字线线段上求出与钢丝等距离的三点并打上样冲眼。然后拆除钢丝,在孔端嵌入一木条,木条当中钉有一小块白铁皮,分别以这四个样冲眼为圆心,取稍大于这四个点所组成的圆的半径,用划针在白铁皮上划出四段圆弧,找出四段圆弧包围的一小块区域的中心点,用划针检查此点与十字线上四个样冲眼的距离,如果相等,此中心点就是所求的理论中心点。在中心点上打样冲眼，以此点为圆心在待镗孔的端面上用圆规划出加工圆线和检验圆线。如图 5.11 所示。

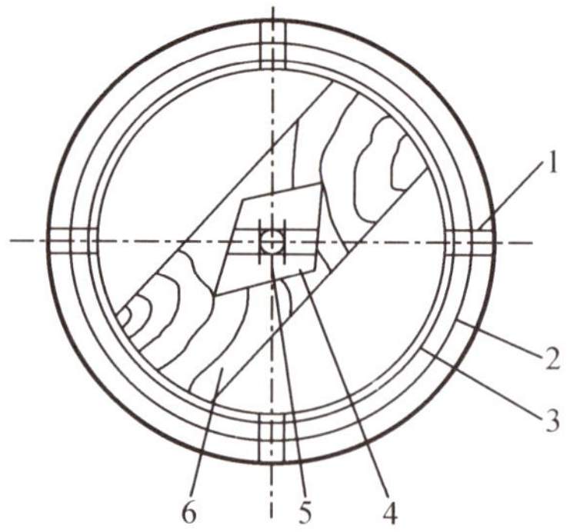

1—双十字线；2—检验圆线；3—加工圆线；4—白铁皮；5—钢丝；6—木块。

图 5.11　拉线法划加工圆线和检验圆线

③用光学法校中镗杆

此法用于空心镗杆，而且镗杆两端各有一个阶梯孔与外圆同轴。在镗杆两端的阶梯孔中安装光靶或激光准直仪专用接收靶，调整光靶十字线中心至与镗杆轴线重合。将光学仪器光轴调整至轴系理论中心线上同轴。仪器可以装在主机或减速器的输出轴上，也可以装在船台上。根据仪器的十字线中心调整镗杆支承轴承的位置，使镗杆两端的光靶中心与光学仪器的光轴重合，镗杆校中完毕。

镗杆的中心与基准点或基准圆线允许偏差一般为±0.03 mm。

(2)镗杆挠度修正

为保证加工件的形位公差和粗糙度，提高镗排系统刚性是很重要的。镗排系统刚性主要与镗杆和轴承支架本身的刚度有关，此外镗杆轴承支架的间距也对其有影响。因此，对上述部分应采取相应的措施。

首先是镗杆。镗杆刚性不足会出现“让刀”现象，即镗杆在切削加工时在切削力作用下发生弹性变形，在一定的作用力下，变形量从靠近轴承处至两轴承中间位置处逐渐加大，变形量越大，加工出的孔径就越小，最终形成一个锥孔。当使用跨度长的镗杆时，还可能会出现所镗孔与轴系理论中心线不重合的现象，导致在轴承安装后，艉轴与轴承的接触面积减小，形成局部接触，轴承磨损加剧。另外，镗杆的挠度会在镗削时产生跳动，尤其是在高转速时，常会损坏刀具，或在加工表面出现刀纹，粗糙度不能满足要求。

因此在设计和选用镗杆时应该尽量加大镗杆直径，当镗杆跨度较长时可以考虑增加一个中间轴承以修正镗杆挠度。如图 5.12 所示，具体做法如下：

①在距艉管后端面 1.5 m 左右设置准直仪；

②将同一标高的两水平标尺分别置于 *A*、*B* 两处，调整准直仪，使其与 *A*、*B* 两处的水平标尺处于同一标高上，锁定准直仪；

③将 *A* 处的水平标尺移至 *C* 处，依据准直仪，使用调位工装调整中间支承，修正镗杆挠度。

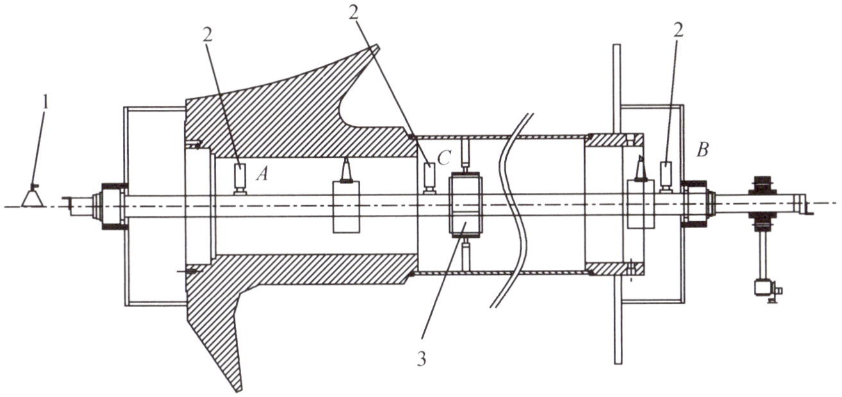

1—准直仪;2—标尺;3—中间支承套。

图 5.12　使用准直仪修正镗杆挠度示意图

镗杆的挠度也可以采用如图 5.13 所示的方法预先在车间里测得。在机床床面(或平台)上设置两只可调临时支承,支承位置、间距与在实船镗孔时镗杆支承的布置相同,图中虚线为下垂后镗杆位置。用百分表校正镗杆 I'、J' 两点的高度,使之相等,然后以 I'、J' 两点为基准,测量镗杆中部 F 处的下垂量,同时测量艉轴管前、后端面处镗杆的下垂量。也可以使用拉线法。

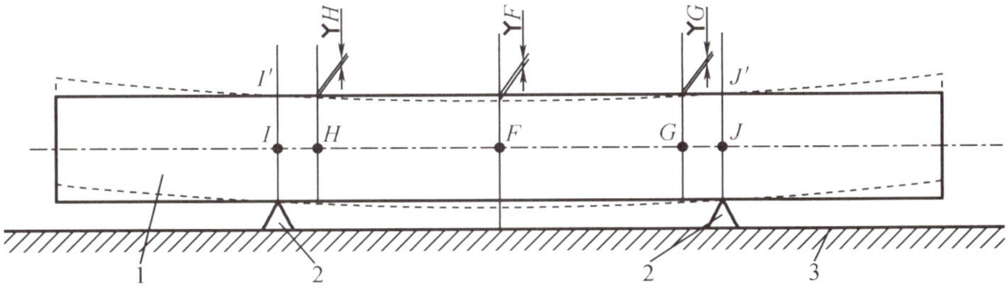

1—镗杆;2—可调临时支承;3—机床床面(或平台)。

图 5.13　镗杆下垂量示意图

得到镗杆中间部位的挠度之后,实船安装镗杆时即可按此数值对镗杆中间轴承进行顶升,如图 5.14 所示。

图 5.14 中的两只调位螺钉(零件 8)用来顶升镗杆,A、B、C 各安装一只百分表,正上方的 B 用来测量轴承顶升高度,两侧的 A、C 用来检测顶升过程中是否有顶偏,正常情况下,A、C 处的百分表读数应基本相等。

另外,如果艉轴管很长,也可以采用分段镗孔。比如先镗艉轴管后段,完成后检查之前在前段上确定的镗杆定位基准点相对于已加工孔中心的偏差。如果偏差超过 0.05 mm,则要修整基准点,使之与已成品孔的中心对正,然后再对前段进行镗孔。

除了镗杆,还应该尽可能加大镗杆轴承支架的刚性,轴承支架应该尽量安装在船体强结构处,并予以可靠固定和加强,尽量减小镗杆轴承支架之间的距离以减轻镗杆变形。

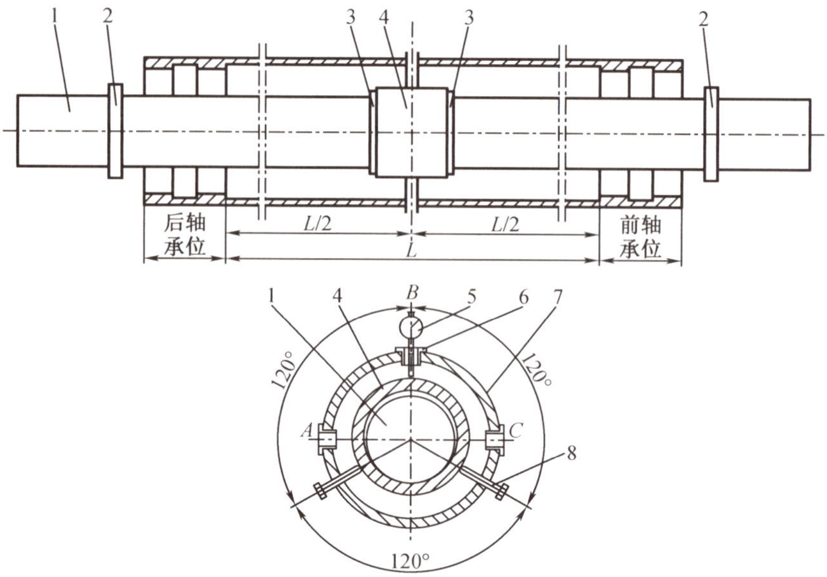

1—镗杆;2—镗杆轴承;3—中间轴承定位止推环;4—中间轴承;5—百分表;6—焊接螺母;7—艉轴管;8—调位螺钉。

图 5.14　镗杆中间支承示意图

(3)镗排减振

镗排系统刚性总的说来是比较差的,容易产生振动。加工设备的振动会降低加工精度。为避免振动不得不降低切削用量,这对生产不利。为消除振动,除提高镗排系统的刚性外,还可以将电动机与镗排的支架分开,将它安装在与船体不相连的单独座子上,以隔离振源。此外,还应对镗刀的几何角度、工作角度和安装高度等参数进行适当的优化。另外还要注意镗杆与轴承的径向间隙不可过大,并且应加强润滑以减小由于切削量不均匀造成的镗杆在轴承中的振动。

2. 镗孔

镗杆安装、校中、校直工作完成之后,即可开始镗孔。首先是粗镗加工,依据施工图,将各尺寸加工到半精镗前状态,各阶梯孔应留有 1~1.5 mm 加工余量;粗镗加工完成后,镗杆复校中,镗杆挠度修正,半精镗加工,各档孔径应留有 0.5 mm 加工余量;精镗,所有尺寸均加工到位;之后检查各加工表面的加工质量。

因为存在装配关系,所以对镗孔的形位公差和粗糙度等都有相应的要求。但是由于镗孔的工作环境比较恶劣,加工设备本身比较简陋,加之被加工件加工余量不均匀,就使得镗孔精度难以保证,而镗孔质量的好坏对整个轴系安装至关重要。为了确保镗孔质量,可以从下面几个方面着手:

(1)在保证镗孔精度的同时又要提高生产效率,因此镗孔分粗镗和精镗两个阶段,先用较大的切削用量粗镗,粗镗后根据检验圆线校验镗杆位置有无变化,检验无误后精镗。切削用量参考表 5.1。

(2)为了克服让刀造成的切削不均匀,可以采用双刀切削,将两把刀呈 180°夹角安装以减少镗杆的弹性变形。

表 5.1　镗孔切削参数

	切削深度/mm	走刀量/(mm/r)	镗杆转速/(r/min)
粗镗	1~5	0.5~1.0	8~15
精镗	0.2~0.5	0.2~0.3	15~30

(3)为避免因温度变化导致的变形,从而影响加工精度,精镗一般应在阴雨天或夜间一次连续完成,且应停止船上影响精镗加工的振动性作业。

(4)压入衬套的接触部分,应一次镗出,不允许镗削中止和接刀。

(5)工作中应在孔径表面喷注植物油(70%)和煤油(30%)组成的混合冷却油。

(6)内孔镗孔完毕,检验合格后,才能加工端面,因端面加工后,检验圆线就被切掉了。

(7)工作中如发现加工面有较大面积砂眼、裂纹等铸件缺陷,应及时反馈,以便及时处理,不得强行施工。

3. 镗孔技术要求及镗孔质量检验

大、中型船舶的艉轴管或隔舱壁加强垫板等是与船体整体焊在一起的,以艉轴管或隔舱壁孔端面上所划出的镗孔圆和检查圆作为镗排校中的依据,进行镗孔加工,使艉轴管中心符合轴系中心。镗孔质量与镗孔工具(包括镗排、支承架、传动装置等)的准确度有密切关系,因此在镗孔前应对镗孔工具的准确度进行检查,其要求:①镗排:圆度不大于0.03 mm;挠度不大于0.04 mm;圆柱度不大于0.03 mm;②镗排支承架轴承:支承架轴承间隙控制在设计图纸要求之内;③传动机构:齿轮啮合良好,传动轴承间隙符合要求。

(1)镗孔质量检验要求

①艉轴管轴承内孔镗削加工后,孔中心与找正中心的偏差不大于0.10 mm。

②孔的圆度与圆柱度误差不得超过表5.2的规定。

表 5.2　艉轴管镗孔的圆度、圆柱度要求　　单位:mm

孔径	公差标准范围	备注
≤120	≤0.015	1. 在制造厂没有要求时使用; 2. 圆柱度公差值方向应与衬套压入方向保持一致,不允许反方向
>120~180	≤0.020	
>180~260	≤0.025	
>260~360	≤0.030	
>360~500	≤0.035	
>500~700	≤0.040	
>700~900	≤0.050	
>900~1 100	≤0.060	
>1 100~1 300	≤0.070	
>1 300~1 500	≤0.080	

③孔端面与孔的中心线的垂直度误差不大于 0.10 mm/m。

④加工后的内孔表面粗糙度 *Ra* 不大于 3.2 μm，允许极限不大于 6.3 μm，端面的粗糙度不大于 12.5 μm。

⑤测量艉轴管成品后端面到舵线的距离，按图纸要求尺寸允许偏差±5 mm。

⑥轴毂最小壁厚按照下式计算：

$$t>(0.33 \sim 0.3)d$$

式中 t——轴毂壁厚，mm；

d——艉轴直径，mm。

⑦艉轴管前、后孔的同轴度误差不大于 0.10 mm。

(2)同轴度以及与轴系理论中心线的偏差的检查

可以采用拉线法和光学仪器法进行检查。光学仪器法的做法如图 5.15 所示。在艉轴管前、后两端的内孔以及轴承位上安装光靶，使光靶与轴线垂直，并按各自所在内孔零对零找正。再使用专门的支架将光学仪器安装在艉轴管后端孔中或艉轴管后端面上，按内孔零对零找正，然后安装光学仪器，并按安装在前端孔中的基准光靶找正光学仪器，同时确保望远镜胎具与艉轴管内孔准确对中。最后，以光学仪器的中心线为基准分别测量安装在轴承位上的靶 1、靶 2、靶 3、靶 4、靶 5 的偏差值，以及艉轴管中心相对于艏基准点的偏移情况，应满足相关图纸要求。

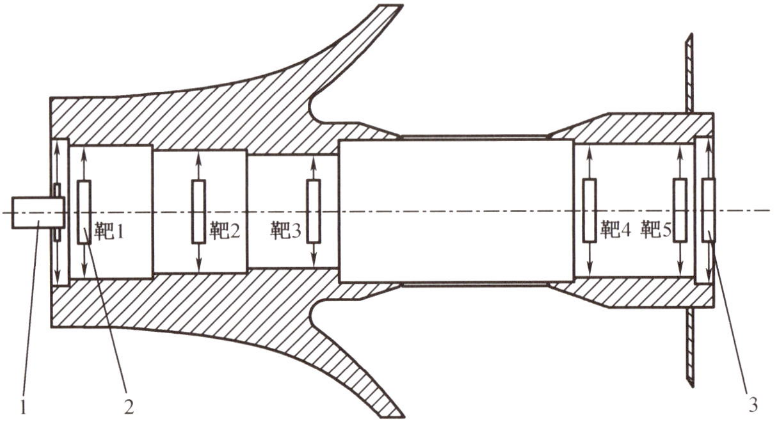

1—望远镜或激光仪；2—光靶（5 个位置）；3—参考靶。

图 5.15 同轴度测量示意图

也可以将照光仪置于艉基准点之后，按照安装在艉轴管前、后两端内孔中的光靶中心进行找正，然后以光学仪器为基准，检查安装在各轴承位光靶的偏差，以及艉轴管中心相对于艏基准点的偏差。艏基准点水平方向允许偏差见表 5.3，垂直方向偏差允许适当放宽，但最大不可超过数值的 2 倍。

表 5.3 艏、艉基准点中心水平方向允许偏差

艏、艉基准点间距/m	≤15	>15~25	>25~35	>35
允许偏差/mm	±2	±3	±3.5	±5

(八)艉轴管装置的安装

1. 艉轴管的安装

艉轴管的常见的安装方法有压入安装、环氧树脂安装、焊接安装等三种形式。后两种形式目前经常使用。

(1)艉轴管压入安装方法

艉轴管压入安装方法多用于单机单桨艉机型船舶的整体铸造艉轴管。其工艺概况是:

艉柱轴毂和隔舱壁座板镗孔完成后,按镗孔尺寸及其配合要求精加工艉轴管安装位相关尺寸,然后将加工好的艉轴管吊装上船并压入艉柱轴毂和隔舱壁座板孔中。

①压入安装艉轴管加工技术要求:采用压入安装方法的艉轴管一般是整体铸造而成,艉轴管加工完成后,不允许有裂缝、气眼、集中的渣孔及浇不足等铸造缺陷,一些较小的缺陷允许使用焊补、涂胶等方式进行修补。加工好的艉轴管还需要进行密性试验,试验压力为 0.2 MPa。

艉柱轴毂和隔舱壁座板法兰镗孔完成后,测量轴毂和艉隔舱座板法兰内孔直径、轴毂前后端面的距离、轴毂前端面至艉隔舱壁座板法兰端面的距离,做好记录,交机加工车间作为加工艉轴管相应部位的径向和轴向尺寸的依据。

艉轴管 A、B 台肩间的长度应当略大于隔舱壁到轴毂前端面的距离 L,以确保轴毂前端面 A 处压紧,使艉轴所承受的负荷由艉柱来承受,而 B 处主要能保证密封。具体尺寸取决于所选用垫片材质及其厚度。艉轴管前端法兰平面与艉隔舱座板平面之间的密封垫片,一般采用传统的铅板、帆布或橡胶等材料,O 形密封圈也有采用。如图 5.16 所示。

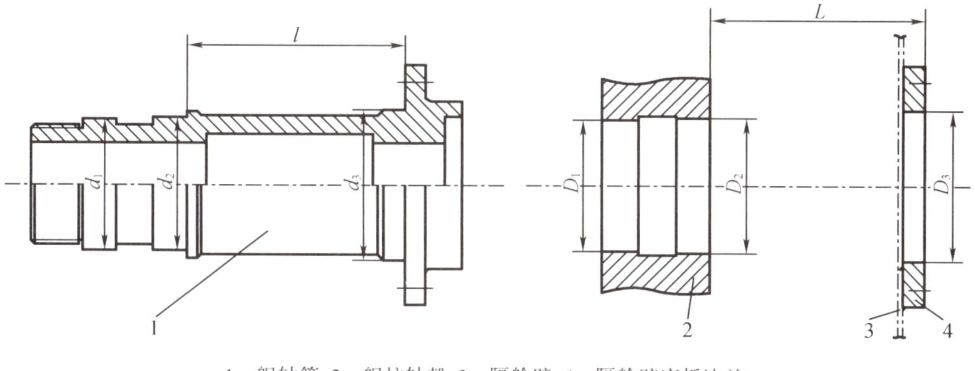

1—艉轴管;2—艉柱轴毂;3—隔舱壁;4—隔舱壁座板法兰。

图 5.16　压入安装的艉轴管示意图

艉轴管外圆与轴毂、艉隔舱座板法兰内孔的配合以及其他一些技术要求见表 5.4。

艉轴管内孔与外圆加工应在同一工序进行以保证其同轴度。同轴度不大于 0.10 mm。

加工好的艉轴管需要做压力为 0.2 MPa 的密性试验,5 min,不得有渗漏,合格后方可进行安装。

表 5.4 艉轴管加工技术要求

单位:mm

外圆直径	圆度	圆柱度	艉轴管法兰平面与轴线垂直度	与艉柱毂孔和艉隔舱座板法兰配合	与人字架毂孔配合
≤120	0.025	每 100 mm 长度不应大于 0.015 mm,且为顺锥	不超过 0.15 mm/m	0~-0.03	-0.01~-0.04
120~180	0.03			-0.01~-0.04	-0.02~-0.05
180~260	0.04			-0.02~-0.06	-0.03~-0.08
260~360	0.05			-0.03~-0.07	-0.04~-0.10
360~500	0.06			-0.04~-0.09	-0.06~-0.12
500~700	0.07			-0.06~-0.12	-0.08~-0.15
700~900	0.08			-0.08~-0.18	-0.10~-0.20

②压入过程:整体铸造艉轴管尺寸大、质量大,吊装压入之前需要与起重部门协调,商议吊具的规格、数量、吊装眼板的位置等,准备工作一定要充分。具体工艺过程如下:

a. 艉轴管船上安装前须按艉柱轴毂孔镗削的样棒和测量的尺寸复核,艉管长度和配合须符合相关工艺要求。

b. 艉轴管等所用零部件运至现场,各配合表面擦洗干净,在圆柱配合面上涂以适量的润滑油脂,以利安装。

c. 将涂有红丹白漆的帆布垫片或青铅垫片套到艉轴管外圆,然后在艉轴管的配合外圆涂上黄油白漆。

③使用手动葫芦或滑车将艉轴管送入孔内,保持其位置、形态,注意艉轴管上下位置。艉轴管送进到一定长度后,进入部分失去支承,向下倾斜,故必须设法保持或恢复艉轴管轴线位置,使其和轴毂孔轴线基本一致。对于小的艉轴管可在船外从轴毂孔插入一根杠杆,将其尾部抬起。也可特制一根一端有法兰的钢管,安装艉轴管前将钢管固定在艉轴管尾端。当艉轴管送进至还未发生倾斜而钢管已伸出船外时,可在船外吊起或托住钢管,使整个送进过程中不发生倾斜。中、大型船舶也可在艉尖舱内用葫芦把伸入部分吊着,不让其向下倾斜,并继续送进。当配合面渐渐增大、阻力增加时,可使用千斤顶或液力拉伸器轴向加压,必要时允许锤击,但须用软金属垫好,保护平面。在压入的同时,不断地旋紧艉轴管紧帽。如图 5.17 和图 5.18 所示。

⑤艉轴管装妥、螺帽紧固之后,用塞尺检查艉轴管螺帽平面与艉柱孔端面平面是否贴合,要求 0.05 mm 塞尺插不进。

⑥艉轴管安装结束后,在艉柱轴毂端面相应位置钻孔攻丝,安装艉轴管螺帽止动块,并固紧前端法兰,使之与隔舱壁座板法兰端面紧密贴合。上紧固螺母时应按对角线逐步予以扳紧。

⑦艉轴管安装完毕并经检验合格后,安装冷却、润滑管系,然后对艉尖舱做压水试验,检查艉管、艉柱和隔舱加强板之间的密封性能。

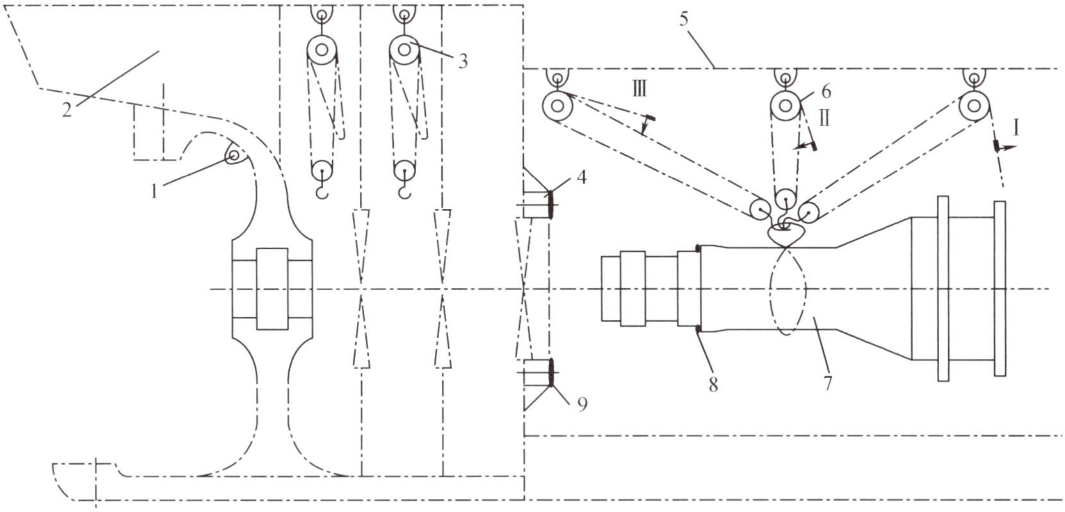

1—吊装用眼板；2—艉尖舱；3—手拉起重滑车；4—隔舱座板；5—下平台甲板；
6—多井滑车；7—艉轴管；8—紫铜垫片；9—青铅垫片。

图 5.17　艉轴管吊装示意图

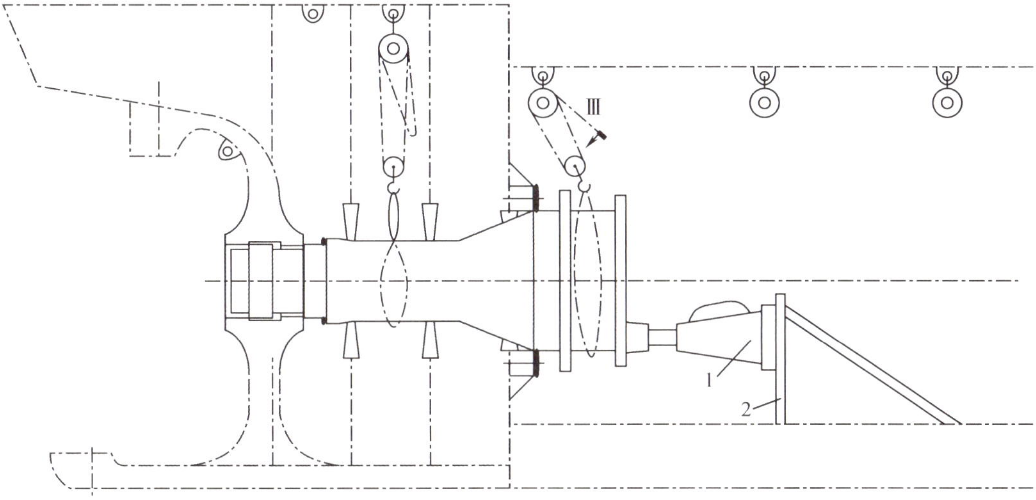

1—液压千斤顶；2—临时撑架。

图 5.18　艉轴管灌入艉柱和隔舱座板孔之后的压入

(2)艉轴管环氧树脂安装方法

工艺概况：艉轴管事先在车间按设计尺寸加工并装配好，然后整体上船装入艉轴毂孔和前支承座孔，按轴系理论中心线校中其位置之后，再浇注环氧树脂予以固定。

环氧树脂安装方法简化了安装工艺，减少了工作量，而且安装质量也容易保证，因此得到广泛应用。事实上，树脂安装也广泛应用于大、中型船舶，工艺基本相同。图 5.19 所示为某船环氧树脂安装的艉轴管装配图的局部。

艉轴管环氧树脂安装过程如下：

①艉柱轴毂和前轴承壳体座装焊完成且经检验合格，孔与轴系理论中心线的偏差以及环氧树脂单边厚度均在允许范围之内。

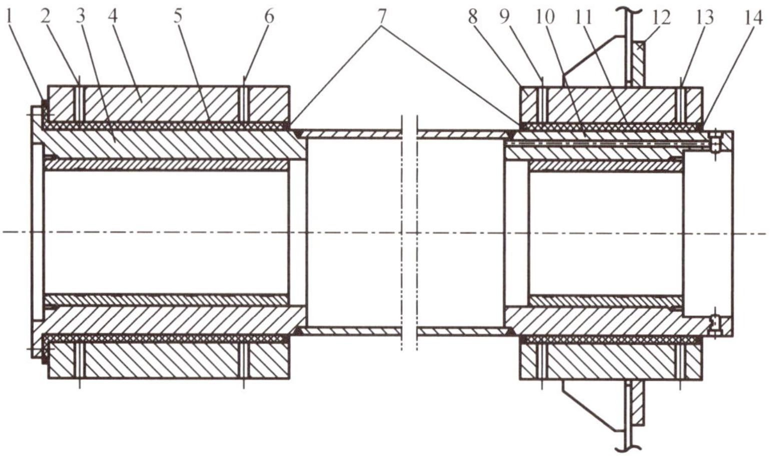

1,7,14—挡条和密封;2,9—浇口;3—后轴承壳体;4—艉柱;5,11—环氧树脂;
6,13—透气口;8—前轴承壳体座;10—前轴承壳体;12—加强复板。

图 5.19 某船环氧树脂安装的艉轴管装配图的局部

②安装前,用丙酮清洗艉柱(或人字架)轴毂、艉轴管和前支承座等与环氧树脂发生接触的各浇注区域,去除油污、氧化皮、铁锈、油漆和水分等,之后的浇注应在清洗完成后 24 h 之内进行。

③将加工好的艉轴管灌入艉柱(或人字架)轴毂和前支承座内,用预先安装好的调位螺栓调整艉轴管的轴向位置和径向位置。轴向位置的调整比较简单,按照图纸尺寸执行即可。径向位置的调整比较复杂,需要以理论轴线为基准,既要保证与轴线的同轴度,又要保证轴毂和艉轴管轴承壳体之间的间隙在规定范围之内,一般在 20 mm 左右,具体数据根据图纸或树脂厂家的要求而定。径向位置的调整可以采用光学仪器法和拉线法。

a. 光学仪器法:在艉轴管前后轴承位上各安装一只光靶,用调节螺钉调整光靶,使之与艉轴管轴承位孔同轴,然后使用安装在艉轴管前后支承座上的调节螺钉调整艉轴管的上、下、左、右位置,使代表轴系理论中心线的激光束或光轴能够通过前、后两只光靶的中心,或者利用校中工装测量艉轴管轴承位中心到艉轴管前后端面上与轴系理论中心线同轴的检验圆线的距离以确定艉轴管是否在轴线上,同时须检查艉轴管与支承套内壁之间的间隙,应满足艉轴管安装图纸要求。

ⓐ在艉轴管端面使用水平尺画十字线,用角尺画测量位记号,然后在艉轴管前后轴承位上各装一只光靶,靶心端面与艉轴管端面大致平齐,用角尺检查其与艉轴管轴线的垂直度。

ⓑ用调节螺钉,结合测量数据,调整光靶,使之与艉轴管轴承位孔同轴。

ⓒ使用安装在艉轴管前后支承座上的调节螺钉调整艉轴管的上下左右位置,使激光过光靶中心。调节时,先调远端,再调近端,之后复查远端,直至合格。

ⓓ检查艉轴管与支承套内壁之间的间隙,也应满足艉轴管安装图纸要求。

ⓔ最后将经纬仪目镜焦距调节到基准标靶,复核激光光斑与标靶十字线是否重合。如有变化,说明经纬仪位置有变,应重新重调节经纬仪,照光工作重新进行。

b. 拉线法:调整艉轴管,通过对分别位于前、后轴承位上的前、后两个截面的上、下、左、右四个方向到钢丝距离的确认,使艉轴管轴承位孔与钢丝所代表的轴系中心线重合。

④分别在艉柱轴毂和前支承座的前后两端、法兰外径处设置泡沫或橡胶制作的密封挡环，以防止树脂外漏。轴毂和前支承座端面上的螺栓孔用木塞或胶套堵死。按图纸要求安装透气管及注入管，透气管及注入管一般采用无缝钢管，钢管上应无任何油漆和油污。

⑤按比例将固化剂倒入树脂，搅拌。EPOCAST 36 推荐使用 300~500 r/min 的安装有桨叶的电钻搅拌 2~3 min。具体操作按照树脂厂家的要求进行。

⑥艉轴管法兰面与轴毂端面处使用自然重力法浇注，浇注从浇注口浇入，到透气口溢出为止。艉轴管法兰面处浇注结束后约 2 h，再进行轴毂和前支承座的浇注，采用泵入法从下部注入管进行浇注，直至透气孔溢料且液位恒定时为止，可以从透气孔补充浇注。

⑦固化。固化时间由供货商提供，见表 5.5。

表 5.5　环氧树脂 EPOCAST 36 凝固时间表

序号	环境温度/℃	凝固时间/h
1	<13	不凝固
2	13~17	约 48
3	18~20	约 36
4	>20	约 24

⑧收尾工作。待环氧树脂样块硬度报验结束后，用砂轮机割除透气管、注入管及调整螺栓高出支承套外表面的部分，并打磨平整，不得直接敲掉。然后将透气口、注入口及调整螺栓凹凸口封住。至此，浇注工程全部结束，按要求固紧艉轴管螺母。

⑨艉轴管环氧树脂安装须注意以下几个问题：

a. 如果环境温度低于 15 ℃，应采取适当的加热措施，如用红外线灯或碘钨灯照射，使艉轴管轴壳温度大于 20 ℃并保温 8~48 h。注意加热须均匀，且不能从艉轴管内部加热，以免损伤轴承。

b. 在浇注的同时须浇注两只试块，完全固化后，即向船东、船检报验样块硬度，其值超过巴氏硬度 40 即表明环氧树脂已完全固化。

c. 固化期间不得进行吊装重物、电焊、打磨、浸水等作业，并不得进行塞轴工作。

d. 环氧树脂的混合、搅拌以及浇注工作均须在树脂厂家的服务工程师指导下进行，或者直接由服务工程师亲自操作。

（3）艉轴管焊接安装方法

艉轴管焊接安装方法常用于油润滑、水润滑的各种中、小型船舶，又称艉轴管精加工无余量上船焊接安装方法。

①工艺概况：艉轴管事先在车间按设计尺寸加工并装配好，然后整体上船，按照轴系布置图的要求定位，之后将其焊接在船体结构上。工艺过程如下：

a. 将人字架轴毂（艉轴管后轴承壳体）、艉管和艉轴管前轴承壳体等预先在车间按理论尺寸焊接、加工成形。

b. 用调节螺栓将艉轴管临时安装在船上，并按理论中线校中。

c. 按照规定的次序将人字架支臂、艉轴管以及船体焊接成整体。

d. 焊接工程完成后，焊缝应试油和探伤、复查轴线的准确性。

e. 然后清理施工现场，进入穿轴及零部件整体安装工程阶段。

虽然焊接时采取反变形、控制焊接电流和对称焊接等措施控制变形，但是艉轴管焊接变形仍然不可避免，主要问题是轴承壳体内孔的圆度、圆柱度及同轴度误差超差。

②为了解决焊接变形问题，船厂采取以下措施：

a. 如果变形比较严重，可采用水火矫正。但是此方法比较粗糙，效果有限，不能完全满足技术要求。

b. 有船厂将人字架支臂的一部分在车间与轴毂外圆焊接成整体，然后上车床进行轴毂的加工，之后上船进行定位，在现场测量上支臂的尺寸并制成样板，根据样板加工上支臂，上支臂定位完成之后，进行人字架上、下支臂的对接焊。这样做一定程度上可以降低人字架轴毂孔的焊接变形，但是铸造的难度和成本有所提高。

c. 偏心艉轴承或者偏心衬套。其过程是：

按照规定的坐标测量轴毂（艉柱、人字架或艉轴管）孔中心线与轴系理论中心线之间的偏心数据，根据偏心数据在车床上加工偏心艉轴承或偏心衬套，然后将内外径不同轴的艉轴承或衬套按照规定的坐标安装到位。这样做需要对轴毂结构和尺寸做相应的修改，并且有一个前提，即轴承位的圆度和圆柱度误差情况尚好。

d. 焊接完成后检查焊接变形情况，如有必要，可以对轴系理论中心线进行微调，然后对轴承位进行镗孔。既然要镗孔，那么艉轴管上船焊接安装时就必须留出镗孔所需的加工余量。事实上，目前大、中型船舶安装艉轴管时便经常采用这种先焊再镗的方法。

2. 艉轴承的安装

为了支承艉轴，一般会在艉轴管里设两个轴承；轴线非常短的船舶，其前轴承可能会被取消；如果艉轴过长，有可能设三个轴承。常见的艉轴承有白合金轴承、橡胶轴承、铁梨木轴承、青铜轴承和复合材料轴承等。不管是哪种轴承，其在艉轴管里的安装都属于紧配合，有时还需要安装止动螺钉。

艉轴承的安装一般采用压入、低温和环氧树脂等三种方法。

(1) 压入安装

工艺概况：艉柱（或人字架）或艉轴管的轴承位镗孔之后，按照镗孔尺寸和装配要求对轴承相关部位进行加工，然后将轴承压入艉柱（或人字架）或艉轴管的轴承位。压力大多由液压千斤顶、液压拉伸器或者丝杠提供，有时也会使用撞锤。图 5.20 所示为使用液压拉伸器压装艉管轴承，图 5.21 所示为使用液压千斤顶压装艉管轴承。

①压入安装的艉轴承（或衬套）加工

艉轴承（或衬套）外径尺寸应根据艉轴管、艉柱（或人字架）轴壳镗孔后实际尺寸来配制，轴承位镗孔加工完成后，测量轴承位的孔径，做好记录，制成如表 5.6 所示的表格，交机加工车间，作为加工艉轴承外圆尺寸的依据。

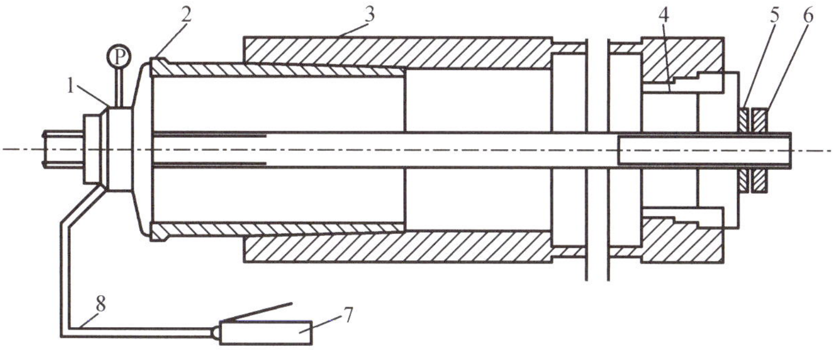

1—液压拉伸器;2—艉轴后轴承;3—艉轴管;4—艉轴前轴承;5—垫片;6—螺母;7—液压泵;8—高压软管。

图 5.20　使用液压拉伸器压装艉轴承示意图

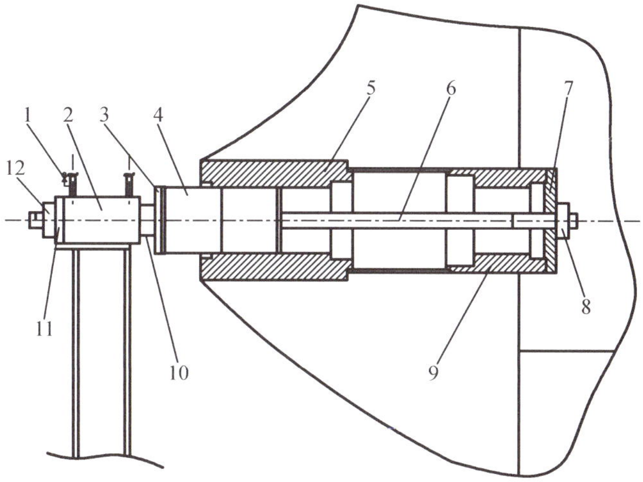

1—压力表;2—油顶;3—垫板;4—艉轴承;5—艉柱轴毂;6—丝杠;7—垫板;
8—螺母;9—前艉轴承座;10—油顶柱塞; 11—油顶基座;12—螺母。

图 5.21　使用液压千斤顶压装艉轴承示意图

表 5.6　测量记录表格　　单位:mm

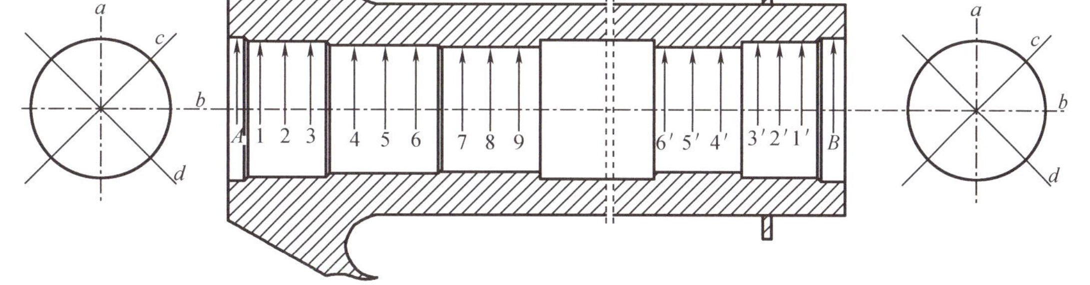

表 5.6(续)

测量位置		*A*	1	2	3	4	5	6	7	8	9	6′	5′	4′	3′	2′	1′	*B*
测量方向	*a*																	
	b																	
	c																	
	d																	
平均值																		
锥度情况	顺——√倒——×																	
温度																		

船名：　　　　工程号：　　　　测量：　　　　日期：

过盈量一般为 0.01~0.05 mm，或者参考表 5.7。对多级配合直径的轴承与孔之间的过盈量应有一定均匀性，以保证轴承压入后具有足够的紧密性。在确定过盈量时还应考虑加工时的环境温度，这主要是针对双金属轴承，如白合金轴承，尤其是选用铜合金做衬套的白合金轴承。在冬季安装时，过盈量应稍小，甚至取一定的间隙，否则到夏季，衬套膨胀，过盈量加大，可能会使轴承受损。

表 5.7　衬套和艉轴管、艉柱轴壳或人字架的配合　　单位：mm

衬套外径 *D*	配合面长度 *L*>2*D*	配合面长度 *L*<2*D*
<80	-0.02~+0.01	-0.005~+0.02
80~120	-0.03~0	-0.01~+0.01
120~180	-0.04~-0.01	-0.02~0
180~260	-0.05~-0.02	-0.03~-0.005
260~360	-0.06~-0.03	-0.04~-0.01
360~500	-0.07~-0.04	-0.05~-0.02
500~700	-0.08~-0.05	-0.06~-0.03

整体式橡胶轴承和轴承位的配合可以参考表 5.8。

表 5.8　整体式橡胶轴承和轴承位的配合　　单位：mm

衬套外径	<65	65~100	100~140	140~180	180~260
配合值	+0.005~+0.02	0~+0.015	-0.01~+0.005	-0.02~0	-0.03~-0.01

复合材料轴承(如赛龙)的过盈量的选择按照轴承制造厂家的要求进行。

艉轴承加工时须注意以下事项:

a. 艉轴承在粗加工时,内外圆应留 2~3 mm 精加工余量,对于浇注白合金的衬套,其内圆可以加工到图纸规定的浇白合金前尺寸。然后进行水压试验。水压试验为 0.4 MPa,5 min 内不应有渗漏。轻微渗漏允许修补。对于浇注白合金的衬套,个别地方的轻微渗漏,可以不用修补,因为浇注的白合金本身可以起到补漏的作用。白合金轴承在内径加工前,用小锤敲击表面,检验白合金与衬套的黏合质量。当敲击时发出沙哑声音,并用手指按住该处感到白合金有微小的振动,则为黏合不牢。

b. 加工艉轴承外圆时,粗加工后留 0.5 mm 的余量,待工件冷却后再进行精加工。

c. 轴承的衬套多采用铸件,在加工过程中应检查表面有无裂痕、砂眼等缺陷,若有,应停止加工,进行修补。或者在粗加工完毕后,做一次全面检查和修补,合格后进行精加工。

d. 铁梨木在加工安装过程中须注意保湿。将铁梨木板条沿轴向镶嵌在衬套的内圆之后,加工之前,应进行如下检验:

ⓐ检验板条对接缝和板条与止动条对接缝的紧密性,用 0.15 mm 塞尺应插不进,板条的纵向对接缝应在同一条直线上。

ⓑ检验板条与衬套内圆的贴合紧密性。在衬套的两端用 0.15 mm 塞尺检验,应大部分板条插不进,个别板条可容许插入小于板条厚度的深度。在衬套中部用小锤敲击检验,如发出沙哑声音,则表示贴合不紧密。在板条全长 1/5 的局部区域容许有不紧密情况。

ⓒ检验衬套两端板条组的轴向间隙。其轴向总间隙应在 5~15 mm 内,以使铁梨木在水中泡胀时有伸张的余地。

ⓓ检验板条厚度确保每面 3~6 mm 的加工余量。

e. 整体式橡胶轴承加工和安装前均应进行外观检查。橡胶表面应光洁,无分层、裂缝、气泡和脱壳现象。橡胶轴承在加工和安装时切忌与油类接触。另外,橡胶轴承衬套比较薄,刚性较差,在机床装夹和加工时容易变形,须采取有效的措施予以避免,如工艺假轴、压板等。

f. 轴承内孔按艉轴轴径加上安装间隙进行加工。安装间隙参考表 5.9 或根据经验公式计算。

表 5.9　螺旋桨轴与艉轴承安装间隙　　单位:mm

轴颈直径	铁梨木、层压胶板、金属板条橡胶				白合金		整体橡胶	
	安装间隙			极限间隙	安装间隙	极限间隙	安装间隙	极限间隙
	铁梨木	层压板	金属板条橡胶					
>100	0.90	0.35~0.40	0.60~0.70	4	0.40~0.50	1.50	0.35~0.50	3.5
100~150	0.9~1.1	0.40~0.50	0.65~0.75	4.4	0.45~0.55	1.65	0.40~0.50	4.4
150~200	1.0~1.2	0.50~0.60	0.70~0.80	4.8	0.50~0.60	1.80	0.45~0.55	4.8
200~250	1.1~1.3		0.75~0.85	5.2	0.55~0.65	1.95		

表 5.9(续)

轴颈直径	铁梨木、层压胶板、金属板条橡胶				白合金		整体橡胶	
	安装间隙			极限间隙	安装间隙	极限间隙	安装间隙	极限间隙
	铁梨木	层压板	金属板条橡胶					
250~300	1.2~1.4		0.80~0.90	5.6	0.60~0.70	2.10		
300~350	1.3~1.5		0.90~1.05	6.0	0.65~0.75	2.25		
350~400	1.4~1.6		1.00~1.15	6.4	0.70~0.80	2.4		
400~450	1.5~1.7		1.10~1.25	6.8	0.75~0.85	2.55		
450~500	1.6~1.8		1.20~1.35	7.2	0.80~0.90	2.70		
500~550	1.7~1.9		1.30~1.50	7.6	0.85~0.95	2.85		
>550	1.8~2.0		1.45~1.70	8.0	0.90~1.00	3.00		

g. 为保证艉轴密封装置中心线与艉轴中心线同轴，有时会选择将轴承加工成偏心，即内孔中心线比外圆中心线高出轴承间隙的一半，如图 5.22 所示。

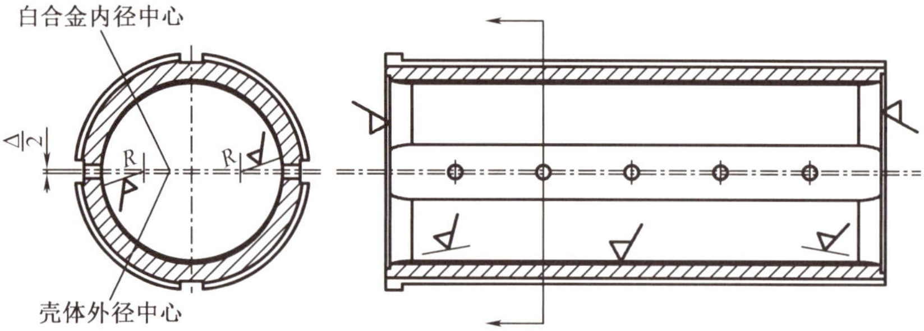

图 5.22　偏心轴承示意图

艉轴承加工技术要求如下：

a. 加工好的艉轴承的表面应无裂纹、气孔等缺陷，小缺陷允许补焊。可参考《材料与焊接规范(2006)》；

b. 表面粗糙度应符合图纸要求($Ra6.3$ μm)。

c. 轴承外圆的圆度、圆柱度应符合图纸要求。

d. 艉轴承法兰端面与轴承位中心线的垂直度应符合图纸要求，一般不大于 0.15 mm/m。

e. 艉轴管孔不能倒锥度。

f. 艉轴管轴承孔的中心应比外圆中心高半个间隙，“TOP”标记向上。

②压入安装的压力

压力由液压千斤顶、液压螺母或者丝杠提供。压入安装或以过盈量为标准，或以压入力为标准，也有的将两者同时参考作为标准。大、中型船舶多使用液压安装，压入过程中推入力的测定是最后鉴定轴承与轴承座的配合和装配是否达到设计要求的重要指标。压入力一般为 20~50 MPa,如图 5.23 所示。

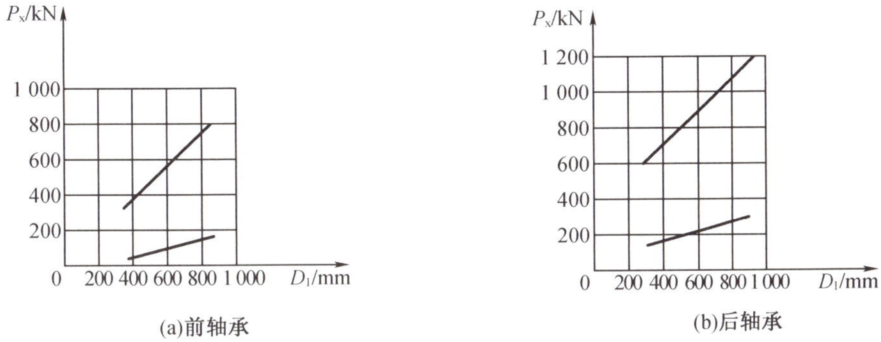

图 5.23　标准压入力 P_x 与轴径的关系

a. 压入前,应清洁轴承和轴承位,在轴承与孔的配合表面喷上润滑剂二硫化钼,以减少配合面的摩擦力,防止咬合。

b. 压入轴承前,应测量环境温度、艉轴管及轴承温度。

c. 将轴承放入艉轴管内。量取轴承伸出的长度,一般取 3~4 个位置测量,如果测量值相等,说明艉轴管与轴承的中心线在一条直线上。注意轴承是有上下的,"TOP"标记向上。

d. 根据轴承直径可查出压入力的范围,从开始压入起,每压入单位长度(如 50 mm),应记录一次油压及压入距离,直至全部压入。在正常情况下,压力和位移应有线性关系或略呈指数曲线上升。如果压力出现异常,偏离上限很多,应停止压入,等轴承拉出后查找原因,解决后再进行压配。如压入力偏离下限,则根据情况而定,如偏离量很大,则将轴承拉出后查找原因,一般情况下是因为过盈量偏小,只能换轴承。在压入的最后 80 mm,应能连续压入,瞬时油压超过或低于设计值过多时,应停止压入,待查出原因并纠正后方可继续。其最终油压应符合设计要求。

e. 如果轴承是偏心的,压入过程中不允许有转动,否则会产生中心线的偏差,因此应采取防转措施。白合金轴承可以利用艉轴管端面上的螺孔和轴承外圆纵向槽来设计防转工装。

f. 白合金艉轴承压入安装完成后,在艉轴灌入前,应在轴承的内表面涂机油,并用封板封住。

(2)低温安装

①工艺概况:将艉轴承放在盛有液氮或干冰的容器中,液氮或干冰气化,吸收热量,使轴承温度降低,外径变小,经确认后,将艉轴承装入艉轴管内,待艉轴承温度恢复到正常温度,与轴承位之间形成过盈配合,轴承安装完成。如图 5.24 所示。

低温安装工艺比较简单,工作效率高,劳动强度低,因此广为采用,尤其是复合材料轴承,而白合金轴承则很少使用,因白合金轴承由线胀系数不同的两种金属制成,低温安装会使两种金属之间产生较大的应力,同时低温也会影响巴氏合金的机械性能。

低温冷装采用的介质通常有干冰、液氮等。下面我们介绍选用液氮进行赛龙轴承低温安装的工艺过程。冷冻安装工艺过程:

a. 准备足够容积的密封保温容器和足以浸没赛龙轴承的液态氮。

b. 清洁赛龙表面及轴承座孔内壁,可用丙酮去除油污。将加工后的赛龙放入密闭容器,注入液氮。为使赛龙轴承迅速冷却收缩,要使赛龙完全浸没在液氮中,时间为 10~15 min。如液氮不能浸没赛龙轴承,应延长冷却时间,确保赛龙轴承缩至可安装尺寸。

c. 将赛龙轴承放入轴承座孔中。为防止轴承膨胀,自轴承脱离液氮到安装到位,速度要快。

d. 如轴承由多段组合而成,安装时,应首先将里端轴承安装好,待 3~5 min 后,再装下一段。各段对紧。如有环槽及水槽,注意摆放位置,对于艉轴承,水槽应保证放在轴线正下方的两侧,如图 5.25 所示。

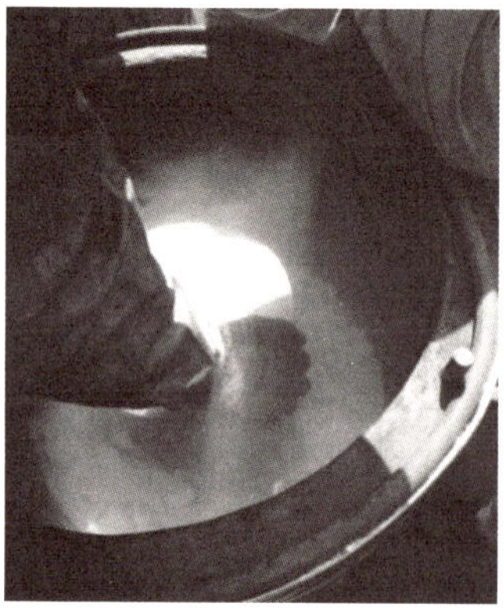

图 5.24　轴承在干冰中

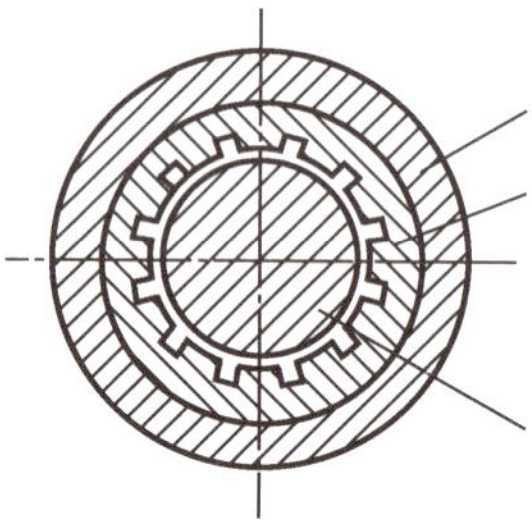

图 5.25　流水槽的方向

e. 安装后应在装入端加压盖。

②低温安装过程中须注意以下事项:

a. 安装前先将各部件清洗干净,不得附有油渍、水、砂等杂物。

b. 如果使用液氮,需要采取适当的安全措施以防止液氮触及皮肤而导致冻伤,施工场所应通风良好,防止液氮汽化后,造成容器周围缺氧。

c. 安装过程中一般不允许用大锤硬性敲击。

d. 待轴承温度完全恢复到常温后才可以灌轴。

e. 安装时禁止使用任何润滑剂。

(3)环氧树脂安装

①工艺概况:将艉轴承装入轴承壳体,按轴系理论中心线校中定位,然后在轴承和壳体之间浇注环氧树脂,将轴承固定。

②具体工艺过程与之前介绍过的艉轴管环氧树脂安装工艺基本相同,也可参见船舶标准《尾轴管及尾轴承环氧树脂定位》(CB/Z 321-1981)。

环氧树脂安装方法一般用于人字架或艉柱轴承的安装,如图 5.26 所示。

(4)艉轴承安装后的检查

①安装完成后,检查轴承内孔的同轴度,应满足图纸要求。可以使用光学仪器法和拉线法检查。

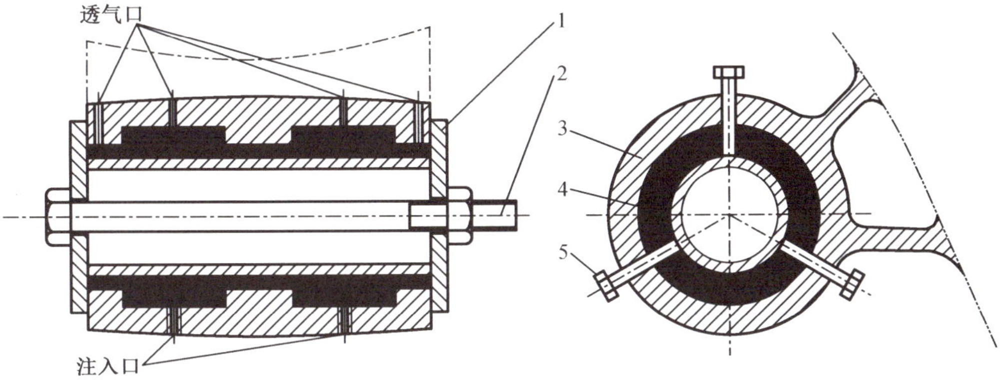

1—封板；2—螺杆；3—托架；4—艉轴承；5—调节螺钉。

图 5.26　艉轴承采用环氧树脂安装示意图

光学仪器法检查步骤如下：

a. 按照图 5.27 所示在艉轴管后端和前端分别架设光学仪器胎架和参考光靶靶架，在前、后轴承上支设若干个光靶。光靶全部按照前、后轴承内孔和艉轴管内孔找正，同时要求光靶架端面与轴线垂直。

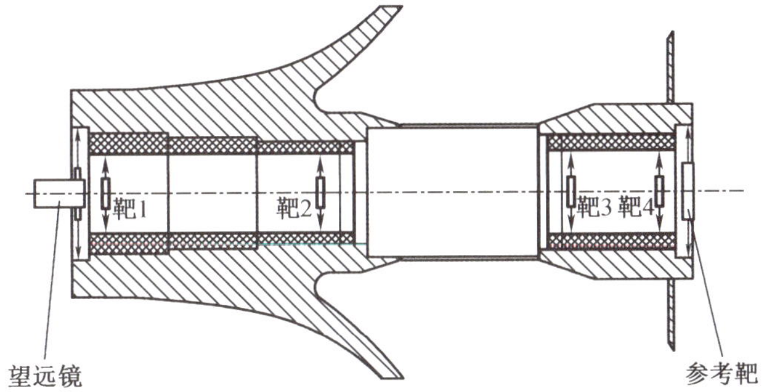

图 5.27　轴承内孔同轴度检查示意图

b. 调节望远镜胎具，使望远镜的十字中心与艉轴管前端的参考靶的中心重合。

c. 以望远镜十字中心线为基准分别检测靶 1、靶 2、靶 3、靶 4 的偏差值，并且将偏差值记录在表格中，表格形式如表 5.10 所示。

表 5.10　同轴度偏差记录表格

位置	偏移方向			
	上	下	左	右
靶 1				
靶 2				
靶 3				
靶 4				

拉线法检查步骤如下:如图5.28所示,检查A、B、C、D四个截面处轴承位内壁至钢丝的距离,计算时须考虑钢丝的下垂量。

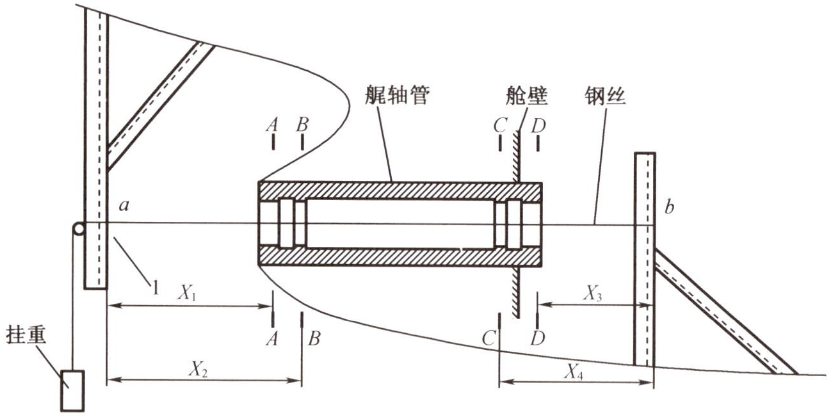

图5.28 拉线法检查轴承内孔同轴度示意图

另外,也有船厂使用专业的数据实时显示的激光同轴度测量仪器来进行测量。

②艉轴管轴承压装结束后,允许轴承的材料至少恢复几个小时或者最好过一个晚上的时间后再测量其内径尺寸,根据测量后的轴承内径计算轴承和轴的配合间隙,应满足相关图纸和文件要求。

③检测轴承内径下端母线的直线度:沿着轴承的底部轴向放置直尺,使用塞尺进行检查,轴承的内表面与直尺的间隙应≤0.10 mm。

④使用听音法检查轴承与艉轴管轴承位之间贴合的紧密程度。

⑤安装后间隙测量。螺旋桨轴安装到位后,用长塞尺检查艉轴管前后轴承端面上、下、左、右四个位置的间隙,要求上部间隙符合技术要求,下部间隙为零,左、右间隙应基本均匀,并做出测量记录。间隙要求应符合轴承生产厂家的技术要求。

高分子材料轴承(如赛龙)的轴承间隙选取时须考虑安装方式、最小运转间隙、热膨胀系数、水胀余量、内孔安装收缩量等因素,计算按照轴承厂家要求进行,或按下式进行。

$$\Delta=0.0025d+(0.40\sim0.60)$$

式中 Δ——安装间隙,mm;

d——轴径,mm。

⑥艉轴承的止动

如果是带法兰的艉轴承,利用法兰螺栓孔,用双头螺栓即可将轴承固定在艉轴管端面上;如果是不带法兰的艉轴承,其安装到位之后,还会采取一定的止动措施。白合金轴承一般会在轴承衬套和艉轴管接缝处钻孔攻丝,安装锥端紧定螺钉,也叫骑缝螺钉,如图5.29所示。

中、小尺寸的橡胶轴承和高分子材料轴承一般会选择在艉轴管轴承壳体的外圆面上钻通孔,攻丝,然后安装紧定螺钉,如图5.30所示。

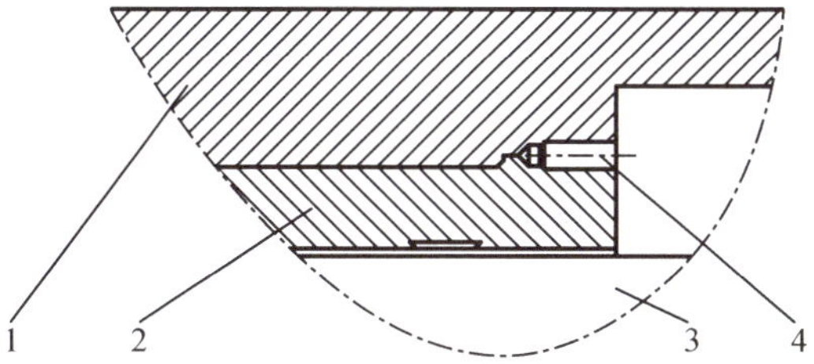

1—艉轴管;2—轴承;3—艉轴;4—骑缝螺钉。

图 5.29　骑缝螺钉

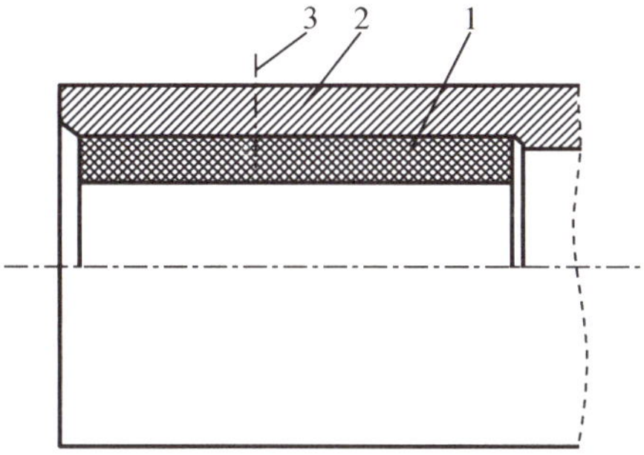

1—轴承;2—艉轴管;3—锥端紧定螺钉。

图 5.30　径向安装的艉轴承止动螺钉

螺钉的规格、数量以及安装位置按照图纸要求。

3. 艉轴管前后轴承安装检验

(1)巴氏合金轴承安装检验

①安装前的检验

a. 清洁检验。艉轴管内残留的铁屑、毛刺、型砂、焊接飞溅、焊渣以及油污等多余物和垃圾已清除,并用清洁的布擦干净。

b. 润滑油管已装好,并经密性试验。若有测温用热电偶装置,则应装好、校准。

c. 对艉轴管前后轴承外圆直径及艉轴管内孔进行复测。复测时,环境温度与轴承及艉轴管的温度应相同,若温度不同,将会导致实际过盈配合量不真实,从而影响压入力的数据。

②轴承压装检验

大型船舶的螺旋桨轴轴承内孔大都采用巴氏合金材料,轴承与艉轴管为过盈配合,轴承安装普遍采用液压拉伸器将轴承压入艉轴管孔内,其压入方法如图 5.31 所示。

轴承压入时须认真检查轴承上的"TOP"标记,使"TOP"标记的部位向上,千万不能搞错。

用液压拉伸器压入轴承前,应测量环境温度、艉轴管及轴承温度,从开始压入起,每压入 50 mm 应记录一次液压压力及压入距离。在正常情况下,随着压入面积的增加,其压入时的油压力也会随之上升,直至全部压入到位,其最终压入力应符合设计要求。压入力可以根据液压拉伸器的活塞面积与油压力计算得出。当图样没有规定压入力要求时,其压入力要求可参照表 5.11 规定的数值。

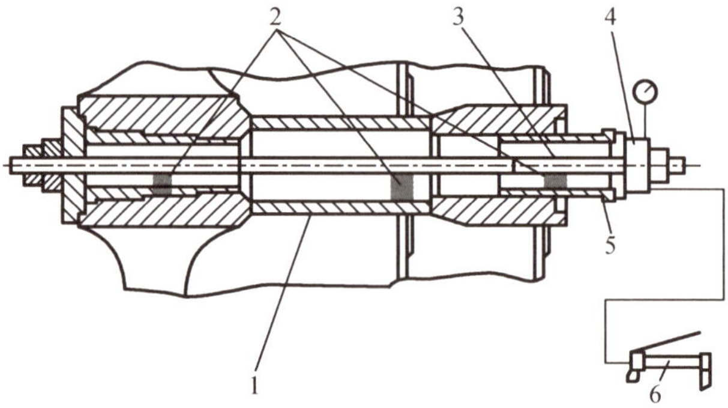

1—艉轴管;2—半圆垫木;3—长丝杆; 4—液压缸; 5—艉轴承; 6—油泵。

图 5.31　用液压拉伸器压入轴承

表 5.11　艉轴管轴承安装压入力

名称	轴承外圆 D/mm	压入力/kN	
		前轴承	后轴承
压力润滑艉轴管轴承	300<D<500	68. 65~294. 2	147. 1~588. 4
	500<D<900	147. 1~588. 4	343. 23~980. 67
	900<D	147. 1~784. 53	343. 23~1 176. 8

必须注意,在压轴承的最后 80 mm 时,应能连续压入,若瞬时压入力超过或低于设计值过多时,应停止压入,待查出原因并纠正后方可再次压入。

③检验记录

艉轴管前轴承压入测量记录参见表 5. 12, 并绘制压入曲线图。艉轴管后轴承压入测量记录参见表 5. 13,并绘制压入曲线图。

表 5. 12　艉轴管前轴承压入记录表

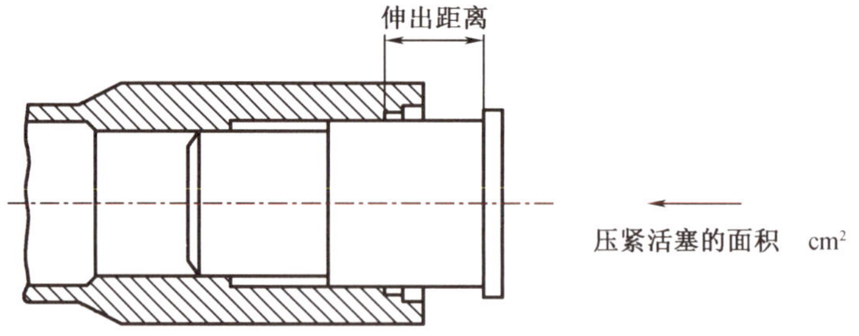

前轴承温度:　　℃　　　艉轴管温度:　　℃　　　环境温度:　　℃

伸出距离/mm					
油泵压力/MPa					
压紧负荷/N					

表 5.13　艉轴管后轴承压入记录表

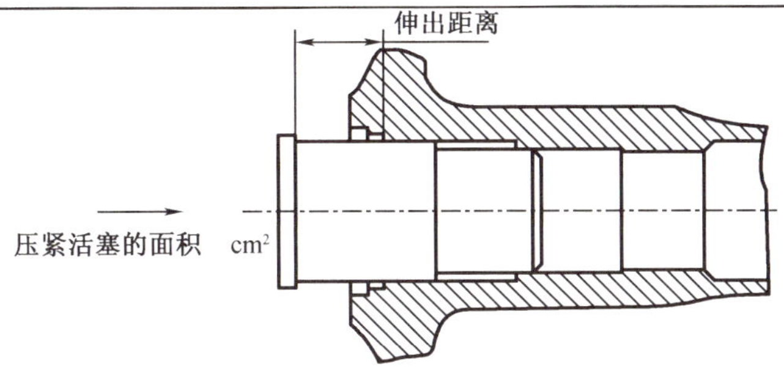

前轴承温度：　℃　　艉轴管温度：　℃　　环境温度：　℃

伸出距离/mm					
油泵压力/MPa					
压紧负荷/N					

艉轴管轴承压入艉轴管后，轴承内孔直径测量记录参见表 5.14。

表 5.14　艉轴管轴承压入艉轴管后轴承内径测量记录表　　单位：mm

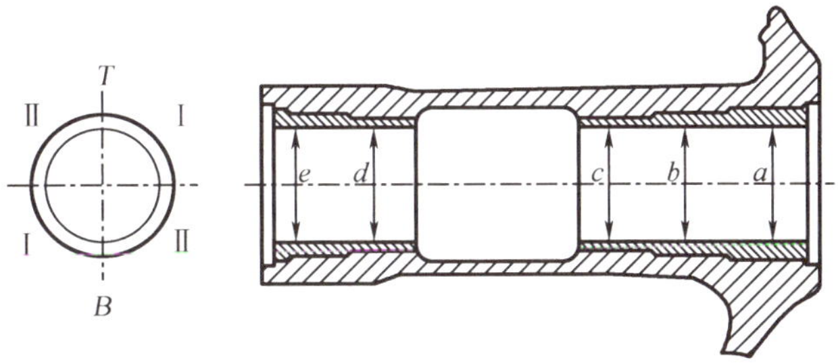

测量位置		*a*	*b*	*c*	*d*	*e*
内径	*T*—*B*					
	Ⅰ—Ⅰ					
	Ⅱ—Ⅱ					

(2) 整体式艉轴管安装检验

①检查艉轴管上所做的"TOP"标记位置是否正确，不得搞错。

②检查艉轴管法兰处是否填入帆布垫片并涂上牛油白漆，艉轴管与艉柱平面连接处是否填入铅垫片。

③艉轴管后端螺母旋紧后，用 0.05 mm 塞尺检查平面贴合紧密性，不能插入，并安装螺母锁紧装置。

④安装后，对艉轴管所通过的水舱进行密性试验。其方法是在水舱内放满水，舱壁与艉轴管连接处不允许有任何渗漏现象。

4. 艉轴密封装置的安装

艉轴管装置分为油润滑和水润滑两种形式。油润滑艉轴管设有艏部密封装置(简称艏封)和艉部密封装置(简称艉封),油润滑艏封的任务主要是防止油漏入船内,艉封则担负着防止舷外水进入艉轴管和润滑油外漏的双重任务。水润滑的艉轴管大多只设艏封,担负着不使船外水漏入船内的任务。总之,艉轴密封装置的作用非常重要,其安装质量直接关系到船舶能否正常和安全地航行。艉轴密封装置的安装主要包括艉轴密封装置本身的安装、冷却润滑系统的安装和密性试验等。

艉轴密封装置有很多形式,下面仅就几款典型的密封装置进行介绍。

(1)油圈式密封装置

油圈式密封装置在车间装配前应将金属环的平面在平板上刮平以消除平面翘曲,并测量金属环厚度,要求圆周各处厚度相等,误差≤0.02 mm,然后测量油盘四周深度,也要求各处相等。根据金属环厚度和油盘深度数值,按油盘和金属环的平面间隙要求,决定油盘平面上应加纸垫的厚度。油盘和金属环间的平面间隙应等于推力轴承侧向间隙加0.04~0.06 mm,平面纵向间隙一般取0.20~0.35 mm,以保证因螺旋桨正倒车艉轴发生轴向窜动时,金属环和油盘不会相碰。如图5.32所示。

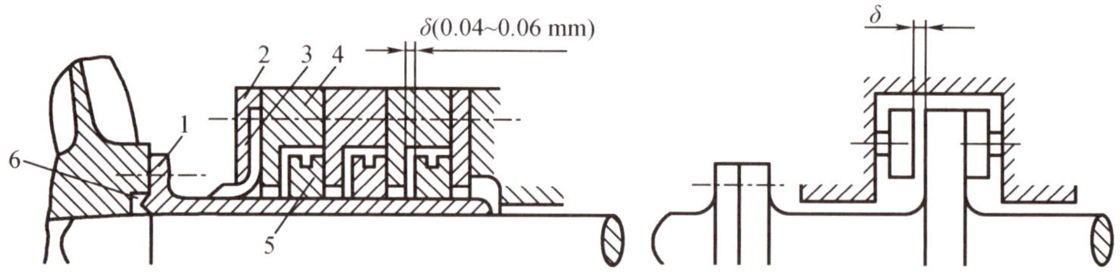

1—防蚀衬套;2,3—压板;4—油盘;5—油圈;6—O形圈。

图5.32 油圈式密封装置

车间内的装配顺序:将擦净的防蚀衬套套上压板,再将橡皮圈和羊毛毡圈套上,并使它们的内孔紧箍在衬套上并伸向压板的孔中,然后装油盒,装油圈时,油圈与防蚀衬套配合较紧,须慢慢将其压入,可用手锤对称方向轻打四周逐渐装入。在油盒平面间垫上纸垫,继而以同样方法将其全部装完后,穿上固紧螺栓并上紧即可送船上安装。

在船上安装时,当艉轴灌入艉轴管之后,即将垫片、装置总成和O形圈套到轴上,然后用配套的螺栓将总成固定在艉轴管端面上,待螺旋桨安装到位后,再将防蚀衬套与螺旋桨大端连接。

(2)填料函密封装置

填料函密封装置很多时候由船厂设计和制造,填料函设计和加工时,各部位的装配间隙与极限间隙按表5.15的规定。填料压盖、压盖衬套与分油环等为了便于拆装,都应由两半组成,其接合面应位于通过中心线的平面上。两接合面刨平后,还应在平板上略微研刮,并用螺钉或锡焊将两半块结合成一体,然后进行内外圆和端面的加工。

表 5.15　艉轴管前端填料函密封装置间隙

单位:mm

轴径 d	分油环、分水环、填料压盖与填料函本体之间隙 A	分油环、分水环、填料压盖与轴之装配间隙 B	极限间隙	
			A_j	B_j
<100	0.10~0.15	2.00~2.50	0.80	5.0
100~180	0.15~0.25	2.50~3.00	0.90	6.0
180~260	0.20~0.35	3.00~3.50	1.00	7.0
260~360	0.25~0.40	3.20~3.70	1.10	8.5
360~500	0.30~0.45	3.50~4.20	1.20	10.0
500~600	0.35~0.50	4.00~4.80	1.25	12.0

填料函安装前先清洁衬套、填料压盖、艉轴轴颈,当艉轴安装到位后,装入衬套,将填料和分油(或水)环按顺序塞入,然后安装填料压盖,推入并拉出数次,检查填料压盖前后移动的灵活性,同时还要测量填料函、衬套等的内孔与艉轴上下左右四处的间隙值是否符合技术要求,检验合格后压紧压盖,检查填料压盖法兰与填料函本体端面间距离,应保证距离相等,最后安装油杯(或冷却水管接头)等附件。如图 5.33 所示。

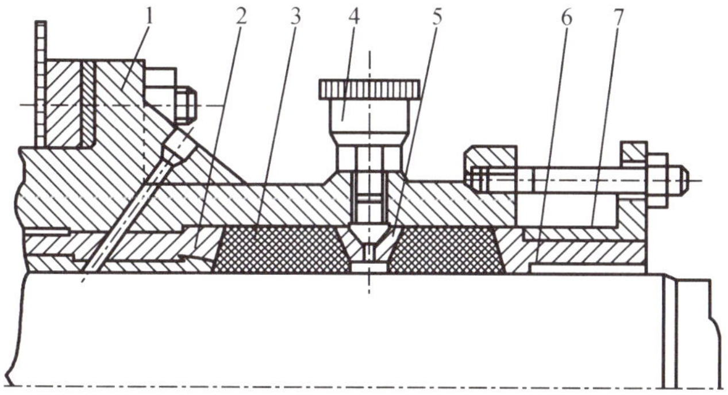

1—艉管;2—前艉轴承;3—填料;4—油杯;5—分油环;6—压盖衬套;7—填料压盖。

图 5.33　填料函密封装置

在安装过程中应注意以下几点:

①填料函密封装置中的填料往往由好几种材料的填料混装,所以在安装填料时,应严格按照图纸要求的填料规格、材料及数量施工。

②每圈填料的两端应刚好接拢,各道填料的搭口应相互错开安装。

③压盖衬套和分油环(或分水环)的内圆往往有偏心,安装时应将偏心部分装于下部,使安装后下部间隙大于上部间隙,安装时必须注意它们的方向。

④填料压盖前后移动应灵活。

⑤轴系运转时,艉轴管前端填料函应按表 5.16 要求检查。

表 5.16　艉轴管前端填料函营运中的要求

类型	营运中使用情况	使用极限温度/℃
水润滑填料函	少量水经艉管内流出	60
油润滑填料函	一般不漏油,6~10 滴/min 容许使用	75

(3)橡胶密封环式(SIMPLEX)密封装置

SIMPLEX 密封装置是目前应用较为广泛的一种密封装置,它利用几个带有唇部的橡胶密封环紧套在艉轴或艉轴防蚀衬套上,靠其唇部紧密贴合来保证密封,主要特点是随动性、变形度和密封效果好,使用寿命长。

SIMPLEX 密封装置上船安装之前,须检查其外观是否完好无损,合格后还须在车间进行密性试验。如图 5.34 所示。

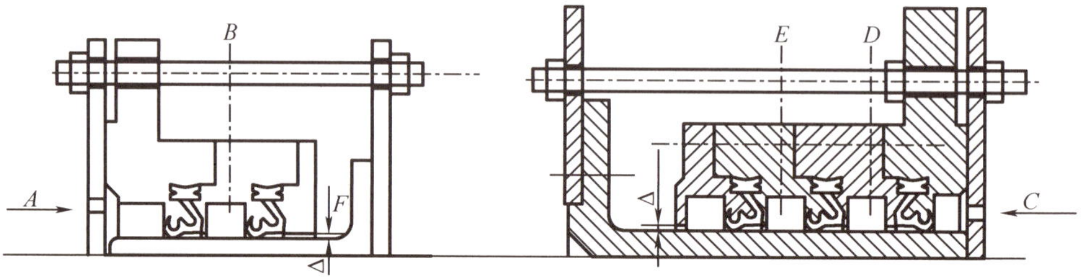

图 5.34　艉轴管密封装置的密封性试验

艏部密封试验时,先在 A 处接油泵试压,在 B 处观察是否漏油,试验后将 A 处封堵,把 B 处接油泵试压,观察 F 处是否漏油;艉部密封试验时,先在 C 处接油泵,在 D 处观察是否漏油,试验后将 C 处封堵,把 E 处接油泵试压,观察 D 处是否漏油。

①密性试验要求如下:

a. 泵油试验用油应与艉轴管实船使用的润滑油牌号一致。

b. 试验压力与船舶吃水有关,防止油漏出一侧的试验压力约为载重水线至轴系理论中心线间深度水压力的 2 倍,防止海水漏入处的密封试验压力可为载重水线至轴系理论中心线间深度水压力的 1.5 倍。试验应保持 5 min 无渗漏现象。

c. 密封试验时,须将壳体与防蚀衬套用千分表找正,保证两者同心,然后在 Δ 处周向等分四点测出四个间隙值并做好记录,同时测量出衬套端面与密封装置后压盖的距离作为船上安装时的依据,以便确保橡皮环不脱落。

d. 密封试验时,应保持试验用油及设备的清洁;试验结束后,各接口应封好,防止杂物落入。

艉轴密封装置在船上安装时,若艉轴带有螺旋桨法兰则在装艉轴前先把后艉轴密封装置套到艉轴,否则可以待艉轴安装到位后,再把密封装置和密封圈套到艉轴上,套装过程中不允许发生扭曲现象,将壳体法兰与艉轴管连接,然后安装螺旋桨,螺旋桨安装完成且艉轴定位之后,将防蚀套筒与螺旋桨连接。艏密封装置安装时,如果艉轴前端是整段法兰,则需要在灌轴之前就将密封装置总成、密封圈、垫片衬套等预先套到轴上;如果艉轴前端是可拆联轴节,则可以在艉轴安装到位后在进行密封装置的安装,艏封壳体法兰与艉轴管连接,防蚀套筒则与前端哈呋连接并固紧在轴上。

②安装技术要求如下:

a. 前后密封装置安装时,艉轴须保持或接近轴系找正后的状态。例如合理校中安装的螺旋桨,轴在艏部往往要加一向下压的负载,在安装密封装置时该负载应加上,螺旋桨及艏部联轴节应装上。

b. 在安装螺旋桨及艏部联轴节之前,应先将艏、艉密封装置套在轴上。

c. 安装时应确保清洁,不可落入杂物,一般情况下不得随意拆开密封装置。

d. 艏部密封装置的防蚀衬套法兰端面与压紧环的固定贴合应保证 0.03 mm 塞尺插不进,螺栓上紧时须注意对称。

③SIMPLEX 密封装置安装后一般应做如下检查:

a. 跳动量:前后密封装置安装到位后,盘动艉轴,用百分表测量密封装置的防蚀套筒外圆,检查防蚀套筒与艉轴的同轴度,一般要求同轴度不超过 0.10 mm,具体根据制造厂的要求。如图 5.35 所示。

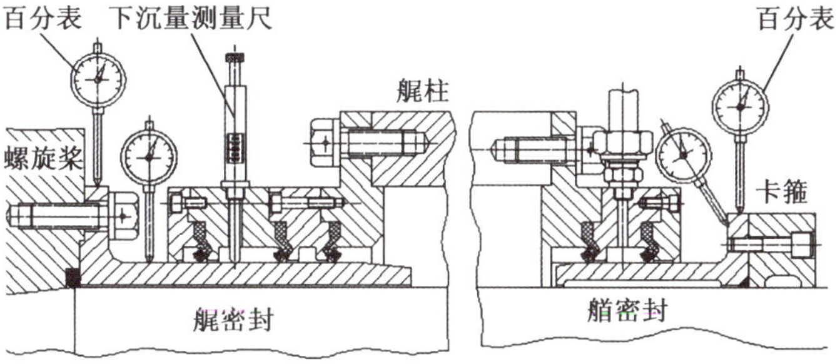

图 5.35　SIMPLEX 密封装置防磨衬套下沉量以及各处跳动的测量

b. 下沉量:测量时记录螺旋桨的位置,测量位置应与上一次测量位置相同,无测量位置记录则以主机一缸上止点位置或螺旋桨 A 叶在上部作为测量位置。打开密封装置测量孔,测量并记录测量数据。该尺寸供船舶运行一段时间进坞时复测对照,用以判断运行后轴承磨损情况。

c. 防磨衬套与壳体之间的间隙:螺旋桨与衬套、壳体与艉柱均采用止口定位,间隙的存在以及安装时间隙偏向某一侧都会影响到壳体与衬套之间的同轴度。如同轴度偏差过大,将导致密封环边缘受力不均匀,影响密封环的使用寿命。但由于密封环有一定的弹性,对安装同轴度要求并不高,按常规对称位置测得间隙差在 0.3 mm 左右是允许的,用厚薄规检查。如图 5.36 所示。

④密性试验

船舶漂浮前,艉轴管滑油系统串油清洗结束后,按照密封装置安装技术文件要求进行密性试验。下面以 SIMPLEX 密封装置为例介绍密性试验程序:

a. 通过艉管滑油泵向艉管内注入滑油(进入 3#/3S 油腔管路上的阀必须关闭)。

b. 打开艉密封 3#/3S 油腔和艏密封 4#/5#油腔之间的泄放塞,检查泄漏情况。

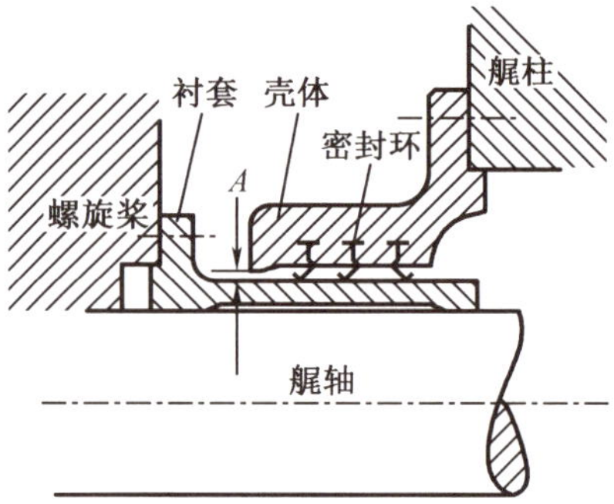

图 5.36　防磨衬套与壳体之间间隙的测量

c. 关闭艉密封 3#/3S 油腔的泄放塞，然后打开 3#/3S 油腔管路上的阀，供油到 3#/3S 油腔。

d. 打开 2#/3#油腔之间的泄放塞，检查泄漏情况。

e. 供油到艉密封 1#/2#油腔。

f. 检查 1#密封环和 2#/3#油腔之间泄放塞处的泄漏情况。

g. 关闭 2#/3#油腔之间的泄放塞，供油到 2#/3#油腔。在顶部旋塞口处检查油位是否有下降。

h. 关闭 4#/5#油腔间的泄放塞，供油到 4#/5#油腔。

i. 检查 5#密封环和夹紧环处的泄漏情况。

如果泄漏量较大，须查明原因予以消除。完成油压试验以后，检查所有旋塞是否上紧。下水前，要对艉密封进行有效的防护，防止异物颗粒进入密封中。

需要注意的是，某些密封装置对各腔室的压力有着明确规定，密性试验时应严格遵照执行。表 5.17 所示为某款带空气腔的艉轴后密封装置各道密封环及密封腔室的压力情况。

表 5.17　某款带空气腔的艉轴后密封装置各道密封环及密封腔室的压力情况　　单位：MPa

	1#环	2#环	3#环	4#环	艉轴管
润滑条件	海水	空气	空气	滑油	滑油
各腔室压力情况	P_{sw} 根据船舶吃水变化	$P_{1/2}$ 根据船舶吃水变化	$P_{2/3}=P_{SW}+0.02\sim0.04$	$P_{3/3s}\leqslant P_{2/3}+0.05$	$P_{s/t}\leqslant P_{2/3}+0.05$
压差情况		-0.01～-0.02	-0.01～-0.02	≤0.05	0

(4)端面密封装置

端面密封装置的工作原理是利用弹簧或橡胶筒本身的张力，始终保证静、动环紧密贴合，形成弹性接触和良好的跟随性，可以充分适应艉轴的轴向窜动，以及轴承磨损后艉轴下沉和轴线失中导致的径向跳动。如图 5.37 所示为 CEDERVALL 端面密封装置。

CEDERVALL 端面密封装置在安装时主要是保证轴向尺寸严格按照设备厂家提供的安装尺寸执行，这是保持动、静环之间弹簧压紧力，进而保证密封的关键。

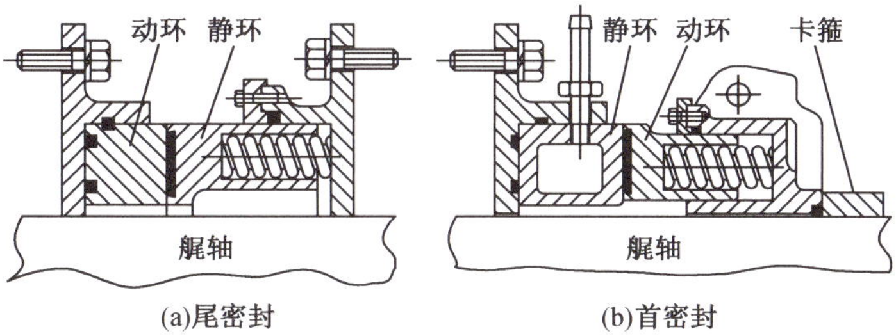

图 5.37　CEDERVALL 端面密封装置

（5）SM 型水润滑艉轴密封装置

SM 型水润滑艉轴密封装置适用于各类水润滑艉管轴承的海洋运输船、内河运输船、旅游船、渡轮、工程船及各种军船。该装置通过水压及水密封圈与端密封盖轴向合理过盈而发挥密封作用，同时通过运转，在水密封圈唇口形成最佳水膜，达到密封、隔离海水的目的。装置附设气胎密封，使船舶无须进坞，便可在水上对密封装置进行检查、调整和维修。适用的艉轴基本直径范围是 50~800 mm，艉轴线速度≤7 m/s。其结构形式如图 5.38 所示。

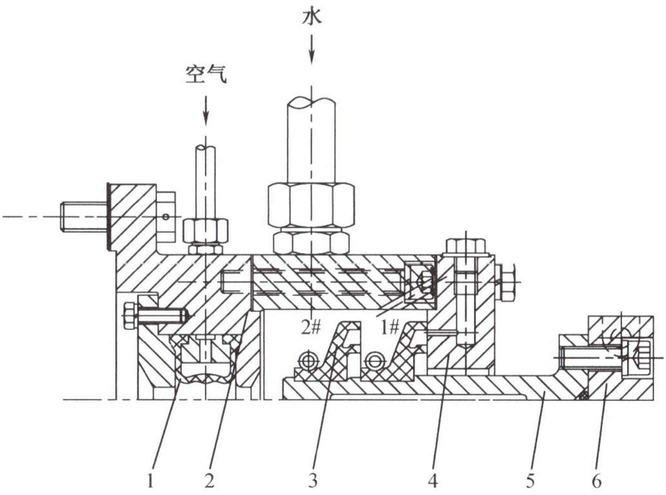

1—气胎；2—本体；3—密封圈；4—端盖；5—衬套；6—夹环。

图 5.38　SM 型水润滑艉轴密封装置结构示意图

SM 型水润滑艉轴密封装置安装步骤如下：

①艉轴灌入船体后，在舱内依次向轴上套入垫片、装置总成、密封总成、O 形圈、夹环、然后推向船体。

②将垫片、装置总成用螺栓均匀紧固在船体上，并用铜丝串固止动。

③检查、确认水密封圈、弹簧在衬套规定位置后，移入装置总成内，安装、固定好端密封盖后，前移 O 形圈，然后将剖分式夹环与衬套连接。

④用定位块 *A* 面确定、调整夹环、衬套与端盖外端面轴向距离，使水密封圈唇口与端密封盖内端面的轴向过盈达到设计要求（0.8~1.2 mm）。运转一段时间后，如泄漏量超标，若无其他特殊原因，停机后，利用定位块 *B* 面调整该过盈量至≤1.6 mm。

(6)艉轴密封装置的冷却和润滑系统的安装

冷却和润滑系统同样也分为油润滑和水润滑两种形式。

油润滑艉轴管的冷却和润滑系统属于密封装置的配套设备,主要由重力油柜、油泵、管子及其附件组成,其中油柜、油泵等主要设备大都由密封装置生产厂家供货。船厂的安装工作主要就是管子的加工和安装、设备的安装以及密性试验。

自然润滑是指重力油柜中滑油靠自身的重力供油,广泛应用于中、小型船舶。如图5.39所示为赛德瓦推荐的自然润滑系统示意图。

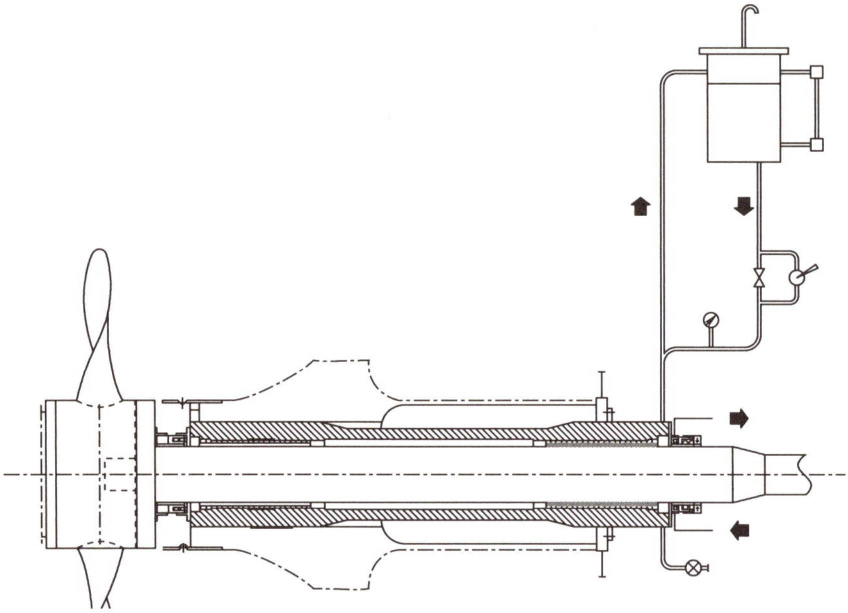

图5.39 自然润滑系统示意图

自然润滑系统的主要设备就是油泵和重力油柜。油泵一般为手摇泵,很多时候手摇泵会整合在艉轴油柜里,大、中型船舶还会增设一台与手摇泵并联的电动油泵。油泵的安装很简单,按照图纸施工,牢固可靠即可。而油柜安装时需要特别注意其高度位置。一般中、小型船舶要求其重力油柜的位置高于水线500~1 000 mm;对于某些大型船舶,当其满载水线与空载水线差大于5 m时,应设置两个油柜,并要求其重力油柜的位置高于水线3~4 m。

其他形式密封装置的冷却润滑系统也同样强调重力油柜安装高度的正确性。尤其是某些密封装置,其不同部位的供油由安装高度各自不同的重力油柜分别承担,各部位的压力各自不同,如图5.40所示。安装时应严格按照设备厂家和相关图纸技术要求执行。

艉轴密封装置及其润滑、冷却管路系统完成后,须进行密性试验。

自然润滑系统的密性试验比较简单。先向艉轴管供油,油的牌号与实船使用牌号相同。当系统中的回油管有回油时,就表明艉轴管已经充满。密性试验时,用手摇泵泵油,当见到回油管有回油时,继续泵油5 min,同时匀速转动螺旋桨,检查各处无泄漏,密性试验即告结束。试压时须注意某些密封需要排空气,如CEDERVALL密封就应将压盖上的排气螺钉旋开,直到润滑油连续溢出,再将其旋紧,然后才可以进行封闭试压。

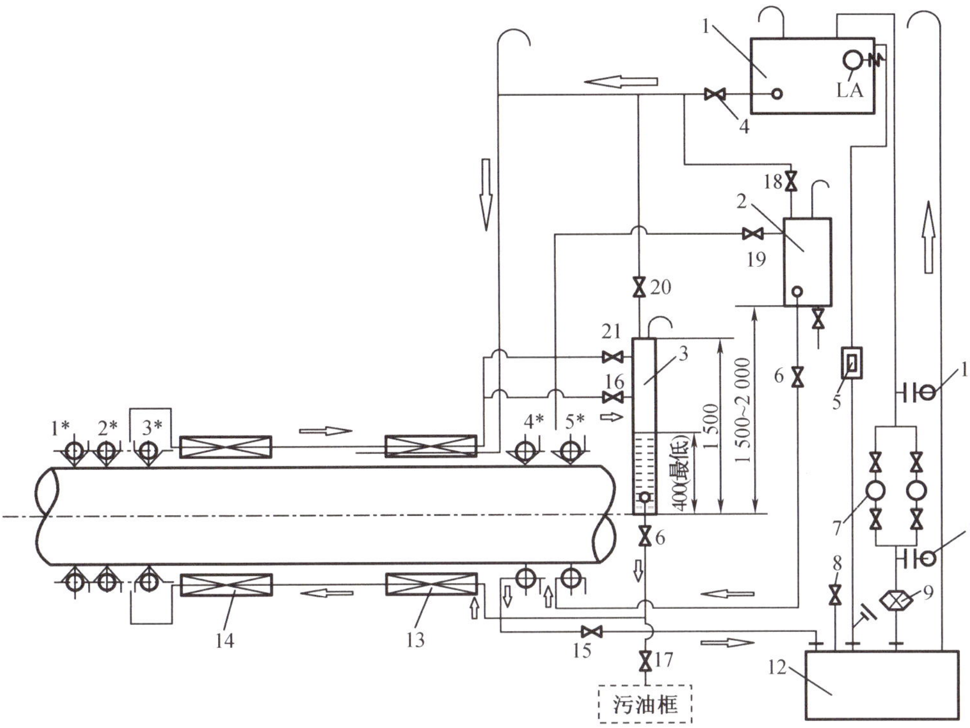

1—重力油柜;2—前密封油柜;3—后密封油柜;4,6,15～21—截止阀;5—视流器;7—循环油泵;
8—测深自闭旋塞;9—过滤器;10,11—真空表;12—下油柜;13—前艉轴承;14—后艉轴承。

图 5.40　间歇循环润滑系统

SIMPLEX 密封装置压油前先把艉管里的滑油加满,打开艏、艉密封装置底部的放泄螺塞,注意此时艏、艉密封不加油,以低位油箱内油的静压力进行密性试验,保持一段时间,具体时间根据厂家要求,然后检查放泄旋塞是否有油泄漏,检查合格后装上旋塞。然后通过艏、艉密封油柜,依次向艏、艉密封的各油腔供油并保持一段时间之后,检查相应密封圈处以及艏密封夹紧环处有无泄漏。

艉轴密封装置船上安装后的密封性试验要求如下:

①密封性试验应在艉轴管润滑油管系全部安装结束并清洗完毕后进行。

②试验用油与实船使用润滑油牌号相同。

③充油时须排出管路中的空气。

④试验后用布包好并做好防尘工作,待下水时再拆去包布。

水润滑艉轴管装置基本上都是开式,只设艏封,冷却多采用压力水,压力水一般来自主机冷却水系统。水润滑的冷却和润滑系统比较简单,主要是管子及其附件的安装。

5. 艉轴管密封装置安装检验

艉轴管密封装置结构形式可分两类:用海水润滑的螺旋桨轴铁梨木轴承,艉轴管前端采用填料函牛油麻绳密封装置;用油润滑的螺旋桨轴巴氏合金轴承,采用金属环式密封装置或 SIMPLEX 密封装置。目前建造的万吨级以上的船舶,基本上采用 SIMPLEX 密封装置。下面分别介绍上述几种密封装置的安装检验。

(1)艉轴管前端填料函结构密封装置(图 5.41)安装检验

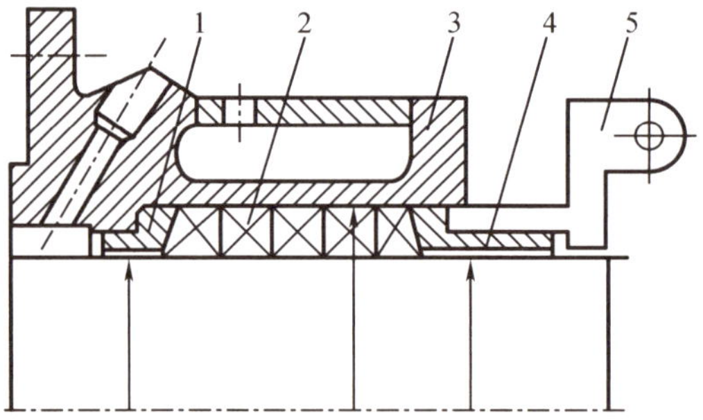

1—衬套;2—填料;3—填料函本体(箱);4—压盖衬套;5—填料压盖。

图 5.41 艉轴管前端填料函结构密封装置

①装配间隙(图 5.42)

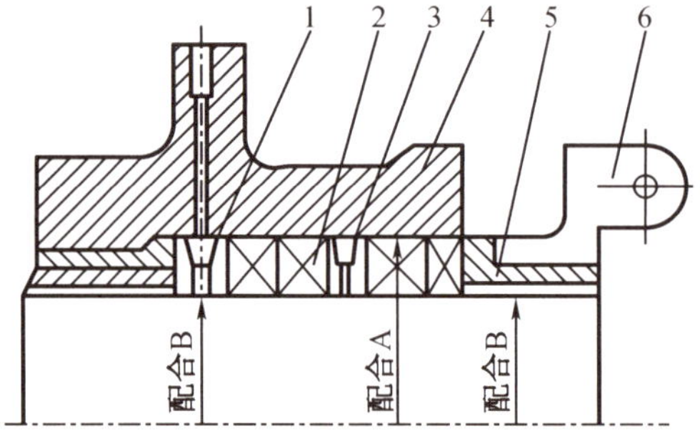

1—分水环;2—填料;3—分油环;4—尾轴管;5—压盖衬套;6—填料压盖。

图 5.42 艉轴管前端填料函装配间隙

艉轴管前端填料函装配间隙与极限间隙见表 5.18。

表 5.18 艉轴管前端填料函间隙 单位:mm

轴径 d	布油环、分水环、填料压盖与填料函本体之间隙 A	布油环、分水环、填料压盖与轴之装配间隙 B	极限间隙	
			A	B
<100	0.10~0.15	2.00~2.50	0.80	5.0
100~180	0.15~0.25	2.50~3.00	0.90	6.0
180~260	0.20~0.35	3.00~3.50	1.00	7.0
260~360	0.25~0.40	3.20~3.70	1.10	8.5
360~500	0.30~0.45	3.50~4.20	1.20	10.0
500~600	0.35~	4.00~4.80	1.25	12.0

②检验方法与要求

安装填料时,应按规定的填料规格及数量严格按图施工,并符合以下要求:

a. 加装填料时,每圈填料的两端应刚好接拢,各道填料搭口应相互错开安装。

b. 填料压盖前后移动应灵活。

c. 填料装妥后,压盖法兰与艉管凸缘平面的间距应相等。

d. 压盖衬套的内圆不准与轴接触,力求四周间隙相等。

艉轴管前端填料函应按表 5.19 所示的要求检查。

表 5.19　艉轴管前端填料函在营运中的要求

分类	营运中使用情况	使用极限温度/℃
水润滑填料函	允许有少量经艉管内的水流出	60
油润滑填料函	一般不应漏油,每分钟漏油量不超过 6~10 滴允许使用	75

(2)金属环式密封装置安装检验

金属环式密封装置一般在中、小型船舶上使用, 其结构如图 5.43 所示。

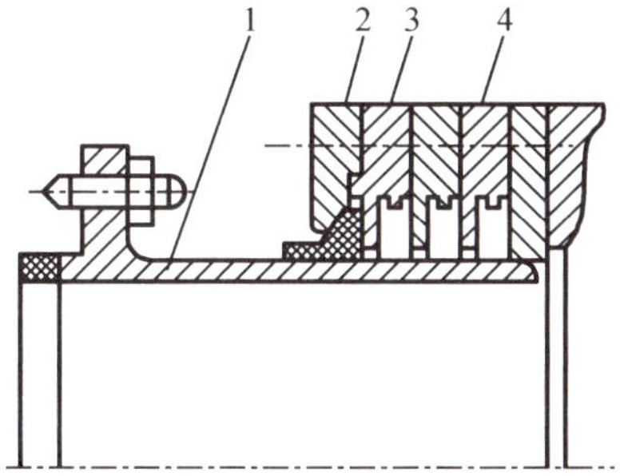

1—防蚀衬套;2—橡皮压板;3—环座板;4—金属环。

图 5.43　艉轴管金属环式密封装置

①零件安装要求

艉轴管金属环式密封装置的安装精度要求较高,详见表 5.20。

表 5.20　艉轴管金属环式密封装置组装要求　　单位:mm

衬套外径 D	100~150	150~220	220~310	310~360
衬套极限厚度 t_1	5	6	7	8
金属环与衬套配合	+0.051~0	+0.01~−0.01	0~−0.02	−0.01~−0.03
径向间隙 K	4.0~4.5	4.5~5.5	5.5~6.5	7.0
环座板极限厚度 t_2	3.5~4.0	4.0~4.5	4.5~5.0	5.0~5.5
选用橡皮厚度 b	6~8	8~10	10~12	12

②检验方法与要求

a. 金属环装配时，环与环槽两侧轴向间隙（包括衬纸厚度在内）应大于推力轴的轴向间隙，一般取 0.20~0.35 mm。

b. 防蚀衬套装配后，衬套前端面与轴毂端面的间距不小于 6~8 mm。而伸出首油环的距离 B 不少于 8~10 mm。

③油压试验压力

a. 对回油管在水线以上的船舶，当油从回油管出油起继续泵油 3 min。

b. 对回油管在水线以下的船舶，泵油压力为轴系中心线至船舶重载水线间距的 1.5 倍，一般不得大于 0.1 MPa。

c. 试验时不准有滑油泄漏。此刻，允许微微转动轴系进行检查。

(3) SIMPLEX 密封装置安装检验

SIMPLEX 密封装置是较为理想的一种密封装置，此种结构在目前建造的万吨级以上船舶上得到广泛使用。

①检验内容

a. 防蚀衬套安装后的同轴度；

b. 密性试验；

c. 下沉量测量。

②检验方法与要求

a. 进行防蚀衬套安装后的同轴度检查，要求同轴度不超过 0.10 mm。检查应在后防蚀衬套与螺旋桨平面连接，以及前防蚀衬套与压紧环安装连接后进行。检查方法：在防蚀衬套外圆处安装百分表（图 5.44），然后转动螺旋桨轴，观察百分表上读数的变动。转动一周，百分表的最大摆动值的一半即为同轴度值。要求同轴度不超过 0.1 mm（或根据制造厂说明书的要求进行）。

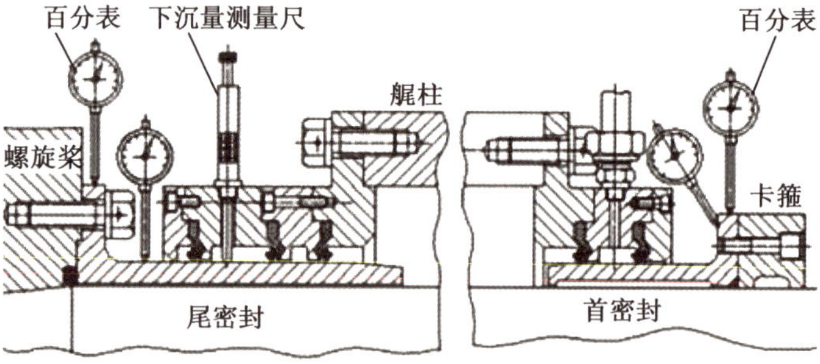

图 5.44 艉轴管密封装置

前防蚀衬套安装方法：先将对开式螺栓旋紧，使压紧环紧紧地抱在艉轴上，然后将防蚀衬套与压紧环的平面螺栓旋紧。如果不按此步骤安装而反顺序安装，在运转时就会产生前防蚀衬套滑出的情况。

b. 密性试验方法。前、后密封装置安装后，应做密性试验。其方法是在高位重力油箱内灌满油，以油箱内油的静压力进行密性试验，保持 12 h。检查时要在缓慢转动螺旋桨轴的情况下，观察密封装置的密性，不允许泄漏。对于回油管在水线以下的船舶，密封装置试验时的泵油压力为轴线中心线至满载水线间距离 1.5 倍的液位压力，一般不得大于 0.1 MPa。密性检查时，第一道油封橡胶环后面下部的一个放油旋塞应拆掉，最好用盘车机转动艉轴 1~2 转，以观察漏油情况。认可后，在第二道油封橡胶环内注入一定量的润滑油，并装好所有闷头，如不注油，则会烧坏橡胶密封环。

c. 下沉量检验方法。密封装置安装结束后，可使用配套厂供应的专用测量工具测量下沉量。

测量前，应将安装测隙仪的平面清洁干净并旋紧。测量时，用测隙仪中间的一根杆推至与防蚀衬套相接触，然后从测隙仪的游标尺上读出数据。用同样方法可测得上部与底部两个数据作为原始下沉量，记录参见表 5.21。测量时，记录螺旋桨轴位置，一般取螺旋桨一号叶片向上，或螺旋桨桨毂上的检验标志向上，或主机 1 号缸上死点。测量位置应在记录内注明，以供船舶运行一段时间后进坞时复测对照，并按此尺寸变化来判断艉轴管轴承磨损的情况。

表 5.21　下沉量测量记录表

测量位置	上部	底部
下沉量		

(九) 螺旋桨轴的加工和安装

1. 轴系配对

螺旋桨轴(艉轴)在车间的内场加工工作主要包括轴的加工、轴系配对、轴套的加工和安装、轴包覆的安装等。

轴系配对是将各传动轴段置于同一轴线上，保证其同轴度要求，然后铰镗法兰螺栓孔，并配制相应的铰制孔螺栓等一系列工作的总称。此项工作过去多是在轴系校中完成之后在船上进行，目前大多在车间内完成。

配对工作一般自艉向艏依次进行，先在临时支承上放置螺旋桨轴，检查其前法兰跳动量为最小值后作为基准，然后在临时支承上放置第一根中间轴，确认连接法兰的偏移和曲折值满足要求之后，用临时螺栓将法兰拉紧并紧固，之后便可进行铰孔工作。

铰孔完成之后，按照铰孔尺寸和配合要求配制铰制孔螺栓。铰制孔螺栓按照其杆身形状分为圆柱形和圆锥形两种形式。圆柱形铰制孔螺栓较为常见，其特点是加工方便；圆锥形的特点则是安装方便，而且可以多次拆装，但是加工工艺过程比较麻烦。如图 5.45 所示。

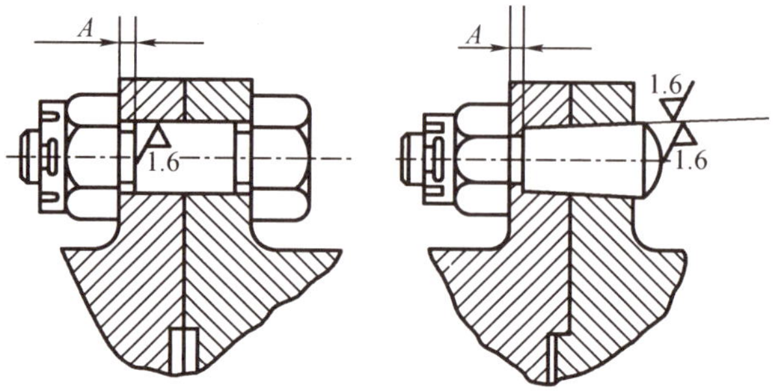

图 5.45　铰制孔螺栓示意图

(1)临时支承的布置

①中间轴与艉轴在车间对中时，支承距离应符合图 5.46 的要求。图中：$a_1=b_1=0.2L_1$；$a_2=b_2=0.2L_2$。

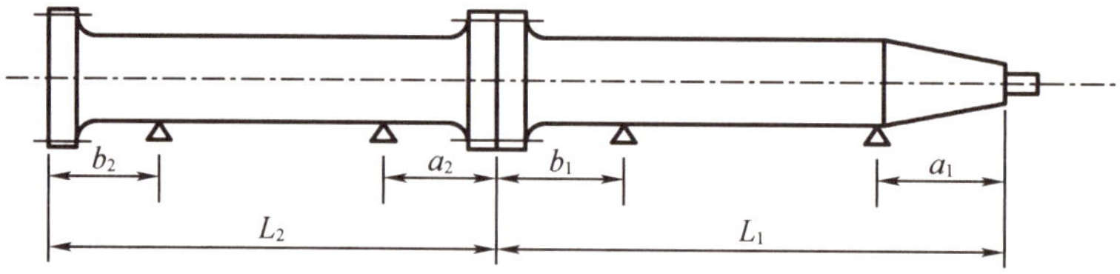

图 5.46　中间轴与艉轴对中示意图

②中间轴与主机飞轮端镗孔也经常在船台上或车间里进行，临时支承的位置也应该按照工艺图纸要求。

(2)校中

用临时螺栓将两轴拉拢，使法兰端面间隙越小越好。然后测量并调整两个法兰的偏移和曲折，允差参见表 5.2。报检合格后，用临时螺栓均匀地将两轴拉紧，直至两法兰平面贴紧，然后固紧螺母。拉紧过程中，法兰的曲折和偏移不得发生变化。可以在法兰外圆安装两块百分表，拉紧过程中，表的读数不发生变化，说明情况正常。然后即可进行铰孔工作。

表 5.22　两法兰的偏移和曲折值公差　　单位：mm

序号	法兰外径	两法兰的偏移和曲折值公差
1	≤500	≤0.02
2	>500~800	≤0.03
3	>800	≤0.04

(3)铰孔

对接工作完成后,便可进行铰孔工作。中、小直径的螺栓孔可以采用手工铰孔和机铰,大直径的螺栓孔为了减轻劳动强度,提高工作效率,一般采用机铰或镗孔机进行镗削。

图 5.47 所示为手工铰孔,它的主要工具是一只双簧扳钻及卡箍。将铰刀的方榫插入扳钻孔内,扳钻的另一端顶在卡箍上,而卡箍固定在轴上。扳动扳钻手柄即可进行铰孔。孔铰好后,在法兰端面螺孔处应刮出鱼眼坑。

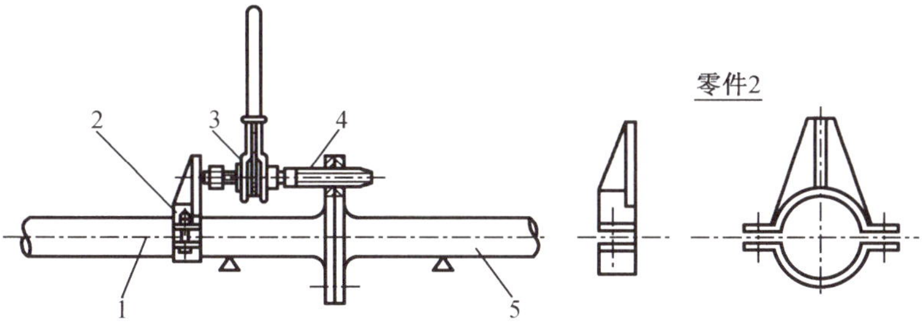

1—轴系中心线;2—哈呋式卡箍;3—双簧扳钻;4—铰刀;5—轴。

图 5.47　手工铰孔

较大尺寸的螺栓孔,为减小劳动强度,可以采用风动铰孔机,由压缩空气驱动。

大型螺栓孔的加工,经常采用专门的轴系法兰镗孔机。如图 5.48 所示。

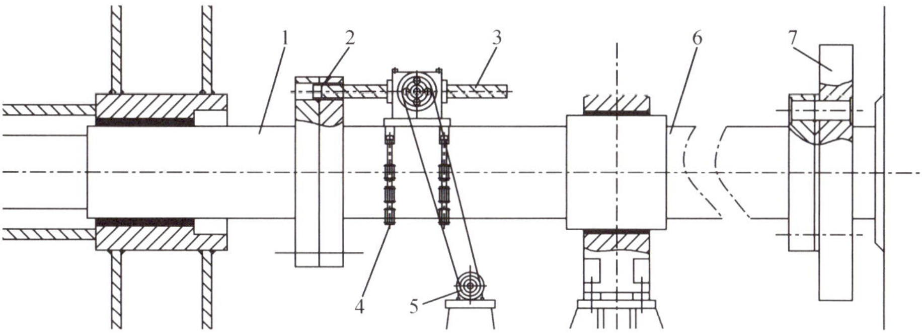

1—刀板;2—艉轴;3—镗孔机刀杆;4—镗孔机固定链条;5—电机;6—中间轴;7—主机输出端。

图 5.48　轴系法兰镗孔机

将铰孔机安装在轴上,调整铰孔机的高度,使铰孔机的镗排中心与孔的中心一致(孔的粗加工在镗床上已完成,一般放 3 mm 余量);然后在镗排上安装磁力座和百分表,将百分表对准法兰端面,旋转镗排,测量孔与端面之间的垂直度,应不大于 0.03 mm,否则应调整铰孔机直到达到要求为止。调整好铰孔机后固定之,然后就可以开始镗孔,孔的尺寸镗至比要求尺寸小 0.20 mm 时,换浮动铰刀,加油,从离铰孔机远的方向向近的方向进刀铰孔。一个孔铰好后,配制紧配螺栓装入此孔后,才能进行第二个孔的加工。一般须在装配了 2~3 个紧配螺栓后,可转动轴进行其余孔的加工。

铰孔时应注意以下事项:

①待铰孔应留有铰孔余量,余量大小视钻(镗)孔时的精度和粗糙度来决定,一般为 0.5~

2.0 mm。

②为达到较低的表面粗糙度,应掌握每次铰孔的切削量不宜过大。

③在铰(镗)法兰螺栓孔时,铰(镗)孔的进给方向应与螺栓压入方向一致。

④在加工螺孔的过程中,应不断检查配对法兰的偏移和曲折,如发生差异,要停止加工,修正后再继续加工。

⑤铰孔须分批次、错孔加工,一批螺孔精铰完成之后,就要立即为其配制铰制孔螺栓,并将其安装到位,然后拆去其他临时螺栓,对其他螺栓孔进行铰孔。

⑥螺栓与孔还需要用钢号码分别打上序号标记,以免安装时弄混。

螺栓孔应达到的技术要求如下:

①孔的表面粗糙度应达到 $Ra1.6$ μm。

②孔的圆柱度,对于孔径在 50 mm 以下,≯0.02 mm;在 50 mm 以上,≯0.03 mm。

③孔的圆度,对于孔径在 50 mm 以下,≯0.01 mm;在 50 mm 以上,≯0.02 mm。

④螺栓孔加工后,两端面应锪平并与螺栓孔中心线垂直,螺栓装配后,螺栓头用 0.05 mm 塞尺不能塞入。

⑤圆柱形螺孔孔径的倒锥≯0.02 mm。

⑥如果是安装带内套的液压张紧螺栓,螺栓孔的加工技术要求须参考所选用螺栓生产厂家的相关技术文件。表 5.23 所示为 SKF 某系列液压张紧螺栓对螺栓孔的技术要求。

表 5.23　SKF 某系列液压张紧螺栓对螺栓孔的技术要求　　单位:mm

孔径	直径公差	圆柱度	同轴度
40~(50)	H7+0.025/0	0.013	0.025
50~(58)	H7+0.030/0	0.015	0.030
58~(80)	H8+0.046/0	0.023	0.046
80~(120)	H8+0.054/0	0.027	0.054
120~(180)	H8+0.063/0	0.032	0.063

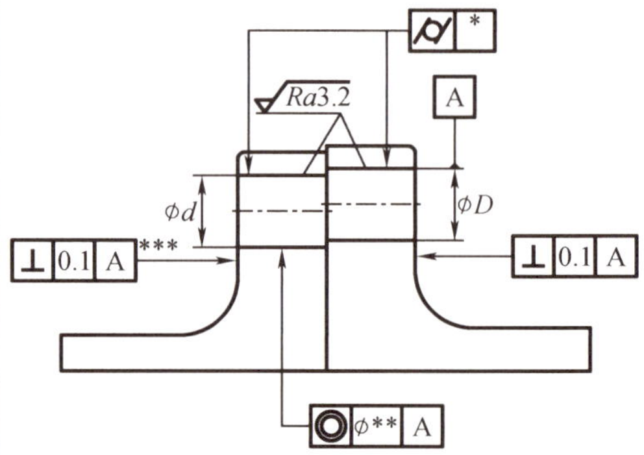

注:螺栓与螺栓孔的间隙为螺孔直径的 0.05%~0.15%。

(4)铰制孔螺栓的配制

铰制孔螺栓在设计时,主要是考虑杆身和螺纹部位的直径和长度,同时进行强度校验。直径计算和强度校验一般按照船舶规范的有关公式进行。螺栓材料与轴相同,一般使用 35、40 号钢锻件,其化学成分及机械性能必须符合材料试验规范的要求。铰制孔螺栓加工技术要求详见《轴系法兰连接螺栓铰孔及装配质量要求》(CB/T 3611—2017),主要有以下几项内容:

①螺栓表面粗糙度。表面粗糙度的要求参见图 5.49。

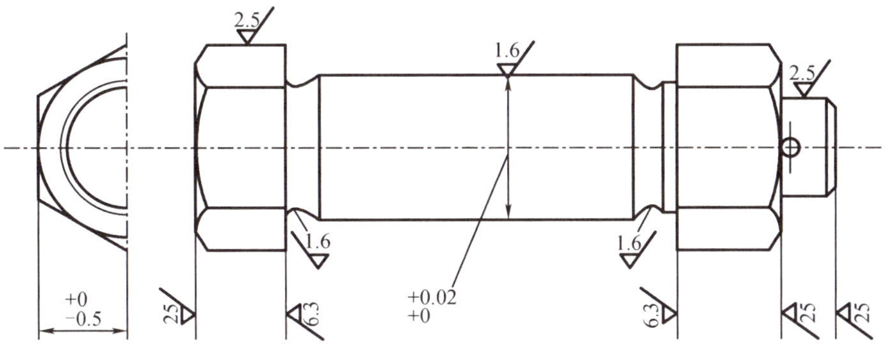

图 5.49 铰制孔螺栓表面粗糙度要求

②圆柱形铰制孔螺栓与孔的配合可参见表 5.24。

表 5.24 铰制孔螺栓光位与螺孔的配合 单位:mm

螺栓直径	≤30	30~50	50~70	70~100
配合值	0~0.01	−0.005~+0.005	−0.015~0	−0.02~+0.005

③螺栓杆身的圆度和圆柱度。孔径≤50 mm 时,其圆度和圆柱度应≤0.01 mm;孔径>50 mm 时,其圆度和圆柱度应≤0.02 mm。

④光位长度一般要求较法兰总厚度短 1~2 牙。

⑤螺栓孔如采用锥形,须检查锥孔与螺栓锥体的接触情况。可在螺栓锥体表面涂色油,插入锥孔,用螺母收紧,然后松开螺母,将螺栓退出,检查锥孔色油接触情况,要求接触均匀,且接触面积在 75%以上。圆锥形螺栓安装后,大端锥体必须凸出法兰平面 5~10 mm,以保证有修配余量,用 0.03 mm 塞尺检查锥体大端,局部可插入,深度不得超过 3 mm。

2. 轴套的加工和安装

采用水润滑的船舶,常在艉轴工作轴颈上安装轴套。其作用在于隔绝舷外水,避免腐蚀,延长艉轴的使用寿命,轴套磨损后,可上车床精车,而当精车到极限厚度时,又可将轴套拆换。对于没有装轴套的艉轴,其轴颈经多次精车后,也可加装轴套,使艉轴仍能使用。

(1)轴套的加工

对轴套的材料,要求有良好的耐磨性和抗蚀性。一般采用铜合金,如 ZCuSn10Zn2、QSnl0−2、ZHMn58−2 等。

轴套的厚度可按表 5.25 规定的公式进行计算。

表 5.25 轴套的厚度 单位:mm

分类	轴承档处新制最小厚度 t	非工作轴颈部位厚度	光车修理厚度	极限厚度
厚度	$0.03d+7.5$	$0.75t$	$0.02d+5$	$0.015d+3.5$

注:d 是轴承档处基准直径。

轴套与轴颈之间的过盈量见表 5.26。

表 5.26　轴套过盈量　单位:mm

轴颈直径	≤120	120~180	180~260	260~500	500~800	>800
过盈量	0.10~0.14	0.14~0.20	0.20~0.26	0.26~0.32	0.32~0.40	0.40~0.50

轴套技术要求如下:

①加工好的轴套,不允许有裂纹、密集气孔、疏孔和砂眼等缺陷。对于不是很严重的缺陷,允许修补。

②轴套安装前应试压,压力为 0.2 MPa,5 min 内应无裂纹、泄漏等现象,铜套表面产生渗漏的个别小空隙,允许用焊补、涂胶、熔铅等方法消除,处理后再进行水压试验。

③轴套的圆度及圆柱度要求见表 5.27。因为轴和孔的圆度和圆柱度会直接影响套合后各接触点所受压力的均匀性,以致减少接触面而降低套紧力。加工时,先将外圆留有 2~5 mm 的加工余量,内圆加工到位,然后将轴套装到艉轴上,之后上车床一起加工轴套外圆面、艉轴法兰外圆、端面和其他部位。

表 5.27　轴、轴套的圆度及圆柱度允差　单位:mm

直径 D	≤120	>120~180	>180~260	>260~500	>500~800	>800
圆度及圆柱度	≤0.025	≤0.035	≤0.045	≤0.055	≤0.065	≤0.075

(2)整体式轴套的安装

轴套在艉轴上的安装方法主要是红套法,具体安装时可以采用卧式和立式安装。下面以单个铜套为例介绍红套工艺过程。

①卧式安装:其特点是铜套与轴的对中容易把握,不需要太大的起吊空间,但是吊装比较麻烦,需要多次更换吊点,而且还需要保证吊装过程中轴、轴套的水平以及二者之间间隙的均匀。工艺过程如下:

a.将轴颈光车好的艉轴,搁置在 V 形垫木上,艉轴表面必须擦拭干净,不得有油污,在套合时,轴颈必须干燥。为了防止铜套红装时超过预定位置,可以在艉轴上安装一个定位卡箍或定距环,当铜套套入轴中并与定距环接触时,即认为轴套轴向位置安装到位。卡箍的位置按图纸上规定位置放置。如图 5.50 所示。

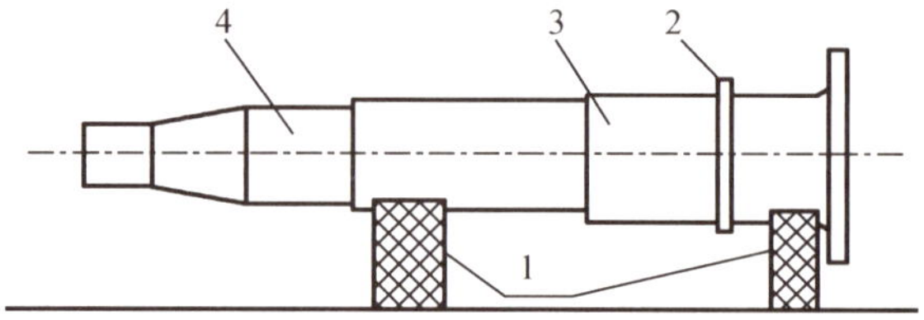

1—垫木;2—卡箍;3—前轴颈;4—后轴颈。

图 5.50　铜套红装时的艉轴搁置情况

b. 加热铜套,使孔径膨胀到量棒能放进时,即认为可以红装。取出铜套,迅速擦拭铜套内孔及外表面,不允许内孔有任何杂物。然后将铜套从艉轴锥体端套入,先套至后轴颈处,并立即用吊车吊起艉轴锥体端,移开垫木,将铜套继续套进到前轴颈处,并碰上卡箍为止。然后安装前轴颈轴套。如果艉轴前部为可拆联轴节,则可分别从两端套入。

c. 让铜套自然冷却,不允许用任何方法进行强制冷却,以免影响套合质量。冷却后,用小锤轻轻敲打铜套,如声音清脆,表示铜套质量良好。在距离艉轴锥体端 70 mm 长度上,严禁有配合不紧密的地方。然后拆去卡箍,热套工作即告完成。

d. 上车床,精加工铜套外圆及其他部位,使各部分的尺寸加工到符合技术要求。

为了克服吊装难题,有船厂选择在车床上安装轴套。利用车床的卡盘、中心架和尾座支承艉轴,将轴套和加热器安装在拖板上,利用导轨移动轴套和加热器。

②立式安装:其特点是工艺相对比较简单,但是轴与轴套的对中不容易把握,而且需要足够的起吊空间。工艺过程如下:

a. 制作一个用来摆放铜套的支承架。在支承架上面放置一块钢板,厚度 20 mm 左右,在钢板中间开一个圆孔,圆孔直径要大于铜套内径而小于铜套外径,具体情况现场定。支承架的高度取决于艉轴的自身长度和铜套在艉轴的安装位置,一般情况下,须保证当铜套安装到位时,艉轴的一端距地面有一段距离。另外,为方便观察、确认铜套安装是否到位,可预先确定铜套距艉轴端部距离,然后在地面上按此尺寸设置限位板,吊装时,当艉轴的下端与限位板相碰时,铜套正好安装到位。

b. 将准备安装的铜套摆放在支承架的钢板上,并使铜套孔与钢板上的孔对正。

c. 需要特别注意的是:摆放后的铜套一定要垂直于地面,必要时可用水平尺测量。

d. 用吊车将艉轴垂直吊起,注意:吊起时艉轴的轴线一定要与地面保持垂直。

e. 为保证万无一失,在铜套加热之前,先将艉轴垂直吊起,并放在铜套的内孔上方,然后将艉轴慢慢落下,观察艉轴与铜套内孔是否对中,确认无误后,再将艉轴慢慢吊起停留在适当的高度上。此时,吊车绝对不允许有水平方向上的任何移动。

f. 用电加热毯将铜套从下到上全部裹住,加热毯外面覆盖以岩棉。然后通电加热,用点温计监测加热温度,一般在 250 ℃左右时,掀开岩棉,用量棒检验铜套内径是否达到安装尺寸。

g. 当达到安装条件后,将铜套上方的艉轴慢慢地落下,当实际确认无误后,再将艉轴快速地落入铜套的内孔中,整个过程要一气呵成,直至艉轴的下端与定位板接触即可。

h. 将电加热毯断电并移除,待铜套慢慢地冷却至常温。

(3)分段轴套的加工和安装

轴套一般是制成一个整体,但当轴套过长时,制造和安装都很困难,因此允许分段制造、分段安装。两个分段的接缝在设计时应避开工作部位,最好距工作部位边缘 50~100 mm 以外。接缝处采用焊接法、锡焊填补法、热搭法和滚压法等几种形式。

采用焊接法时,接缝处用氩弧焊填补,焊条材料应与铜套材料基本相同,并应采取合理的焊接工艺,避免影响轴套套合质量。

锡焊填补法是将两个轴套的接缝处留出一个 V 形槽,在此槽内填以锡焊。如图 5. 51 所示。

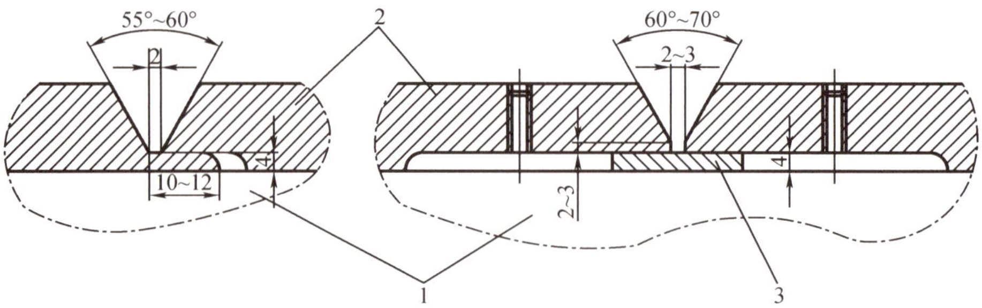

1—螺旋桨轴；2—轴套；3—垫环。

图 5.51　轴套搭缝

热搭法是指套与套之间采用过盈配合。搭接处热套过盈量应为铜套与轴配合过盈量的 110%~120%。如图 5.52 所示。

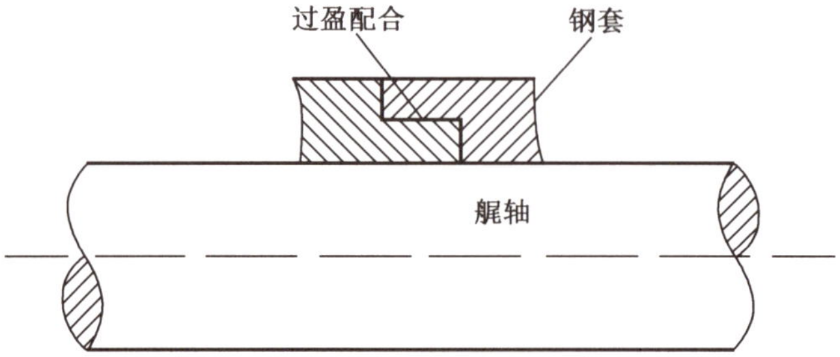

图 5.52　轴套热搭

采用滚压法时，轴套内径加工到位，外径单边留 1.5~2 mm 加工余量，搭口处留出滚压台阶。如图 5.53 所示。轴套加工好之后进行 0.2 MPa 的水压试验，5 min 不得有渗漏和裂纹等现象。试压合格后即可进行红套。最后在车床上精加工铜套外圆时，用滚轮滚压搭口处，将缝口碾平。

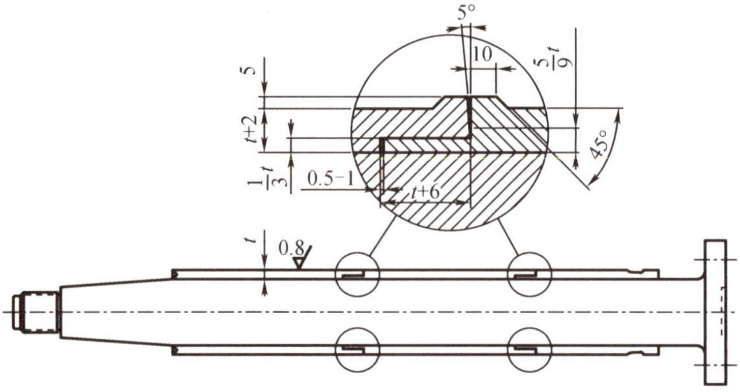

图 5.53　轴套卸荷槽和接缝搭口尺寸

分段制造、安装的轴套，其红套工艺过程与整体轴套基本相同。如图 5.54 所示。图中的调位螺钉是用来调整吊笼中的铜套与艉轴之间的同轴度的。

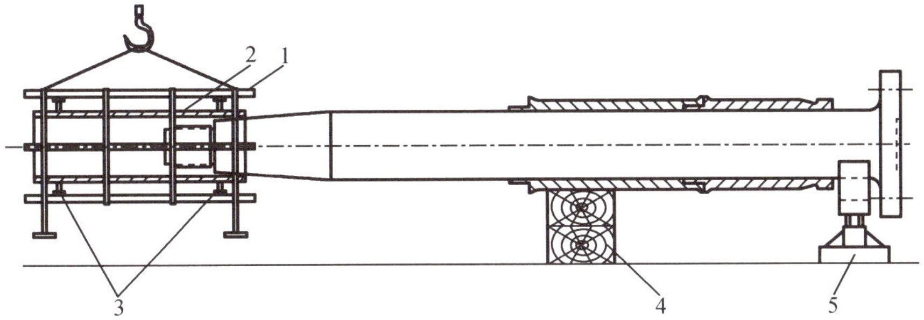

1—吊笼；2—轴套；3—调位螺钉；4—垫木；5—可调支承。

图 5.54　分段轴套安装

对于分段制造、安装的轴套，每套一节，立即用压缩空气首先冷却搭接处，使搭接处先冷，自由端慢冷，以免搭接处出现冷缩缝。搭口处的水密性必须得到保证，一旦有水渗入，艉轴将会因锈蚀而缩短使用寿命。因此，轴套安装完成之后，在搭口处钻孔攻丝，加工两个螺孔，用以安装密性试验用的螺纹接头等附件。密性试验的试验压力为 0.2 MPa，5 min 内轴套接缝处不得有任何裂纹或渗漏。试验合格后，螺孔用闷头螺塞并加之以锡焊予以封没。

红套时应注意以下几点：

①铜套加热温度为 250～300 ℃，并要求加热均匀，防止铜套变形，常用的加热方式有油加热、电加热和瓦斯加热等。

②轴套在其红套轴上后应检查其紧密性，在距离艉轴锥体端 70 mm 长度上，严禁有配合不紧密的地方。

③由于红套法操作复杂，动作稍慢，在套到一半时就可能因温度的降低而无法向前套进，同时也无法拉出，所以准备工作一定要充分。事先可以准备一个轴套内径测量样棒，使用样棒可快速测量出加热后的铜套孔径是否已膨胀到预定套合尺寸的要求。量棒可用直径 10～15 mm 圆铁制成，两端磨尖，尖端带圆弧形，其长度为套合处轴颈直径再加两倍的过盈量。也有厂家将量棒制成如图 5.55 所示的 T 形量棒。

图 5.55 所示的量棒的长度 L 按照下式计算：

$$L=d+\Delta_1+\Delta_2$$

式中　L——热装长度，mm；

d——配合直径，mm；

Δ_1——配合件最大过盈量；

Δ_2——热装时的间隙，一般取直径的 0.9‰～1.4‰。

由于铜套套于轴上后，其应力分布是不均匀的，冷却后应力会急剧地增大，它会严重影响铜套强度，甚至在铜套端部应力集中处有脆裂的危险，因此一般在铜套两端开有卸荷槽，其形状如图 5.56 所示。安装时方向不要弄错。

(4)轴套的黏接安装

因为红套安装工艺比较复杂，容易出现咬轴现象而导致安装失败，因此，目前也有选择采用环氧树脂黏接安装的方法，实践证明，黏接强度高，使用性能良好。

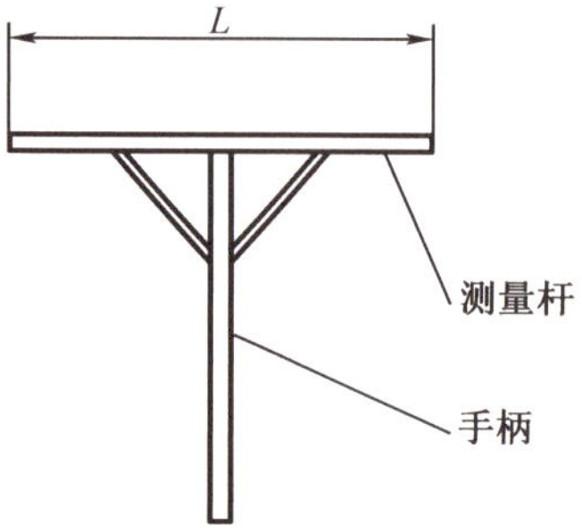

图 5.55　T 形量棒

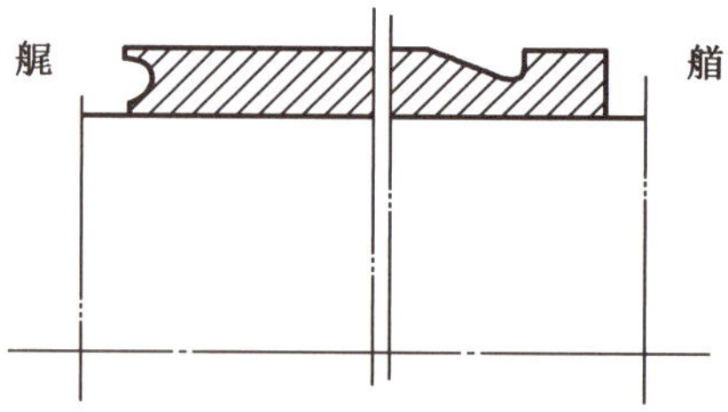

图 5.56　轴套的卸荷槽

①胶黏剂的配方(质量份)

E-44 环氧树脂 100 份;

邻苯二甲酸二丁酯 15 份;

乙二胺 7~8 份。

②黏接过程

a. 清洗:将艉轴水平安放在支架上,然后用丙酮清洗黏接部位。

b. 配胶:按配方规定量混合调匀。

c. 涂胶:将配制好的胶黏剂均匀地涂于黏接表面,胶层在 0.5 mm 左右,涂完后立即将铜套套入艉轴。

d. 固化:室温固化 24 h。

e. 精车:固化后上车床精车轴套外圆至图纸要求尺寸。

3. 艉轴包覆玻璃钢

艉轴非工作表面可以包覆玻璃钢保护层以防止海水腐蚀。工艺过程如下:

①艉轴表面要除净油污和锈斑,可用丙酮、汽油、香蕉水或四氯化碳等清洗。

②将已裁成一定宽度的玻璃纤维布卷装在特制的圆筒体中,以便抽出包裹。玻璃纤维布一头进入胶黏剂内,浸透后,由另一头抽出,即可包扎。

③将配制好的胶黏剂在艉轴表面均匀涂刷一层;然后将浸透了胶黏剂的玻璃纤维布绕在轴上。包扎自后端开始,并与螺旋桨旋向相反,缠绕间距为玻璃纤维布宽度的 1/2~1/3,每圈重叠为 15 mm~20 mm。包扎时须注意:布的起点及终点应在距离两端 150~200 mm 处,也就是由此处开始向近端包扎,然后再向反方向包扎;在包扎至另一端时,也必须在达到终点后,再向反方向包扎 150~200 mm。玻璃纤维布重叠层数不少于四层,然后将布剪断。也可在包扎之前,先在轴表面上涂一层胶黏剂,将玻璃纤维布按其宽度在轴上均匀包覆一层。然后,再涂一层胶黏剂;再包一层玻璃纤维布,直到达到需要厚度为止。

④在包覆过程中,艉轴应匀速缓慢转动,直至胶黏剂不流动为止。

⑤每包扎一层后,应稍待 0.5 h 左右,使其中丙酮挥发后,再包扎第二层,以避免在第二层包扎后产生气孔。

⑥艉轴包好玻璃钢后,应让其自然干燥,一般 40~48 h。

⑦装配前,应将毛刺去除。包扎环境要求干净无尘,在未完全硬化前,不能遇水或油污。

包覆工作可在车床或有关工装设备上进行。如图 5.57 (a)所示。

为了保证玻璃钢包覆层与艉轴铜套的紧密结合,在铜套接触保护层的端头最好车成倒向锯齿形。如图 5.57(b)所示。

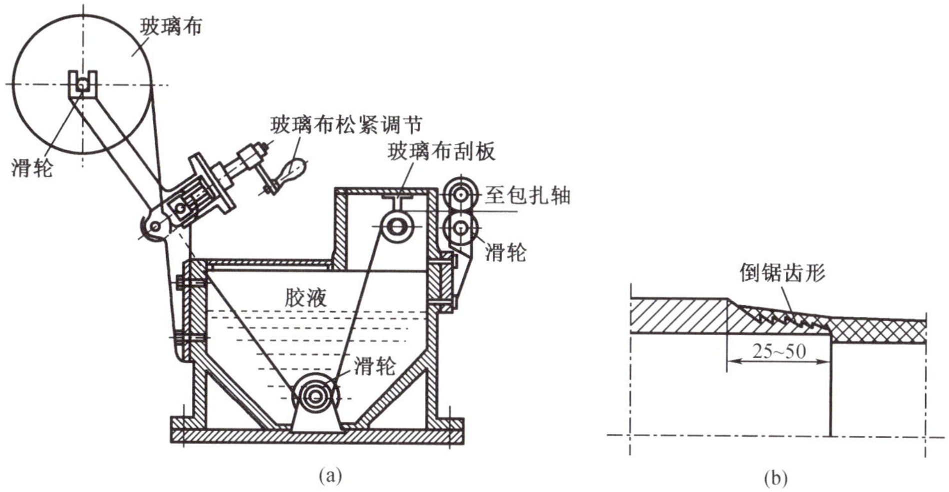

图 5.57　艉轴包覆玻璃钢以及轴套与玻璃钢接缝形式示意图

4. 艉轴的安装

艉轴的安装方法一般有两种,一种是从船内往船外安装,适用于前端具有固定法兰的大型船舶艉轴;另一种是从船外向船内安装,适用于具有可拆联轴节的中、小型船舶艉轴。

(1)吊装前的准备工作

①螺旋桨轴安装必须在艉管安装完成检验合格后进行。

②吊装前用压缩空气和棉布将艉轴管及艉轴彻底清洗干净。在艉轴管前、后轴承位置和艉轴涂清洁的润滑油,对于铁梨木和层压板的艉轴轴承,可以涂些黄油。

③艉轴末端螺纹部分用布或薄橡皮包扎好,防止在装配中碰伤。对于具有固定法兰的艉轴,还应将前密封装置的相关零件预先套到轴上,如防磨衬套、密封圈等。

④为便于在艉轴进入艉轴管中之后调整艉轴姿态,一般会在艉轴上安装一根引管,引管上包覆岩棉和锡箔纸或其他等效保护材料,防止其撞击到艉管内部或端面。如图 5.58 所示。

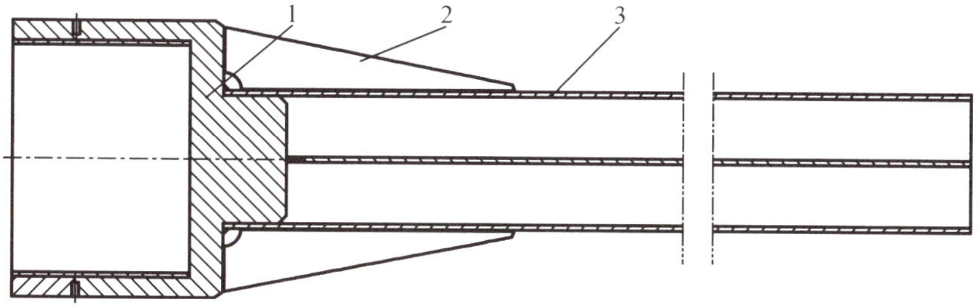

1—接头;2—肘板;3—引管。

图 5.58　艉轴塞轴引管

(2)艉轴的吊装

将塞轴引管装在艉轴前端的螺纹上,并且在绑扎钢丝绳的部位包上麻包以保护艉轴后,即可开始吊装艉轴。艉轴的吊装一般使用葫芦、小车或滑车等方案。

如图 5.59 所示为从船内向船尾使用葫芦进行吊装的示意图。其过程如下:

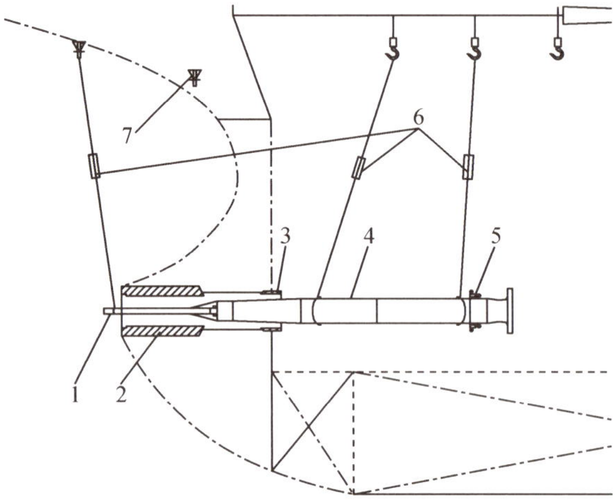

1—塞轴引管(可拆防碰螺母居中把手);2—艉柱轴毂;3—前艉轴承座;
4—艉轴;5—前密封装置;6—葫芦;7—吊装眼板。

图 5.59 使用葫芦进行吊装示意图

①吊塞艉轴前仔细清洁艉管内孔,并在轴承部位涂上滑油,同时,清洁艉轴、前后密封装置及螺旋桨桨毂端面及内孔。

②将前密封整体连同垫片、密封圈一起在螺旋桨轴塞轴前套入螺旋桨轴前端,并将后密封装置、螺旋桨、液压螺母,导流帽等吊运至船尾的安装位置附近并保护好。

③螺旋桨轴吊装、塞轴过程见轴系吊装示意图,塞轴过程中应在艉轴表面涂抹润滑油。

④螺旋桨轴引管出艉柱后端面后,须及时将起吊绳索转移到引管上,以保持螺旋桨轴平衡。

⑤螺旋桨轴引管完全出艉柱后,须及时将起吊绳索转移到艉轴上,并拆除引管;

⑥螺旋桨轴出艉柱后端面适当距离后,将后密封连同垫片、密封圈一起套入螺旋桨轴;同时将螺旋桨吊装到位,螺旋桨内孔对准螺旋桨轴,并继续将螺旋桨轴向后塞入直至螺旋桨轴锥体部分完全进入螺旋桨桨毂,见轴系吊装示意图,螺旋桨轴塞轴完成。

如图 5.60 所示为从艉部向船内灌轴,使用葫芦接力传递法进行吊装。

其过程如下:

①将艉轴用行车吊至艉部附近后,按图 5.60(a)在艉部设置葫芦 4,在靠近前轴承位处系钢丝绳 5,使其受力,松掉靠近前轴承位钢丝绳 2,将艉轴向艉轴管输送。

②按图 5.60(b)在艉轴管附近船壳板上设一只葫芦 6,靠近前轴承位处系钢丝绳 7,随其受力,将葫芦 4 上的钢丝绳 5 重新系于艉轴艉锥体附近,同时在船尾封板附近再设一葫芦 6,将钢丝绳系在前轴承前端,松掉吊车吊钩 3 及钢丝绳 2。

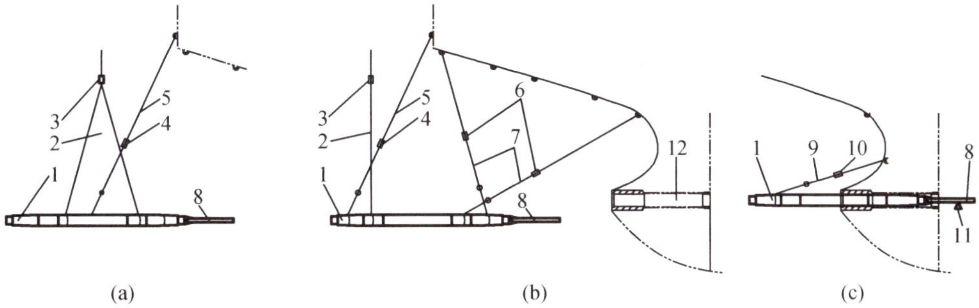

1—艉轴;2,5,7,9—钢丝绳;3—吊车吊钩;4,6,10—葫芦;8—塞轴引管;11—临时支承;12—艉轴管。

图 5.60　葫芦接力传递法安装艉轴示意图

③调整三只葫芦升降,其中两只葫芦控制艉轴向前运动,一只葫芦控制艉轴向后运动,目测艉轴与艉轴承四周间隙基本正常,使轴在艉轴承内平行向前移动。

④当艉轴进入艉轴管二分之一长度后,按实船具体情况留用 1~2 只葫芦或重新在艉轴管出口斜前上方或船舶左右两舷船壳板上设置葫芦,以保证艉轴继续进入艉轴管时不被卡住。

⑤艉轴进入艉轴管后会发生下沉,可借助塞轴引管 8 和临时支承 11 调整艉轴姿态,使艉轴稍稍抬起,前轴颈的台阶不碰到前轴承下沿,并利用葫芦控制艉轴向前移动,直至艉轴前轴颈落位于前轴承上。

⑥最后利用葫芦控制艉轴到位,艉轴安装结束。

在送进过程中,要注意将艉轴对正艉轴管,防止艉轴承和艉轴螺纹相碰。另外,除了如图 5.60(c)在前轴承附近设一个临时支点之外,有些船厂专门设计了附有滚轮装置的高度可调的液压支承,将其设置在艉轴管中部和出口处,当艉轴和塞轴引管进入艉轴管以及出艉轴管时,轴和塞轴引管会落在滚轮上,由滚轮支承,并且借助于调节支承的高低来摆正轴的姿态。

如图 5.61 所示为使用小车灌轴。导轨敷设在墩木上,调整墩木位置使导轨和轴线平行。小车本身可以调整高低,小车上支承座的左右位置也可以调整。把艉轴放到小车的支承座上,调整支承座的高低和左右位置,使艉轴中心线和人字架轴壳孔或艉轴管轴心线同轴。将绞车上的钢丝绳和艉轴尾端连接好,用小车将艉轴连同小车一起沿着导轨向前移动。

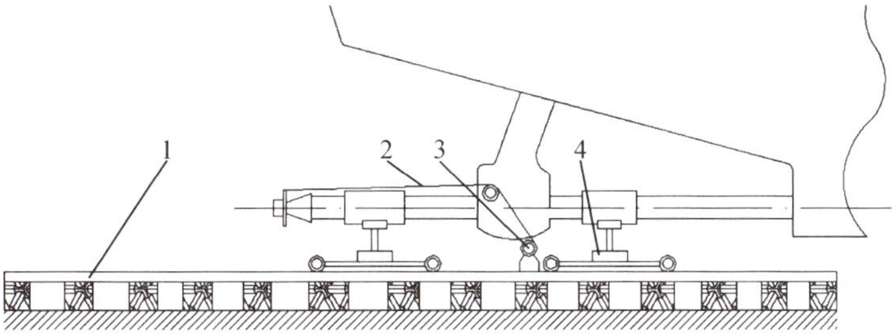

1—导轨;2—钢丝绳;3—绞车;4—小车。

图 5.61　用小车从船外向船内安装艉轴

另外还可使用滑车和葫芦、移动支架和滚轮来进行艉轴塞轴工作。

(3)艉轴吊装后续工作

①在艉轴前后两端的艉轴密封装置、可拆联轴节等附件以及螺旋桨安装完毕后,按艉轴艉管装配图的技术要求调整螺旋桨桨毂大端与船体艉柱后端面之间的距离,即图 5.62 中的 L_1,同时测量艉轴法兰前端面到舱壁的距离 L_2,做出记录。

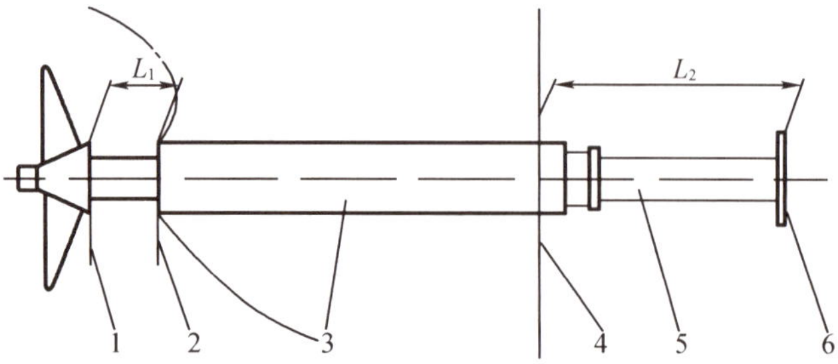

1—螺旋桨;2—艉柱或艉轴管后端面;3—艉轴管;4—隔舱壁;5—艉轴;6—艉轴前法兰。

图 5.62　艉轴轴向位置测量示意图

②艉轴安装完成后用长塞尺测量艉轴承左、右及下部间隙,要求下部接触面 0.05 mm 塞尺插不进,左、右间隙在总间隙的 40%~60%之间,测量时应在艉轴末端挂重,质量与螺旋桨相仿。如图 5.63 所示。

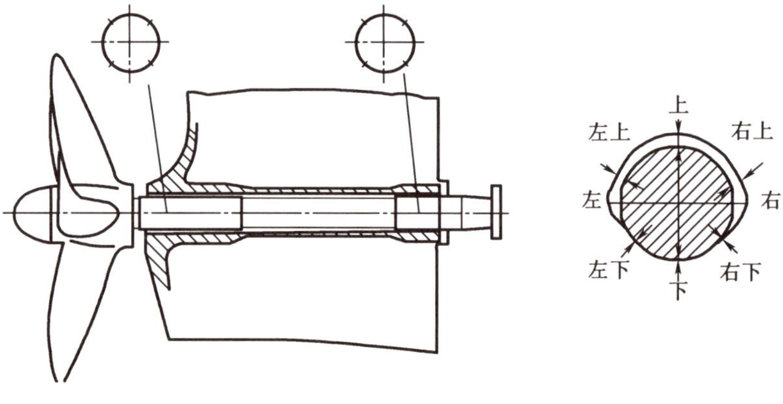

图 5.63　艉轴承间隙测量示意图

③艉轴到位后,法兰端垫以枕木以防轴端弯曲变形以及对艉轴管前轴承造成损伤,另外使用一根固定于船体结构上的槽钢或角钢将艉轴予以固定,以避免下水时艉轴转动和轴向窜动,造成不必要损失。如图 5.64 所示。

艉轴到位后,安装艉轴首、尾密封装置并为螺旋桨安装做准备。

5. 螺旋桨轴安装检验

(1)安装前清洁检查

艉轴管轴承内孔和螺旋桨轴表面应进行严格清洗,并在轴承内孔及螺旋桨轴表面均匀地涂上润滑油。

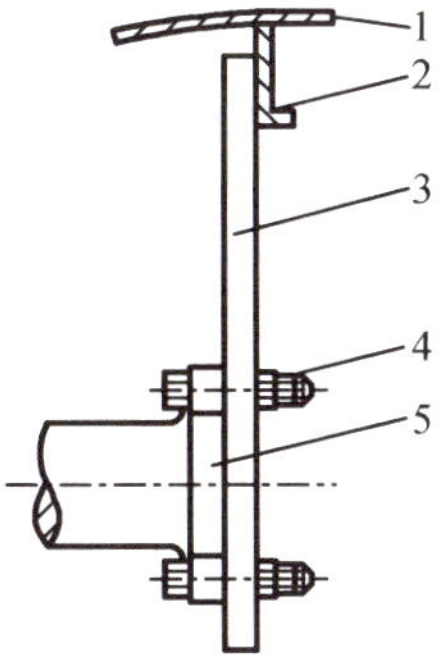

1—船体结构;2—肋骨;3—槽钢;4—螺纹连接件;5—艉轴前法兰。

图 5.64　艉轴前端临时固紧装置

(2)安装后间隙测量

螺旋桨轴安装到规定位置后,用塞尺检查艉轴管前后轴承端面上、下、左、右四个位置的间隙,要求上部间隙符合技术要求,下部间隙为零,左、右间隙应基本均匀,并做出测量记录。间隙要求可参照表 5.28 规定的数值。螺旋桨轴与轴承间隙测量示意图如图 5.65 所示。

表 5.28　螺旋桨轴与轴承安装间隙　　单位:mm

轴颈直径	铁梨木、层压胶板、金属板条橡胶				白合金		整铸橡胶	
	安装间隙			极限间隙	安装间隙	极限间隙	安装间隙	极限间隙
	铁梨木	层压板	金属板条橡胶					
>100	0.90	0.35~0.40	0.60~0.70	4	0.40~0.50	1.50	0.35~0.50	3.5
100~150	0.9~1.1	0.40~0.50	0.65~0.75	4.4	0.45~0.55	1.65	0.40~0.50	4.4
150~200	1.0~1.2	0.50~0.60	0.70~0.80	4.8	0.50~0.60	1.80	0.45~0.55	4.8
200~250	1.1~1.3		0.75~0.85	5.2	0.55~0.65	1.95		
250~300	1.2~1.4		0.80~0.90	5.6	0.60~0.70	2.10		
300~350	1.3~1.5		0.90~1.05	6.0	0.65~0.75	2.25		
350~400	1.4~1.6		1.00~1.15	6.4	0.70~0.80	2.4		
400~450	1.5~1.7		1.10~1.25	6.8	0.75~0.85	2.55		
450~500	1.6~1.8		1.20~1.35	7.2	0.80~0.90	2.70		
500~550	1.7~1.9		1.30~1.50	7.6	0.85~0.95	2.85		
>550	1.8~2.0		1.45~1.70	8.0	0.90~1.00	3.00		

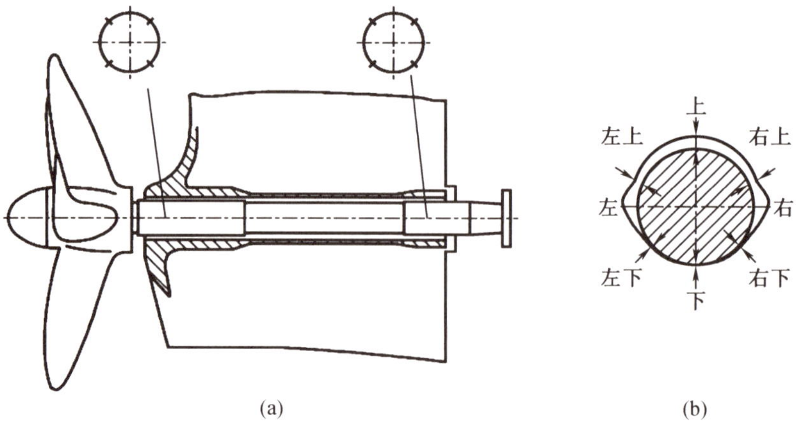

图 5.66　螺旋桨轴与轴承间隙测量示意图

(十)螺旋桨安装检验

螺旋桨安装在轴上的方式有两种，一种是有键安装，另一种是无键安装。

随着造船技术不断发展，由于螺旋桨与轴无键安装连接的结构，避免了螺旋桨轴上加工键槽而引起轴的应力集中，所以目前新建的万吨级以上船舶使用无键安装的越来越多，逐步替代有键安装。

1. 有键螺旋桨安装检验

(1)检验内容

①安装前的检验；

②螺旋桨压进量的确定；

③螺旋桨压进量的检验。

(2)检验方法与要求

①安装前的检验

a. 螺旋桨及轴的结合面清洁、干燥。

b. 螺旋桨轴键方向朝上，在螺旋桨中间部位凹腔处放入牛油。

②螺旋桨压进量的确定

按中国船级社《钢质海船入级规范》的规定，对用键与螺旋桨轴连接的螺旋桨，一般应满足下列要求：

a. 在海水温度为 35 ℃时，防止摩擦滑动的安全系数应大于 1.0；

b. 在海水温度为 15 ℃时，桨壳内表面压力不小于 20 MPa；

c. 在海水温度为 0 ℃时，桨壳内表面主应力不大于其材料最小屈服强度的 35%。

螺旋桨安装时，由工厂技术部门按照规范要求计算出螺旋桨在 0 ℃与 35 ℃安装时的压进量，作为螺旋桨安装时的检验标准。

安装时，测量螺旋桨温度与螺旋桨轴的温度，要求温度基本上相同。若测得的温度略有相差时，可取两者温度的平均值作为压入时温度。根据技术部门提供的 0 ℃与 35 ℃时的压进量，绘出图 5.66 所示的螺旋桨桨壳温度 T 与压进量 S 曲线。安装时，按测得的螺旋桨与螺旋桨轴的平均温度，从图 5.66 中，根据插入法求得有键螺桨安装的压进量值。

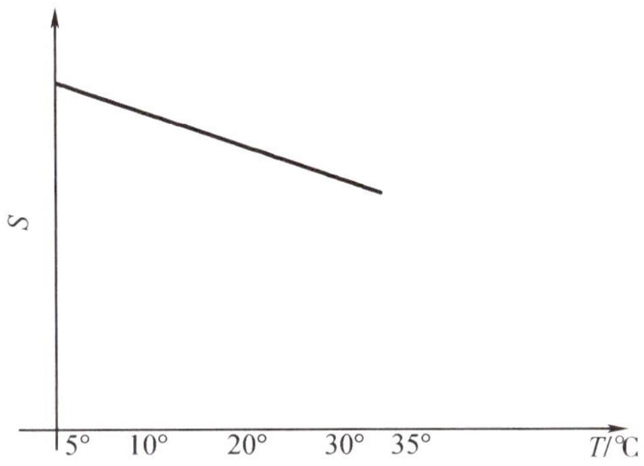

图 5.66　螺旋桨桨壳温度与压进量曲线

(3)螺旋桨压进量的检验

螺旋桨是以手揿泵产生油压至液压螺帽的方法，使螺旋桨压入螺旋桨轴，如图 5.67 所示。

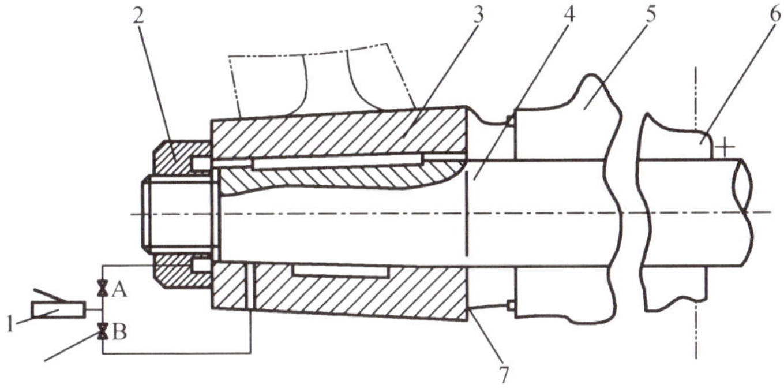

1—手揿泵；2—液压螺母；3—螺旋桨；4—螺旋桨轴；5—轴毂；6—隔舱壁；7—百分表。

图 5.67　用液压螺帽安装螺旋桨

检验方法如下：

①螺旋桨端面安装两只百分表，表头应垂直桨毂 BOSS 端面，在舱壁处放一只百分表（防止压装时螺旋桨轴移动时修正用），以检查螺旋桨压进量，如图 5.67 所示。

②向液压螺母泵压，当压力表读数 $P_0=5$ MPa 时将百分表调至零点，即 $X_0=0$ 再加压，使 $X_1=0.5$ mm 得 P_1；由此类推，$X_2=1$ mm 得 P_2，$X_3=1.5$ mm 得 P_3，$X_4=2$ mm 得 P_4，…，直至达到从图 5.66 中求得的规定压进量时停止泵压。记录各点的油压及百分表上的压进量，根据油压及液压螺母的受力面积计算出轴向推力，绘制压进量与油压力曲线图。

③缓慢地放掉液压螺母内油压，观察约 15 min，检查测距百分表有无变化，如无变化，即用扳手将螺帽扳紧，然后用锤敲紧，使螺帽再旋紧 10°~15°，并安装好螺帽止动块。

④螺旋桨导流帽安装后，用 0.05 MPa 压力空气检查连接面密封性，然后用牛油泵将牛油压入导流帽内，并安装好闷头螺栓。

2. 无键螺旋桨安装检验

(1)检验内容

①安装前的检验;

②螺旋桨压进量的确定;

③螺旋桨压进量的检验。

(2)检验方法与要求

①安装前的检验

螺旋桨与轴结合面应清洁,其要求与有键连接相同。

②螺旋桨压进量的确定

按中国船级社《钢质海船入级规范》规定,无键螺旋桨安装压进量由技术部门按公式计算后,提供 0 ℃与 35 ℃时的压进量,并绘出类似图 5.66 所示的螺旋桨随温度变化的压进量曲线。在安装螺旋桨时,测量螺旋桨及螺旋桨轴的温度,并求得两者温度的平均值,作为压入时的温度,再从 5.66 中,用插入法确定无键螺旋桨安装时的压进量。

③螺旋桨压进量的检验

液压安装螺旋桨的压入方法可参照图 5.67 所示。其压进量分两个阶段完成,第一阶段为干装配压进螺旋桨,第二阶段为湿装配压进螺旋桨。

a. 干装配压进螺旋桨。按图 5.68 所示将 A 阀打开,并关闭 B 阀,用泵向液压螺母活塞加压,当压力表读数为 $P_0=5$ MPa 时将百分表读数调至零点,即 $X_0=0$,再加压使 $X_1=0.5$ mm得 P_1,$X_2=1$ mm 得 P_2,$X_3=1.5$ mm 得 P_3,$X_4=2$ mm 得 P_4。用坐标纸绘出 $P=f(X)$ 曲线。

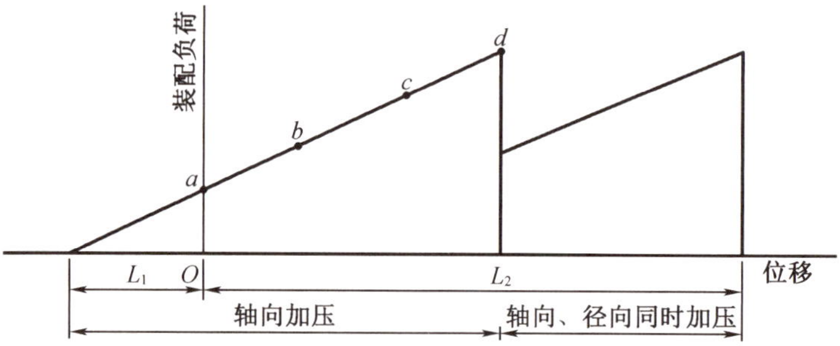

图 5.68　螺旋桨干装配液压图

b. 湿装配压进螺旋桨。压装方法按图 5.68 所示:将 A、B 阀同时打开,使液压螺母轴向产生推力,此时螺旋桨锥体部分建立起的压力使桨毂径向膨胀。根据百分表读数,每推进 0.5 mm 记录一次油泵压力,保持 20 min,待桨毂压紧轴颈,稳定后再将 A 阀关闭,逐步放掉轴向液压螺母内油压,直至全部油压泄放掉以后,检查测距百分表有无变化,在确认螺旋桨无滑动时即用扳手扳紧螺母,然后再用锤使螺母向旋紧方向再旋紧 10°~15°,并安装好止动块。

必须注意,由于螺旋桨结合面用手工加工,其加工精度会使压入力与压进量之间出现较大差异,若压进量已达到规定值,而其压紧力比规定值小得多时,应根据现场情况由技术人员、船东、验船师共同商量适当增加压进量;反之,若压进量未到,但压紧力已达到要求,这时经商定可以适当增加压紧力。

(3)螺旋桨安装记录

螺旋桨安装时须记录油压及压进量,测量记录参见表5.29,此表对螺旋桨有键安装及无键安装均适用。

表5.29　螺旋桨压入记录表

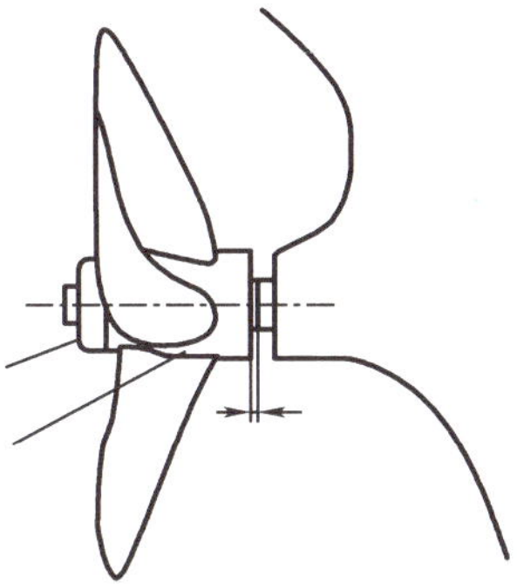

环境温度:　℃　螺旋桨温度计:　℃　螺旋桨轴温度:　℃　轴向活塞面积:　cm^2

压进距离/mm		
油压/MPa	轴向	
	径向	

(十一)轴系校中

按中国船级社《钢质海船入级规范》的规定,轴系校中一般应在热态情况下满足下列要求:①轴承负荷的最大值不超过轴承的允许比压;②每个轴承的正反力不小于相邻两跨轴的质量的20%;③轴的附加弯曲应力不超过规定值;④施加到柴油机输出法兰处的弯矩和剪力不超过柴油机制造厂所规定的值;⑤大齿轮前后轴承的反力差不超过两轴承之间轴段及大齿轮质量的20%;⑥艉轴管后轴承支点处轴的截面转角不超过规定值。

中间轴系的安装包括轴系校中和轴系固定两个内容。

轴系校中是指按一定的要求和方法,将轴系敷设成某种状态,处于这种状态下的轴系,其全部轴承上的负荷及各轴段内的应力都处在允许范围之内,或具有最佳的数值,从而可保证轴系持续正常地运转。其工作主要包括调整和确定中间轴及其轴承以及推进机组的位置。

轴系固定工作主要包括为轴承配置垫片和紧固螺栓,并将其固定在基座上,以及将各轴段及推进机组连接成整体。

事实上,很多时候,轴系校中和轴系固定工作是一体的,不可分割。

(1)轴系校中的类型主要有以下几种:

①按直线性校中原理校中:主要有平轴法校中和光学仪器校中。

②按轴承上允许负荷校中:根据各种轴系的结构特点确定轴承上负荷的允许范围,并在校中时通过调节轴承的位置使轴系各轴承上的实际负荷都处在允许值范围内。按这种原理校中的轴系是呈曲线安装的。

③按轴承上合理(或最佳)负荷校中:主要有按轴承合理位置校中法和按法兰上合理偏移曲折校中法。其实质是在遵守规定的轴承负荷、应力、转角等限制条件下,通过校中计算以确定各轴承的合理位置,将轴系安装成规定的曲线状态,以达到使各个轴承上的负荷合理分配。

(2)轴系校中施工之前,下列条件必须满足:

①船舶上层建筑、主机、锅炉、发电机以及其他重大设备均已吊装就位。校中安装及检验过程中,船上应无重大设备的迁移及压载的变更。

②轴系区域船体的加工及装焊工程应结束。

③船舶结构的温度应稳定并尽可能均匀。

④艉轴管装置已安装完毕。

⑤在船舶处于漂浮状态时,考虑采取防止螺旋桨轴移动或转动的措施。

⑥在船舶处于正常的漂浮状态时,螺旋桨浸水状态应尽量与轴系校中计算书的要求相近。中机型船舶,一般要求浮态应尽量符合船舶运行时的状态;艉机型货船,一般要求船体艉部吃水高于轴系中心线一定高度以上即可,如 0.5 m。

(3)轴系校中质量要求主要有以下几点:

①在静态下,所有轴承应为正负荷,即不应出现轴承脱空现象。轴承负荷一般应不小于相邻两跨距间所有质量总和的 20%。

②最大轴承负荷可参照表 5.30 执行。

表 5.30 《钢质海船入级规范》对轴承负荷的规定

轴承类型	轴管后轴承	艉轴管前轴承	非金属材料艉轴管轴承	中间轴轴承	齿轮轴轴承	柴油机主轴承
轴承负荷	见附注	0.8 N/mm^2	0.3 N/mm^2	0.8 N/mm^2	1 N/mm^2	柴油机厂的规定值

附注:《钢质海船入级规范》对艉管后轴承负荷有如下规定:

邻接并支承螺旋桨的轴承长度规定如下:

a. 对水润滑的铁梨木、合成材料(如合成橡胶或塑料等)轴承,其长度应不小于规范所要求的螺旋桨轴计算直径的 4 倍或实际直径的 3 倍,取其较大值。对水润滑的合成材料,如果计及轴和螺旋桨质量的静载荷计算得到的轴承比压小于 0.8 MPa,轴承长度可适当减小,但不小于规范所要求的该轴承处螺旋桨轴计算直径的 2 倍。

b. 对油润滑的白合金轴承的长度,应不小于规范所要求的螺旋桨轴直径的 2 倍或实际直径的 1.5 倍,取其较大值。如果计及轴和螺旋桨质量的静载荷计算得到的轴承比压小于 0.8 MPa,轴承长度可适当减小,但不小于实际直径的 1.5 倍。

c. 对油润滑的合成橡胶、增强树脂或塑料的轴承，其长度应不小于规范所要求的螺旋桨轴直径的 2 倍。如果计及轴和螺旋桨质量的静载荷计算得到的轴承比压小于 0.6 MPa，轴承长度可适当减小，但不小于实际直径的 1.5 倍。若材料已被证明具有足够承载能力以及使用经验，则可考虑增加轴承的压力。

轴承的最大允许支反力可以按下式计算：

$$R_{max}=[P]\cdot L\cdot d$$

式中　R_{max}——轴承最大允许负荷，N；

$[P]$——轴承衬材料的允许比压，MPa；

d——轴承中轴颈的外径，mm；

L——轴承衬长度，mm。

③各轴承上负荷应较均匀地分布。

④将水平负荷控制在允许范围之内，关于水平负荷详见轴承负荷测量一节。

⑤齿轮箱大齿轮前后轴承负荷之差，应满足制造厂的有关规定。一般应不超过两轴承之间轴段与大齿轮质量之和的 20%。但如提供轴系运转状态校中计算结果，并确认轴承结构是按运转状态合力作用角确定时，则前后轴承负荷之差可不受 20% 的限制，但应满足规范有关要求。

⑥推力轴前、后两支承轴承上的负荷应尽可能地相等，若有负荷差通常也应小于两支承轴承跨距间的自重及推力盘质量之和的 20%。

⑦《钢质海船入级规范》对轴系各轴因安装弯曲产生的附加弯曲应力有如下规定：

各轴的附加弯曲应力，一般应不超过下列值：

a. 螺旋桨轴和艉管轴：20 N/mm^2；

b. 中间轴：20 N/mm^2；

c. 推力轴：15 N/mm^2；

d. 大齿轮轴：10 N/mm^2或齿轮箱厂的规定值。

⑧对于直接与柴油主机连接的轴系，校中时应使施加到柴油机输出法兰处的弯矩和剪力，应不超过柴油机制造厂的规定值（如有要求时）。主机主轴承最小负荷，一般应不小于主轴承许用负荷的 10%；也可以接受柴油机厂规定的最低值，但应在轴系校中计算书中体现。

⑨在艉管后轴承支点处，螺旋桨轴与艉轴管后轴承的相对倾角，在静态下一般不允许超过 3.5×10^{-4} rad（有些船级社规定为 3×10^{-4} rad），如果超过，须采取必要的措施，使转角符合要求，从而保证艉轴与艉轴承的均匀接触，避免艉轴承因局部接触造成的单边磨损。为解决这个问题，船厂一般采用斜镗孔的方法，即对艉轴承或艉轴管进行一定方向上、一定角度的斜镗孔。目前多选择斜镗艉轴承。

如图 5.69 所示为艉轴管斜镗孔。该艉轴管偏心数据为：$A'B'=0.197$ mm，$A'C'=0.5$ mm，$AB=0.043$ mm，$BC=0.457$ mm。

如图 5.70 所示为艉轴承斜镗孔。

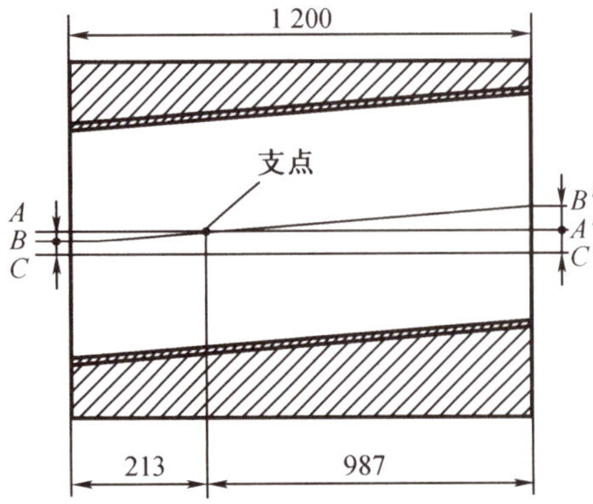

图 5.69　艉轴管斜镗孔

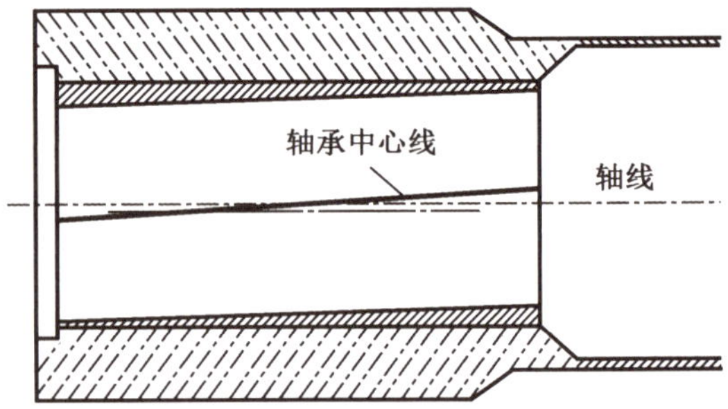

图 5.70　艉轴承斜镗孔

斜镗艉轴承时，艉轴管的镗孔按照正常情况进行加工，即艉轴管轴承位与轴系中心线同轴。镗孔完成后，根据镗孔尺寸加工艉轴承外径，再根据艉轴管轴承位同轴度的测量数据确定轴承的偏心数据，将后轴承套内孔加工成与外圆不同心。如图 5.71 所示为艉轴承内孔和外圆的偏心数据，图中的后轴承内孔的圆心，B 端(前)的比 A 端(后)高。

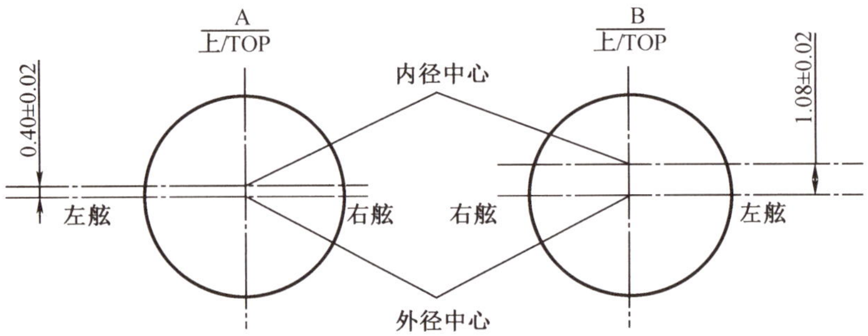

图 5.71　管后轴承斜镗孔示意图

⑩目前船厂中广泛应用法兰偏移曲折法校中轴系，校中时由校中计算求得所确定的允许偏移，曲折值应满足上述校中质量要求。

必须指出的是，轴系校中质量要求是基于轴系处于正常工况运转条件下提出的。实际施工时，船舶尚处于码头系泊阶段甚至船台建造阶段，因此所有校中计算的结果均必须满足运转中轴系的受力要求(热态要求)，并据此而规定建造阶段进行轴系校中时的要求(冷态要求)。

1. 直线校中

在进行轴系校中时尽可能地将艉轴、中间轴、推力轴及发动机轴排成一条直线，以保证轴系基本在无弯曲的状态下运转，这就是所谓的轴系按直线性校中原理。生产中常应用的校中方法有：按连接法兰上严格规定的偏移、曲折值进行校中，即所谓平轴法；用光学仪器按直线性要求校中中间轴承或中间轴法。

(1)轴系按法兰上严格规定的偏中值校中

①校中原理

船舶轴系各轴段通常用法兰相连。轴加工时要求法兰外圆与轴线同轴，法兰端面与轴线垂直,毗邻的法兰外径相等。因此,在轴系校中时,我们可以把不可见的轴线具象化到法兰的外圆和端面,通过测量毗邻两轴法兰的相对位置关系,来确定两轴轴线的相对位置关系。因此两轴以其法兰连接时,如果两法兰同轴,则轴亦同轴,反之,则不同轴。不同轴的具体表现有:

a. 偏移,指两法兰的轴心线不重合,但平行,用 δ 表示。如图 5.72(a)所示。

b. 曲折,指两法兰的轴心线交叉成一定角度,用 φ 表示。如图 5.72(b)所示。

当然,也有可能是既有偏移,也有曲折。另外,图 5.72 只显示了铅锤方向的偏移和曲折,事实上,水平方向也会有同样的问题。

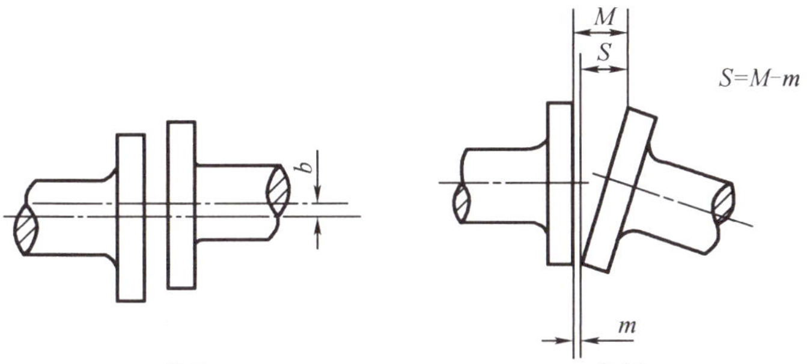

图 5.72　偏移和曲折

显然,在进行轴系校中时,只要逐段地调节毗邻两轴的位置,使轴系中每对连接法兰上的偏移值及曲折值均为零(即 $\delta=0,\varphi=0$),这时如忽略法兰因轴端自重下垂的影响,则可认为像这样校中好后的轴系具有直线性。

②法兰偏移值和曲折值的测量方法

a. 直尺、塞尺法

直尺一般选用刀口尺。如图 5.73 所示。

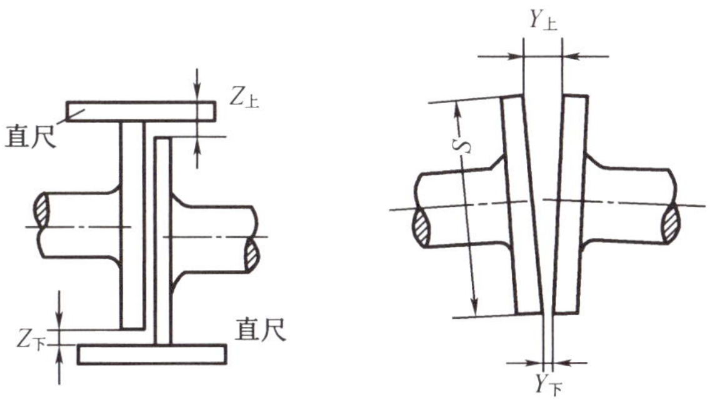

图 5.73　直尺和塞尺测量法兰的偏移值和曲折值

直尺、塞尺法适用于各轴段的普通法兰。当用直尺和塞尺测量时,将直尺贴附在法兰外圆的母线上,用塞尺测量直尺与法兰外圆的间隙,依次在上、下、左、右 4 个位置上进行测量,测得 $Z_{上}$、$Z_{下}$、$Z_{左}$和 $Z_{右}$ 4 个数值(单位:mm),然后按下式计算垂直和水平方向的偏移值

$\delta_{\perp}$和δ_{-}。

$$\delta_{\perp}=(Z_{上}+Z_{下})/2 \quad \text{mm}$$

$$\delta_{-}=(Z_{左}+Z_{右})/2 \quad \text{mm}$$

用塞尺在上、下、左、右 4 个位置测量两法兰端面之间的间隙，测得 $Y_{上}$、$Y_{下}$、$Y_{左}$、$Y_{右}$的 4 个数值(单位:mm)，然后按下式计算垂直和水平方向的曲折值 $\varphi_{\perp}$ 和 φ_{-}。

$$\varphi_{\perp}=(Y_{上}-Y_{下})/D \quad \text{mm/m}$$

$$\varphi_{-}=(Y_{左}-Y_{右})/D \quad \text{mm/m}$$

式中　D——联轴器直径，m。

另外，为方便施工，工程上常采用简便算法来得到两法兰端面之间间隙的最大允许偏差值。比如，允许曲折值为 0.15 mm/m，中间轴法兰直径为 330 mm，可得到该对法兰端面之间间隙的允许偏差值约为 0.05 mm，施工时，工人测得的间隙差值不大于 0.05 mm 即为合格。

特点：简单、省时、不需要特别设备，但精度不高。当法兰加工精度不高，在法兰和轴线之间有偏心或不垂直，连接法兰的直径不相等，表面不平整，以及用齿轮式、牙嵌式和封闭式联轴器连接时，则不能用此法。

b. 百分表法

直尺、塞尺法适用于各轴段普通法兰，当法兰加工精度不高，在法兰和轴线之间有偏心或不垂直，连接法兰的直径不相等，表面不平整，使用齿轮式、牙嵌式和封闭式联轴器连接，以及测量空间位置不很方便——比如齿轮箱与主机之间的校中，如果二者之间设置有高弹性联轴节，间距太大——则不能用直尺、塞尺法，此时可使用百分表法。如图 5.74 所示。

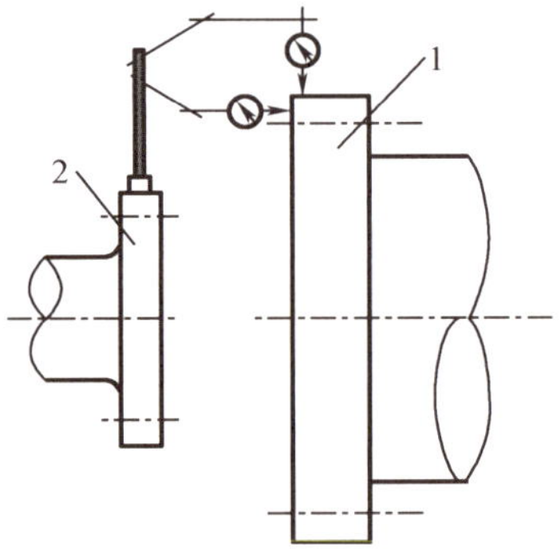

1—主机飞轮；2—齿轮箱或轴系法兰。

图 5.74　百分表测量法兰偏移、曲折

将磁力表座置于被测轴上。将百分表装夹在表架上，针头与记号线对齐。百分表预压 2 mm 左右，确保百分表针头与轴表面接触。调零。转动被测轴，依次记录百分表在上、下、左、右 4 个位置的读数。百分表法的计算方法与直尺、塞尺法相同，而且数据读取更加直观，精度也高。

c. 指针法

如图 5.75 所示，在法兰上安装两组指针，指针用细牙螺钉制成，螺钉头部以及与之对应的测量面应加以研磨，指针固紧后，初步调整轴向和径向间隙，使间隙值保持在 0.5 mm 左右，并且保证轴转动到任何角度时指针和测量面不接触。这样做的目的是提高测量精度。

测量时，两轴同时转动，每转动 90°，用塞尺测量一组数据。两组指针以注脚 1 和 2 标记，间隙用字母 Z 和 Y 区分，分别表示偏移的径向间隙和曲折的轴向间隙。如：在垂直方向上的上、下两个位置测得 $Z_{1上}$、$Z_{1下}$、$Y_{1上}$、$Y_{1下}$、$Z_{2上}$、$Z_{2下}$、$Y_{2上}$、$Y_{2下}$ 8 个数值（单位：mm），然后按下式计算垂直方向的偏移值 $\delta_{\perp}$ 和曲折值 $\varphi_{\perp}$。

$$\delta_{\perp}=\frac{(Z_{1上}+Z_{2上})+(Z_{1下}+Z_{2下})}{4}$$

$$\varphi_{\perp}=\frac{(Y_{1上}+Y_{2上})-(Y_{1下}+Y_{2下})}{2S}$$

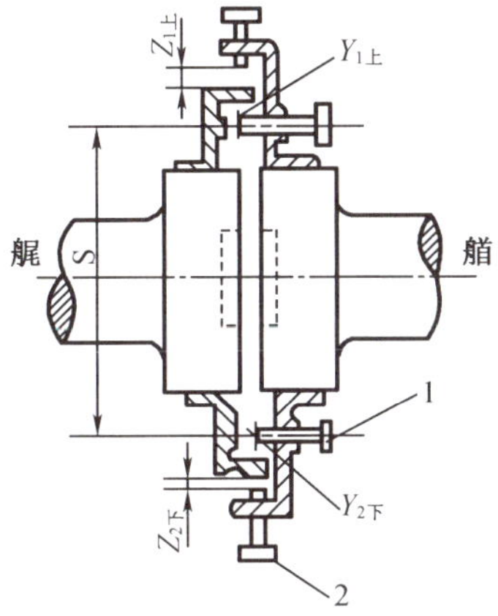

1—水平微动螺钉；2—垂直微动螺钉。

图 5.75　两组指针测量法兰的偏移和曲折

同理，在水平方向上的左、右两个位置测得 $Z_{1左}$、$Z_{1右}$、$Y_{1左}$、$Y_{1右}$、$Z_{2左}$、$Z_{2右}$、$Y_{2左}$、$Y_{2右}$ 8 个数值（单位：mm），然后按下式计算水平方向的偏移值 δ_{-} 和曲折值 φ_{-}。

$$\delta_{-}=\frac{(Z_{1左}+Z_{2左})+(Z_{1右}+Z_{2右})}{4}$$

$$\varphi_{-}=\frac{(Y_{1左}+Y_{2左})-(Y_{1右}+Y_{2右})}{2S}$$

d. 激光轴对中仪测量法

目前也有船厂使用激光设备进行轴系校中。

图 5.76 所示为 SKF 公司的 TKSA 31/41 激光轴对中仪测量示意图。它使用两个测量单元，法兰两侧轴上各安装一个。它们均拥有激光二极管和 CCD 探测器。当轴旋转时，任何平行不对中或角度不对中的误差都会使两条激光偏离它们原先的相对位置。测量时只需测量 9 点钟、12 点钟和 3 点钟三个位置，然后探测器测得的位移偏差值会被用来自动计算两个轴的中心线在垂直方向和水平方向的空间位置，给出设备前后地脚的调整量，指导用户完成垂直（依靠垫片）和水平校正步骤。

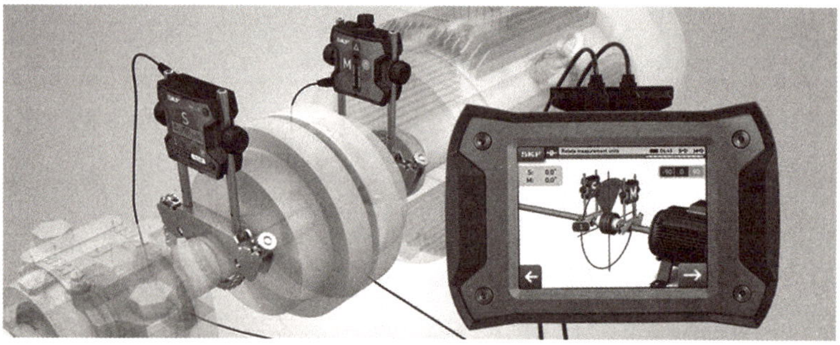

图 5.76 激光轴对中仪测量示意图

③偏移、曲折值的调整方法

法兰偏移、曲折值调整如图 5.77 所示。

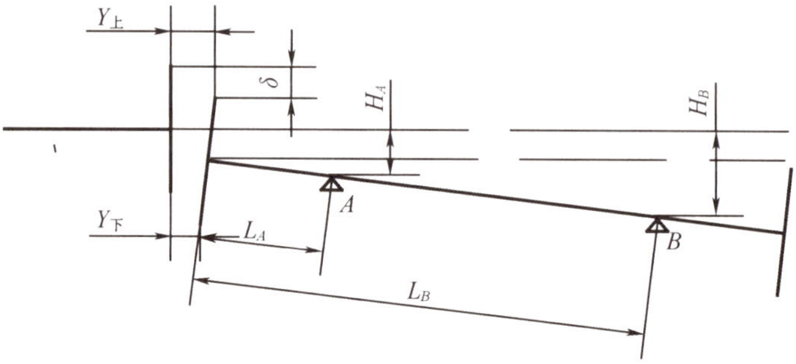

图 5.77 法兰偏移、曲折值调整示意图

两法兰铅垂方向的偏移为 δ，另已测得铅垂方向的开口值 $S_上$、$S_下$，现在要求将这对法兰铅垂方向的偏移和曲折值均调整为 0，则 A、B 两支承铅垂方向的调整值可按照下式进行计算：

$$H_A=\frac{L_A(Y_上-Y_下)}{D}+\delta$$

$$H_B=\frac{L_B(Y_上-Y_下)}{D}+\delta$$

式中 H_A、H_B——A、B 两支承调整值，mm；

L_A、L_B——法兰端面与 A、B 两支承之间的距离，mm；

$Y_上$、$Y_下$——两法兰端面垂直方向用塞尺测得数据，mm；

D——法兰直径，mm；

δ——待校正轴较基准轴在垂直方向的偏移值，mm。

调整时，先粗调，使两法兰大致对正，之后再细调，此时有两个途径：

a. 可以先调偏移，使水平和垂直两个方向上的偏移值均为 0，然后再调曲折，使水平和垂直两个方向上的曲折值≤±0.05 mm，最后复查偏移，如有变动，予以调整。

b. 先调曲折，使两法兰端面平行，然后将轴在水平和垂直两个方向分别进行平移，使两个方向的偏移均在范围之内，最后复查曲折，如有变动，予以调整。

水平方向的调整方法与之相似。

④按法兰校中偏移和曲折值的规定

在很长的一段时期内，在直线校中轴系时，对法兰上的允许偏中值的规定很严苛，施工难度很大。经过长期的实践，现在的要求已经有所放松。一般规定偏移值 $\delta \leqslant 0.10$ mm，曲折值 $\varphi \leqslant 0.15$ mm/m。另外还可以参考《船舶轴系修理装配技术要求》(CB/T 3420—1992)对轴系各法兰校中安装的偏差要求，见表 5.31。

表 5.31　各法兰校中安装的偏差要求

<table>
<tr><th>分类</th><th>校中部位</th><th>偏移值 δ/mm</th><th colspan="2">曲折值 φ/(mm/m)</th></tr>
<tr><td rowspan="4">长轴系</td><td>推力轴与相邻中间轴法兰</td><td>≤0.15</td><td colspan="2">≤0.20</td></tr>
<tr><td rowspan="2">艉轴与相邻中间轴法兰</td><td rowspan="2">艉轴安装间隙的 25%</td><td rowspan="2">$\delta=0$ 时</td><td>≤0.25(上开口之值)</td></tr>
<tr><td>≤0.50(下开口之值)</td></tr>
<tr><td>中间轴与中间轴相邻法兰</td><td colspan="3">参照艉轴与相邻中间轴法兰的要求稍许降低，各中间轴法兰的 δ、φ 值基本上是平均分配，但靠近轴系中间部分的法兰，要求可相应降低些。当 $\delta=0$ 时，$\varphi_{max} \leqslant 0.6$ mm/m。合理分配中间轴相邻法兰的 δ、φ 值</td></tr>
<tr><td>短轴系</td><td>推力轴后各法兰</td><td>≤0.25</td><td colspan="2">≤0.25</td></tr>
<tr><td rowspan="2">离合器</td><td>气胎式离合器</td><td>≤0.60</td><td colspan="2">≤2.00</td></tr>
<tr><td>齿式离合器</td><td>≤0.40</td><td colspan="2">≤1.00</td></tr>
<tr><td colspan="2">弹性橡胶圈连接螺栓联轴器法兰</td><td>≤0.40</td><td colspan="2">≤1.00</td></tr>
<tr><td colspan="2">主机曲轴与推力轴(或齿轮轴)法兰</td><td>—</td><td colspan="2">≤0.10</td></tr>
</table>

注：a. 短轴系为具有一根中间轴或无中间轴的轴系，反之即为长轴系。

b. 无论用何种方法校中和交验轴系，在曲轴最后一道曲拐臂距离允许范围之内，调整偏移值，使推力轴(齿轮轴或电机轴)轴心线比曲轴轴线低 0.05~0.10 mm。

c. 当轴径 $d \geqslant 400$ mm 时，要求各法兰的曲折值为表中数值的 75%。

CB/T 3420—1992 除了对法兰的偏中值有规定外，对轴系校中时按直线校中方法测得的主机与艉轴两端法兰间的轴线总偏差值也有规定：根据所测轴系的 $L_{计算}$ 和最小轴径 d 得到总偏差 $\delta_{总}$ 和 $\varphi_{总}$，绘制总偏中值计算图，如图 5.78 所示。若测得的总偏中值为 δ_A、φ_A，而 δ_A 和 φ_A 在坐标上的交点 A 位于三角形内(阴影部分)，则合格；反之，则不合格，如 B 点。

图 5.78 中的 $\delta_{总}$ 和 $\varphi_{总}$ 由表 5.32 得到。

表 5.32 的 $L_{计算}$ 为轴系受连接偏中影响后弯曲部分的长度，如图 5.79 所示。

轴系中心线允许总偏差按下式计算：

当 $\varphi_{总}=0$，$\delta_{总}=5.2\times10^{-3}\cdot\dfrac{L_{计算}^2}{d}$

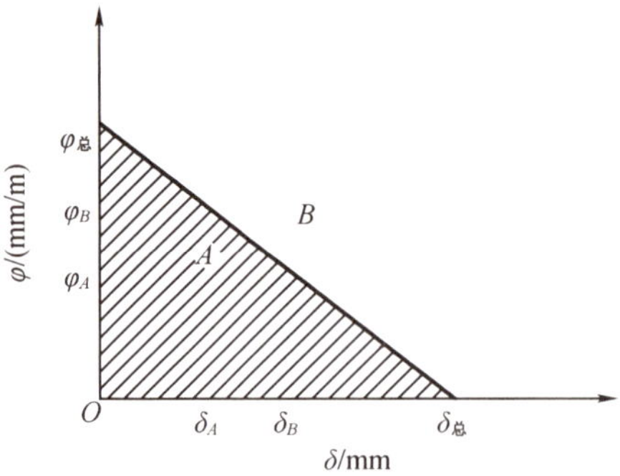

图 5.78　两端总偏中值计算图

表 5.32　$\delta_{总}$和$\varphi_{总}$

$L_{计算}$ /m	总偏移 $\delta_{总}(\varphi=0)$/mm						总曲折 $\varphi_{总}(\delta=0)$/(mm/m)					
	轴的最小直径/mm											
	100	150	200	300	400	500	100	150	200	300	400	500
5	1.25	0.85	0.65	0.42	—	—	0.42	0.28	0.21	0.14	—	—
10	5.2	3.50	2.60	1.70	1.30	—	0.78	0.51	0.39	0.26	0.20	—
15	11.7	7.80	5.80	3.90	2.90	2.30	1.17	0.78	0.58	0.39	0.29	0.22
20	20.8	13.9	10.4	6.90	5.20	4.20	1.56	1.04	0.78	0.52	0.39	0.31
30	46.8	31.2	23.4	15.6	11.7	9.40	2.34	1.56	1.17	0.78	0.58	0.47
40	83.2	55.5	41.6	27.7	20.8	16.6	3.12	2.07	1.56	1.04	0.78	0.62
50	—	86.7	65.0	43.3	32.5	26.0	—	2.59	1.95	1.30	0.97	0.78
60	—	—	93.6	62.4	46.8	37.4	—	—	2.34	1.56	1.17	0.94
70	—	—	—	84.9	63.7	51.0	—	—	—	1.82	1.36	1.09
80	—	—	—	—	83.2	66.6	—	—	—	—	1.56	1.26

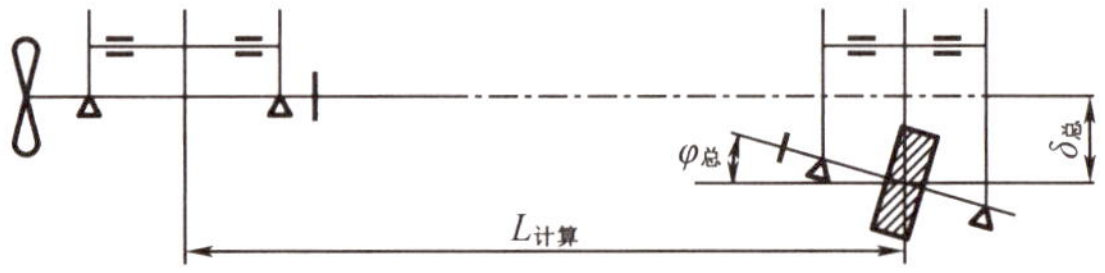

(a)主机减速器轴(电机轴)与轴系连接

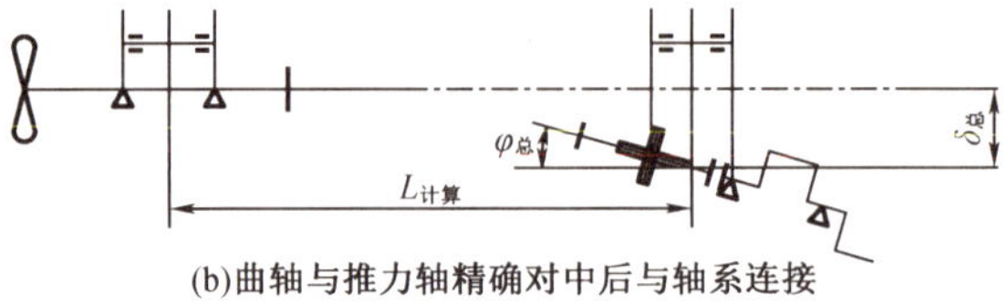

(b)曲轴与推力轴精确对中后与轴系连接

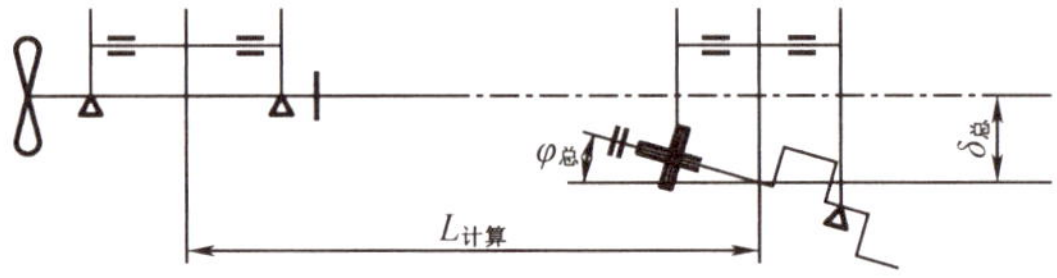

(c)曲轴直接与轴系连接

图 5.79　$L_{计算}$

当 $\delta_{总}=0$，$\varphi_{总}=7.8\times10^{-3}\cdot\dfrac{L_{计算}}{d}$

式中 $\varphi_{总}$——轴系中心线总曲折值，mm/m；

$\delta_{总}$——轴系中心线总偏移值，mm；

$L_{计算}$——轴系受连接偏中影响后弯曲部分的长度，mm；

d——轴的最小直径，mm。

校中时，测出每对法兰的偏移与曲折值，然后通过计算叠加，求出轴系的总偏移与总曲折值，其公式如下。

垂直平面：

$$\delta_{总}=\varphi_1(l_1+l_2+\cdots+l_n)+\varphi_2(l_2+l_3+\cdots+l_n)+\cdots+\delta_1+\delta_2+\cdots+\delta_{n+1}$$

$$\varphi_{总}=\varphi_1+\varphi_2+\cdots+\varphi_{n+1}$$

水平平面：

$$\delta'_{总}=\varphi'_1(l_1+l_2+\cdots+l_n)+\varphi'_2(l_2+\cdots+l_n)+\cdots\delta'_1+\delta'_2+\cdots+\delta'_{n+1}$$

$$\varphi'_{总}=\varphi'_1+\varphi'_2+\cdots+\varphi'_{n+1}$$

式中 n——中间轴数目；

正负符号规定：$\varphi_1\cdots$ 和 $\varphi'_1\cdots$，法兰开口向上或向左舷为正，反之为负；

$\delta_1\cdots$ 和 $\delta'_1\cdots$，前端轴相对于后端轴向下或向右为正，反之为负。

⑤平轴法安装工艺过程

a. 船舶下水后进行轴系安装准备工作，包括调位工装的制作、测量仪器的校准等，待压载水舱压水后两三天即可进行安装。

b. 中间轴初步定位，安装临时支承。临时支承的位置一般取(0.18~0.22)L。当支承恰好在轴承位，允许直接用中间轴承支承，但须用千斤顶或螺栓做升降。

临时支承如图 5.80 所示。

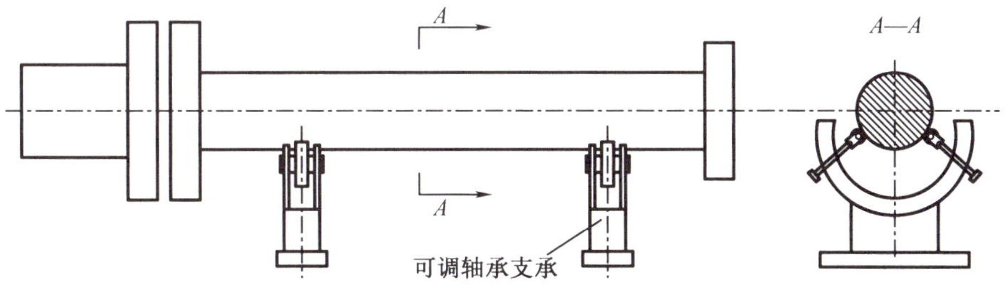

图 5.80 临时支承示意图

c. 以艉轴前法兰为基准，由船尾向船首方向逐段地调整中间轴及推力轴的位置，使各对连接法兰上的偏移和曲折值不超过规定的偏中值，最后，以最前面一根轴的前法兰为基准进行主机组的定位。规定的偏中值参见表 5.31 所示的 CB/T 3420—1992 对轴系各法兰校中安装的偏差要求。

d. 轴系校中好之后，为轴承和主机组配制垫片及基座螺栓，将各轴承和主机组紧固在各自的基座上，用法兰连接螺栓将各轴段以及主机组连接成一体。

⑥关于平轴法的几点说明

a. 校中工作一般安排在船舶下水两三天之后进行,可能会有一些压载和浮态的要求。

b. 中间轴、艉轴等参与校中的设备,之前应对其连接法兰的加工质量、形位尺寸、端面及径向跳动等进行确认,测得的数值供安装时参考,这项工作可以在车间进行。按法兰上的偏中值校中轴系时,应计及法兰因轴端下垂所存在的下垂量及偏转度,在计算法兰的偏移值及曲折值时进行修正。

c. 校中时,两法兰之间应留出一定的测量距离,一般取 0.5~1 mm。

d. 使用工具:平轴法可用刀口尺和塞尺,也可用百分表。

(2)光学仪器直线校中

工艺概况:使用光学准直仪、激光经纬仪等光学设备,利用光在均匀介质中直线传播的原理,将光学设备的主光轴或光束调整至与理论轴线同轴,然后以光学设备的主光轴或光束为依据,校正中间轴承或空心的中间轴,使之与代表理论轴线的光学设备的主光轴或光束同轴。轴系的各支承部件的位置确定后,用垫片和底脚螺栓将各道中间轴系固定,分别安装好艉轴和中间轴,并用法兰连接螺栓将轴系中各轴段连接起来。

光学仪器在校中时能获得良好的直线性,测量精度较高,并且可使确定轴系理论中心线的工作与轴系校中工作结合起来,提高轴系安装工作效率,因此目前船厂不仅较多地将其替代拉线法用于确定轴系中心线,而且还用于校中轴系,尤其是更多地用于以滚动轴承作为中间轴承的轴系校中工作,另外,在合理校中时,可采用光学仪按合理校中计算所确定的轴承最佳位移进行校中。

①用光学仪器校中中间轴承

在规定位置上安装标靶,找正,使光靶的十字线中心在理论轴线的延长线上。安装并调整光学仪器,使仪器的主光轴(或光束)通过两基准光靶上的十字线中心,此时仪器主光轴(或光束)就代表轴系理论中心线。如图 5.81 所示。

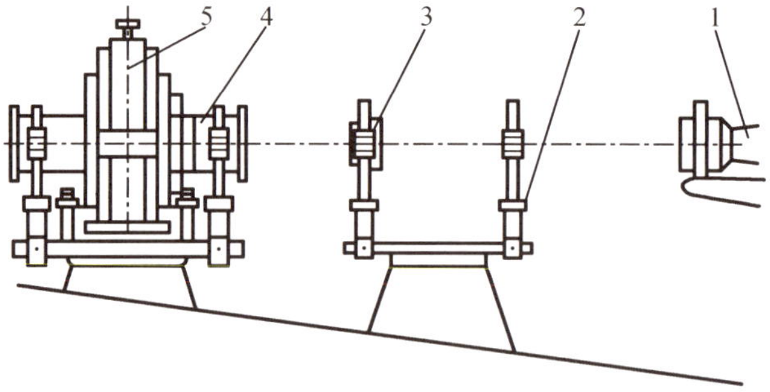

1—光学投射仪;2—可调节支架;3—光靶;4—空心假轴;5—中间轴承。

图 5.81 光学仪器校中中间轴承

校中时,先在安装中间轴承的基座上安装夹具。在夹具的两个可调节支架的孔中各装一个光靶,光靶中心经调节应与支架孔中心线重合。调节支架的位置,使其孔中的两个光靶中心均与基准光学仪的主光轴重合。然后从可调支架孔中取出光靶,装入一根空心假轴,此假轴的两端各同轴地安装着一个光靶。将所需校中的中间轴承套在样轴上(用纸垫将轴承上部的间隙压紧)。然后,再按基准光学仪精确校准样轴的位置,使其两端的光靶中心与仪器主光轴完全重合,则此轴承就达到了按轴系中线定位。

按此法将全部中间轴承逐个地校中好,在各轴承下配制调整垫片和定位螺栓,并用基座螺栓将各轴承紧固在基座上。在垫片配制完成以及用基座螺栓将轴承紧固在基座上之前,通常要求校验一次样轴的位置,然后拆去安装夹具,固紧轴承。

在用光学仪器校中安装滚动轴承的中间轴时,轴承相对于轴系中心线的允许偏移量 β 是根据轴内产生的附加应力来确定的,按下式进行计算:

$$\beta \leqslant \frac{L_1 L_2}{8\ 400d}$$

式中　β——轴承相对于轴系中心线的允许偏移量,mm;

L_1、L_2——相邻轴承两跨距最小的距离,cm;

d——中间轴轴径,cm。

轴系校中若在船舶下水之后进行,允许偏移量按上式计算;若在船台和船坞进行,则允许的偏移量取上式计算所得数值的一半。

全部中间轴承校中完成之后,为中间轴承配制活动垫片和铰制孔螺栓,并将轴承紧固在基座上,然后将中间轴装入各自的轴承上,最后将轴连接成整体。

另外,有船厂使用专业数据实时显示激光对中仪进行校中。

②用光学仪器校中中间轴

对于空心的中间轴,尤其是具有滚动中间轴承的轴系,可采用基准光学仪器按轴系中线直接校中各段中间轴的校中方法。

校中时将中间轴承用调节螺栓安放在各自的基座上,并按基准光学仪要求初步校中。然后将距基准光学仪最远的一根中间轴装在对应的中间轴承上,按基准光学仪的主光轴进行校中。在此中间轴中孔的两端应先同轴地各安装一个光靶。通过调节轴承的位置,使该轴两端的光靶中心均与基准光学仪的主光轴重合。这样就完成了将这根中间轴按轴系中线的校中。然后,由远到近地按此法进行其余各中间轴的校中。

全部中间轴校中好后,为中间轴承配制垫片和铰制孔螺栓,并将轴承紧固在基座上,最后将轴连成整体。

2. 合理校中

轴系合理校中是在遵守规定的轴承负荷、轴的应力、转角等限制条件下,通过校中计算以确定各轴承的合理位置,将轴系安装成规定的曲线状态,以达到使各个轴承上的负荷合理分配,以确保轴系可靠运行,与之连接的发动机和齿轮箱不因轴系校中不良而受到有害影响。

目前,轴系合理校中广泛应用,许多国家的船级社和造船厂已能提供轴系静态校中计算书(包括被校中轴系的各种状态参数和工艺参数),并按此法进行船舶轴系的安装和验收。

目前的合理校中计算都是在计算机上进行的,输入各项相关数据后,计算结果会自动输出,见表 5.33~表 5.37。

表 5.33 轴系直线状态下轴承的状态参数表

轴承序号	弯矩/(N·cm)	支反力/N	转角/rad	位移/mm
1	-15 708 060	203 860	2.49×10^{-4}	0
2	-644 500	12 290	-1.13×10^{-4}	0
3	-293 510	59 750	3.53×10^{-4}	0
4	-5 650 810	215 250	1.62×10^{-6}	0
5	1 230 000	-51 960	3.51×10^{-7}	0
6	-981 750	79 240	7.69×10^{-8}	0
7	-10 320	14 250	4.35×10^{-7}	0

表 5.34 合理校中状态下轴承的状态参数表

轴承序号	弯矩/(N·cm)	支反力/N	转角/rad	位移/mm
1	-15 708 060	198 690	2.67×10^{-4}	0
2	-2 442 870	20 490	-1.46×10^{-4}	0
3	-3 131 670	67 680	-1.82×10^{-4}	0.075
4	-1 908 620	152 030	4.52×10^{-6}	0.125
5	38 160	16 390	-9.25×10^{-7}	0.125
6	-683 530	59 940	3.01×10^{-8}	0.125
7	-10 320	17 460	8.05×10^{-7}	0.125

表 5.35 轴承负荷影响系数 单位:N/mm²

轴承号	1	2	3	4	5	6	7
1	13 090	-24 670	18 600	-20 570	17 660	-4 970	830
2	-24 670	50 010	-46 980	63 240	-54 350	15 260	-2 550
3	18 600	-46 980	86 700	-233 670	228 830	-64 220	10 740
4	-20 570	63 240	-233 670	3 301 600	-6 323 530	3 855 150	-642 530
5	17 660	-54 350	228 830	-6 323 530	15 454 830	-13 051 350	3 728 180
6	-4 970	15 260	-64 220	3 855 150	-13 051 350	14 827 400	-5 577 100
7	830	-2 550	10 740	-642 530	3 728 180	-5 577 100	2 482 440

表 5.36 偏移值、曲折值

法兰	艉轴-中间轴	中间轴-推力轴
偏移值/mm	0.184	0.137
曲折值/(mm/m)	0.209	0.365

表 5.37　轴承顶举系数表

被测轴承序号	3
顶举系数	1.18

另外还会绘制顶升测力时千斤顶和临时支承布置示意图，供顶升测力时使用。如图5.82所示。

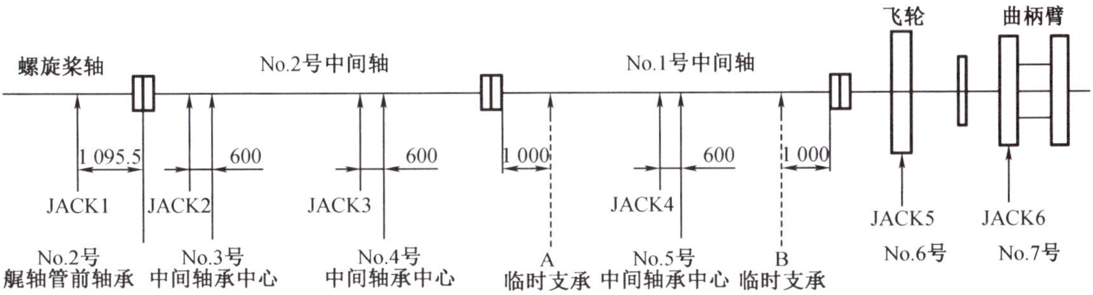

图 5.82　顶升测力时千斤顶和临时支承布置示意图

(1) 顶升法测量轴承负荷

为保证轴系正常可靠地运转，轴系合理校中应确保轴系各个轴承上的负荷处于允许范围之内，或具有合理的数值。为此需要对轴系各轴承上的实际负荷进行测量，并以实测的数据作为验收轴系校中质量的依据。目前船厂普遍使用顶升法测量轴承负荷，包括中间轴承、艉轴管前轴承和主机轴承。

图5.83为顶升法测量中间轴承的负荷。

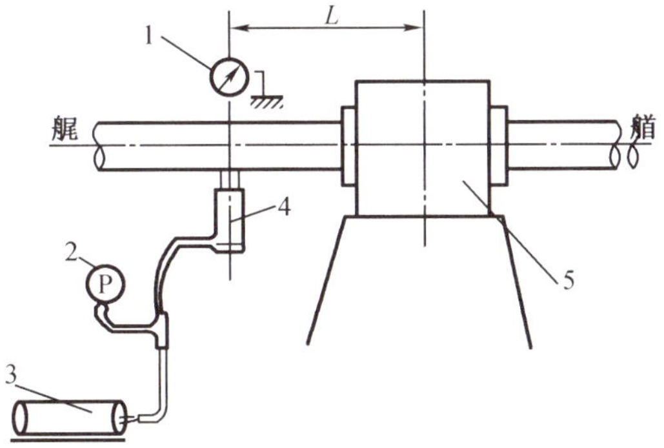

1—带磁力座百分表；2—压力表；3—油泵；4—千斤顶；5—中间轴承。

图 5.83　顶升法测量中间轴承的负荷

图5.84为顶升法测量主机轴承的负荷。

①顶升测力过程

a. 顶升测力之前，整个轴系，包括推进机组的校中已经完成并且连接成为一个整体，中间轴承和主机组已固紧，艉轴上的附加力和校中用的临时支承均已去掉，中间轴的质量由中间轴承承担。

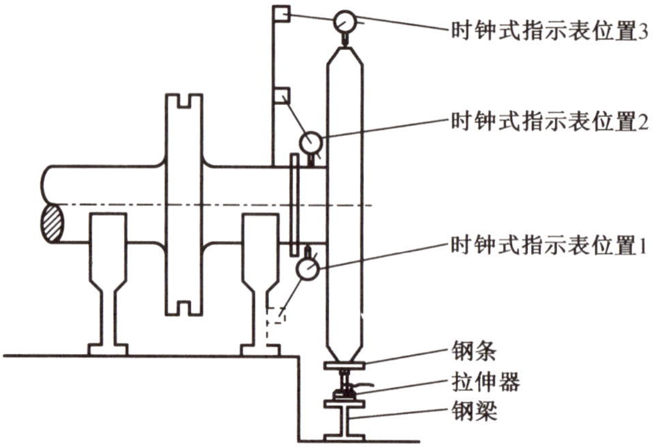

图 5.84　顶升法测量主机轴承的负荷

b. 按照轴系校中计算书所示的位置安装千斤顶和百分表，要求基座牢固可靠，松开中间轴承上盖，将百分表归零，此时中间轴未被顶起，千斤顶刚刚与中间轴接触。

c. 油泵加压，将轴分挡位慢慢顶升，要求油压每升高 2.0 MPa（视情况而定），记录对应的百分表读数（即轴的上升量），直到压力上升不大但轴颈抬高较快时为止。顶起的高度不能超过轴承的径向间隙。然后慢慢地降压，每降 2.0 MPa（视情况而定），记录对应的百分表读数（即轴的下降量），直至油压完全释放，千斤顶不受力，轴回复原位。

d. 根据列表记录的轴的位移量和千斤顶负荷，即可做出顶升曲线，计算轴承负荷。顶升曲线的绘制可以使用坐标纸，在坐标纸上建立一个平面坐标系，然后将顶升测力记录的成组的位移和油压数据，以点的形式绘制在坐标系中，然后选取合适的点进行线性拟合，得到顶升曲线图，如图 5.85 所示。也可以使用 Excel 或者厂家提供的专业软件来进行顶升曲线图的绘制。

图 5.85 中 Oab 是上升曲线，cdO 是下降曲线，两条线不重合的原因是千斤顶存在内阻而导致的滞后，a 点和 d 点分别为轴和轴承完全脱离和接触的临界点，或者称为拐点。P_u 和 P_d 是直线 ab 和 cd 的延长线与横坐标相交之处的油压值。

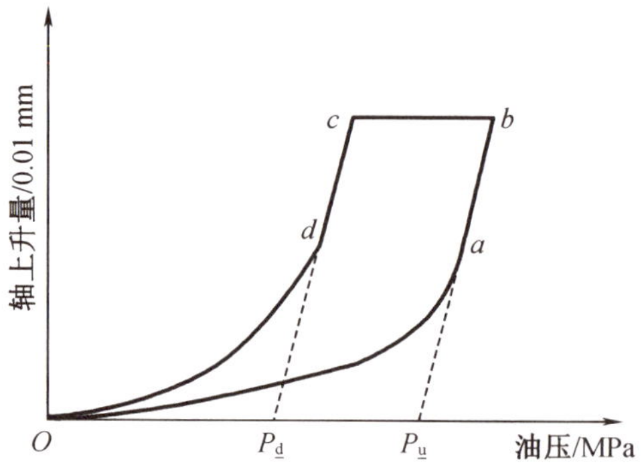

图 5.85　顶升曲线图

②顶升曲线数据处理

轴承的负荷 R 按照下式进行计算：

$$R=C\cdot A\cdot\frac{P_u+P_d}{2}$$

式中　R——轴承的实际负荷，N；

C——顶升系数；

P_u 和 P_d——上行和下行油压平均值，MPa；

A——千斤顶的活塞面积，cm^2。

③顶升法测量轴承负荷的注意事项

a. 各轴承的顶升单独进行，不能几个轴承同时进行。

b. 千斤顶座子必须有较好的刚性，百分表架应装在不受顶升影响的独立的稳定结构上。

c. 千斤顶顶升支点、百分表杆的触点必须在同一轴颈截面上的最低点与最高点的上下对称中心点上。

d. 轴在顶举过程中不受任何阻碍。

e. 在升压与降压过程中，应记录千斤顶压力和百分表的稳定读数，不允许在千斤顶上升（或下降）过程中降压（或升压）。

f. 测量应在校中结束后的近期内进行，以避免后续施工造成的轴系区域变形及吃水变化。测量时间尽量与报检时间一致，避免因温差引起的船体变形。

g. 最大测试力应限制在被测轴承实际负荷的 2~2.5 倍。这样既可保证做出的顶升曲线有较好的线性，又能保证相邻轴承不脱空。

h. 主机轴承间距和轴承间隙较小，在位移较大时，相邻轴承可能已经被抬起，因此测量主机轴承负荷时，顶升距离一般取得较小。

i. 垫在轴着力点间的保护板不应用橡胶及石棉等非线性弹性变形的物品，以保证测试起点的精度。

j. 如果 $P_d-P_u>0.2\cdot(P_u+P_d)$，则说明测量的数据不理想，建议重测。

④轴承负荷的调整

如果所测得的轴承负荷不满足计算书的要求，则按照校中计算书计算轴承所需要调整的高度值，并加以调整，然后重新测量轴承负荷，直至合格为止。

轴承所需要调整的高度值按下式进行计算：

$$H=\frac{\Delta}{A}$$

式中　H——轴承所需要调整的高度值，mm；

Δ——轴承负荷实测值与轴系校中计算书中计算值的差值，N；

A——轴承负荷影响数，N/mm。

（2）合理校中的施工工艺过程

合理校中的施工工艺过程有两条路线：按计算所得的法兰偏移值和曲折值进行校中，按照计算所得的轴承位移量进行校中。

①按偏移量、曲折量进行校中

目前这种方法使用较多，其工艺过程如下：

a. 校中前，艉轴应已装好，其前法兰的位置应与在船台上的安装记录一致，当校中计算文件规定校中时应施加附加力时，应在所要求的位置上施加规定数值的附加力。

b. 以艉轴前法兰为基准，自艉向艏逐段地调节中间轴、推力轴、主机（组）的位置，使每对连接法兰上的偏移值、曲折值符合校中计算文件的规定，允许误差为：偏移值不超过±0.10 mm、曲折值不大于$\pm D\times10^{-4}$ mm（D为被测法兰的外径，单位为 mm），同时保证主机机座的水平挠度、扭曲度和曲轴臂距差不超差。

c. 校中后，将中间轴承安放到位，临时固定在基座上。

d. 装配法兰连接螺栓，将各传动轴以及主机（组）连接起来，拆除螺旋桨轴法兰处的附加力和中间轴上的临时支承。

e. 检验校中质量。用顶升法测量轴承的实际负荷，应符合校中文件的规定，允许误差为计算负荷的±20%，如果超差，则加以调整；对曲轴的臂距差或减速器齿轮的啮合进行检查，应满足相关技术要求。

f. 测量并配制中间轴承、主机（组）的调整垫片以及紧固螺栓，之后将中间轴承及主机（组）紧固在各自的船体基座上；主机（组）固定后应按相关规定测量曲轴的臂距差和主机机座的水平挠度，减速箱固定后应测量大、小齿轮的啮合质量，均应符合有关规定。

②按轴承位移量进行校中

按轴承位移量进行校中的方法比较适合于长轴系的校中，其施工设计要点如下：

a. 以安装好的艉轴为基准，在其前法兰上安装照光仪器，并调节仪器的位置，使其主光轴与艉轴的中心线重合。

b. 轴承落位。在轴承孔（最好是安装空心样轴）的两端安装光靶，光靶的中心应与轴承的中心重合。

c. 由艉向艏按光学仪器的主光轴逐个调节中间轴承的位置，这时可采取如下两种办法：使轴承的位移值符合校中计算文件的规定；使各轴承均与艉轴同轴，即位移为零。

按仪器主光轴测量轴承位置时，应考虑艉轴前法兰挠度的影响。

d. 从轴承中取出光靶，吊装中间轴，连接艉轴、中间轴。

e. 以最前面的中间轴为基准，按照规定的偏移、曲折值校中主机（组）。

f. 测量主机曲轴臂距差，符合规定后，连接主机（组）与轴系。

g. 测量轴承负荷。

h. 分别为中间轴承、主机组配制垫片和紧固螺栓，并紧固之。如果之前是将轴承调整至与艉轴同轴，那么在确定垫片厚度时，还应考虑该轴承的位移量。

（3）合理校中的施工要求

①校中前，船舶已完工状态应与建造原则工艺中有关条款相一致。轴系区域的加工、装配及安装工程均应结束并检验合格，剩下工程应不影响校中工作的质量。

②轴系零部件的加工、装配应符合相应的技术要求并检验合格。

③校中时，主机、发电机、锅炉及其他重大设备均已吊入就位，船上应无重大设备的迁移及压载的变更。

④螺旋桨、螺旋桨轴安装应合格。螺旋桨轴前法兰的安装位置应做出记录，并应防止在校中时变动。

⑤中间轴吊入并布置好中间轴承或临时支承。

⑥轴系校中及其检验应在船舶下水后进行。对施工单位确能把握船舶下水后变形规律的同型船舶的后续产品，经检验部门同意，允许在船台或船坞内校中，但应在船舶下水后进行复检。

⑦轴系校中及检验应避免在强阳光直接照射下进行，且在轴系区域及与之相邻区域应停止振动性作业及焊接作业。

3. 中间轴承的安装

轴系校中完成后，即可进行中间轴承的固定工作，主要内容就是垫片和紧配螺栓的配制。图 5.86 所示为某船中间轴承安装示意图。

中间轴承在安装前须检查其与轴颈的接触情况，在轴承下部范围内接触面积应达到 75%以上，用色油检查，25 mm×25 mm 内应有 3~4 个触点。

中间轴承一般采用矩形垫片。矩形垫片需要进行拂配，接触面积不小于 75%，用色油检查，25 mm×25 mm 内应有 3~4 个触点，接触面之间 0.05 mm 的塞尺塞不进。

垫片报检合格后，用夹具将轴承、垫片和基座面板夹紧，配钻地脚螺栓孔，铰孔，配制铰制孔螺栓，最终将中间轴承固紧在船体基座上。

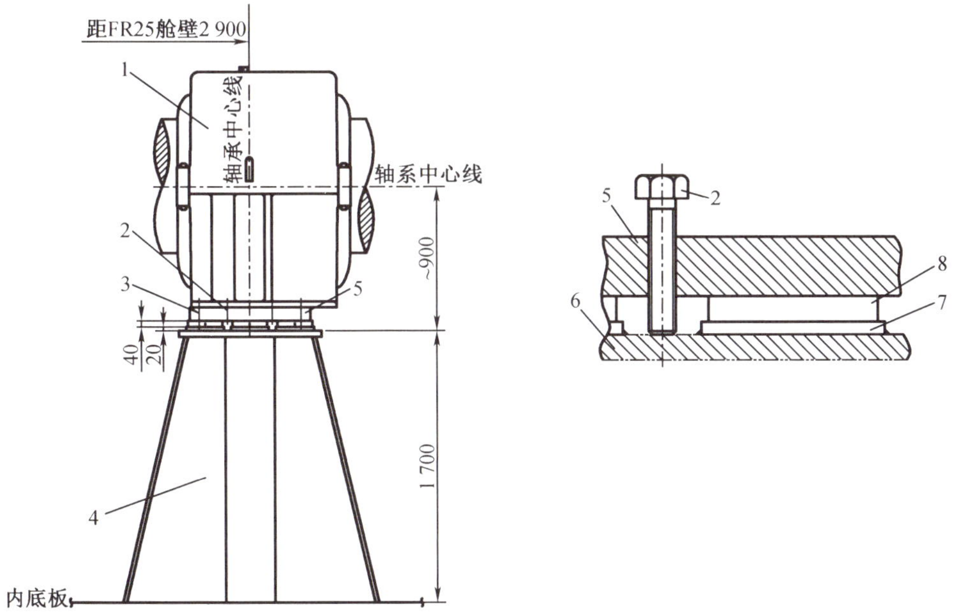

1—轴承；2—调位螺钉；3—紧固件；4—中间轴承基座；5—轴承座；6—基座面板；7—焊接垫片；8—调整垫片。

图 5.86　轴承安装示意图

另外还须检查中间轴承的间隙。用塞尺测量艏、艉端的上、下、左、右 4 个位置的径向间隙，轴颈应与下瓦紧贴，左右间隙应基本相等，不允许单边接触。

目前，中间轴承也经常采用环氧树脂垫片。

中间轴承垫片和紧配螺栓的配制,其工艺与主机安装相似,详见主机安装的有关内容。

4. 联轴节的安装

传动轴之间、传动轴与推进机组之间的连接均是通过各种联轴节实现的。这些联轴节主要有固定法兰式联轴节、可拆式联轴节、套筒式液压联轴节等。

(1)可拆式联轴节

可拆式联轴节多用于螺旋桨轴与中间轴之间。如艉轴从艉部抽出,安装在螺旋桨轴首部的联轴节须采用可拆式联轴节。另外,配滚动轴承的中间轴和推力轴,也须采用可拆式联轴节。如图 5.87 所示。

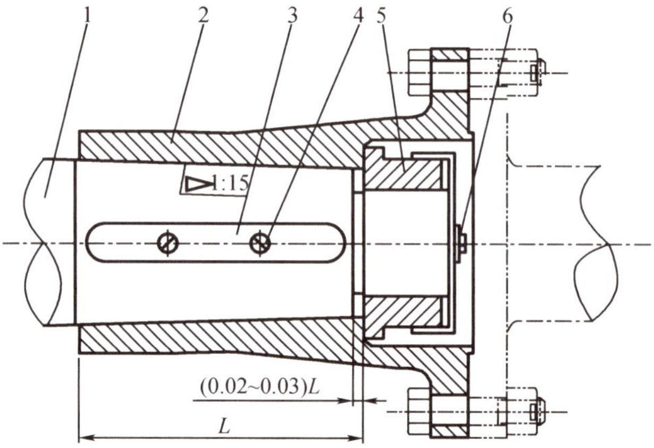

1—轴;2—可拆式联轴节;3—键;4—螺钉;5—联轴节螺母;6—防松装置。

图 5.87 可拆式联轴节装配示意图

可拆式联轴节的结构尺寸参照相关标准。材料不低于轴材料的机械性能,常用 35 号锻钢或铸钢 ZG30、ZG35 等。

①可拆式联轴节加工装配技术要求

a. 锥孔:锥孔需要与轴进行拂配(拂配的工艺详见螺旋桨加工一节)。锥孔的技术要求如下:

ⓐ联轴节锥孔与轴锥体应接触良好,接触面积在 75%以上,用色油检查,每 25 mm×25 mm 面积内不得少于 3 个色点,接触面上允许存在 1~2 处空白区域,其面积小于总面积的 15%,最大长度或宽度不应超过该处锥体直径的 1/10,且不得分布在同一母线或圆周线上,塞尺检查大端时,0.03 mm 插入深度不得超过 30 mm。

ⓑ键槽加工的宽度、高度和轴线平行度都与轴键槽加工要求相同,以最终与轴键一起相配质量为验收标准。平键与轴的键槽两侧接触面积不少于 75%,0.03 mm 不应插入,与联轴节键槽相配时,75%以上允许插入 0.05 mm 塞尺,但 0.1 mm 塞尺不应插入。键与轴的键槽底部接触面积不应少于 40%。键顶部与联轴节键槽之间的天地间隙应为 0.3~0.5 mm。

ⓒ加工和拂磨联轴节锥孔时,轴向应留有一定的拧紧余量,拧紧余量一般为 0.02~0.03 倍的锥体长度。

b. 法兰:其法兰部分的加工技术要求与整段法兰相同。为保证加工精度,法兰外圆和端面的精加工,应在锥孔拂配完成后,将联轴节套装到轴上,与轴成为一个整体,一起上机床加工。

②可拆式联轴节安装

可拆式联轴节的安装与螺旋桨常规安装方法相似。借助于使用专用扳手拧紧联轴节螺母,将联轴节压紧在锥体上,依靠摩擦力和键传递扭矩。安装时应按拂配时所做的轴向标记将联轴节压到位。联轴节紧固螺母装好后,用 0.05 mm 塞尺检查螺帽与联轴节的接触面,在周长的 90%范围内不应插入,螺母需有可靠的防松装置。

(2)套筒式液压联轴节

套筒式液压联轴节有两种形式:一种带法兰,常安装在设备的输入、输出轴上,也可安装在光轴轴端;一种类似夹壳联轴节,安装在两光轴之间,尤其适用于狭小空间。如图 5.88 所示。套筒式液压联轴节不需要键,安装简单、快速、可靠。

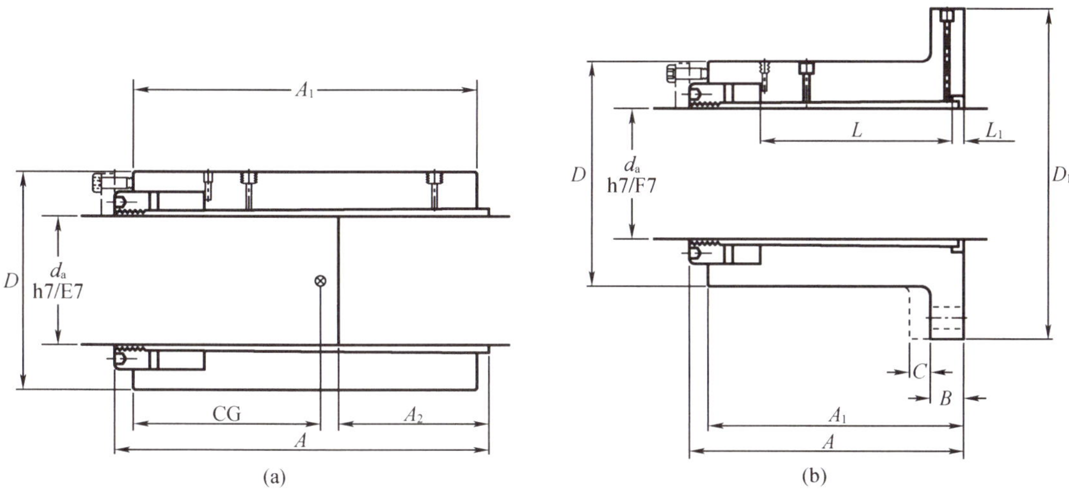

图 5.88 套筒式液压联轴节的两种形式

①基本结构

以 SKF 公司的 OK 系列联轴器为例,一薄壁钢套管套于两轴端部外圆之上,套管内径与轴端外圆的配合是 h7/E7,薄壁套管之外装配了一个较厚的钢制外套,其配合面为锥面,锥度在 1/80~1/100。外套的内锥孔开有油槽,并有孔通至外边。

②工作原理

利用压入外套与内套的配合锥面之间的高压液体,使外套和内套均产生弹性变形,外套扩大,内套收缩,同时轴向推动外套向锥面大端移动。当外套到达既定位置后,释放高压液体,弹性变形的作用是使外套、内套和轴抱紧,三者形成一个同步回转、传递扭矩的整体。

③SKF 的 OKCK 联轴节对轴的要求

配合此种联轴节的两根轴的光轴部分的直径须相等,安装联轴节所需的自由长度不小于 A+75 mm(A 为联轴节总长),圆度和圆柱度均为 IT7/2,素线平行度为 IT5,表面粗糙度为 Ra2.5 μm。如图 5.89 所示。

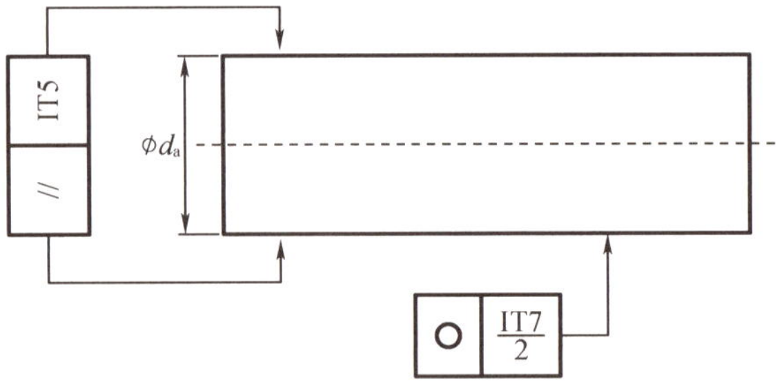

图 5.89　安装联轴节部位的技术要求

④套筒式液压联轴节的安装

a. 检查、清洁内外套与艉轴、中间轴的配合面有无毛刺、拉痕、污油等，保证配合面清洁、光顺；同时，按照联轴节厂家提供的技术文件，准备好适用的油泵、阀门、压力表、管子等附件以及液压油。

b. 检查艉轴船长方向位置的正确性。

c. 用葫芦吊起，按照图纸规定的方向将联轴节套到艉轴上，直至艉轴中间轴从联轴节另一端伸出。联轴节在套入过程中须避免与轴发生磕碰。

d. 吊装中间轴，将其与艉轴按要求进行对中。偏移值为 0，曲折值≤0. 05 mm/m，或按说明书要求，两轴轴端间距为 0.5 mm 或 $d/100$（d 为轴径），或按联轴节说明书要求。对中完成之后将两轴可靠固定。

e. 调整联轴节的轴向位置，使其内套与艉轴、中间轴的相对位置符合说明书的要求。联轴器在轴上的位置之前应标识在轴上。

f. 用外径千分尺测量联轴节外套在自由状态下的外径。

g. 按照联轴节厂家的技术文件，将选油泵及其他管路附件装妥。先向背压油腔泵油排空气，然后径向泵油，待外套锥体大端有少量液压油流出，开始向背压油腔内泵油，在径向油压和轴向油压的作用下，联轴节外套向大端移动，当测量外套径向膨胀量 Δ 值到达规定数值时，外套安装到位。建议分 3~5 次进行安装，每次的径向油压及膨胀量应记录，通过作图或列表计算法确定最终的径向油压，以保证安装过程中外套的径向膨胀量不致过大。

也有以推入量作为判断安装是否到位的依据，如果推入量与 Δ 值发生矛盾，以两个指标中最小值不能低于标准要求为准。

h. 等联轴节外套完全到位后，卸去径向油压，约 10 min 后，再卸去轴向油压，拆去各油泵、油管，装上外套各油孔的闷塞。至此，联轴节安装结束。

⑤套筒式液压联轴节的拆卸

先用手动泵向联轴节背压油腔泵油，充满后，再向内外套之间泵油，油压达到一定数值，外套就会从锥面下滑。拆卸过程中应保证背压油腔充满油，或按说明书要求维持一定的背压，或控制背压油腔放油速度，以控制外套的下滑速度，避免损坏联轴节。

⑥油泵及液压油的选择

油泵、阀门、压力表、管子等附件按照联轴节厂家提供的技术文件进行选用，液压油需要考虑联轴节安装时的环境温度，使用的液压油应当有 300 mm^2/S 的黏度，如果安装用液压油太黏，就会积留在套筒里增加摩擦；如果太稀，就容易引起渗漏。

5. 联轴节螺栓的安装

联轴节螺栓的作用是连接轴段、传递主机的扭矩以及传递倒车时螺旋桨的拉力。螺栓传递扭矩的方式有两种：

一是通过它将两法兰夹紧，利用法兰面上的摩擦作用来传递转矩，夹紧力来源于扭力扳手或液压螺母，前者采用普通螺栓，后者为液压拉伸螺栓。

二是使螺栓与螺栓孔之间紧密配合，依靠螺栓承受剪切作用来传递转矩。铰制孔螺栓和带内套的张紧螺栓属于此类。

(1) 铰制孔螺栓安装

铰制孔螺栓的安装方法有压入法和低温冷装（简称冷装）法。压入法和冷装法最低过盈量一般为零，通常过盈量为 0.01~0.02 mm。

①压入法安装

a. 安装前，应将螺孔、螺栓清洗干净，并涂上清洁的机油。

b. 将螺栓装进螺孔后，用铅锤或紫铜锤轻轻敲击螺栓头部，将螺栓敲入孔内。如果用普通手锤敲击，则要在螺栓头部垫上紫铜或黄铜板，以免击伤螺栓。

c. 螺母旋紧后，螺栓头部和螺母与法兰平面接触紧密，0.05 mm 塞尺在 90%周长上插不进。

d. 螺栓的螺纹部分应缩进孔内 1~2 牙。

e. 对锥形螺栓，锥体与锥孔的配合应紧密，用色油检查，接触面积在 75%以上。

f. 锥形螺栓头部露出孔的长度，力求使每个螺栓都相等。

g. 所有螺栓、螺母及法兰螺孔均应编号，以便于安装。

h. 轴上船以前，要将螺栓全部拆下，并在螺栓、螺孔上涂抹机油，以免生锈。

②冷装法安装

螺栓放入冷冻箱前应做好清洗工作，螺孔也须同样清洁干净，并喷上二硫化钼油脂；待螺栓冷冻温度时间达到要求后立即从冷冻箱中取出放入螺栓孔中，将螺帽随手拧紧；待螺栓温度回升到室温（一般需 8~12 h）后，用扳手拧紧螺帽，穿好开口销。

冷装法一般采用液氮或干冰作为介质。其冷却时间一般参照经验值，如表 5.38 所示。

表 5.38　冷却时间

冷却介质	螺栓温度/℃	冷却时间(1 mm 螺栓直径)/min
干冰	-50	0.5~0.6
	-70	1.0~1.2
液氮	-100	0.08
	-190	0.20

(2) 带内套的液压张紧螺栓安装

带内套的液压张紧螺栓由一个带有锥度的螺栓杆、内孔带有相应锥度的衬套及两只紧定螺母组成。安装到位后，螺栓与螺栓孔之间为紧配合，通过螺栓自身的剪切力及法兰之间的磨擦力来传递扭矩。如图 5.90 所示。

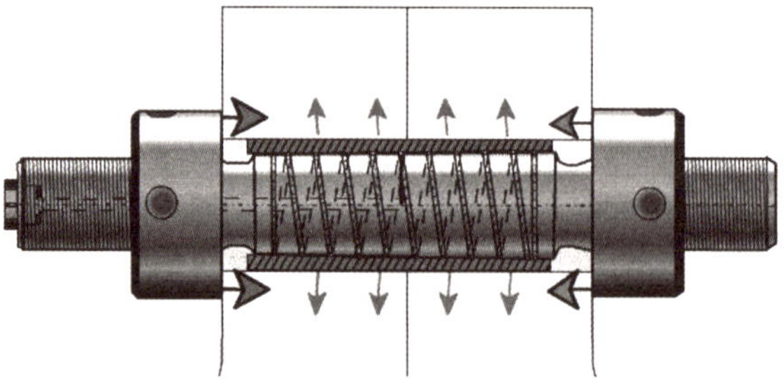

图 5.90　带内套的液压张紧螺栓示意图

带内套的液压张紧螺栓的主要有以下特点：

①螺栓和相配合的螺栓孔间存在一定的间隙，视螺栓直径的不同，在 0.04~0.10 mm 内变化，液压张紧螺栓拆卸后，其带斜锥的螺栓杆身、中间锥套内外圆以及联轴器内孔等配合部位均保持原有表面粗糙度，故可反复使用。而传统紧配螺栓多次拆卸后，配合部位比较容易拉毛而报废。

②液压紧配螺栓不要求螺栓孔有精确的公差和螺栓加工，SKF 对孔的表面粗糙度要求仅为 *Ra*3.2 μm，大大方便了内孔和螺栓的加工。

③如图 5.91 所示为带内套的液压张紧螺栓安装示意图。

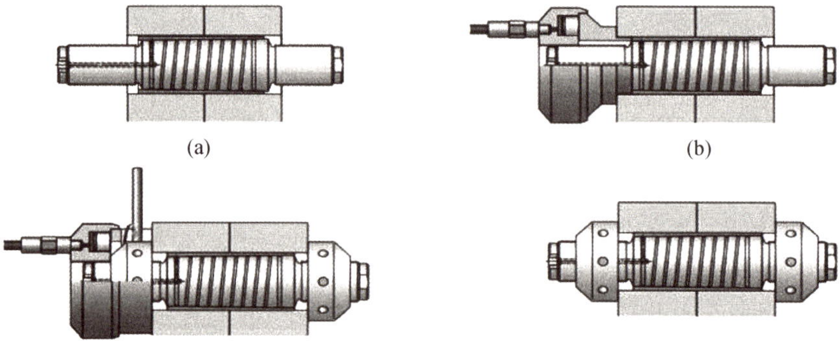

(a)　(b)　(c)　(d)

图 5.91　带内套的液压张紧螺栓安装示意图

其工艺过程如下：

a. 首先将套与螺栓装配好，再将其整体插入加工好的法兰孔中，注意套的安装位置和方向，如图 5.91(a)所示。

b. 锥套的定位：将定位环插入螺栓孔中(在螺栓长螺纹端)，安装液压拉伸装置，进行第一次拉伸，将锥套压到位。当压力到达预定值后，卸压，卸去液压拉伸器和定位环。定位环的作用是实施螺栓在锥套内孔中的轴向拉伸，形成中间锥套外圆的径向扩张，同时决定中间锥套在相配内孔中的轴向定位，其轴向尺寸应保证拉伸后中间锥套处于法兰组中间位置，并避免拉伸后螺栓的螺纹退刀槽露在法兰端面外侧。如图 5.91(b)所示。

c. 螺母预紧：拧上螺杆两端的两只螺母，用扳手紧固，然后在拉伸一侧装上液压拉伸器，进行第二次拉伸，当压力上升到设计值后即拧紧螺母，其后卸压，螺杆缩短，螺母即预紧。如图 5.91(c)所示。

d. 卸除液压拉伸器等附件，安装结束。如图 5.91(d)所示。

由于安装时螺栓和中间锥套的锥部配合起始点难以有效确定，实际操作中螺栓的轴向拉伸量难以控制，故安装时以油压作为安装质量检验的主要依据，而油压也直接决定了螺栓拉伸到位后中间锥套外圆在法兰螺栓孔中的过盈值。油压的具体数据由螺栓厂家提供。

拆卸时，可在法兰组原拉伸一侧装上液压拉伸器拉紧螺纹，待油压上升至规定之预紧压力或稍大于之，即可用扳手旋松螺母，卸压后即可卸去液压拉伸器和螺母。然后在螺栓的中部螺孔中接入高压油路，待油压上升至一定值后螺栓连同中间锥套即自行松脱。

安装中注意事项如下：

a. 安装时可使用颗粒大小约为 0.5 μm 的二硫化钼或单质碳与油的混合物。

b. 液压油的选用按照螺栓厂家要求。一般为清洁的液压油或透平油，不可使用气缸滑油之类的碱性油，以免损坏支承环。

c. 油压按照螺栓厂家要求。

(3)液压拉伸螺栓安装

液压拉伸螺栓与螺栓孔之间有间隙，通过将两法兰夹紧，利用法兰面上的摩擦作用来传递转矩，夹紧力来源于液压螺母。

如图 5.92 所示为液压拉伸螺栓安装示意图。

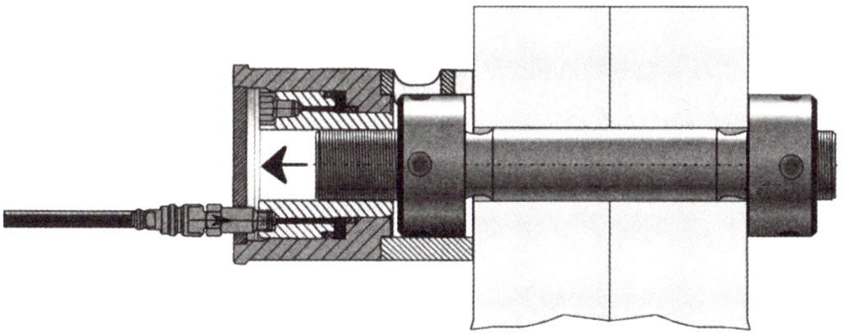

图 5.92　液压拉伸螺栓安装示意图

安装过程可以分为三个阶段：

①初始位置：将液压螺栓拉伸器旋入螺栓。当开始增大液压压力后，油缸里的活塞开始上升，推动拉伸头向上移动，开始拉伸螺栓。

②伸长和压缩：当液压压力增加时，轴向拉伸力将拉长螺栓，螺母因螺栓的伸长而与法兰接触面脱离开来。当达到要求的预紧力时，停止加压。

③拧紧螺母：当达到要求的预紧力后，可用拨棍拧紧螺母。此时，轴向预紧力被保留在螺栓里。泄压后取下液压螺栓拉伸器，螺栓的弹性回复力将使两法兰的接触面压紧。

(4)普通螺栓安装

普通螺栓又称穿螺栓或毛螺栓，一般市购，多选用高强度螺栓，如《六角头螺栓》(GB/T 5782—2016)8.8 级或 10.9 级，配套的螺母多采用开槽螺母、变形螺母等。

普通螺栓的安装一般使用扭力扳手，扭力计算按照船舶规范或者参考《机械设计手册》

中螺纹连接之预紧力计算的相关条款进行,并报船级社审核。

6. 轴系连接螺栓安装检验

在主机轴系找中完成后,应对中间轴法兰与主机输出轴法兰螺栓孔进行加工,此项加工一般在现场进行。

(1)检验内容

①铰孔前法兰校中检验;

②铰孔加工检验;

③螺栓加工检验;

④轴系过盈配合螺栓安装检验。

(2)检验方法与要求

①法兰校中

中间轴前法兰与主机输出轴法兰铰孔前,应用临时螺栓将两法兰拉拢,并调整两个法兰外圆同轴度。其方法是用两只百分表测量法兰的外圆,转动主机轴系,观察百分表上读数,要求偏移不大于 0.03 mm。调整时,调整量要尽可能地小。调整后,须经检验员确认后再进行铰孔,校调时检验员应做好原始记录。

②铰孔加工

铰孔加工要求参见表 8.14 的规定,孔表面粗糙度应符合图样要求,螺栓孔应顺锥度。

用内径分厘卡测量孔的直径、圆度及圆柱度,应符合要求。

③螺栓加工

按照已加工好的法兰螺栓孔尺寸,确定螺栓与孔的配合过盈量,进行螺栓加工。螺栓加工的技术要求参见表 8.14 的规定,螺栓表面粗糙度按图样要求。使用外径千分尺测量螺栓外圆尺寸、圆度及圆柱度,应符合要求。

过盈配合的螺栓与螺栓孔的接合面应不少于 75%。

检验方法:将螺栓敲入螺栓孔(敲入时螺栓及螺栓孔表面应涂牛油白漆),然后再将螺栓敲出,检查螺栓及螺栓孔表面的接触亮点。由于此项检验工作劳动强度高,螺栓敲进敲出又容易造成表面拉毛,为此一般仅做部分抽检,或者不抽检。用冰冻螺栓法安装的螺栓,不进行此项检验。

对于过盈配合螺栓的螺纹加工以及连接螺栓的制造检验等,可参见本章(九)螺旋桨轴的加工和安装的有关内容。

④轴系过盈配合螺栓安装

a. 螺栓孔和螺栓清洗后,在螺栓孔与螺栓表面涂上一层二硫化钼油脂,用锤将配合螺栓敲进去(为防止螺栓敲坏,在螺栓后端面应垫衬紫铜块或直接用紫铜锤敲击安装),待全部螺栓被敲紧后,拧紧螺帽,穿好开口销。这种方法普遍用于中小型船舶。

b. 用冰冻法安装螺栓,其解质可以用干冰或液氮(氮的温度可低于-100 ℃,干冰的温度可达到-80~-70 ℃,根据实船使用,已完全能满足安装要求)。螺栓冷却的程度,通常可按螺栓直径及需要冷却的温度来确定,可参见表 5.39。

表 5.39　螺栓安装前冷却时间

冷却介质	螺栓温度/℃	冷却时间(1 mm 螺栓直径)/min
干冰	-50	0.5~0.6
	-70	1.0~1.2
液氮	-100	0.08
	-190	0.20

螺栓放入冷冻箱前应做好清洗工作(螺孔也须同样清洁干净)，并喷上二硫化钼油脂，待螺栓冷冻温度时间达到要求后，立即从冷冻箱中取出，放入螺栓孔中，将螺帽随手拧紧，待螺栓温度回升到室温后（一般需 8~12 h），用扳手拧紧螺帽，穿好开口销。

模块六

船用齿轮箱安装工艺

一、学习情景描述

1. 教学情景描述:同学们进入主机舱,观察与主机和齿轮箱的连接方式,观察齿轮箱的外形;

2. 关键知识点:齿轮箱;

3. 关键技能点:齿轮箱安装工艺。

二、学习目标

1. 了解船用齿轮箱工作原理;
2. 了解船用齿轮箱技术指标;
3. 掌握船用齿轮箱结构;
4. 掌握船用齿轮箱安装工艺。

三、任务书

班级		组号		指导教师	
组长		学号			

表(续)

<table>
<tr><td>组员</td><td>
<table>
<tr><th>姓名</th><th>学号</th><th>姓名</th><th>学号</th></tr>
<tr><td></td><td></td><td></td><td></td></tr>
<tr><td></td><td></td><td></td><td></td></tr>
<tr><td></td><td></td><td></td><td></td></tr>
<tr><td></td><td></td><td></td><td></td></tr>
<tr><td></td><td></td><td></td><td></td></tr>
<tr><td></td><td></td><td></td><td></td></tr>
<tr><td></td><td></td><td></td><td></td></tr>
</table>
</td></tr>
<tr><td>任务分工</td><td></td></tr>
</table>

四、获取信息

引导问题1:船舶齿轮箱与主推进柴油机、螺旋桨轴匹配,与螺旋桨一道,构成船舶主推进系统,是动力传动系统中的重要装置;具有倒顺、离合、减速和承受螺旋桨推力的作用,广泛应用于各种客货轮船、工程船、渔船、近海和远洋船舶以及游艇、警用艇、军工舰船等,是船舶工业的重要关键设备。

1. 齿轮箱有________和______功能,统称变速功能;也有改变________功能。

2. 船用齿轮箱及齿轮换向器的工作原理:

____

____

____

____

3. 船用减速齿轮箱的主要性能一般以__________、__________、__________、__________、__________、__________、__________、__________、__________、__________等表示。

引导问题2:船舶齿轮箱形式多样,可以按工况、传动形式、结构形式、传动级数分类。

1. ____,称为异心齿轮减速箱。

2. 下图(a)为__________齿轮箱,(b)为__________齿轮箱。

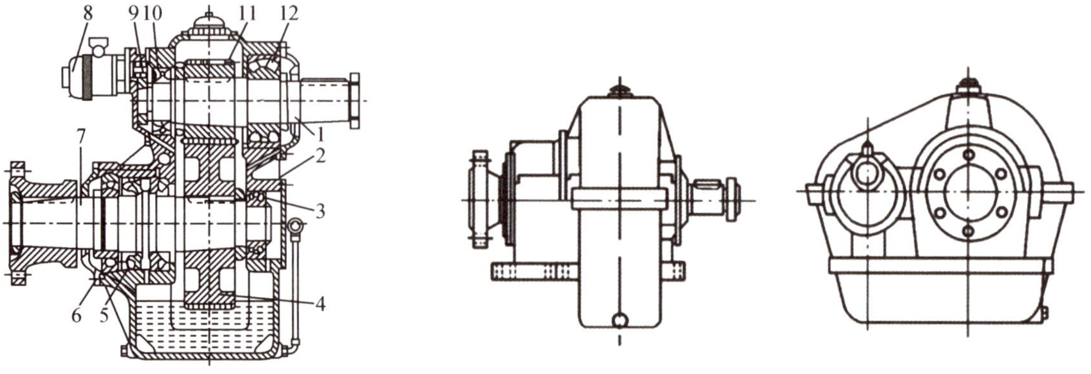

(a)　　　　　　(b)

引导问题 3：船用齿轮箱的安装需要做好充足的准备，请同学们描述船用齿轮箱的安装要素：

1. ____。
2. ____。
3. ____。
4. ____。
5. ____。

引导问题 4：船用齿轮箱的安装工艺要求相当高，请同学们描述船用齿轮箱的安装工艺要求：

1. 主机基座精度要求

(1)基座腹板距船体中心线偏差为________。

(2)基座面板平面度________，允许局部，分散，少量超标。

(3)基座面板与船体基线高度偏差________，外板外倾斜度________。

2. 主机吊装和初步定位符合________要求。

3. 主机________、________符合主机制造厂的要求。

4. 主机齿轮箱________浇注合格。

5. 主机地脚螺栓、主机侧向支承符合主机齿轮箱要求。

引导问题 5：船用齿轮箱的吊装需要严格的程序，请同学们描述船用齿轮箱的吊装要求：

1. ____。
2. ____。
3. ____。
4. ____。

五、评价反馈

各组代表展示作品,介绍任务完成情况,并完成评价表。

学生自评表

任务	完成情况记录
任务是否按计划时间完成	
相关理论完成情况	
技能完成情况	
材料上交情况	
收获	

学生互评表

序号	评价项目	小组互评	教师评价	总评
1	任务是否按时完成			
2	材料上交情况			
3	任务完成质量			
4	语言表达能力			
5	小组成员合作情况			

教师评价表

序号	评价项目	小组互评	教师评价	总评
1	学习准备			
2	引导问题填写			
3	规范操作			
4	完成质量			
5	关键操作要领掌握			
6	完成速度			
7	参与讨论主动性			
8	沟通协作			
9	展示汇报			
10	5S 管理(如有)			

注:评价档次统一采用 A(优秀)、B(良好)、C(合格)、D(努力)4 档。

六、学习情境的相关知识点

船用齿轮箱的安装是造船过程中一项十分重要的内容,而且必不可少。其每一个工艺流程都有着一定的规范要求,是一种需要耐心和丰富的实际工作经验的工作。而随着现在船舶向着大型化发展并伴随着各种技术指标的要求不断提高,打破了传统的靠眼力和现场施工工人经验的格局,一些精确的机械和仪表逐渐地深入造船的每个环节。而随着社会的进步,船舶行业的产业的调整和竞争的加剧使得世界各国都在提高船舶工艺要求和缩短造船周期,从而船用齿轮箱的高精度安装和良好的工作效率已经成为造船行业的发展方向。

(一)船用齿轮箱概述

船用齿轮箱是通过齿轮系使发动机的功率传给螺旋桨的传动设备,具有倒顺、离合、减速和承受螺旋桨推力的作用,广泛应用于各种客货轮船、工程船、渔船、近海和远洋船舶以及游艇、警用艇、军工舰船等,是船舶工业的重要关键设备。船用齿轮箱除了用于传动螺旋桨外,还可用来传动发电机和其他辅助机械。

在推进装置中,如果采用的船舶主机转速高于所需要的螺旋桨转速,则应采用齿轮减速传动设备,这种起减速作用的传动设备称为船用减速齿轮箱。

有些用于不可逆转的主机组成的推进装置中,既要减速,也要桨的反转运行,则应采用齿轮减速、倒顺传动设备,这种起减速、倒顺作用的传动设备称为船用减速-倒顺齿轮箱。

有些推进装置中,一方面要满足减速倒顺的要求,另一方面需要发动机与桨能随意接合或脱离,满足离合的要求,这需要在减速-倒顺齿轮箱内装离合器。这种能起离合、倒顺、减速作用的传动设备称之为离合-倒顺-减速齿轮箱。在我国内河和沿海的小型船舶上,多半采用不可反转高速柴油机作为主机,一般都配有离合-倒顺-减速齿轮箱。

为了提高螺旋桨效率、提高能源利用率和扩大中速柴油机的使用范围,齿轮箱在中速柴油机推进装置中的应用日益增多。

(二)齿轮箱主要性能指标

1. 船用齿轮箱的工作原理

船用齿轮箱与主推进柴油机、螺旋桨轴匹配,与螺旋桨一道,构成船舶主推进系统,是动力传动系统中的重要装置。

齿轮箱有加速和减速功能,统称变速功能;有改变传动方向功能,即用两个扇形齿轮可以将力垂直从一个轴传递到另一个转动轴;有改变转动力矩功能,同等功率条件下,速度转得越快的齿轮,轴所受的力矩越小,反之就越大;有离合功能,即可以通过分开两个原本啮合的齿轮,达到把发动机与负载分开的目的;有分配动力功能,如近海供应船主机输出端通过齿轮箱带动功率分支轴(PTO)、对外消防泵、推进螺旋桨等。

船用齿轮箱及齿轮换向器的工作原理：主要使用功率较大的船用倒顺齿轮，顺车时，顺车油腔进油，活塞在油压下压紧顺车摩擦片，动力由顺车齿轮传到从动轴而实现顺车。倒车时，倒车油腔进油，活塞在油压作用下压紧倒车摩擦片，动力由倒车齿轮通过介轮传到从动轴实现倒车。船用减速齿轮箱作用如下：

(1)提高推进效率，可以使螺旋桨更充分地吸收主机功率，增加螺旋桨的推力，达到节能和提高经济效益的效果。

(2)改善船舶操纵性能，机动性好。装有可逆转齿轮箱，可由齿轮箱换向，齿轮箱换向比主机换向更可靠、更灵活，主机不用停车即可换向，能更好地保护主机，延长主机寿命。

2. 船用齿轮箱主要技术指标

船用减速齿轮箱的主要性能一般以标定传递能力、标定输入转速、输入与输出轴的转向、减速比、标定螺旋桨推力、中心距、允许工作倾斜度、换向时间、操纵方式及质量与尺寸等表示。

(1)标定传递能力

一般是以齿轮箱的标定功率(也称额定功率)和标定转速之比来表示，即 P'_n/n'_n，在标定工况时，它等于主机的 P_n/n_n。其标定转矩表达式为

$$M=9.55\frac{P'_n}{n'_n}=9.55\frac{P_n}{n_n}\quad \text{kN}\cdot\text{m}$$

它是齿轮箱工作能力大小的技术指标，也是选配齿轮箱的重要依据之一。

(2)标定输入转速

标定输入转速是齿轮箱输入轴所允许的最大转速，单位是 r/min。

(3)输入与输出轴的转向

输入轴转向的选配必须考虑主机的转向；输出轴转向的选配必须考虑螺旋桨的旋向。不然在使用中就会出问题，必须引起重视。

(4)减速比 i

一般齿轮箱输入轴(主动轴)的转速 n_1 与输出轴(从动轴)的转速 n_2 的比值称为转速比或传动比。但船用齿轮箱都是减速传动，所以它的转速比通常称为减速比。减速比也等于输出齿轮的齿数 Z_2 与输入齿轮的齿数 Z_1 之比。于是：

$$i=\frac{n_1}{n_2}=\frac{Z_2}{Z_1}$$

选择合适的减速比，使螺旋桨与船舶匹配合理，是提高船舶经济性的主要途径之一。一般用名义减速比表示。

(5)标定螺旋桨推力

标定螺旋桨推力即为齿轮箱推力轴承所能承受的螺旋桨推力，与此对应的也有倒车推力，国外齿轮箱一般正、倒车推力相同。标定螺旋桨推力的单位是 kN。

(6)中心距

齿轮箱输入、输出轴之间的距离称为中心距。两轴的位置有同轴同心、垂直异心、水平异心、角向异轴异心等。

(7)允许工作倾斜度

一般齿轮箱允许纵倾 10°,横倾 15°。

(8)换向时间

齿轮箱从正车换向到倒车,或相反换向,所需的时间为换向时间,一般小于或等于 10 s。

(9)操纵方式

操纵方式是指使齿轮箱处于正、倒或空车位置的操纵方式。一般有机械人力操纵及液压操纵两种。

(10)质量与尺寸

质量一般指齿轮箱的干质量,尺寸是指外形尺寸,用于选配、布置等。

(三)船用齿轮箱结构和类型

船用齿轮箱(图 6.1)形式多样,常见的有减速齿轮箱、离合减速齿轮箱、倒顺车和离合减速齿轮箱、多速齿轮箱、多分支传动齿轮箱、多机并车齿轮箱、燃柴联合动力传动齿轮箱等;按工况可分为:轻载荷、中载荷与重载船用齿轮箱。从传动形式上有定桨距传动齿轮箱、变桨距传动齿轮箱;结构形式上则有平行轴传动、角度传动,有同中心、水平异中心、垂直异中心齿轮箱等;按传动级数分为:单级传动齿轮箱、双级传动齿轮箱、多级传动齿轮箱。

图 6.1　大型船用齿轮箱

1. 单级异心式齿轮减速箱

齿轮减速箱输入轴与输出轴中心线不在同一直线上的减速齿轮装置,称为异心齿轮减速箱。

(1)垂直异心齿轮减速箱(图 6.2(a))

垂直异心齿轮减速箱的输入轴与输出轴在同一垂直平面。垂直异心布置的齿轮减速箱占机舱面积小,宜在艉机型船上采用,但主机中心升高,影响船舶稳定性,箱壳有时会影响双层底结构。

(2)水平异心齿轮减速箱(图 6.2(b))

水平异心齿轮减速箱的输入轴与输出轴在同一水平面上。其布置为主机重心低,对中部机舱和双机双桨的动力装置布置较方便,两主机间距离易保证,但水平方向占机舱面积大,在单机单桨船上选用时,主机在机舱中横向偏置一个距离,对机舱布置的对称性有些不利。

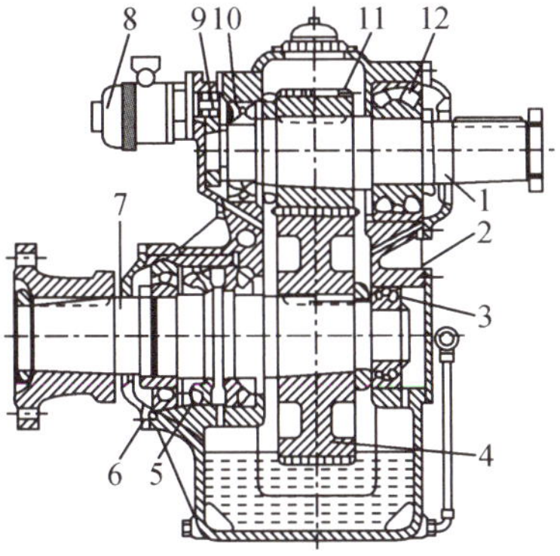

(a)垂直异心齿轮减速箱

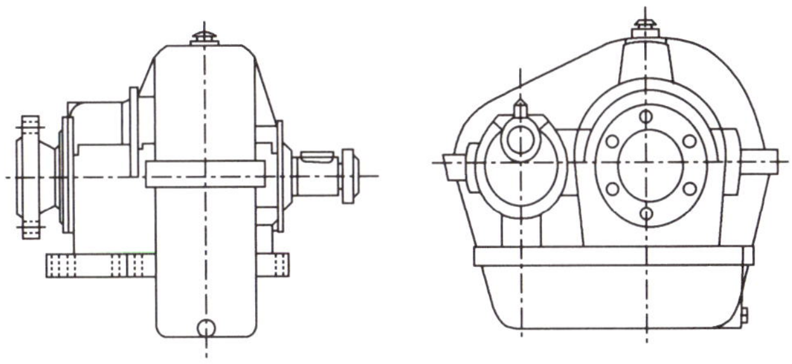

(b)水平异心齿轮减速箱

1—主动轴;2—箱体;3—从动轴支承轴承;4—从动轴齿轮;5—从动轴止推轴承;
6—从动轴支承轴承;7—从动轴;8—润滑油泵;9—油泵的传动齿轮;
10—主动轴支承轴承;11—主动齿轮;12—主动轴止推轴承。

图 6.2　单级异心式齿轮减速箱

2. 双级同心式齿轮减速箱

双级同心式减速齿轮箱具有减速,承受螺旋桨推力的作用。用这种齿轮箱传动有利于降低主机重心,改善船舶稳性,并且便于机舱布置。

该齿轮减速箱主要由箱体 1、输入轴 6 及输入轴齿轮 7、中间轴 3 及中间轴齿轮 2 和 17、输出轴 13 及输出轴齿轮 10 等组成。输入轴上有支承轴承 8 和止推轴承 5,输出轴上有支承轴承 12 和止推轴承 11,中间轴安装有止推轴承 4 和 16,起支承和止推作用。

主机功率通过输入轴 6 及其上的小齿轮 7,传给第一级减速的大齿轮 2,然后通过与第一级减速大齿轮同轴的第二级减速小齿轮 17 传给装于输出轴的第二级减速大齿轮 10,从而通过输出轴 13 及轴系驱动螺旋桨。如图 6.3 所示。

3. 双机并车齿轮减速箱

如图 6.4 所示的减速箱,有两根输入轴 2,一根输出轴 5,垂直异心布置,可以作为双机并车用齿轮减速。图 6.4(a)是总装图,图 6.4(b)和图 6.4(c)分别是输出和输入部分的结构图。输入轴小齿轮 3 安装输入轴上,由滑动轴承 6 支承。输出轴大齿轮 4 装在输出轴 5 上,由滑动轴承 6 和 8 支承。输出轴上有推力环,推力环两侧有推力轴承 7,承受螺旋桨推力。箱体共分三段,中箱体为铸铁结构,上箱体及下箱体均为焊接结构。

两台发动机通过匹配的摩擦离合器(图中未示出)驱动输入轴 2、输入轴小齿轮 3。小齿轮再通过在同一平面内布置的输出轴大齿轮 4 将扭矩传递到螺旋桨,实现功率传递和减速。螺旋桨的推力由推力轴承 7 承受,并通过箱体 1 传给船体。

4. 离合倒顺减速齿轮箱

离合倒顺减速齿轮箱如图 6.5 所示,在齿轮箱中安装了湿式多片式摩擦离合器,其结构工作原理如下。图中顺车离合器外壳 6 和输入轴 4 相连,为离合器的主动部分。主动摩擦片组 8 通过花键和离合器外壳 6 相连。这些摩擦片可以沿轴向移动,同时随离合器外壳 6

一起旋转。从动摩擦片组 7 也通过花键与空心套轴 9 相连。空心套轴 9 通过滚动轴承 11 套在输入轴 4 上,使空心套轴 9 相对于输入轴 4 能自由转动而互不相关。空心套轴 9 上装减速小齿轮 10,它和输出端大齿轮 15 相啮合。而输出端大齿轮 15 则通过输出轴法兰 14 与装有螺旋桨的轴系相连。

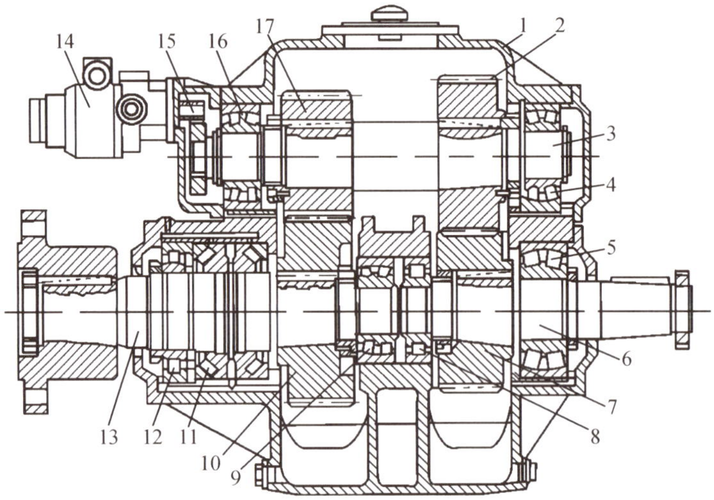

1—箱体;2,17—中间轴齿轮;3—中间轴;4,16—中间轴止推轴承;5—输入轴止推轴承;6—输入轴;7—输入轴齿轮;8—输入轴支承轴承;9—输出轴止推轴承;10—输出轴齿轮;11—输出轴止推轴承;12—输出轴支承轴承;13—输出轴;14—润滑油泵;15—油泵传动齿轮。

图 6.3　双级同心式齿轮减速箱

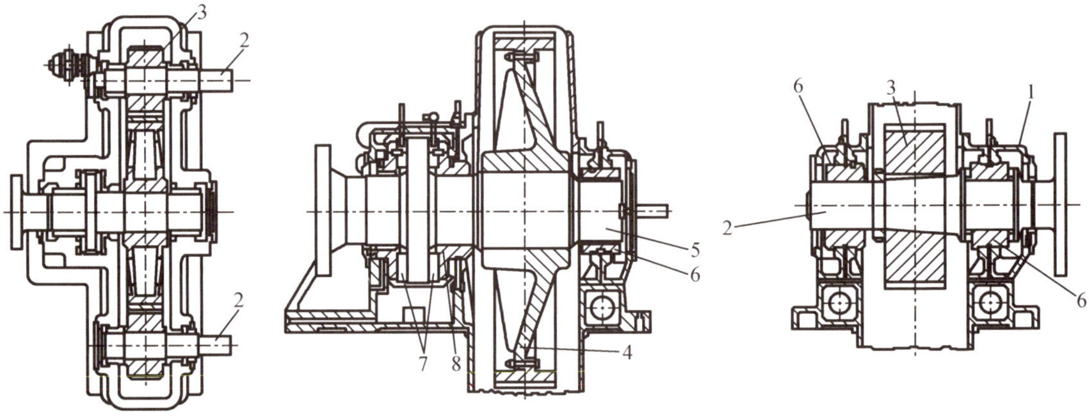

(a)总装图　(b)输出部分结构图　(c)输入部分结构图

1—箱体;2—输入轴;3—输入轴小齿轮;4—输出轴大齿轮;5—输出轴;6,8—滑动轴承;7—推力轴承。

图 6.4　双机并车齿轮减速箱

顺车时,高压油自输入轴 4 中的油孔 12 进入离合器外壳 6 和活塞 1 之间的油缸中,使活塞 1 向右移动,一方面把返回油缸 2 和离合器外壳 6 之间的低压油从轴中孔 13 排出,另一方面把主、从动摩擦片压紧,使顺车离合器接合。此时,倒车离合器 17 处于脱离状态,发动机的转矩,就经输入法兰 3、输入轴 4、离合器外壳 6、主动摩擦片组 8、从动摩擦片组 7、空心套轴 9、减速小齿轮 10、再经输出端大齿轮 15、通过输出轴法兰 14 传给螺旋桨轴，使螺旋桨正转。

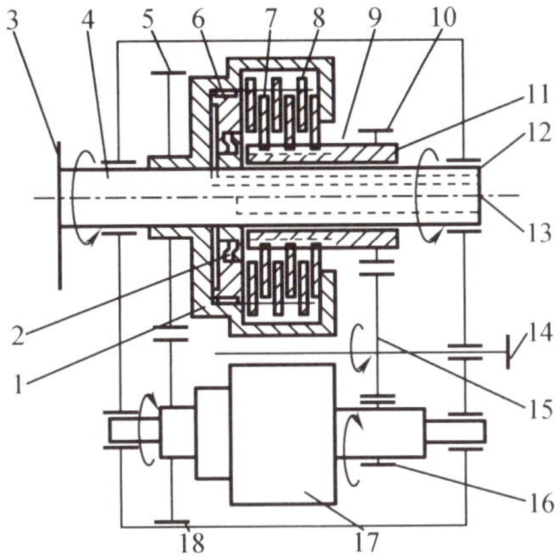

1—活塞；2—油缸；3—输入法兰；4—输入轴；5，18—倒车大齿轮；6—离合器外壳；7—从动摩擦片组；8—主动摩擦片组；9—空心套轴；10—减速小齿轮；11—滚动轴承；12—油孔；13—轴中孔；14—输出轴法兰；15—输出端大齿轮；16—倒车小齿轮；17—倒车离合器。

图 6.5　离合倒顺减速齿轮箱

倒车时，顺车离合器脱开，倒车离合器接合，发动机的转矩由输入法兰 3、输入轴 4、倒车大齿轮 5 和 18、倒车离合器 17、倒车小齿轮 16 再经输出端大齿轮 15，通过输出轴法兰 14 传给螺旋桨轴，使螺旋桨反转。

(四) 船用齿轮箱的形式和选型

1. 船用齿轮箱形式

目前国内由专业厂家生产的船用齿轮箱有两类：一类是我国自行设计制造的产品，如四川、杭州、旅顺、随州等地齿轮箱厂的产品；另一类是由四川、杭州等地齿轮箱制造企业分别引进德国罗曼-施托尔德福特公司设计、制造，获转让许可证生产的 GW、GC 族系和 GVA、GUS 系列产品。

下面对引进产品做简要介绍：

(1) GW 族系

该族系有 GWC、GWD、GWS、GWH、GWL 和 GWK 6 个系列，根据传递能力不同，每个系列又有 10 种型号。

各系列的主要特点是：GWC、GWD、GWS 和 GWH 4 个系列具有正倒、离合、减速和承受推力功能，倒车能传递全功率。

GWC 系列—2 级减速，输入和输出为同中心，运转方向相同，具有倒顺离合减速功能。

GWD 系列—1 级减速，输入和输出为角向异中心，运转方向相反，具有倒顺离合减速功能。

GWS 系列—1 级减速，输入和输出为垂直异中心，运转方向相反，具有倒顺离合减速功能。

GWH 系列—1 级减速，输入和输出为水平异中心，运转方向相反，具有倒顺离合减速功能。

GWL 系列—2 级减速，输入和输出为同中心，运转方向相同，仅有离合减速功能。

GWK 系列—1 级减速，输入和输出为垂直异中心，运转方向相反，仅有离合减速功能。

上述产品具有气控和电控二种操纵形式可供选择，并根据扭振计算，选用合适的高弹性联轴器。

下面列举 GW 族系船用齿轮箱 GWC 系列一种型号的技术参数。

型号：GWC28. 30、GWL28. 30 的技术参数如表 6. 1 所示。

表 6. 1　GWC28. 30、GWL28. 30 的技术参数

型号	输入转速 /(r/min)	减速比 i	传递能力 /[kW/(r/min)]	推力 /kN	净重 /kg
GWC28. 30 GWL28. 30	400~900	2. 0607	0. 781	80	1 230 1 070
	400~1 150	2. 5053	0. 642		
	400~1 350	3. 0800	0. 522		
	400~1 600	3. 535 3	0. 455		
	400~1 800	4. 052 6	0. 397		
	400~1 800	4. 535 1	0. 346		
	400~1 800	5. 091 8	0. 316		
	400~1 800	5. 586 1	0. 286		
	400~1 800	6. 136 8	0. 257		

其他船用齿轮箱的技术参数，可查询有关产品说明书。

(2) GC 族系

该族系有 GCS 和 GCH 2 个系列，均具有正倒、离合、减速和承受推力的功能。GCS 系列输入与输出轴垂直异心；GCH 系列输入轴与输出轴水平异心。各型都可以加装功率分支轴(PTO)，均自带机油冷却器和机油泵。正倒车操纵同 GW 系列。

(3) GVA 系列

此系列为双机并车所用的齿轮箱，具有正倒、离合、减速和承受推力功能，可加装功率分支轴(PTO)，输入和输出轴在同一水平面。

(4) GU 族系

GUS 系列具有正倒、离合、减速和承受推力的功能，可全速倒车，有功率分支轴，有直接输出(与主机转速相同，方向相反，且分支轴不能脱开)和间接输出(由皮带轮输出)两种。

GUP 系列具有离合、减速和承受推力的功能，无倒车功能，一般不带功率分支轴。

2. 船用齿轮箱选型

(1) 按推进系统形式选择减速齿轮箱的功能(表 6. 2)。

表 6.2　按推进系统形式选择减速齿轮箱的功能

推进系统形式	减速齿轮箱应具有的功能
不可逆转柴油机—减速齿轮箱—定距桨	减速带离合器、可逆转、内置推力轴承
不可逆转柴油机—减速齿轮箱—调距桨	减速、内置推力轴承
不可逆转柴油机—减速齿轮箱—调距桨（连轴带发电机）	减速、内置推力轴承、具有连轴带发电机传动装置
双机单桨	应采用双进单出并车齿轮箱

(2)按推进系统布置的尺寸要求选择减速齿轮箱的结构形式(表 6.3)。

表 6.3　按推进系统布置的尺寸要求选择减速齿轮箱的结构形式

推进系统的尺寸特征	减速齿轮箱结构形式
螺旋桨中心高低位置适中、机舱上下部位尺寸足够	可采用输入、输出在同一轴线上的减速齿轮箱
螺旋桨中心位置偏低、机舱下部受到结构限制	应采用高输入、低输出的垂直偏心减速齿轮箱
螺旋桨中心位置无法进一步降低、机舱高度有限制	应采用输入、输出在水平方向的水平偏心减速齿轮箱

(3)按船舶吃水、航速(螺旋桨直径)及主机转速大小考虑适当的减速比。

(4)算出传扭能力,即输入额定功率/输入转速。

(5)在所定型号的减速齿轮箱(注意船级社的不同)查出具体规格。

(6)在名义减速比的基础上进一步查出实际减速比。

(7)根据实际减速比核算具体规格的正确性,并核定减速齿轮箱实际输出转速。

(五)船用齿轮箱拆卸和组装

1. 拆卸齿轮箱按下列程序进行,装配时则按相反程序

(1)松开法兰接口的螺栓,有些泵头还需要松开底板螺栓及其他的连接管等。

(2)如果泵上装有安全阀,要松开安全阀与泵的连接螺栓,就能拆下安全阀了。

(3)拆下泵盖前,应做一个泵盖与泵体相对位置的标记,松开螺栓,拆下后盖。

(4)后盖垫片在观察后发现能继续使用时,应当小心拆下,方便组装时继续使用。

(5)拆除从动齿轮时,要观察销轴和轴套等易损零件的磨损程度,及时更换。

(6)驱动轮单元的拆卸:

①从泵体内拆除驱动单元组件。

②当进行此项维修工作时,不需要将泵从泵台上拆下,也不需要拆除连接管线,只需要将中间联轴器拆下。

③拆除泵体和轴承箱之间的连接螺栓。

④若这个泵不单有一个铸造支腿,还需要拆除轴承箱支腿螺栓,这时,驱动单元就可整体从泵体内取出;有时驱动单元很重,需要起重设备才能将其取出。

(7)拆卸球轴承组件:拆除球轴承锁紧螺母和垫片;拆除外轴承盖上的六角螺栓;拆除轴承盖和轴承;拆除固定内轴承盖的 3 个螺栓,拆除内轴承盖;拆除外轴承盖。

2. 船用齿轮箱拆卸和组装注意事项

(1)拆箱:拆箱的工作必须由富有经验、技术高超的专业人员来执行。要小心地把齿轮箱的包装拆除,包括所有在运输过程中起保护作用的装置,并要检查所有的齿轮箱零件是否完好,如果有任何的问题出现,要第一时间与生产厂家联系。

(2)排油、去除防腐剂:在安装齿轮箱前,要先排掉残存的油(由于防腐而沉积在箱体内的)和去除加工表面的防锈剂。

(3)要去除行星架内孔和主轴表面的油脂和灰尘,从齿轮箱上拆下来的收缩盘不需要在安装前分离和中心涂润滑脂,如果说是处在非常恶劣的环境下,就有必要进行清洗和涂油脂保护。如果在安装时对行星架进行加热会使主轴的安装变得非常的容易。在扭紧螺丝时必须要逐个进行。

(4)在齿轮箱的安装过程中不能对齿轮箱的高速轴、管轴及行星架等部位进行敲打、撞击,不能在未得公司同意的情况下对这些部位施加外部的轴向力和径向力,因为这些行为都有可能导致齿轮箱的损坏。

(5)加油:如果齿轮箱的润滑系统是单独提供的,必须在加油前保证润滑系统已经安装完毕以及管路连接完好。同时要注意的是,齿轮箱在加油时可能会有异物混入,所以在应使齿轮箱润滑过滤系统循环 24 h 以上。

(六)船用齿轮箱安装

1. 安装准备

(1)熟悉了解并掌握主机齿轮箱及其安装的所有设计图纸、产品安装使用说明书等技术文件。

(2)到仓库领取配套设备必须检查其完整性,并核对产品铭牌、规格、型号。

(3)检查设备的外观是否有碰擦伤、油漆剥落、锈蚀及杂物污染等。

(4)检查所有管口、螺纹接头等的防锈封堵状态。

(5)对检查完毕的配套设备必须有相应的保洁、防潮、防擦伤等安全措施。

(6)对基座、垫块、调整垫片等零部件必须按图纸等有关文件进行核对。

2. 人员

(1)安装人员应具备专业知识并经过相关专业培训、考核合格后,方可上岗。

(2)安装人员应熟悉本规范要求,并严格遵守工艺纪律和现场安全操作规程。

3. 工艺要求

(1)主机基座精度要求

①基座腹板距船体中心线偏差为±4 mm。

②基座面板平面度≤5 mm,允许局部,分散,少量超标。

③基座面板与船体基线高度偏差≤3 mm,外板外倾斜度 1∶100。

(2)主机吊装和初步定位符合图纸要求。

(3)主机曲柄差、轴承间隙符合主机制造厂的要求。

(4)主机齿轮箱环氧垫片浇注合格。

(5)主机地脚螺栓、主机侧向支承符合主机齿轮箱要求。

4. 工艺过程

(1)主机齿轮箱基座

①根据拉线照光结果,轴系与齿轮箱主机对中后,对主机齿轮箱底座与主机齿轮箱底座面板进行铰孔及钻孔,须检查主机齿轮箱机座下横向加强板的位置。

②钻孔作业后,消除毛刺,以保持安装时的良好贴合。下平面可以用 0.05 mm 塞尺进行塞检。

③回油管开孔时,应核对主机油底壳与图纸的正确性。

④按照图纸要求焊装侧向支承,接触面积不小于 70%,0.05 mm 塞尺允许插入深度不超过 10 mm;

⑤基座平面打磨清洁,抹上油脂。

(2)整机吊装

①吊装前,主机齿轮箱安装范围内应进行油漆报验(垫片位置除外)并核实机舱开口尺寸,拆去碰撞物。

②根据拉线、照光确定的主机齿轮箱环氧高度,调整主机齿轮箱顶高螺栓高度。

③为了确保吊装工作,必要时可拆去部分附件。

④清洁检查法兰平面,消除毛刺,涂上保养油。吊装时,须采取防碰撞措施。

(3)主机齿轮箱安装

①按图纸的要求,将主机侧向支承一一焊装到位,但必须注意安装方向,并给楔铁留有一定的拂配余量。

②浇注主机环氧垫片,参照环氧树脂供应商提供环氧浇注工艺:

a. 浇注前应仔细清洁机座底板平面和基座面板平面。

b. 在清洁机座、围海绵、搅拌环氧及浇注过程中,主机周围应无打磨、电焊、气割等工作的进行。

c. 环氧垫片的大小规格和布置,必须符合图纸的要求。

d. 浇注由环氧垫片服务商负责。

e. 浇注时,须同时浇注两块环氧垫片(50×50×50)mm 试样。

f. 待环氧 48 h 硬化后,取样检查环氧垫片的硬度(巴氏硬度>40、抗拉强度>93 N/mm^2)。

③主机齿轮箱底脚螺栓安装

a. 拆除顶升螺栓。

b. 安装底座螺栓所需扭力按图纸要求,螺栓拧紧顺序按中前后进行。

④测量曲轴拐挡差值。

模块七 船舶主机安装工艺

一、学习情景描述

1. 教学情景描述：同学们进入船舶的主机舱、舵机舱，观察艉部结构、主机结构和外形；
2. 关键知识点：船用柴油机整机安装、柴油机的分组吊船组装；
3. 关键技能点：船舶主机安装工艺。

二、学习目标

1. 了解船舶主机整机安装工艺；
2. 了解柴油机的分组吊船组装工艺；
3. 掌握船舶主机安装工艺；

三、任务书

班级		组号		指导教师	
组长		学号			

表(续)

<table>
<tr><td>组员</td><td>
<table>
<tr><th>姓名</th><th>学号</th><th>姓名</th><th>学号</th></tr>
<tr><td></td><td></td><td></td><td></td></tr>
<tr><td></td><td></td><td></td><td></td></tr>
<tr><td></td><td></td><td></td><td></td></tr>
<tr><td></td><td></td><td></td><td></td></tr>
<tr><td></td><td></td><td></td><td></td></tr>
<tr><td></td><td></td><td></td><td></td></tr>
<tr><td></td><td></td><td></td><td></td></tr>
</table>
</td></tr>
<tr><td>任务分工</td><td></td></tr>
</table>

四、获取信息

引导问题1:船用柴油机按其在船舶中的作用可分为主机和辅机。主机用作船舶的推进动力,辅机用来带动发电机、空气压缩机或水泵等。目前,大型船厂的起重设备和技术条件大都具备柴油机整体吊装的能力,所以一般都采用柴油机整体吊装的方法。。柴油机的整体安装节约了劳动力,加快了进度,提高了生产效率。柴油机的整体安装的工艺要点如下:

1. ________核算:机舱口的长、宽必须________柴油机的实际尺寸,其余量不得小于________ m(每边________ m),若舱口尺寸不够大时,必须扩大到需要的尺寸。

2. ________核算:应根据柴油机实际净重合理选择吊运设备,拖运设备必须具有一定的__________能力 。

3. ________核算:为了使主机吊装时受力均匀且平稳地就位于基座上,应将船体临时压载,使主机机座尽量处于水平位置。

4. ________核算:必须采用抗拉强度不低于________,直径不小于________的钢丝绳,总的安全系数不得小于________倍起吊质量。

5. ________核算:精确计算主机重心位置,便于在主机拖运过程中控制其最大允许________。

6. 起吊工具的准备。

引导问题2：船用柴油机整机吊装前需要做好一系列的准备工作，这样才能确保主机正确安装，请同学们简述整机吊装前机舱内的准备工作。

1. ____确定。

2. ____确定。

3. ____定位。

4. 在主机地坑的两侧用__________的扁铁烧焊，用于主机环氧树脂的浇注。

以上工作完成后，整个主机地坑需要浇注环氧树脂的表面要进行打磨除锈、去锈斑。完成后，用防锈油或牛油脂涂抹防锈。

引导问题3：分组吊船组装的准备工作也极为重要，也需要进行很多的准备工作，请同学们描述吊装前的准备工作：

1. 机座组件到厂后准备工作

(1) 机座两侧路台支架面板安装(两面从艏向艉各装________块)。

(2) 机座调整________的位置按图纸划出，并在机座两面________。

(3) 机座下平面可清洁的部位清洁后涂________。

(4) 机座上的机带除湿机开启，拆除________以备镗孔。

(5) 清洁机座________、________，________并用牛皮纸或橡皮封盖。机座内部________、________、________，涂抹轴瓦专用防锈油并用牛皮纸包好。使用除湿机保持机座内部干燥。

(6) 曲轴输出端法兰镗孔前平面清洁，转车机临时电源接通并能正常运转。

(7) 曲轴输出端法兰与中间轴连接后________。

(8) 镗孔后清除________。

(9) 主轴承盖、主轴承油孔应放置________，而且应经常检查，加注润滑油。

2. 机座吊船前准备工作

(1) 预先松妥____。

(2) 拆除____。

(3) 拆除____。

(4) 拆除____。

五、评价反馈

各组代表展示作品，介绍任务完成情况，并完成评价表。

学生自评表

任务	完成情况记录
任务是否按计划时间完成	
相关理论完成情况	
技能完成情况	
材料上交情况	
收获	

学生互评表

序号	评价项目	小组互评	教师评价	总评
1	任务是否按时完成			
2	材料上交情况			
3	任务完成质量			
4	语言表达能力			
5	小组成员合作情况			

教师评价表

序号	评价项目	小组互评	教师评价	总评
1	学习准备			
2	引导问题填写			
3	规范操作			
4	完成质量			
5	关键操作要领掌握			
6	完成速度			
7	参与讨论主动性			
8	沟通协作			
9	展示汇报			
10	5S 管理(如有)			

注:评价档次统一采用 A(优秀)、B(良好)、C(合格)、D(努力)4 档。

六、学习情境的相关知识点

主机是船舶航行的动力源,其安装质量将直接关系到船舶动力装置的正常运行和航行性能。主机的类型有柴油机、汽轮机和燃气轮机。主机类型不同,其结构和工作方式也有区别,应该按主机的特点选择安装工艺。

船用柴油机的热效率高、经济性好、启动容易、对各类船舶有很大适应性,产生以后很快就被用作船舶推进动力。至 20 世纪 50 年代,在新建造的船舶中,柴油机几乎完全取代了蒸汽机。船用柴油机已是民用船舶、中小型舰艇和常规潜艇的主要动力。船用柴油机按其在船舶中的作用可分为主机和辅机。主机用作船舶的推进动力,辅机用来带动发电机、空气压缩机或水泵等。船用柴油机一般分为高速、中速和低速柴油机。对于质量较轻、体积较小的主机或主机与减速箱构成的主机组,一般都采用整体吊装的安装工艺。但是对于大型柴油机,整体质量较大(例如 6 缸 80GF 为 515 t),如果是外厂订货,考虑到交通运输的方便性,都是拆成部件运输到船厂,再把部件分别吊运到舱内进行组装,即使是船厂造的主机也要在权衡厂内运输和吊运上船的可能性和经济性后,才能决定选择是整机吊装还是零部件吊装工艺。

主机直接传动时与轴系相连;间接传动时,通过减速器与轴系相连。对于间接传动的主机往往是先定减速器的位置,然后依据减速器的位置来定主机位置。

主机或减速器在船上安装时,与轴系的安装顺序有两种,一种是先装轴系,船舶下水后依轴系找正主机的位置安装主机。这种方法容易使主机的输出轴回转中心与轴系回转中心同轴,可以自由地找正主机位置。由于下水后安装主机避免了下水后船体变形对安装质量的影响,这种工艺长期以来被工厂采用。另一种是主机依据轴系实际中心线来定位安装。这种工艺可以使主机与轴系平行地进行安装,或者先于轴系安装,扩大了安装工作面,使主机定位后可以进行与主机相接的各种管系、附属设备等的安装工作,缩短了生产周期。但是此工艺往往难以避免船舶下水后船体变形带来的影响,而在轴系安装时因为主机位置固定,艉管艉轴也固定了,这两个固定后的相对偏差必须由轴系来“消化”,从而使约束条件增加,安装难度要大一些。对大批量的小型船舶,在掌握了变形情况,可以预先施以反变形时,采用这种工艺还是有益的。

主机安装必须保证主机与传动轴系的相对位置正确,并且在工作时保持这种相对关系,因此就必须保证主机及轴系的工作区域内,船舶结构的装配、上层建筑等质量较大的设备吊运安装等工作基本完成后,即形成一个稳定的基础,再进行主机及轴系的安装工作。主机在安装前必须完成下列工作:

(1)轴系主机工作区域内船体结构的装配、主机座的装配及焊接等项工作应全部结束,并经火工矫正;

(2)机舱及邻近的部位双层底、艉尖舱、油舱、水舱等密性试验全部结束,并经稳定 24 h

后方可施工;

(3)轴系区域主要的辅机座也已装配焊接完毕;

(4)船体垫墩、侧支承合理并牢固可靠,船体基线符合规定的技术要求,并提供船体基线的测量数据,而且还要在工作中定期检查基线的变化。

主机安装的工作内容包括以下几个方面:

(1)主机基座的检查与加工;

(2)主机或部件吊装后的校中定位;

(3)主机的固定;

(4)安装质量的检查。

(一)柴油机整机安装

低速重型柴油机的尺寸和质量都很大,安装工作有一定的难度。在柴油机的安装方面,考虑到各厂起重设备不同的情况,柴油机吊船安装一般分为整体吊装和分组吊装两种。

目前,大型船厂的起重设备和技术条件大都具备柴油机整体吊装的能力,所以一般都采用柴油机整体吊装的方法。只有一些起重设备能力较小的船厂(或因为运输条件的限制),受到起重设备能力的限制,只能采用柴油机分组吊装的方法。

柴油机的整体安装节约了劳动力,加快了进度,提高了生产效率。柴油机的整体安装的工艺要点如下。

1. 整机的吊装准备(图7.1)

整机的吊装准备
- 质量核算
- 外形尺寸核算
- 吊运能力的核算
- 高度核算
- 幅度核算
- 钢丝绳的负重核算
- 主机重心核算
- 起吊工具的准备

图7.1　整机的吊装准备

(1)质量核算

算出主机起吊时的净重,核算吊臂在所要求的幅度下的起重量(吊臂在不同的幅度下,起重机具有相应的起重量、跨距以及吊钩的起升高度)是否足够大于主机的质量。

(2)外形尺寸核算

机舱口的长、宽必须大于柴油机的实际尺寸,其余量不得小于0.3 m(每边0.15 m),若舱口尺寸不够大时,必须扩大到需要的尺寸。

(3)吊运能力的核算

应根据柴油机实际净重合理选择吊运设备,拖运设备必须具有一定的过载能力。核算时还需要考虑浮吊吊臂角度以及跨距大小对起吊能力带来的影响。在柴油机质量及外形尺寸过大的情况下,允许拆除增压器、柴油机两侧的路台支架以及部分动力管路。

(4)高度核算

为了使主机吊装时受力均匀且平稳地就位于基座上,应将船体临时压载,使主机机座尽量处于水平位置。根据临时压载水线至机舱口的高度和主机实际高度尺寸,核算浮吊的起吊高度,应满足在不影响起吊的情况下,还留有 1 m 的活动余量,以便于决定采用相应的挂钩形式和起吊工具。此时还应核算跨距,即根据机舱舱口中心到船舷的距离,选择浮吊最佳吊臂角度和跨距(用大型船坞造船,可不考虑压载和浮吊问题)。

(5)幅度核算

当主机从船侧(或船尾)吊入机舱时,应根据主机半宽(或半长)以及机舱开口中心至船侧(或船尾)的距离,核算起重机的幅度是否够用。

(6)钢丝绳的负重核算

必须采用抗拉强度不低于 1 600 MPa,直径不小于 60 mm 的钢丝绳,总的安全系数不得小于 5.5~7 倍起吊质量,其长度是根据浮吊最大吊钩高度、主机高度、吊装工具高度和机舱高度等因素来考虑,在有充分高度余量的情况下,钢丝绳越长越好,角度越小越安全。

(7)主机重心核算

精确计算主机重心位置,便于在主机拖运过程中控制其最大允许倾斜角,也便于正确选择钢丝套的受力部位,使吊钩垂直通过主机重心,从而使吊装时钢丝绳受力均匀,吊装平稳。

(8)起吊工具的准备

起吊设备以使主机在吊运时受力均匀、平稳为原则,一般多数采用箱式横梁结构(图 7.2),它是利用主机的贯穿螺栓作为负荷支承点,将横梁用特制螺栓与贯穿螺栓头部的剩余螺纹相连接,钢丝绳套挂在横梁的 4 个销轴上。4 个销轴的位置必须根据主机重心位置来选择,使主机贯穿螺栓只受垂直拉力,吊运时的弯曲及扭曲力矩均由吊梁承受,以防止主机变形。

2. 整机吊装前机舱内的准备工作

(1)主机底脚螺栓孔的确定

机舱内在主机下面左、右各有两点基准(在拉线望光时已确定),用作主机底脚螺栓孔的划线。通过主机安装图上的尺寸用卷尺、圆规、样冲来确定主机底脚螺栓孔的位置,并按尺寸进行预钻孔。钻孔后要求打磨上、下两平面,修除毛刺。

(2)主机端部、侧向支承基座的确定

通过主机安装图上标出的柴油机自由端端部、侧向支承基座的位置来定位。烧焊完毕后,要用小平板来研拂其表面(要求平整,用色油检查接触面均匀,接触面不小于 70%)。

(3)中间轴承底座及校中用临时支架的定位

由于整机吊装前,中间轴要预先放入指定位置,中间轴承可以设法与中间轴承轴颈紧固后一并吊入,所以要将中间轴承底座及校中用的临时支架,根据望光拉线中所得的数据,先做出其高低尺寸,其前、后位置根据主机安装图定位烧焊。各加强支承、临时油泵架烧焊完毕,记录艉轴法兰前平面到艉管平面的长度尺寸。

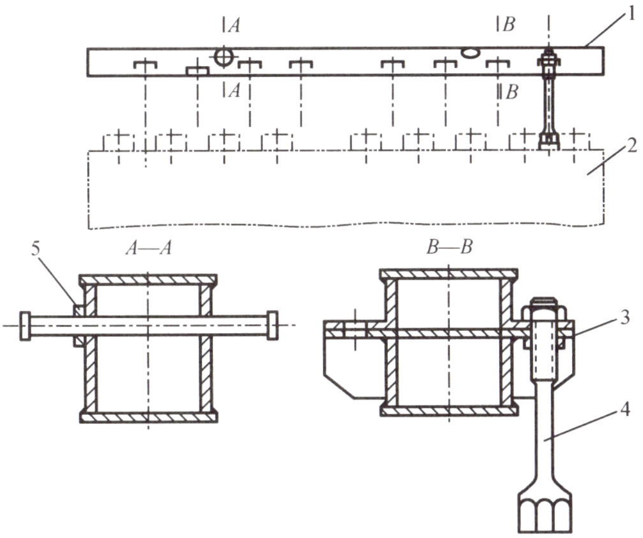

1—横梁吊架;2—主机;3—圆螺母;4—螺栓;5—调整垫片。

图 7.2　箱式横梁结构

(4)环氧树脂的浇注

在主机地坑的两侧用 6×30 mm 的扁铁烧焊,用于主机环氧树脂的浇注。

以上工作完成后,整个主机地坑需要浇注环氧树脂的表面要进行打磨除锈、去锈斑。完成后,用防锈油或牛油脂涂抹防锈。

3. 整机吊装、调整、定位

(1)整机吊入机舱

装好柴油机的吊装工具后,用起重设备缓慢提升至离地面约 100 mm,稳定 10 min,检查吊装工具和钢索等均无异常现象后,再继续吊起。在吊运主机时,必须保持整机与船体倾斜度一致。

(2)整机吊入机舱后调整

利用机座上的螺栓孔,用 4 根导向杆做引导对准主机底脚螺栓孔,使主机平稳又准确地就位于主机地坑上的临时木垫上。

首先检查飞轮法兰与中间轴法兰之间的间隙、偏差。然后用油泵调整前、后、左、右,高、低位置;用专用的锲铁进行调节,使主机飞轮法兰与中间轴法兰之间的间隙为 2 mm 左右,中间轴法兰与艉轴法兰的间隙也为 2 mm 左右。先用自锁式油泵使螺旋桨轴有一定的向下附加力,使螺旋桨轴与前轴承轴瓦完全接触,记录油泵压力并锁住油泵。然后按照轴系校中工艺检查各法兰的偏移、曲折值,使主机飞轮法兰到艉轴法兰的整根轴系的偏移、曲折值都在规定的范围内。并向船东、船检进行交验。

(3)整机定位

当主机与整根轴系的偏移、曲折值都在允许范围内后,在临时油泵架的位置用油泵把主机固定(主机的高、低位置由于主机的自重不会发生变动)。并用普通螺栓将整根轴系连接起来。为不让其位置产生变动,配制临时定位销放进紧配螺孔内,艉轴法兰与中间轴法兰、中间轴法兰与主机飞轮法兰各配置两个定位销。

船舶轴系法兰的连接方法一般分两种：一种是紧配螺栓连接；另一种锥套式液压紧配螺栓连接。目前，在船舶建造中，锥套式液压紧配螺栓连接已基本替代了前一种连接方式。

锥套式液压紧配螺栓的安装方法如下：

①安放液压相配螺栓，相配螺栓与法兰孔表面要涂抹二硫化钼（图 7.3）。

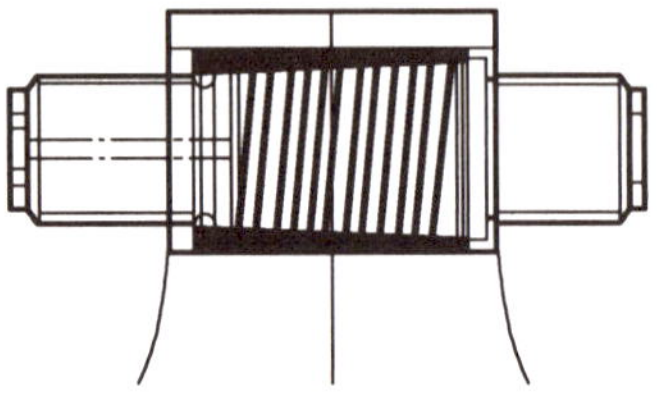

图 7.3　锥套式液压紧配螺栓的安装

②旋上液压拉伸器泵到预紧力（图 7.4）。

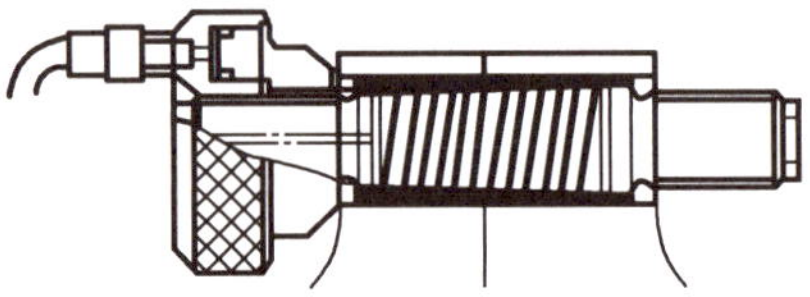

图 7.4　锥套式液压紧配螺栓的预紧

③用液压拉伸器泵到规定压力并旋紧螺母（图 7.5）。

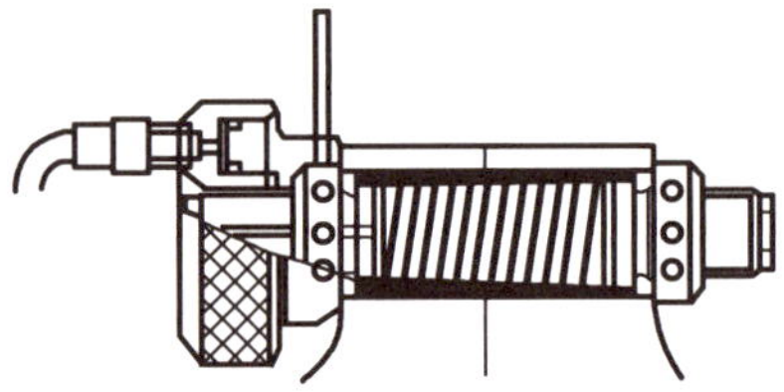

图 7.5　锥套式液压紧配螺栓安装完毕

整根轴系连接好以后，向船东及船检交验。

4. 整机的固定

首先将主机后三道主轴承负荷、中间轴承负荷、艉管前轴承负荷与主机各缸曲柄臂距差值调整到规定的范围内（容许范围为-0.20～+0.20 mm），应注意：主轴承测力时，切勿超过主轴承与曲轴的间隙值。若上述各项相关数据在允许范围之内，并得到船东、船检认可之后，就可以准备浇注主机机座环氧树脂垫片（或配制楔形垫片）。

检测主机每块环氧树脂垫片的高度（允许厚度误差为-5～+5 mm）。

浇注环氧树脂垫片的准备工作如下：

（1）环氧树脂垫片的浇注处应做好清洁工作，无杂质、无水、无油污。

（2）工具准备：(40×40×600) mm 木棒 4 根、木塞或橡皮塞、小刀 2 把、搅拌机 4 套、小镜子 2 面、油灰填料、四氯化碳清洁剂、导流漏斗 4 只、带闸刀开关电源线板、防黏喷剂、试样框架 2 只、海条、清洁布、临时调节铁皮、钢质填充板、油脂、浇注用环氧树脂原料。

底脚螺栓一般是用液压拉伸器来紧固的。为避免机座因紧固不当而引起变形，紧固应由中间部位向两端依次进行，底脚螺栓紧固顺序如图 7.6 所示。

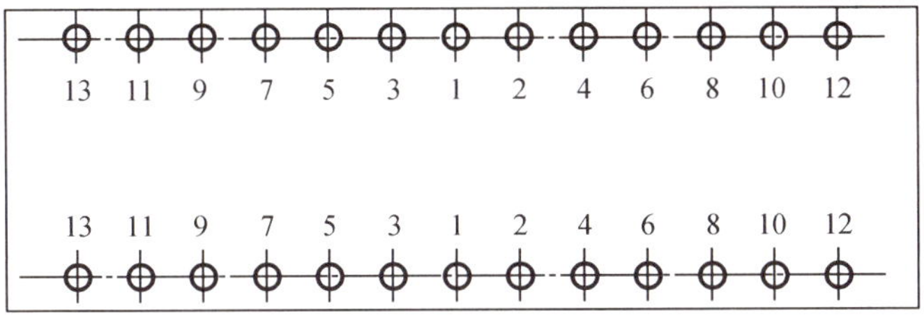

图 7.6　底脚螺栓紧固顺序

安装主机的底脚螺栓：应按要求分两次对主机底脚螺栓泵紧，紧固方法和连接螺栓类同。并向船东、船检交验。

主机底脚螺栓泵紧后，复测中间轴承与艉管前轴承的负荷，将其尽量调整到接近主机环氧树脂垫片浇注前的负荷记录。用三脚卡板测量主机自由端部、主机左右侧向支承块的尺寸，经机加工后，拂配自由端部、侧向支承块。安装主机自由端部支承块连接螺栓并按要求分两次泵紧（第一次：600 bar；第二次：900 bar），泵紧后向船东、船检交验认可。

拆除主机固定用油泵，同时测出主机三道回油孔高度并加工调节环，测定实际回油孔位置，焊接安装完整，检查中间轴承和艉管前轴承处的负荷是否符合轴系校中的要求（如不满足要进行调整）。根据轴系校中的要求调整中间轴承垫片的实际高度。

浇注中间轴承底座环氧树脂垫片（或配制楔形垫片）。待环氧树脂垫片硬度符合要求后，安装 4 只中间轴承的底脚螺栓（其中 2 只螺栓用螺纹绞刀配制到规定标准），按要求泵紧，并向船东、船检交验。最后测出中间轴承、艉管前轴承、主机后三道主轴承的负荷和主机曲柄臂距差值，并向船东、船检交验认可。然后，拆除中间轴两个临时支承架及艉轴的临时油泵，安装 4 套液压式主机横撑，并泵紧。

由于整机安装定位结束后，到定位进行系泊试验还有一定的时间，所以必须定时对柴油机进行维护保养，为了防止柴油机的运动部件锈蚀，还要加润滑油用转车机转车。

（二）柴油机的分组吊船组装

1. 准备工作（图 7.7）

通常，在主柴油机定位安装前，船体建造应完成以下内容：

（1）船舶主甲板以下，机舱至船尾的船体结构的焊装工作；

（2）船舶主甲板以下，机舱至船尾所有舱室的试水工作；

（3）船体基线测量并符合规定的技术要求；

（4）机舱至船尾范围内的较大设备均已吊装完毕。

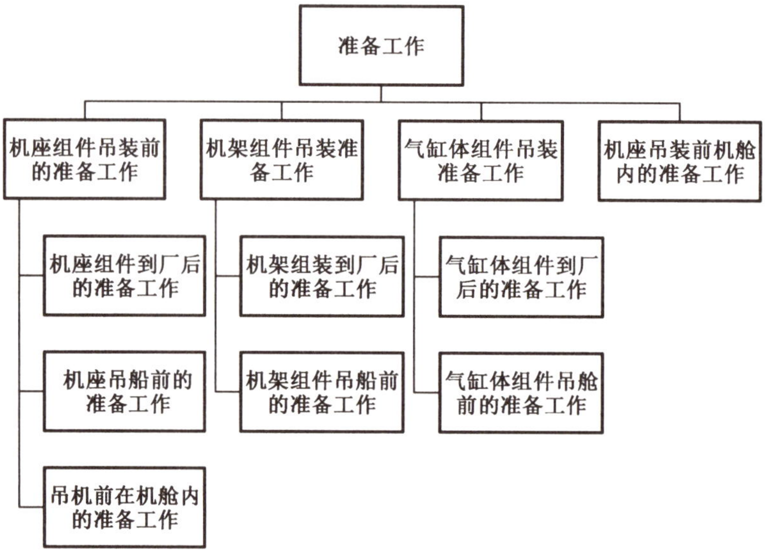

图 7.7　准备工作

2. 机座安装

机座是整台柴油机的安装基础，机座的定位与安装十分重要，其质量不仅直接影响整台柴油机的质量和可靠运转，而且直接影响船舶推进系统的质量和可靠性。所以，机座的定位与安装是柴油机在船上安装的关键。

(1) 机座定位的技术要求

①机座在机舱中的位置确定(图 7.8)

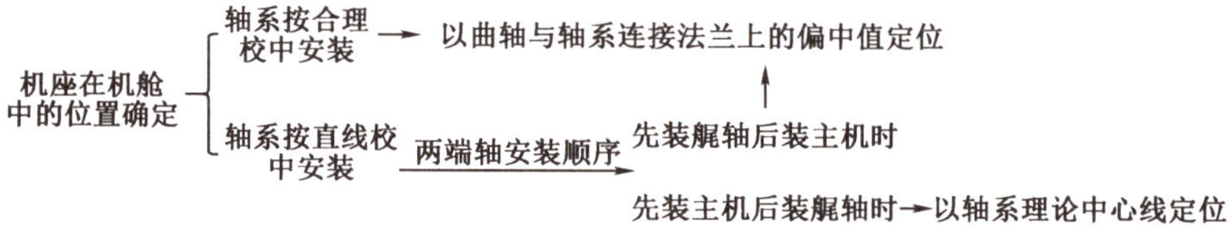

图 7.8　机座在机舱中的位置确定

a. 轴系按合理校中安装：船舶建造时，在船台上安装艉轴管装置、艉轴和螺旋桨后，一般在船舶下水后定位主机机座。按轴系合理校中计算书中计算出的轴系第一节中间轴首法兰与曲轴输出端法兰的偏中值定位。

b. 轴系按直线校中安装：船舶建造时，在船台上先安装艉轴管装置、艉轴和螺旋桨及中间轴，在船台上或船下水后安装主机。以轴系第一节中间轴首法兰与曲轴输出端法兰的偏中值：偏移值 $\delta \leqslant 0.10$ mm、曲折值 $\varphi \leqslant 0.15$ mm/m 定位机座。

②机座上平面的平面度应符合要求

机座定位安装必须保证机座上平面的平直，以保证机架、气缸体安装的正确。要求机座底脚螺栓均匀上紧后，机座上平面的平面度应与台架安装时的平面度基本相符，或横向直线度应不大于 0.05 mm/m、纵向直线度应不大于 0.03 mm/m、机座全平面内平面度应不大于 0.10 mm。

③曲轴臂距差应符合要求

主轴承孔中心线在曲轴未装入机座时,用光学准直法或拉线法测量机座主轴承孔中心线,其同轴度应不超过规定。

机座定位并用底脚螺栓紧固安装后,要求曲轴臂距差满足以下近似公式,臂距差 Δ 为

$$\Delta = S/10\ 000$$

式中　S——活塞行程,mm。

(2)安装机座的准备工作

安装机座的准备工作包括制作底座和确定其安装位置、制作机座垫块、确定固定垫块和底脚螺栓孔的位置、底座支承面的加工等。

①底座及其位置的确定

a. 柴油机机座安装固定在位于船体双层底上的底座上。底座或称基座,机座定位前应完成底座的制作、定位和加工等准备工作。

b. 底座在机舱中的位置:首尾方向是以底座端面至机舱隔舱壁的距离而定,允许偏差为±10 mm;左右方向是以轴系理论中心线为基准将底座焊装在双层底上。

c. 底座固定后应对其位置进行检验。

②机座垫块

机座垫块分为固定垫块和活动垫块。船舶主机常采用钢质或铸铁矩形垫块、环氧垫块。船舶副机或辅机除采用上述两种垫块外还采用弹性支承。

a. 固定垫块:一般为锻钢,厚度为 12~75 mm,加工成具有 1∶100 的斜度,焊装于底座面板上或双调节底座高度。

b. 活动垫块:一般多选用铸铁材料,最小厚度不小于 20 mm;钢质活动垫块的最小厚度不小于 12 mm。

c. 环氧垫块:以环氧树脂为主要成分的环氧垫块材料具有室温下黏度低、流动性好;浇注后不沉淀、不分层,材质均匀;耐油,耐海水,不腐蚀;性能稳定、机械性能良好和使用方便等特点。

③确定固定垫块和底脚螺栓孔的位置

按照机座垫块和底脚螺栓布置图在底座支承面板上划出垫块位置和各螺栓孔中心位置。可制造机座样板,使样板直接安放在底座支承面上划线,则精度高,效率也高。

④底座支承面的加工

固定垫块按照确定的位置焊装在底座支承面板上。底座支承面或固定垫块支承面必须平整。保证与活动垫块紧密接触,较好地承受主机的质量和作用力。为此应对底座支承面或固定垫块支承面进行加工。

(3)机座的固定

机座在船上校中定位后,应将机座、活动垫块、固定垫块和底座用底脚螺栓牢固地连接在一起。机座牢固地固定以抵抗主机运转时的剧烈振动、船舶航行中的猛烈摇摆和防止主机机座位移。中、小型柴油机和大型柴油机的机座固定如图 7.9 所示。此种螺栓刚性连接方式结构简单、安装方便、工作可靠,但是劳动强度大、效率低。

在机座固定前还应解决以下问题:

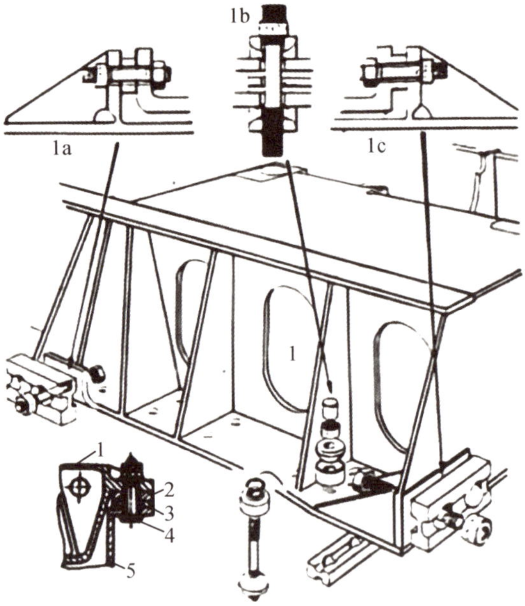

1—机座；2—活动垫块；3—固定垫块；4—底脚螺栓；5—底座。

图 7.9 机座固定

①确定活动垫块的厚度

主机机座校中定位后仍落座在可调临时支承上，此时机座底面与固定垫块之间的距离即是活动垫块的实际厚度。采用内卡钳测量固定垫块四角至机座底面的尺寸即是活动垫块四角厚度尺寸，依此制作活动垫块。亦可用专用测量工具准确测量。

②垫块的研配

为了使活动垫块与机座底面和固定垫块支承面紧密接触，应对活动垫块上下表面修磨和与机座底面、固定垫块支承面研配。研配后其接触情况用 0.05 mm 塞尺插不进，以及 25 mm×25 mm 面积上色油沾点不少于 2~3 个来检查。

以上两项工作均是繁重的体力劳动，精度差、效率低。目前有的已采用胶黏剂和环氧垫块部分或全部代替金属垫块，使机座安装工作简化和快速。

③钻孔

主机机座上非紧配底脚螺栓孔，可用风钻通过机座上的孔直接在活动垫块、固定垫块和底座上钻孔。也可按照划线或用样板确定的位置预先在固定垫块和底座上钻孔。紧配螺栓孔可用手铰刀或机铰刀铰孔。

④上紧机座底脚螺栓

采用手动工具或液压拉伸器按照说明书规定的要求和顺序上紧底脚螺栓。上紧后用小锤敲击检查上紧程度，以声音清脆为合格。

(4)曲轴装入机座

曲轴装入机座后，主轴颈与轴承下瓦应均匀接触，接触角应在轴中心线左右两侧 40°~60°范围内；主轴承下瓦和机座轴承座孔应均匀接触，其接触面积应大于 75%。在任何情况下，轴瓦和轴承座中间不准加垫片。

①测量曲柄臂距差,曲柄臂距差应符合要求。

②测取主轴颈的径向跳动量,应符合规定。

③测量曲柄销外圆工作母线与曲轴轴心线的平行度,当曲柄销在0°、90°、180°、270°四个位置时,每米长应不大于0.15 mm。

④主轴颈与主轴承的装配间隙应符合规定。

⑤测量桥规值并做好记录,以备查对、比较。

3. 机架组装

柴油机经过台架安装后,准确地确定了固定件之间的相对位置。为了便于柴油机在船上的迅速安装,一般在台架上分别对机座、机架、气缸体的结合面钻、铰定位销孔和安装销钉。在船上安装时,只需销与孔对准安装,便完成了固定件的组装。目前船厂还采用造机厂台架安装机架(已将单片A形架组装成整体机架)和气缸体时的定位方法在船上进行机架、气缸体的定位复验,以确保定位的准确性。

(1)机架的定位

①机架的纵向定位:机架在机座上平面上的纵向定位是利用机座和机架首(尾)端端面上对应的定位基准块紧贴,0.05 mm塞尺插不进。

②机架的横向定位:采用拉线法。在机架首、尾两端导板中央分别拉铅垂钢丝线,测量机架左、右两侧面距钢丝线的距离,并使之相等,即$a=b$,则机架横向准确定位。

(2)机架安装的技术要求

机架安装时,机架下平面与机座上平面应紧密接触,用0.05 mm塞尺检查应插不进;局部用0.10 mm塞尺检查插入深度应不大于30 mm;用0.15 mm塞尺检查应插不进。在结合面上可涂抹密封胶使之接触紧密。

机架安装后,其上平面的平面度误差应不大于0.04 mm。

4. 缸体组件安装

(1)气缸体的定位

①单缸气缸体的定位:利用定位销和孔使气缸体在机架上平面上准确定位。

②整体气缸体的定位:将单缸气缸体组装成整体气缸体。为使气缸体准确定位,利用带百分表的专用量具在首、尾端气缸体内测量。测量时,将专用量具分别紧贴左、右导板工作面和首、尾侧导板面上,以其为基准用百分表测量填料函孔的首、尾和左、右部位,并使首、尾读数和左、右读数分别相等,则气缸体在横向和纵向准确定位。允许偏差不超过0.05 mm。

对筒形活塞式柴油机,在未装活塞环的条件下,活塞位于近上、下死点时,活塞裙与气缸内孔的单边最小间隙应不小于总间隙的25%。

活塞在气缸内沿柴油机纵向Y—Y允许平行偏在一边,但向另一边撬动时,偏移量即能转移过去。

(2)贯穿螺栓的安装

贯穿螺栓将机座、机架、气缸体连接成牢固的一体形成柴油机的固定件。安装贯穿螺栓的关键是其上紧和上紧顺序。

(3)主要固定件的安装

①机座、机架、气缸体等部件之间的重要结合面应紧密贴合,在连接螺栓未拧紧前,用0.05 mm塞尺检查,一般不应插进。

②气缸体中心与曲轴中心线应垂直相交,其垂直度每1 m长应不大于0.15 mm,相交偏移允差应不大于1 mm。

③导板工作面应平行于曲轴中心线,且平行于气缸中心线,其平行度每1 m长应不大于0.10 mm。同一气缸对应的两导板工作面的平行度每1 m长应不大于0.06 mm。侧面导板工作面与气缸中心线的平行度每1 m长应不大于0.15 mm。

④气缸套压入气缸体。

a. 检查其内径变化值:

缸径≤500 mm　　内径变化值≤0.03 mm

缸径>500 mm　　内径变化值≤0.06 mm

b. 对冷却水腔进行压力为0.7 MPa的液压试验,保持5 min无渗漏。

5. 机座的校中工艺

(1)机座校中

校中即找正,机座校中是实现机座定位技术要求、准确地确定主柴油机在机舱中位置的工艺。机座校中工艺是在底座等准备就绪和底座上安装好临时支承后进行的。

机座连同曲轴一起吊运机舱放置在可调临时支承上,并在机座首尾和左右两侧安装调位工具。通过调节机座下面的可调支承调节机座的高低位置,用首尾、左右水平调位工具调节机座的前后、左右位置。

通常,小型柴油机多采用调节螺钉作为调位工具。大、中型柴油机的质量和尺寸均很大,多采用专用楔形调位工具。

(2)运动部件在气缸内的校中

对十字头式柴油机,在未装活塞环的条件下,连杆及十字头螺母按规定值拧紧后,活塞位于近上、下死点时,滑块工作面与导板工作面应紧密贴合,用0.05 mm塞尺检查,一般插入深度局部不大于30 mm;用0.10 mm塞尺检查,不应被插进。上述情况下,活塞裙部的耐磨环处与气缸内孔的单边最小间隙应符合下述要求:

①气缸直径不大于700 mm者,应不小于总间隙的30%;

②气缸直径大于700 mm者,应不小于总间隙的20%;

③在任何情况下,活塞在任何位置应不小于总间隙的20%。

6. 其他主要部件的安装要求

(1)凸轮轴与轴承应均匀接触,接触角为40°~60°。

(2)相配的正时齿轮应均匀接触啮合,沿齿高方向接触面积不小于40%,沿齿长方向接触面积不小于50%。

(3)传动链轮系应在同一平面内,各链轮宽度的中分面偏移值应不大于1 mm。

(4)所有重要螺栓及螺母平面与支承面之间,用0.05 mm塞尺检查,不应被插进。

(三)柴油机机座环氧树脂垫块应用

环氧树脂垫块是由环氧树脂和数种填料组成的基料,与一定量的固化剂混合后浇注在机座和基座之间的模框中,并在一定温度下固化形成的固体支承件。

1. 一般要求

(1)提供浇注环氧树脂垫块用的原料及浇注施工工艺服务的公司应取得相关船级社的认可。每次使用的原料均须具有产品合格证明和船级社的证明。

(2)浇注施工应由经船级社认可并颁发证书的专业人员进行,或在其监督指导下进行。

(3)有关环氧树脂垫块的设计、计算、施工工艺图的送审及浇注,均由其生产厂或供应商负责进行。

(4)环氧树脂垫块允许承受的由柴油机自重产生的静压应力应小于 0.7 MPa。环氧树脂垫块允许承受的总压应力为 0.25~0.35 MPa。

(5)为确保机器不会移动,螺栓的总紧固力应大于柴油机自重的 2.5 倍。

(6)螺栓孔中心线到垫块边线的距离应不小于螺栓孔直径的 1.5 倍。

(7)垫块的厚度通常取 2.5~4.5 cm。

2. 浇注前准备工作

(1)柴油机定位

利用调整螺栓、楔块或垫块将柴油机抬高至环氧树脂垫块所需高度后,调整柴油机的轴线与轴系的轴线的同轴度。以中间轴(或推力轴)的首端法兰为基准,调节柴油机位置(此时应同时测量曲轴的臂距差),使柴油机输出轴的尾端法兰与之校中,所得数据应取得船方和验船师确认。

(2)由于机器的质量及底脚螺栓的预紧力,环氧树脂垫块会有所压缩,压缩量为垫块厚度的 0.001 倍。因此,应根据垫块的厚度计算出压缩量,据此预先抬高柴油机的中心线,以保证在浇注完成和底脚螺栓上紧后,柴油机和轴系的同轴度仍在测得的数据范围内。

(3)柴油机两侧止推块及其他主要焊接工作应该完成。

(4)定位(拂配)螺栓应预先拂配好,并装入到位,但不可上紧螺母。

(5)机座两侧支承法兰底平面与底座上平面应全部清洁干净,在与环氧树脂垫块接触的表面上应无任何油脂、油迹、水迹、锈斑和油漆污物。

(6)使用前应将环氧树脂和固化剂贮存在 20~25 ℃环境下至少 12 h,以确保最佳混合和灌注黏度。

(7)将柔性的泡沫塑料条切割成相应的尺寸,通常泡沫围条的高度应比环氧树脂垫块的厚度要高出 5~6 mm。将泡沫围条塞入机座与底座平面之间,紧密贴合上、下平面,形成垫块浇注的模壳(图 7.10、图 7.11)。

(8)将涂好油脂的螺栓插入底脚螺栓孔内,并确认管条表面无凹陷不平处,以防止树脂的泄漏及保证螺栓孔内表面光顺整齐。

(9)在已形成的垫块模框内及定位螺栓的表面须喷涂脱模剂,以利今后的拆卸(图 7.12)。

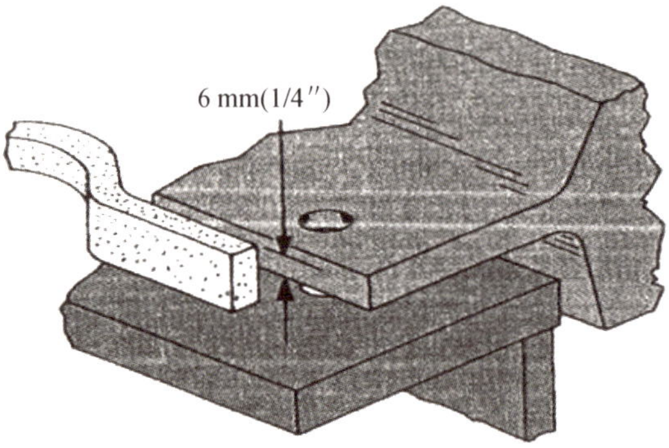

图 7.10　将泡沫塑料条整平到适当高度

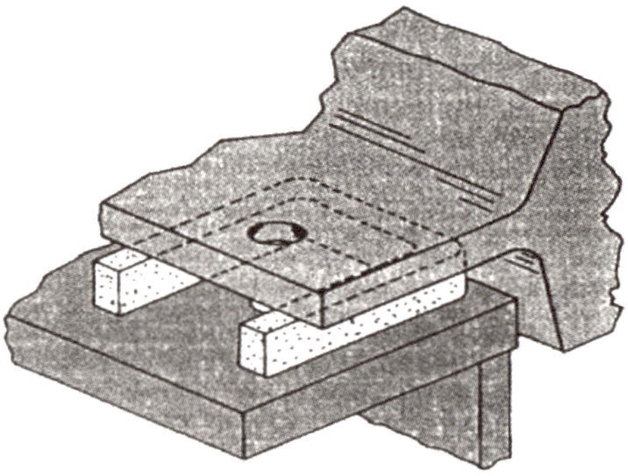
图 7.11　按垫块图插入塑料条

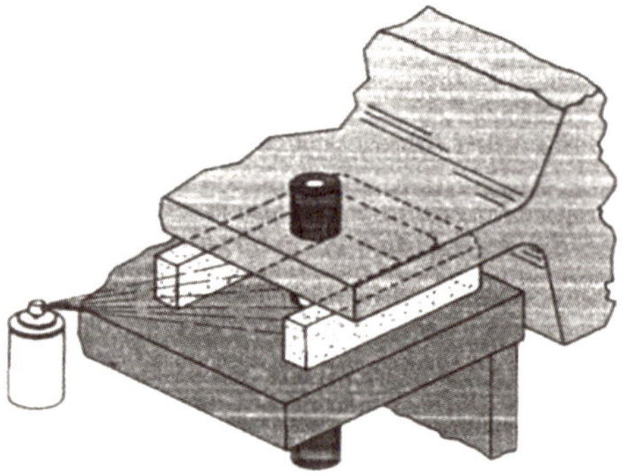
图 7.12　点焊前沿铁挡板用腻子填缝用脱模剂喷涂垫块区域

(10)沿机座边缘在距边缘 15~20 mm 处将铁挡板点焊在基座上平面形成浇注口,铁挡板一般应高出垫块厚度 25~30 mm。

(11)在铁挡板与基座接合的底边处应用腻子填密缝隙,以防浇注时环氧树脂渗漏。

(12)在铁挡板与环氧树脂接触的一面上喷涂脱模剂或牛油,以利于树脂固化后移去档板时,防止黏结(图 7.13)。复测垫片厚度及测量机座和底座温度(图 7.14)。

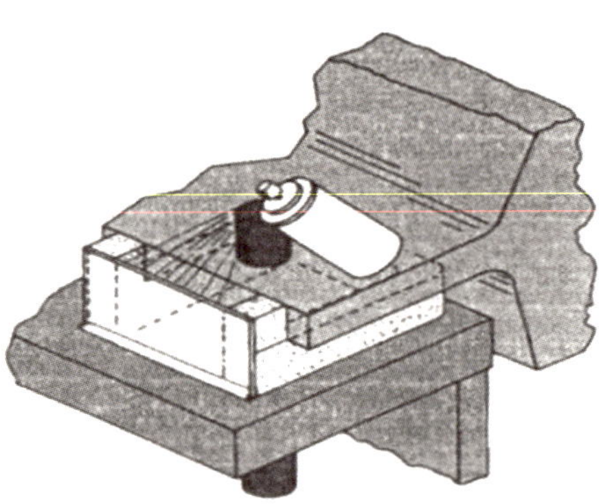
图 7.13　喷涂脱模剂

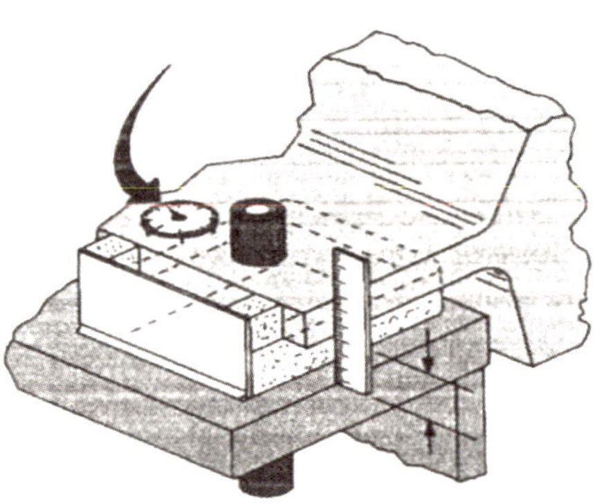
图 7.14　测量垫片厚度及机座和底座的温度

(13)从浇注开始直到树脂垫片完全固化前,柴油机上应停止一切作业。

(14)模框结构的剖面和顶视图(图 7.15)。

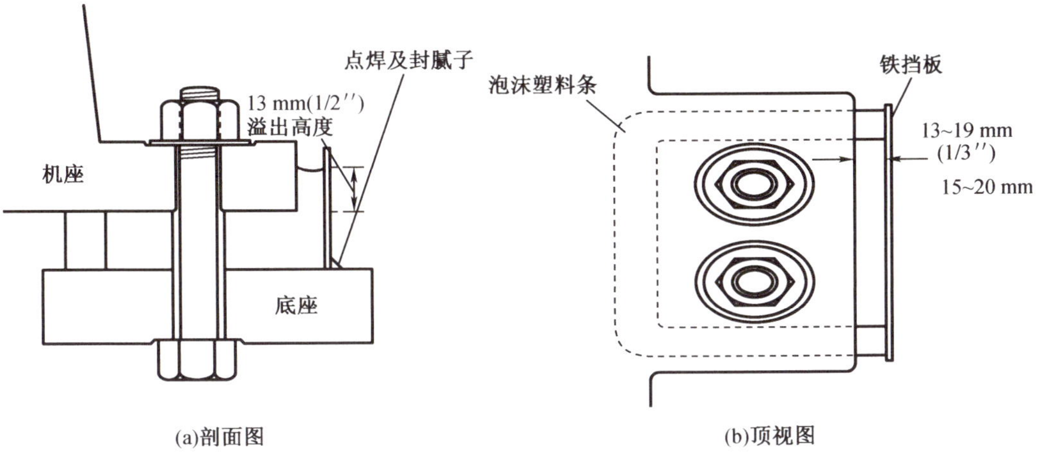

图 7.15　剖面和顶视图

3. 浇注施工

(1)应准备足够的环氧树脂原料。根据设计得出的环氧树脂垫块的总体积计算环氧树脂的用量,另加 10%~20%余量用以补偿厚度变化及其他损耗等。

(2)打开桶盖,然后根据制造公司的有关规定,加入相应数量的固化剂。

(3)用代理商推荐的搅拌桨叶在 200~500 r/min 的转速下搅拌混合约 3 min,直到混合均匀。桨叶应全部埋入树脂内,以防空气混入(图 7.16)。

(4)混合后应立即进行浇注,倒入时应选择在浇注槽口的最低点缓缓倒入,直至液面升至浇口高度(图 7.17)。不要使用桶边及底部的残余物。

图 7.16　将树脂和固化剂混合

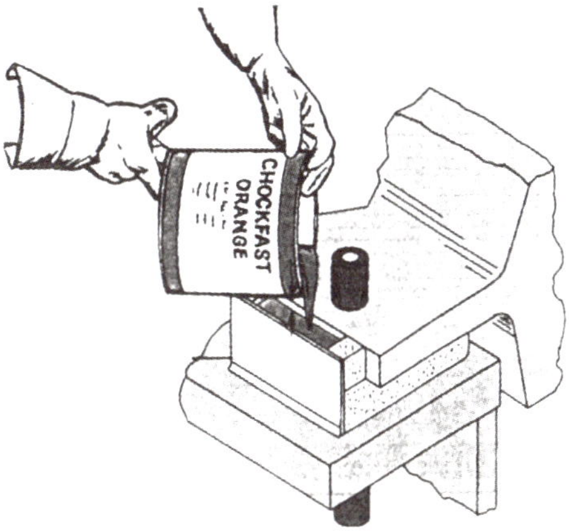

图 7.17　浇注

(5)在浇注的同时浇注两块 50 mm×50 mm×50 mm 或一块 100 mm×100 mm×40 mm 的试块,供硬度试验用。

(6)在浇注完毕后,应确保所有垫块的模壳中均充满树脂,并仔细检查是否有漏泄,若有,应及时迅速补救,重新填满已漏泄的部分。同时可适当沿泡沫管圆周用于释放空气,以避免空气淤积而产生空泡和间隔。

4. 灌注后

(1)当树脂仍在液态状时,随时可能发生泄漏。因此,应随时观察,待所有的垫块开始变硬时,才可离开。

(2)树脂完全固化的时间决定于浇注当时的环境温度。当环境温度低于 13 ℃时,为了加速固化,可使用加热器,使垫块在下列有限的时间内固化:

环境温度:13~18 ℃　　固化时间 48 h

环境温度:19~21 ℃　　固化时间 24 h

环境温度:21 ℃以上　　固化时间 18 h

(3)将泡沫管从螺栓孔中取出,移去前挡板。松开调整螺栓楔块等支承件,磨去浇注口上端的尖角,并清洁整理垫块周围。如垫块周围有烧焊或有焊渣坠落,应用防火布覆盖垫块表面,以防环氧树脂烧熔。

(4)将固定螺栓放入螺栓孔,并以液压或扭力扳手上紧所有的螺栓到规定的预紧力。

(5)测量并记录本机与轴系的对中情况。

5. 浇注质量检验要求

(1)开始浇注环氧之前应将设计计算书及结构布置图送交相关的船级社审查批准。

(2)检验浇注机座环氧树脂垫块用的原料、出厂技术文件与合格证及原料使用有效期。

(3)施工浇注时,应与产品在同一环境条件下浇注的试块,在同样的条件下固化后,供巴氏硬度试验,其结果应不小于 35。

(4)外观检验,在拆除模框后对垫块进行外观检视:

①外形饱满完整,无气孔、缩松、夹杂等缺陷;

②固化之后的环氧垫块无松动。

(四)柴油机臂距差测量和轴线状态分析

1. 测量要点

量具的选取、使用,正确得当;盘车方向、装表位置确定操作;曲轴量表调校、安装正确;拐挡值测量与读取;拐挡值记录方法正确;测量数据分析,结论正确。

2. 测量步骤

(1)灵敏度检查:手指轻按拐挡表一端的顶尖,看指针的摆动是否灵活,放开后指针回原位。检查无误后,根据臂距的大小选择并调整拐挡表测量杆的长度,使之比臂距大 1~2 mm;

(2)打开曲轴箱道门,盘车至 195°位置,清洁两曲柄臂上的冲孔,将拐挡表装入两曲柄臂的冲孔中。表装入曲轴的冲孔后,将表用手慢慢来回摆动 2~3 次,看指针有无摆动(有摆动,说明孔不正确或表针两端表杆不直)。如没有冲孔,应在距曲柄销轴线为$(S+D)/2$处的曲柄臂两边打上冲孔,安装正确后,将表指针调“0”位。

(3)正车转动曲轴,对装有活塞连杆组件的曲轴,分别转至左平、上止点、右平和下止点前 15°左右,即曲柄销自 195°位置开始,经 270°、0°、90°及 165°,共 5 个位置,记录各位置拐挡表的读数。

(4)拐挡表的记录方法

销位法如图 7.18 所示,表位法如图 7.19 所示。

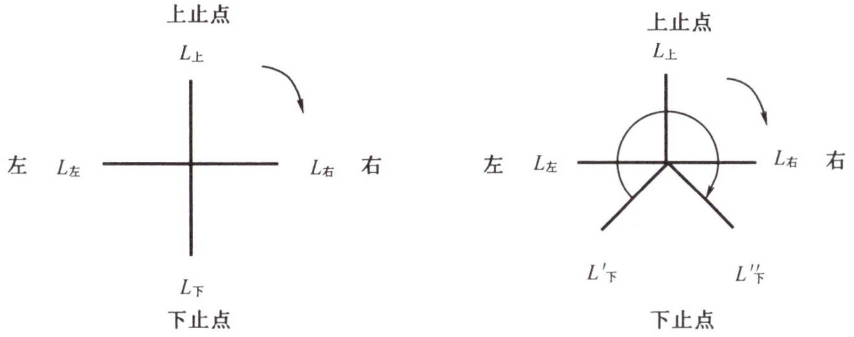

图 7.18　按曲柄销所在位置记录测量值

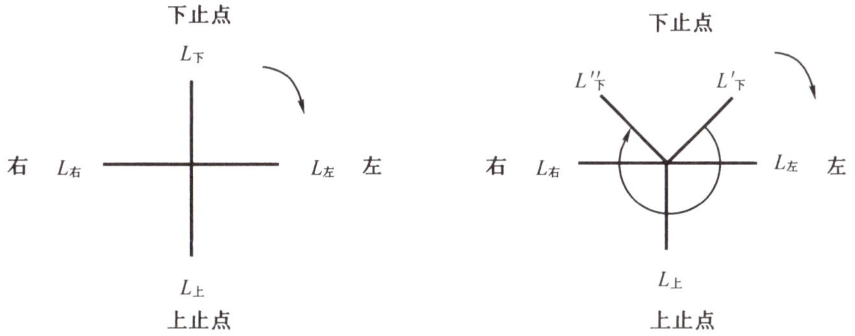

图 7.19　按拐挡表所在位置记录测量值

臂距值测量,曲柄转一周,可测得 $L_{上}$、$L_{右}$、$L_{下}$、$L_{左}$。

在船上检测臂距值时,若正向盘车,应在曲柄销位于 195°处装拐挡表。反向盘车,应在曲柄销位于 165°处装拐挡表。

有连杆状态下,盘车一周可测得曲轴 5 个臂距值;无连杆状态下,盘车一周可测得曲轴 4 个臂距值。

曲轴的臂距差对应着曲柄的变形,若臂距差大于零,则下塌腰或右凸;若臂距差小于零,则上凸或左凸。

若支承某曲柄的两个主轴承低于其他轴承时,则该曲柄的变形是下凸。

若支承某曲柄的两个主轴承高于其他轴承时,则该曲柄的变形是上凸。

水平面上的臂距差大于零时,曲柄为右凸变形。

若支承某主轴承低于其他相邻轴承,则对应的臂距差>0。

若支承某主轴承右于其他相邻轴承,则对应的臂距差>0。

飞轮装于曲轴尾端,拐挡差向负方向发展,拱腰形;飞轮越重,影响越大;飞轮安装时采取反变形工艺减小飞轮的影响。

(5)拐挡表的计算与轴线状态分析

上下拐挡差 $\Delta_{上下}$ 为:$\Delta_{上下}=L_{上}-L_{下}$,左右拐挡差 $\Delta_{左右}$ 为:$\Delta_{左右}=L_{左}-L_{右}$。拐挡差 $\Delta_{上下}$ 为正(+),则曲轴轴线呈下弧线弯曲,该曲柄两端的主轴承比其相邻的主轴承低;拐挡差 $\Delta_{上下}$ 为负(-),则曲轴轴线呈上弧线弯曲,该曲柄两端的主轴承比其相邻的主轴承高。同样,拐

挡差 $\Delta_{左右}$ 为正(+),轴线在水平面呈右弧线弯,反之,拐挡差 $\Delta_{左右}$ 为负(-),轴线在水平面呈左弧线弯,测量记录如表 7.1 所示。

表 7.1　曲轴臂距差测量记录表

柴油机型号			测量者		测量日期	
缸号		拐挡表位置					最大臂距差
		上左	左	下	右	上右	
表位法	1						
	2						
	3						
	4						
	5						
	6						
	7						
销位法	1						
	2						
	3						
	4						
	5						
	6						
	7						

(6)有连杆时,测量臂距值,关于 $L_{下}$ 的计算方法

$L_{下}$ 代表曲柄销在下止点位置时的臂距值;$L_{下}$ 是计算出来的:$L_{下}=(L'_{下}+L''_{下})/2$;$L_{下}>L_{上}$ 时臂距差为负;$L'_{下}$ 与 $L''_{下}$ 是曲柄在下止点前后适当时实测出来的;盘车一周须测 5 个臂距值。

(7)曲轴臂距差测量条件与要求

在柴油机冷态进行测量;夜间、清晨或阴雨天气时测量;船舶装载条件相同的情况下测量;一次装表完成全部测量;当曲轴未装活塞运动装置时,测量 0°、90°、180°、270°四个位置的臂距值;当曲轴上安装活塞运动装置时,测量 0°、90°、165°、195°、270°五个位置的臂距值;柴油机正车回转进行测量。

(8)曲轴臂距差测量精度的影响因素

拐挡表的精度、表的安装精度、读数误差和测量技术等有关。检验测量精度,将测得的上、下止点臂距值之和与左、右平臂距值之和比较,二者差值在±0.03 mm 内,即$(L_{上}+L_{下})-(L_{左}+L_{右})<\pm0.03$ mm,表明测量基本准确。如果几次测量结果均超过±0.03 mm,表明曲轴存在严重变形。

(9)判断轴系连接误差

要求曲轴尾端法兰与第一节中间轴首端法兰连接误差:偏移值不大于 0.1 mm,曲折值

不大于 0.1 mm/m；

轴系轴线高于曲轴轴线、两法兰呈下开口时，连接后使曲轴尾端轴线呈塌腰形，臂距差朝正值方向增大；

当轴系轴线低于曲轴轴线、两法兰呈上开口时，连接后使曲轴尾端轴线呈拱腰形、臂距差朝负值方向增大。

(10)中国船级社对船舶的曲轴臂距差要求（S 为冲程，单位是 m）

修理后船舶<0.125S(mm)

营运船舶 0.125~0.25S(mm)

应限期修理>0.25S(mm)

应立即停航修理>0.30S(mm)

(11)主轴承高度的判断方法

分析法；桥规法；臂距差法；经验判断法；简单作图法；MAN-B&W 型柴油机作图法。

(五)柴油机安装的技术要求

1. 一般要求

(1)凡经修理或换新的主要零部件的质量和技术状况，均应符合有关标准和该型机器的使用说明书中的规定。

(2)装机前，经修理的主要零部件应经验船师检验合格。换新的主要零部件应具有船级社颁发的有关证书和检验标志。

2. 机座在船上的安装要求

(1)机座与船体基座之间的垫块可以是金属，也可以是已取得船级社认可的环氧树脂垫块。金属垫块材料一般有铸铁和钢两种，厚度一般采用 10~75 mm，铸铁垫块的厚度不小于 25 mm。

垫块的上平面应与机座和基座紧密接触，用色油检查时，应保证接触面积大于 75%，每 25 mm×25 mm 面积内色点不少于 3 点。在固定螺栓未拧紧前，用 0.05 mm 塞尺检查时一般不能插入。对于个别垫块的局部缺陷，允许用 0.10 mm 塞尺，插入深度不大于 20 mm，插入的累计周长小于 1/4 的垫块周长。

(2)机座在船体基座上装妥后，其上平面的平面度和全平面的平面度，每 1 m 长应分别不大于 0.05 mm 和 0.25 mm。

(3)主轴承孔中心线在曲轴未装入机座时，用光学准直法或拉线法测量机座主轴承孔中心线，其同轴度应不超过表 7.2 的规定。

3. 曲轴安装后的要求

(1)曲轴装入机座后，主轴颈与轴承下瓦应均匀接触，接触角应在轴中心线左右两侧 40°~60°范围内；主轴承下瓦和机座轴承座孔应均匀接触，其接触面积应大于 75%。在任何情况下，轴瓦和轴承座中间不准加垫片。

表 7.2　主轴承孔中心线同轴度　　单位：mm

机座长度	机座座孔全长内	相邻两座孔
<2 000	0.04	0.02
>2 000~4 000	0.06	0.03
>4 000	0.10	0.04

(2)曲轴装入机座后:

①其曲柄臂距差(ΔL)应符合规定或该型机器使用说明书要求(图 7.20)。

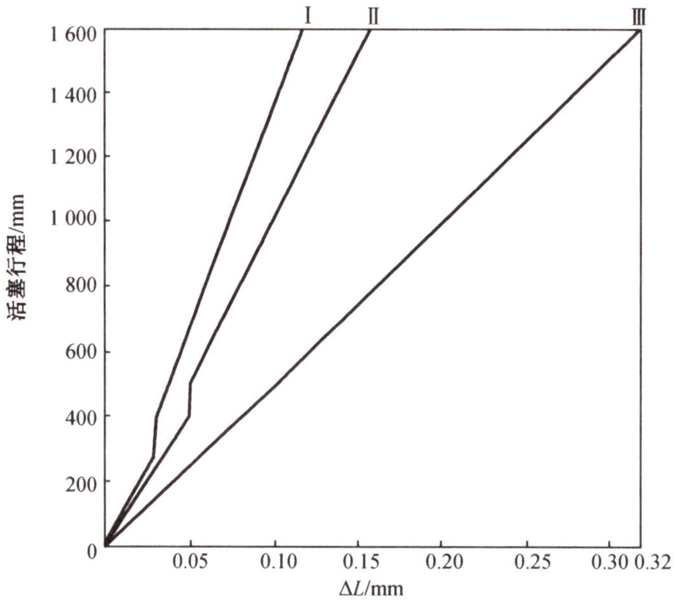

图 7.20　曲柄臂距差

图中在Ⅰ线左上方表示在车床或平板上的最佳曲柄臂距差值,在Ⅰ、Ⅱ线之间表示在曲轴安装中的优良值,在Ⅱ、Ⅲ线之间表示柴油机运营中的合格值。

图中Ⅲ线为柴油机营运中曲轴臂距差的最大允许值。

曲柄臂距差(ΔL)的测量点应为距曲柄销中心线$(s+d)/2$处,如图 7.21 所示。若不在规定点测量,则必须进行换算。

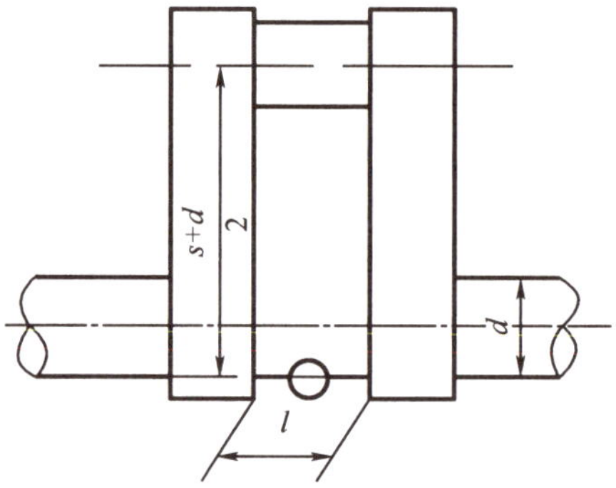

图 7.21　曲柄臂距差的测量

②测取主轴颈的径向跳动量,应不超过表 7.3 的规定。

③测量曲柄销外圆工作母线与曲轴轴心线的平行度,当曲柄销在 0°、90°、180°、270°四个位置时,每 1 m 长应不大于 0.15 mm。

④主轴颈与主轴承的装配间隙应符合表 7.4 的规定。

表 7.3　主轴颈的径向跳动量　　单位:mm

曲柄销数目	轴颈直径						
	<75	>75~100	>100~150	>150~250	>250~350	>350~500	>500~600
3	0. 015	0. 020	0. 025	0. 030	0. 040	—	—
4	0. 020	0. 025	0. 030	0. 040	0. 050	—	—
5~8	0. 025	0. 030	0. 035	0. 050	0. 060	0. 070	0. 080
9~12	—	—	0. 040	0. 055	0. 065	0. 075	0. 085

表 7.4　主轴颈与主轴承的装配间隙　　单位:mm

轴颈直径	十字头式柴油机	筒形活塞式柴油机		
		<500 r/min	>500 r/min	
	装配间隙	装配间隙	锡基轴承合金装配间隙	铜铅轴承合金装配间隙
75~100	—	—	0. 06~0. 08	0. 08~0. 10
>100~125	—	—	0. 08~0. 11	0. 10~0. 12
>125~150	—	—	0. 11~0. 15	0. 13~0. 16
>150~200	—	0. 14~0. 18	0. 16~0. 20	0. 17~0. 23
>200~250	—	0. 18~0. 22	0. 20~0. 24	0. 24~0. 28
>250~300	0. 17~0. 21	0. 22~0. 26	0. 24~0. 28	—
>300~350	0. 21~0. 25	0. 26~0. 30	—	—
>350~400	0. 25~0. 30	0. 30~0. 34	—	—
>400~450	0. 30~0. 35	0. 34~0. 36	—	—
>450~500	0. 35~0. 40	—	—	—
>500~550	0. 40~0. 45	—	—	—
>550~600	0. 45~0. 50	—	—	—
>600~650	0. 50~0. 55	—	—	—
>650~700	0. 55~0. 60	—	—	—

⑤测量桥规值并做好记录,以备查对、比较。

4. 主要固定件的安装要求

(1)机座、机架、气缸体等部件之间的重要结合面应紧密贴合,在连接螺栓未拧紧前,用 0. 05 mm 塞尺检查,一般不应插进。

(2)气缸体中心与曲轴中心线应垂直相交,其垂直度每 1 m 长应不大于 0. 15 mm,相交偏移允差应不大于 1 mm。

(3)导板工作面应平行于曲轴中心线,且平行于气缸中心线,其平行度每 1 m 长应不大于 0. 10 mm。同一气缸对应的两导板工作面的平行度每 1 m 长应不大于 0. 06 mm。侧面导板工作面与气缸中心线的平行度每 1 m 长应不大于 0. 15 mm。

(4)气缸套压入气缸体。

①检查其内径变化值:

缸径≤500 mm　　　内径变化值≤0.03 mm

缸径>500 mm　　　内径变化值≤0.06 mm

②对冷却水腔进行压力为 0.7 MPa 的液压试验,保持 5 min 无渗漏。

5. 主要运动件的装配要求

(1)十字头式柴油主机活塞与活塞杆装配后,应进行密性试验,试验压力为 1.25 倍工作压力,历时 5 min,不得渗漏。

(2)十字头式柴油主机活塞、活塞杆、十字头、滑块等零部件装配后,应符合下列要求:

①活塞裙外圆对活塞杆外圆的同轴度不大于 0.10 mm;

②滑块工作表面对活塞中心线的平行度,每米长不大于 0.10 mm;

③滑块两侧面对活塞杆中心线的平行度,每米长不大于 0.15 mm;

④十字头销颈中心线对活塞杆中心线的垂直度,每米长不大于 0.05 mm;

⑤活塞杆与十字销之间的连接螺栓,装妥后,其支承面之间用 0.05 mm 塞尺检查,不应被插进。

(3)十字头式连杆装配后,在平板上垂直状态测量时,连杆大小端轴承孔两中心的平行度每米长应不大于 0.15 mm;在卧置状态测量时,其平行度(歪扭允差)每米长应不大于 0.15 mm。

(4)连杆大端轴承上轴瓦和小端轴承下轴瓦与轴颈的接触角应在连杆中心线两侧 45°~60°范围内,且均匀接触。曲柄销与连杆轴承的装配间隙应符合表 7.4 的规定。十字头销与轴承的装配间隙应符合表 7.5 的规定。

表 7.5　十字头销与轴承的装配间隙　　　单位:mm

十字头销直径	装配间隙
150~175	0.10~0.12
>175~200	0.12~0.14
>200~225	0.14~0.16
>225~250	0.16~0.18
>250~275	0.18~0.19
>275~300	0.19~0.21
>300~325	0.21~0.23
>325~350	0.23~0.25
>350~400	0.25~0.28
>400~450	0.28~0.32
>450~500	0.32~0.36
>500~550	0.36~0.40
>550~600	0.40~0.45

(5)滑块与导板应均匀接触,装配间隙应符合表 7.6 的规定。

表 7.6　滑块与导板的装配间隙　　单位:mm

十字头销直径	装配间隙	
	平面	侧面
150~175	0.15~0.20	0.18~0.28
>175~200	0.15~0.20	0.20~0.30
>200~225	0.16~0.22	0.20~0.30
>225~250	0.18~0.24	0.20~0.30
>250~275	0.18~0.24	0.22~0.32
>275~300	0.20~0.26	0.24~0.34
>300~325	0.22~0.28	0.26~0.36
>325~350	0.24~0.30	0.28~0.38
>350~375	0.26~0.32	0.32~0.42
>375	0.28~0.36	0.34~0.54

(6)筒形活塞式柴油机的活塞销与活塞销孔或销孔衬套的工作表面应均匀接触。活塞销与销孔或销孔衬套的装配间隙或过盈量应符合表 7.7 的规定。

(7)活塞与气缸套的装配间隙与使用极限间隙见表 7.8 的规定。

(8)活塞环的装配间隙与使用极限间隙见表 7.9 的规定。

表 7.7　活塞销与销孔或销孔衬套的装配　　单位:mm

活塞销直径	活塞销与衬套装配间隙		浮动式活塞销与销孔衬套装配间隙	浮动式活塞销与销孔过盈		固定式活塞销过盈
	铜铅轴承合金	白合金		铸铁活塞	铝活塞	
<50	0.050~0.065	—	0.04~0.05	0.000~0.010	0.010~0.020	0.000~0.010
>50~75	0.065~0.095	—	0.05~0.08	0.010~0.015	0.020~0.030	0.010~0.015
>75~100	0.095~0.130	—	0.08~0.10	0.015~0.020	0.020~0.035	0.010~0.015
>100~125	0.130~0.150	—	0.10~0.12	0.020~0.025	0.020~0.035	0.010~0.015
>125~150	0.150~0.180	0.12~0.15	0.12~0.15	0.025~0.030	0.025~0.040	0.015~0.020
>150~175	0.180~0.210	0.15~0.18	0.15~0.17	0.030~0.035	0.020~0.040	0.015~0.020
>175~200	0.210~0.240	0.18~0.21	0.17~0.19	—	—	0.020~0.030
>200~225	0.240~0.270	0.21~0.24	0.19~0.21	—	—	0.020~0.030
>225~250	0.270~0.300	0.24~0.27	0.21~0.23	—	—	0.020~0.030
>250~275	0.300~0.330	0.27~0.30	0.23~0.25	—	—	0.020~0.030
>275~300	0.330~0.360	0.30~0.33	0.25~0.27	—	—	0.020~0.030

表 7.8　活塞与气缸套的装配间隙与使用极限间隙

单位：mm

气缸直径	四冲程筒形活塞式柴油机						二冲程筒形活塞式柴油机活塞裙部		十字头式柴油机			
	铸铁及铝合金活塞顶部		活塞裙部						顶部间隙	裙部		耐磨环处装配间隙
	顶部有冷却间隙	顶部无冷却间隙	铸铁活塞装配间隙	铸铁活塞极限间隙	铝活塞装配间隙	铝活塞极限间隙	装配间隙	极限间隙		装配间隙	极限间隙	
≤100	0.50~0.64	0.60~0.80	0.09~0.12	0.35	0.18~0.22	—	—	—	—	—	—	—
>100~125	0.64~0.80	0.80~1.00	0.12~0.15	0.45	0.22~0.26	0.50	—	—	—	—	—	—
>125~150	0.80~1.00	1.00~1.20	0.15~0.18	0.55	0.26~0.32	0.60	0.20~0.24	0.75	—	—	—	—
>150~175	1.00~1.16	1.20~1.40	0.18~0.21	0.65	0.32~0.38	0.70	0.24~0.28	0.90	—	—	—	—
>175~200	1.16~1.32	1.40~1.60	0.21~0.24	0.72	0.38~0.44	0.80	0.28~0.32	1.00	—	—	—	—
>200~225	1.32~1.48	1.60~1.80	0.24~0.27	0.80	0.44~0.50	0.90	0.32~0.36	1.10	—	—	—	—
>225~250	1.48~1.64	1.80~2.00	0.27~0.30	0.88	0.50~0.56	1.00	0.36~0.40	1.10	—	—	—	—
>250~275	1.64~1.80	2.00~2.20	0.30~0.33	0.96	0.56~0.62	1.10	0.40~0.44	1.20	—	—	—	—
>275~300	1.80~1.96	2.20~2.40	0.33~0.36	1.04	0.62~0.68	1.20	0.44~0.48	1.20	—	—	—	—
>300~325	1.96~2.12	2.40~2.60	0.36~0.39	1.12	0.68~0.76	1.30	0.48~0.52	1.30	—	—	—	—
>325~350	2.12~2.28	2.60~2.80	0.39~0.42	1.20	0.76~0.82	1.40	0.52~0.56	1.30	—	—	—	—
>350~375	2.28~2.44	2.80~3.00	0.42~0.45	1.28	—	—	0.56~0.62	1.40	—	—	—	—
>375~400	2.44~2.60	3.00~3.20	0.45~0.48	1.36	—	—	0.62~0.66	1.40	—	—	—	—
>400~425	2.60~2.78	3.20~3.40	0.48~0.51	1.44	—	—	0.66~0.70	1.50	—	—		—
>425~450	2.78~2.96	3.40~3.60	0.51~0.54	1.50	—	—	0.70~0.74	1.60	3.30~3.50	0.72~0.76	2.10	0.48~0.55
>450~475	—	—	—	—	—	—	0.74~0.78	1.70	3.35~3.70	0.76~0.82	2.20	0.51~0.58
>475~500	—	—	—	—	—	—	0.78~0.82	1.80	3.70~3.90	0.82~0.86	2.30	0.55~0.62
>500~525	—	—	—	—	—	—	0.82~0.86	1.90	3.90~4.10	0.86~0.91	2.40	0.59~0.66
>525~550	—	—	—	—	—	—	—	—	4.10~4.30	0.91~0.95	2.50	0.63~0.70

表 7.8(续)

气缸直径	四冲程筒形活塞式柴油机						二冲程筒形活塞式柴油机活塞裙部		十字头式柴油机			
	铸铁及铝合金活塞顶部		活塞裙部						顶部间隙	裙部		耐磨环处装配间隙
	顶部有冷却间隙	顶部无冷却间隙	铸铁活塞装配间隙	铸铁活塞极限间隙	铝活塞装配间隙	铝活塞极限间隙	装配间隙	极限间隙		装配间隙	极限间隙	
>550~575	—	—	—	—	—	—	—	—	4. 30~4. 50	0. 95~1. 00	2. 60	0. 67~0. 74
>575~600	—	—	—	—	—	—	—	—	4. 50~4. 70	1. 00~1. 05	2. 70	0. 71~0. 79
>625~650	—	—	—	—	—	—	—	—	4. 90~5. 10	1. 10~1. 15	2. 90	0. 81~0. 88
>650~675	—	—	—	—	—	—	—	—	5. 10~5. 30	1. 15~1. 20	3. 00	0. 86~0. 92
>675~700	—	—	—	—	—	—	—	—	5. 30~5. 50	1. 20~1. 30	3. 20	0. 91~0. 96
>700~750	—	—	—	—	—	—	—	—	5. 50~5. 70	1. 30~1. 45	3. 40	0. 95~1. 02
>750~800	—	—		—	—	—	—	—	5. 70~5. 90	1. 45~1. 60	3. 80	0. 98~1. 10
>800~850	—	—	—	—	—	—	—	—	5. 90~6. 10	1. 60~1. 75	4. 00	1. 10~1. 12
>850~900	—	—	—	—	—	—	—	—	6. 10~6. 30	1. 75~1. 90	4. 20	1. 12~1. 14
>900	—	—	—	—	—	—	—	—	6. 30~6. 50	1. 90~2. 05	4. 40	1. 14~1. 16

表 7.9　活塞环的装配间隙与使用极限间隙

单位：mm

气缸直径 D		气环																油环							
		二冲程								四冲程								二冲程				四冲程			
		平面间隙				搭口间隙				平面间隙				搭口间隙				平面间隙		搭口间隙		平面间隙		搭口间隙	
		顶部二根		其余		顶部二根		其余		顶部二根		其余		顶部二根		其余									
		装配	极限	装配	极限	装配	极限	装配	极限	装配	极限	装配	极限	装配	极限	装配	极限	装配	极限	装配	极限	装配	极限	装配	极限
筒形活塞式柴油机	<150	0.15	0.25	0.10	0.25	0.005D	0.015D	0.004D	0.015D	0.10	0.20	0.08	0.20	0.006D	0.015D	0.004D	0.015D	0.05	0.25	0.003D	0.015D	0.035	0.20	0.003D	0.015D
	>150~225	0.30	0.35	0.15	0.35					0.15	0.30	0.12	0.30					0.06	0.35			0.050	0.30		
	>225~300	0.35	0.40	0.30	0.40					0.20	0.35	0.16	0.35					0.08	0.40			0.065	0.35		
	>300	0.30	0.50	0.25	0.50					0.25	0.45	0.30	0.45					0.09	0.50			0.075	0.45		
十字头式柴油机	>400~550	0.20	0.40	0.14	0.40	0.007 5D	0.25D	0.006D	0.025D	—															
	>550~700	0.27	0.60	0.17	0.50																				
	>700~850	0.34	0.30	0.30	0.30																				
	>850	0.45	0.90	0.40	0.90																				

(六)主机试验

1. 试验条件

(1)试验前,柴油机的零件修配、部件组装及系统安装、仪表检验、整机调整等项工作均已完成。

(2)试验前,舵机及操纵系统均应交验合格;舵叶应在正舵位置;辅机、推进装置、机舱和驾驶台的联系均处于正常状态。

(3)试验应按事先拟定并经船方确认和验船师审查同意的试验大纲进行。

2. 系泊试验

系泊试验的目的在于检验柴油机附属设备和系统的全部效用,以决定该机(船)进行航行试验的可能性。

(1)磨合试验

柴油机经更换或修理活塞、活塞环、缸套、轴瓦等部件后,应参照使用说明书的规定或视部件更换种类和修理的状态适当进行磨合试验。

(2)启动试验

①用压缩空气启动的主机,应从冷态开始(一般不低于 8 ℃),对于有特殊规定的柴油机,启动时的暖缸温度应按说明书规定。

②启动试验应连续进行 3 次,每次间隔 2 min,每次启动时间一般不应超过 10 s。

③压力为额定值的空气瓶在中途不充气的情况下,可换向的主机应能连续启动不少于12 次,测验时应正倒车交替进行。不能换向的主机应能连续启动不少于 6 次。

(3)换向试验

换向试验可在热态下进行,主机在最低稳定转速下从操纵手柄动作开始到主机反向工作为止,所用时间应不大于 15 s。换向试验次数不少于 4 次。

(4)安全报警装置试验

凡经修理、换新的安全报警装置应按主机说明书或有关规范的规定进行试验,动作应灵敏、可靠、准确。试验次数不少于 2 次。

(5)遥控及自动化系统试验

①主机的遥控操纵系统经修理后,按设计要求,进行启动、调速、停车、换向、紧急停车等效用试验各 2~3 次。操纵时主机自动工作的程序必须可靠、准确。

②按说明书要求试验驾驶台遥控转换为机舱操纵的性能以及各操纵站之间联锁装置的功能,要求动作灵敏、可靠、准确。

(6)运转试验

①系泊试验时,其运转的最高转速一般可按修理前航行中常用最高转速的 80%进行。

试验的工况和时间可按表 7.10 规定进行。

②试验中对柴油机的各主要技术参数应做好测量和记录,记录表格的格式参见表 7.10。

表 7.10 主机试验工况和时间

<table>
<tr><th rowspan="3">序号</th><th rowspan="3">主机转速/(r/min)</th><th colspan="2">试验时间/h</th></tr>
<tr><th colspan="2">主机功率/kW</th></tr>
<tr><th>≤370</th><th>>370</th></tr>
<tr><td>1</td><td>$n_H\times50\%$</td><td>0. 25</td><td>0. 5</td></tr>
<tr><td>2</td><td>$n_H\times70\%$</td><td>0. 5</td><td>1</td></tr>
<tr><td>3</td><td>$n_H\times80\%$</td><td>1. 5</td><td>2</td></tr>
<tr><td>4</td><td>倒车 $n_H\times70\%$</td><td>0. 25</td><td>0. 25</td></tr>
</table>

注:n_H——主机航行中常用最高转速。

在运转试验时应调整各气缸的压缩压力、最高燃烧压力和排气温度的不均匀和最高值,不均匀度应符合表 7. 11 的规定,最高值应符合该型柴油机使用说明书的要求。

表 7.11 主机试验工况

<table>
<tr><th>序号</th><th colspan="2">各缸工作参数</th><th>不均匀度/%</th></tr>
<tr><td>1</td><td colspan="2">压缩压力</td><td>≤2. 5</td></tr>
<tr><td>2</td><td colspan="2">最高燃烧压力</td><td>≤4. 0</td></tr>
<tr><td rowspan="2">3</td><td rowspan="2">排气温度</td><td>低速机</td><td>≤5. 0</td></tr>
<tr><td>中、高速机</td><td>≤7. 0</td></tr>
</table>

柴油机各气缸各项工作参数的不均匀度计算公式如下:

$$\varepsilon=[P_{max}(\text{或}\ P_{min})-P_m]/P_m\times100\%\ ,\varepsilon=[t_{max}(\text{或}\ t_{min})-t_m]/t_m\times100\%$$

式中 ε——不均匀度,%;

$P_m(t_m)$——各缸各同项工作参数的算术平均值,MPa(℃);

$P_{max}(t_{max})$——各缸各同项工作参数中的最大值,MPa(℃);

$P_{min}(t_{min})$——各缸各同项工作参数中的最小值,MPa(℃)。

3. 航行试验

航行试验的目的是在尽可能接近船舶实际使用的条件下,综合检查柴油主机的技术状况,以判断其是否已达到预定要求,作为柴油机修理最后验收的依据。

(1)系泊试验

一般须经系泊试验合格后,方可进行航行试验。

(2)负荷试验

①试验时,柴油主机的转速应尽量达到该型柴油主机的额定值,对于机龄在 12 年及以上的主机可适当降低,但不得低于修理前船舶航行中常用最大负荷时的转速。试验的工况及时间见表 7. 12。

表 7.12　主机负荷试验

序号	主机转速/(r/min)	试验时间/h	
		主机功率/kW	
		≤370	>370
1	n_H×80%	0.5	0.5
2	n_H×91%	1	1
3	n_H×100%	3	4
4	倒车 n_H×85%	0.25	0.25

注：n_H——主机航行中常用最高转速。

②试验中对柴油机的各主要技术参数应做好测量和记录，记录表格的格式参见表7.13。

③在试验中，各气缸的压缩压力、最高燃烧压力、排气温度的数值及不均匀度应符合表7.11或使用说明书的要求。

(3)最低稳定转速

航行试验时，应做柴油主机的最低稳定转速试验，时间为15 min。一般低速机不高于额定转速的30%；中速机不高于40%；高速机不高于45%。

(4)换向试验

按要求做换向试验，对遥控及自动化功能进行检查。

4. 综合要求

(1)主机系泊、航行试验中的负荷试验，应连续进行，因故停机不得超过30 min，否则应重新试验。

(2)主机系泊试验，航行试验结束后，应按该机型使用说明书要求检测主轴承、连杆轴承、十字头轴承等处的温度。

(3)主机航行试验结束后，应测量曲柄臂距差，其结果应符合要求，并根据必要进行拆检。

(4)在系泊和航行试验中，发现的主机故障和缺陷，在试验后应对其进行检查和修复。对重大的故障和缺陷，在修复后主机应重新试验。

表 7.13　柴油主机航行试验记录表

船名＿＿＿＿＿＿＿＿　　　　试验日期＿＿＿＿

柴油主机型号、功率、转速			航行中常用最高转速 n_H		机龄	
序号	试验内容		试验要求	试验结果		备注
1	启动试验		≥3 次			
2	负荷试验	n_H×80%	h			
		n_H×91%	h			
		n_H×100%	h			
		倒车 n_H×85%				
3	换向试验	换向时间	≤15 s			
		换向次数	≥4 次			

4

n_H×　%工况时参数值																									开导门检查		
缸号	柴油机转速/(r/min)	压缩压力/MPa	最大燃烧压力/MPa	排气温度/℃	冷却水温度/℃	冷却压力/MPa	滑油温度/℃	滑油压力/MPa	废气增压器转速/(r/min)		涡轮后废气温度/℃		涡轮前废气温度/℃		空冷器前气体温度/℃		空冷器后气体温度/℃		扫气压力或增压压力/MPa		空冷器前冷却水温度/℃		空冷器后冷却水温度/℃		主轴承温度/℃	连杆轴承温度/℃	十字头轴承温度/℃
									1#	2#	1#	2#	1#	2#	1#	2#	1#	2#	1#	2#	1#	2#	1#	2#			
1																											
2																											
3																											
4																											
5																											
6																											
7																											

试验人：　　　　　　　　记录人：

模块八

船舶舵系安装工艺

一、学习情景描述

1. 教学情景描述：同学们进入船舶的主机舱、舵机舱、艉部区域等工作舱室和场所，观察船舶舵机和舵等设备；

2. 关键知识点：舵、舵系；

3. 关键技能点：舵系安装工艺和舵系修理工艺。

二、学习目标

1. 了解舵和舵系专业术语；
2. 了解操舵装置的组成；
3. 掌握舵系安装工艺；
4. 掌握舵系修理工艺。

三、任务书

班级		组号		指导教师	
组长		学号			

表(续)

<table>
<tr><td>组员</td><td>
<table>
<tr><th>姓名</th><th>学号</th><th>姓名</th><th>学号</th></tr>
<tr><td></td><td></td><td></td><td></td></tr>
<tr><td></td><td></td><td></td><td></td></tr>
<tr><td></td><td></td><td></td><td></td></tr>
<tr><td></td><td></td><td></td><td></td></tr>
<tr><td></td><td></td><td></td><td></td></tr>
<tr><td></td><td></td><td></td><td></td></tr>
<tr><td></td><td></td><td></td><td></td></tr>
</table>
</td></tr>
<tr><td>任务分工</td><td></td></tr>
</table>

四、获取信息

引导问题1:船舵是用来操纵和控制船舶航向的,一般位于船尾,又称船尾舵,它是中国造船技术方面的一项重大发明,是古代用来操纵和控制船舶航向的装置,通常由舵叶、垂直舵杆和水平舵柄组成。现代造船技术日新月异,虽然舵的基本功能没有改变,但是制造和安装技术上有了突飞猛进的发展,请同学们到船舶尾部观察舵,熟悉下面关于舵的一些专业术语。

1. 挂舵臂:____________________
2. 半悬挂舵:____________________
3. 舵叶:____________________
4. 舵钮:____________________
5. 舵销:____________________
6. 舵杆连接法兰:____________________
7. 舵杆:____________________
8. 上舵承:____________________
9. 上舵承基座:____________________

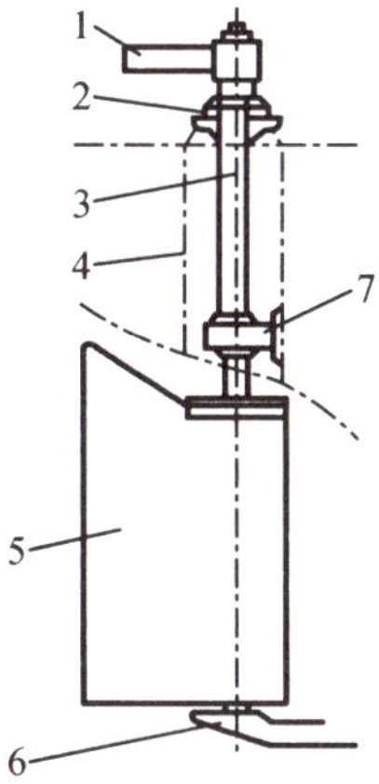

（1）________　（2）________　（3）________　（4）________

（5）________　（6）________　（7）________

引导问题 2：操舵装置是转动舵的装置，包括转动舵的动力设备、转舵机构和向舵杆施加转矩的部件（如舵柄或舵扇）。严格地讲舵机是转舵的动力设备（例如电动液压舵机是指电动机及其所驱动的液压泵和辅助设备），但船上习惯笼统地将整个操舵装置简称为舵机。

1. 操舵装置由________、________、________、________等组成。

2. 为安全起见，水面舰艇上应设有两套独立的操舵装置，一套为________，另一套为________。

3. 舵角指示器：反映________的设备。它有________舵角指示器和________舵角指示器两种。

4. 舵角限制器：限制舵最大________的机构。

引导问题 3：船舶舵系涉及船舶航行性能及安全，船舶舵系安装精度控制，尤其是舵杆安装精度，关系着舵杆与舵承直接磨损程度，直接关系船舶航行过程中舵效以及舵系使用寿命，在船舶建造过程中，舵系舵杆的安装精度要求特别高，同学们通过阅读图纸，写出船舶舵系安装方法与流程：

1. 图纸准备（举例）

________、________、________、________、________、________、________、________。

2. 舵系中心的确定先决条件

（1）机舱前壁以后，主甲板以下的________电焊及________工作基本结束；

（2）上述范围内，________试验基本结束；

（3）时间：________________________；

（4）船底基线已由船体部门验收合格，轴系艏艉基准点已确定；

（5）拉线时应停止一切会产生________的作业。

3. 舵系中心线的确定

舵系中心线一般均采用________测定。

（1）________的确定：包括________基准点和________基准点。

（2）________：为了检查轴舵系中心线偏差及上、下舵钮前后左右中心偏差。

（3）________：为了确定照光靶中心，并确定上舵承基座及舵机基座高度。

(4)________:目的是确定舵系中心线,舵系镗孔圆,检查圆。

(5)________:以检验圆定出镗杆中心并对上舵承基座和上下舵钮进行镗孔加工。

4. 镗孔

(1)________的确定。

(2)检验员应对________做全面检查,不能满足要求的镗杆装置不准投入使用。

(3)舵承座的镗销。

5. 舵系安装步骤(用液压小车)

____

____

____

____

____

____

____

6. 检验

____

____

____

____

____

____

____

五、评价反馈

各组代表展示作品,介绍任务完成情况,并完成评价表。

学生自评表

任务	完成情况记录
任务是否按计划时间完成	

表(续)

任务	完成情况记录
相关理论完成情况	
技能完成情况	
材料上交情况	
收获	

学生互评表

序号	评价项目	小组互评	教师评价	总评
1	任务是否按时完成			
2	材料上交情况			
3	任务完成质量			
4	语言表达能力			
5	小组成员合作情况			

教师评价表

序号	评价项目	小组互评	教师评价	总评
1	学习准备			
2	引导问题填写			
3	规范操作			
4	完成质量			
5	关键操作要领掌握			
6	完成速度			
7	参与讨论主动性			
8	沟通协作			
9	展示汇报			
10	5S 管理(如有)			

注:评价档次统一采用 A(优秀)、B(良好)、C(合格)、D(努力)4 档。

六、学习情境的相关知识点

舵是船舶的一种十分重要和不可缺少的专用舾装设备,船舵主要由舵叶和舵杆组成,舵叶是产生水压力的部分,舵杆的作用是转动舵叶和保证舵叶具有足够的强度,舵的作用原理是当水流以某冲角冲至舵叶上时,便产生了流体动力,此作用力通过舵杆传递到船体上,从而迫使船舶转向,也就达到了调整航向的目的。

(一)专业术语

(1)挂舵臂:指支承半悬挂舵臂状构件。

(2)半悬挂舵:指舵的上半部,支承于挂舵臂处的舵钮(销)上,下半部悬挂的舵。

(3)舵叶:指舵上产生舵压力的主体部分。

(4)舵钮:指挂舵臂等后缘供装舵销用的突出部分。

(5)舵销:指用以将舵连接在挂舵臂上的销轴或者螺栓。通常制成锥状体,按其部位与作用不一致,分别称之为上舵销与下舵销。

(6)舵杆连接法兰:指舵杆下端与舵杆垂直,用于与舵叶相连接的安装面。

(7)舵杆:指连接舵叶与舵机或者舵柄,传递转舵钮距的转动杆件。

(8)上舵承:指位于舵头处用来支承舵的质量,及其所受到的径向与轴向力的舵承。

(9)上舵承基座:指支承上舵承的构件。

(二)操舵装置的组成

操舵装置是保证舰船水上(或水下)安全航行的重要设备之一。它由操纵器、操纵机构、舵机、转舵机构等组成。操舵装置一般可分为手动操舵装置、电动操舵装置和液压操舵装置。

为安全起见,水面舰艇上应设有两套独立的操舵装置,一套为主操舵装置,另一套为应急操舵装置。如舰上无法设置应急操舵装置,则主操舵装置应设有两套相同的动力源。此两套动力源既能单独工作,又能彼此切换,互为备用。

(1)操纵器:操纵舵的机构,设于驾驶室内,供驾驶人员用来操纵以控制舵的运动。操纵器分为操舵轮和操纵柄两种:对于液压舵机和部分电动舵机,常用操纵柄;对于人力舵机和部分电动舵机,通常用操舵轮,内河小船几乎全用操舵轮。

(2)舵机:转舵的动力,舵机有人力舵机、电动舵机、气动舵机和液压舵机,老式船上还有蒸汽舵机。舵机通常设在艉部舵机舱内,内河船上人力舵机往往设在驾驶室内,与操舵轮连成一体。

(3)传动装置:传递操舵动力,使舵转动的装置,包括传动链条或钢索、导向轮,舵柄或舵扇等零部件。

(4)舵角指示器:反映舵转动角度的设备。它有机械式舵角指示器和电动舵角指示器两种,内河小船上多采用机械式舵角指示器。舵角指示器设在舵杆端头上或舵杆近旁,为使驾驶人员能直接知道舵的转动后位置,在驾驶室或舵机上也设有舵角指示器。

(5)舵角限制器:限制舵最大转动角度的机构。

(三)船舶舵系

舵设备是用来保持或改变船舶运动方向的专用设备,主要有指令控制系统、舵机、转舵机构以及舵系等几个组成部分。舵设备的安装主要包括舵机、转舵机构和舵系等的安装,其中,舵系安装工作是整个船舶建造工程当中非常重要的一个项目。舵系主要有舵叶、舵杆及舵轴、舵柄、舵销、舵承及座、止跳装置、舵角限位器、舵角指示器等零部件。不同形式的舵由于其同船体连接方式或舵叶与舵杆的连接方式的不同,舵系的组成也会有所不同。舵系的结构形式很多,大致有以下几种分类方法:

(1)按舵的固定方式分为舵踵支承舵、半悬挂舵和悬挂舵;

(2)按照舵杆轴线在舵叶宽度上的位置分为不平衡舵和平衡舵;

(3)按照舵叶剖面的形状可分为流线型舵和平板舵。

几种常见的舵系如图 8.1 所示。

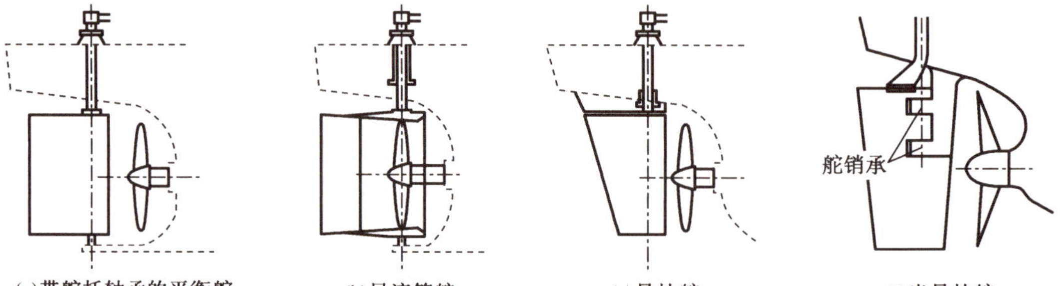

(a)带舵托轴承的平衡舵　(b)导流管舵　(c)悬挂舵　(d)半悬挂舵

图 8.1　几种常见的舵系

目前比较常用的有悬挂舵和半悬挂舵。

悬挂舵在中、小型船舶中经常使用。悬挂舵的舵杆和舵叶采用锥体或直接焊接连接。使用流线型舵叶时,通常在同舵杆连接部位设置铸钢件,舵杆锥体插入其中,用螺母固定;小型船舶使用单板舵时,舵杆和舵叶直接焊接连接。在悬挂舵中,舵叶及舵杆的重力均由上舵承承受。

半悬挂舵通常设置一个或两个舵销,多固定于挂舵臂上,其与舵钮的连接采用锥体形式,其舵叶和舵杆的重力均由上舵承承受。因为半悬挂舵的结构及其制造安装的典型性,本章以半悬挂舵为主进行介绍。

在一些机动性要求比较高的船舶上,导流管舵经常见到。

本章以半悬挂舵为主进行介绍。

1. 舵杆

舵杆的形式主要取决于舵系种类、与舵叶和与舵柄的连接方式。舵杆上部常用带键、紧配或无键连接等方法同舵柄连接,并支承在上舵承处。舵杆下部常用水平法兰、锥体带键或无键连接等方法与舵叶连接。如图 8.2 所示。

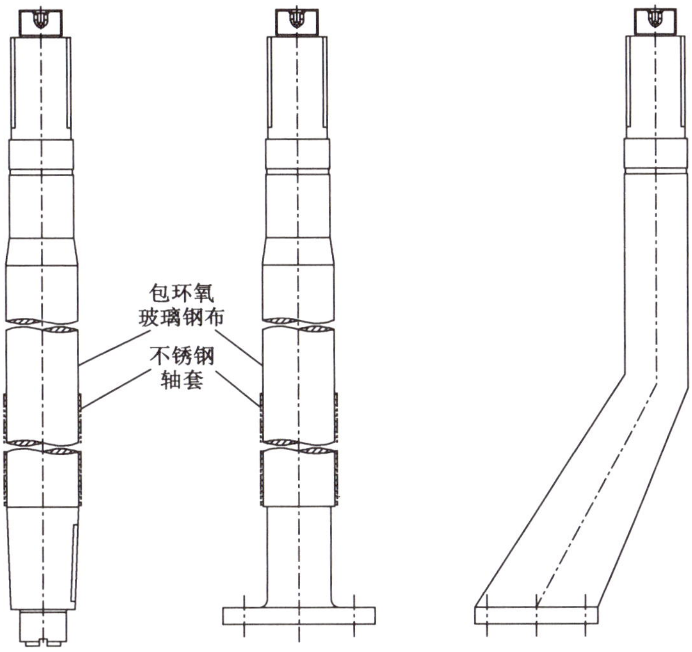

图 8.2　舵杆常见形式

舵杆的材料多采用 30、35 或 40 号优质碳素钢。一般内河船舶,舵杆直径小于 120 mm 时,允许采用 20、25 号优质碳素钢。舵杆材料的机械性能和化学成分应符合中国船级社(CCS)《材料与焊接规范》的有关规定。如舵杆与法兰分别锻制而以焊接连接时,则应在整个接合面内焊透,并应符合 CCS《材料与焊接规范》的有关要求。另外,关于舵杆与法兰分别制造、然后焊接的工艺要求,各船级社均有若干具体的规定,使用时须查阅相关规定,参照执行。

(1)舵杆轴套

舵杆上经常设置轴套以隔绝海水。舵杆轴套的材料多采用青铜 ZcuSn10Zn2、ZcuAl9Mn2 或不锈钢 1Cr18Ni9Ti、0Cr18Ni9Ti 等,轴套长度应大于舵承实际工作长度,且上下至少留有 50 mm 的余量。

粗加工后须做密性试验,压力 0.2 MPa,5 min 内不得渗漏。

轴套的壁厚及套合过盈量可参考表 8.1。

表 8.1　轴套的壁厚及复合过盈量参考值　　单位:mm

舵杆直径	铜质护套		不锈钢护套		铜质护套过盈量	不锈钢套过盈量
	最小壁厚	极限壁厚	最小壁厚	极限壁厚		
>80~120	5.0~8.0	3.5	5.0	2.5	0.08~0.14	0.06~0.10

表 8.1(续)

舵杆直径	铜质护套		不锈钢护套		铜质护套过盈量	不锈钢套过盈量
	最小壁厚	极限壁厚	最小壁厚	极限壁厚		
>120~180	8.0~12.0	5.0	6.0~8.0	3.5	0.12~0.18	0.10~0.13
>180~260	12.0~16.0	6.0	8.0~12.0	5.0	0.18~0.24	0.13~0.17
>260~360	16.0~19.0	7.5	12.0~16.0	6.5	0.24~0.30	0.17~0.20
>360~500	19.0~24.0	9.5	16.0~20.0	8.0	0.30~0.34	0.20~0.25
>500~600	24.0~30.0	12.0	20.0~24.0	9.0	0.34~0.38	0.25~0.27
>600~800	30.0~35.0	14.0	24.0~28.0	10.0	0.38~0.42	0.27~0.30

舵杆轴套安装多采用加热安装。以不锈钢轴套为例：

①首先确定合适的支承位置，然后将舵杆摆放好，调水平，并在舵杆上确定轴套位置线。

②在不锈钢轴套表面布置好加热片(焊缝朝下)，注意使加热片布满整个轴套表面，确保每个加热片接线良好，加热至 280~320 ℃，使其内径膨胀到 1.5~2 mm。

③满足上述要求后，将轴套移至之前做的记号处。

④自然冷却。

(2)舵杆包覆玻璃钢

与海水接触的非工作轴颈部位应包覆玻璃钢或橡皮等保护层。具体工艺与艉轴相同，工艺过程和技术要求大致如下：

①舵杆防蚀层包覆可在车间内场施工，将舵杆水平放置，工作合适高度离地面 800~1 000 mm，亦可在车床上进行。

②舵杆的包覆部位要求用丙酮、汽油、香蕉水或四氯化碳进行清洁，包覆表面应无油污、锈迹和水迹。

③包覆时空气相对湿度不超过 80%，在下雨天允许将舵杆预热到 40~50 ℃。

④环氧黏合剂的配方如下所示：

a. 树脂：618、634、6101 环氧树脂	质量比：100
b. 增塑剂：聚酯树脂、亚磷酸三苯酯、苯二甲酸二丁酯	5~20
c. 稀释剂：662 甘油环氧树脂、亚磷酸三苯脂	<10
d. 硬化剂：乙二胺	4.5~6
二乙烯三胺、四乙烯五胺	8~10
118 硬化剂	15~20
e. 玻璃布：宽度 30、60、80、100、120 mm	δ=0.1~0.2 mm

⑤环氧黏合剂的调制

a. 将容器和搅棒擦干净。

b. 按比例质量称出增塑剂和稀释剂，然后将环氧树脂倒在一起，大致调匀。

c. 按比例称出固化剂倒入容器，立即搅匀。

⑥胶接工艺

a. 用清洁的刷子，将黏合剂均匀涂刷一层于包覆部位表面。每次刷的厚度为 0.2～0.3 mm，且不得留有气泡。

b. 将浸有黏合剂的玻璃布从容器中抽出，缠绕在舵杆上，每条玻璃布起头，从需绕玻璃钢处两头往里 300 mm 处开始，每圈重叠量为 15%～30%，防蚀层包覆的层数及厚度应符合图纸要求。

c. 玻璃钢包覆过程中，舵杆应始终慢速均匀转动，直至黏合剂不流动或自然固化。

d. 施工 24 h 后，黏合剂固化才能移动舵杆。

⑦安全事项

a. 进行玻璃钢包覆必须保持通风良好，使操作者尽量少吸入挥发性有毒的化学物质。

b. 操作时应有劳动保护，严防化学物质溅入眼睛。

2. 舵杆与舵叶的装配

舵叶与舵杆之间的连接必须可靠，而且舵杆中心线与舵叶回转中心线的同轴度必须在规定范围之内。舵叶与舵轴之间的连接方式主要有法兰连接、锥体连接和焊接等三种形式，法兰连接和锥体连接适用于大、中型船舶的流线型舵，焊接法常用于小型船舶的单板舵。

(1)舵叶与舵杆的法兰连接

常用的是水平法兰连接。法兰通常同舵杆本体一起锻造，也可以直杆部分采用锻造，弯曲部分同法兰一体铸造，经热处理后与直杆焊接为整体，焊后再做热处理及探伤检查，之后作为整体上机床进行后续的机加工。连接法兰的形状和尺寸取决于连接的强度要求、法兰所在处的舵剖面的形状及螺栓布置的要求等因素。

①舵叶法兰平面的修刮

舵叶法兰平面需要修刮。修刮的主要目的是保证舵杆和舵叶连接之后二者的同轴度。修刮之前，可预先将上舵杆法兰端面用平板拂磨，要求每 25 mm×25 mm 内有 1～2 点。

校正工作可以在平台上进行，用拉线法或照光法进行。

如图 8.3 所示为拉线法检查舵杆和舵叶连接之后二者的同轴度，其平面修刮的工艺过程如下：

a. 舵叶平置于平台上，用垫墩调整其高度和水平。

b. 顺着舵叶拉两根钢丝，一根在舵叶中心线正上方，一根与舵叶在一个水平面上，用划在舵叶上的中心线找正钢丝，使其与舵线平行。

c. 以钢丝为基准找正舵杆。在舵杆上和舵销上两处测得至钢丝线的尺寸差(千分尺读数差)应小于 0.05 mm，测量时应考虑钢丝挠度。

d. 以舵叶法兰为基准，用塞尺测量舵杆与舵叶法兰之间的间隙以确定舵杆法兰面的修刮位置和刮磨量。

e. 修刮舵杆法兰。舵杆与舵叶法兰面修刮的质量要求：每 25 mm×25 mm 区域内接触斑点不少于 2 个，接触面积不少于 60%，沿法兰周长 90%处 0.05 mm 塞尺不得插进，其余处插入深度不大于 15 mm。舵杆与舵叶连接后的中心线偏差应不大于 0.30 mm，极限不大于 0.50 mm。

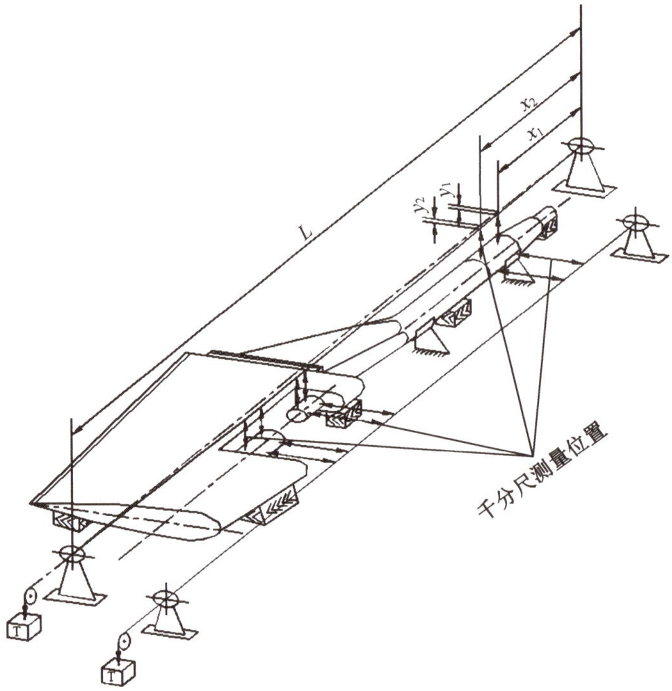

图 8.3　舵叶法兰修刮时拉线校正舵叶与舵杆的同轴度

如图 8.4 所示为照光法检查舵杆和舵叶连接之后二者的同轴度。

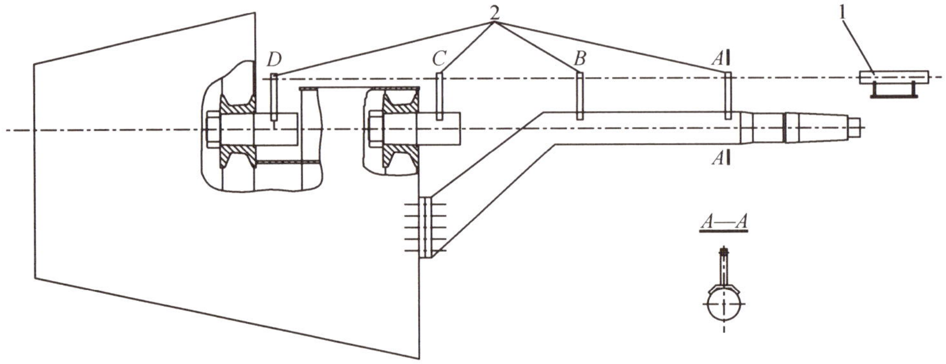

1—照光设备;2—光靶及其支架。

图 8.4　舵叶法兰修刮时光学校正舵叶与舵杆的同轴度

其平面修刮的工艺过程如下:

a. 将舵叶放成水平状态,水平仪置于舵销上,要求舵销水平偏差不大于 0.06 mm/m。在舵销 *C*、*D* 位置上放置光靶架及光靶,靶架上平面用水平仪校准水平,然后在舵杆顶部处放一台光学准直仪,按 *C*、*D* 光靶中心调整光学准直仪,使其光轴在 *C*、*D* 中心延长线上。

b. 将舵叶和舵杆临时连接。

c. 将 *C*、*D* 处光靶架及光靶移至舵杆 *A*、*B* 处。

d. 用准直仪检查 *A*、*B* 两点处中心,要求同轴度偏差不大于 0.30 mm,超差,则进行修刮。

②舵叶与舵杆的法兰连接螺栓

舵叶与舵杆的法兰连接螺栓全部为铰制孔紧配螺栓，如设有键时，紧配螺栓数量可以减少。螺栓的规格、数量和布置均须满足船舶规范的有关规定。舵叶法兰连接平面修刮完成之后，即可进行螺栓孔的铰孔以及铰制孔螺栓的配制工作，工艺与轴系配对相似。舵叶与舵杆的法兰连接螺栓和螺栓孔的加工技术要求如表 8.2 所示。

表 8.2　舵叶与舵杆的法兰连接螺栓和螺栓孔的加工技术要求　　单位：mm

项目		标准范围	允许极限	备注
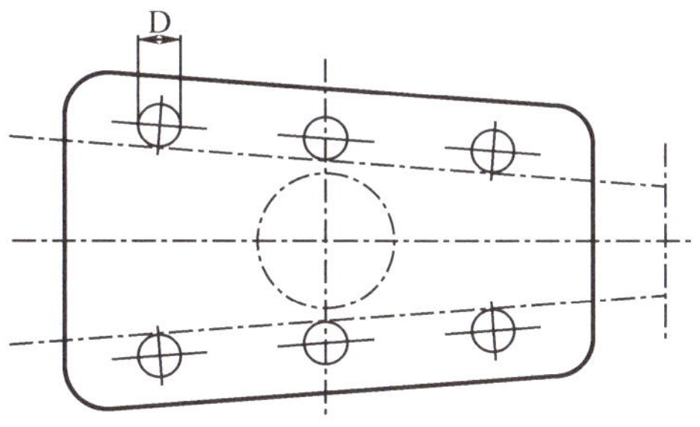	螺栓孔圆度	<0.01	<0.01	
	螺栓孔圆柱度	<0.02	<0.02	
	螺栓圆度	<0.01	<0.01	
	螺栓圆柱度	<0.02	<0.02	
	螺栓过盈量 $d-D$	0.005～0.015	>0	d 为螺栓直径 D 为螺栓孔直径

③紧配键

法兰安装紧配键是为了减轻螺栓的载荷。对于装有键的法兰，在组装前，先加工出来的舵叶上的键槽，在宽度方向留 0.10 mm 左右的刮配余量。舵叶与舵杆轴线同轴度解决后，根据舵叶上键槽的实际位置，在舵杆法兰端面划键槽的加工线。待紧配螺栓铰孔完成后，加工舵杆上的键槽。

键与键槽侧面 80%以上部位用 0.05 mm 塞尺插入深度应小于 1/5 键槽深，键与键槽顶面间隙为 0.20～0.40 mm。

(2)舵叶与舵杆的锥体连接

与螺旋桨安装相似，舵叶与舵杆的锥体连接也分为有键连接和无键连接，而且其工艺和技术要求也相似。有键连接相当于螺旋桨的常规安装，无键连接则是液压安装。液压安装时，各船级社对推入长度（即舵杆与舵叶上铸钢件间相对运动的长度）、推入压力和推入时的起始点都有明确的要求。CCS 对推入长度和推入压力有如下要求：

①推入长度 S 应满足下式要求：

$$S_1 \leqslant S \leqslant S_2$$

最小推入长度 S_1(mm)：

$$S_1 = \frac{1}{K_1}\left[\frac{2pD_m k_2^2}{E(k_2^2-1)} + 0.02\right]$$

最大推入长度 S_2(mm)：

$$S_2 = \frac{1}{K_1}\left(\frac{1.4R_{eH}D_m k_2^2}{E\sqrt{3k_2^4+1}} + 0.02\right)$$

式中，p（N/mm^2）对于非悬挂舵：

$$p=\frac{8.5{D_t}^3}{{D_m}^2 lfK_s}$$

对于悬挂舵：

$$p=\frac{6M_b}{D_m l^2}\times10^3$$

$$k_2=(D_m+2t_a)/D_m$$

式中　l——锥体长度，mm，见图 8.5。

D_m——锥体的平均直径，mm；

t_a——承座的平均厚度，mm；

D_t——舵柄处的舵杆直径，mm；

M_b——下舵承至舵叶顶部间舵杆的大弯矩，N·m；

K_s——舵杆材料系数，当 $R_{eH}>235$ N/mm^2 时，$K_s=(235/R_{eH})0.75$，当 $R_{eH}\leqslant$ 235 N/mm^2 时，$K_s=235/R_{eH}$（R_{eH} 是材料的屈服应力，N/mm^2，取值应不大于 $0.7R_m$ 或 450 N/mm^2，取其小者，R_m 是材料的抗拉强度，N/mm^2）；

k_1——锥体的直径锥度；

R_{eH}——承座材料的屈服应力，N/mm^2；

E——弹性模量，取 2.06×10^5 N/mm^2；

f——摩擦系数，对于液压连接取 0.15；对于干式锥形连接取 0.18。

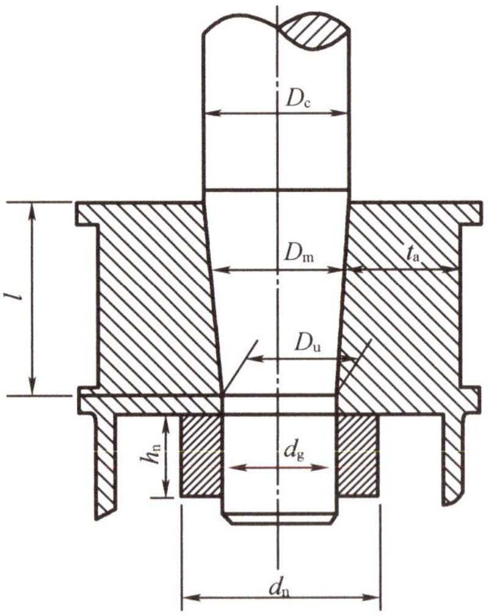

图 8.5　舵叶与舵杆的锥体连接结构示意图

②推入压力 P（N/mm^2）应按下式计算：

$$P=\frac{SE({k_2}^2-1)k_1}{2D_m{k_2}^2}$$

式中　k_1、k_2、D_m 及 E 同本条①；

S——按本条①确定的推入长度，mm。

③推入压力 P_e(N)可按下式计算：

$$P_e = 3.14PD_m l\left(\frac{k_1}{2}+0.02\right)$$

式中　P——按本条②计算的推入压力，N/mm^2；

D_m、k_1、l 同本条①。

与舵杆发生装配关系的舵叶内承座的加工，主要就是镗孔和拂配，其工艺和技术要求分别与轴系镗孔和螺旋桨拂配相似。

①舵叶内承座镗孔

a. 舵叶制造完工后，冲砂油漆，把舵叶放在平台上，四边用墩子垫好调水平，然后调整四周及两孔的中心数据，按平均值定中心线，交质量检验科。

b. 待加工区参照上道工序提供的舵叶中心线，划好两端铸件大头的校正圆，再按两孔的校正圆，用光靶在舵杆大头和舵销小头中心调中，用 0.5 mm 钢丝拉好，调到校正圆中心再划舵杆、舵销小头的校正圆，报质量检验科确认后，打好样冲。

c. 塞入镗杆，按照加工圆的位置，定位支承轴承铜套，4 个支承轴承铜套应尽量靠近孔边，以减少让刀。

d. 镗排支好后，在镗排上放划针，按照校正圆上的样冲进行镗杆校中。

e. 镗杆校正好后进行镗孔，粗镗时单边切削 5 mm 左右(粗镗至精镗留 3 mm 左右余量)，待两孔粗镗结束后，再进行复线，看看镗杆在镗孔时是否走动，重新调整支承铜套，然后进行精镗，精镗时单边切削为 0.5 mm 左右，最终整个孔内留 0.6 mm 左右拂配余量。

f. 精镗结束，检验校正圆与镗排是否同心，认可后，装上平面刀架对平面进行切削，要求平面与轴孔中心线垂直。平面加工好后，根据设计图纸的位置要求，拉孔内油槽，钻油孔。

g. 用卡尺或直尺校正锥孔母线及平面的直线度。

h. 镗孔结束后，拆去镗排，割去马脚，打磨，拂油孔平面，将镗孔尺寸报质量检验科，复检镗孔同心度，并做好记录，填好报检表，进行铸钢件探伤，孔内涂黄油，防止生锈。

②舵叶内承座锥孔拂配

无论有键连接还是无键连接，舵杆锥体与舵叶内承座锥孔均需要拂配以达到紧密贴合的目的。舵叶内承座锥孔拂配工艺与螺旋桨拂配工艺相似。多采用立式，将舵叶竖在两边有地笼的位置，按舵叶上的两条十字线用激光校正，使舵叶锥孔垂直水平，再用角钢予以焊接固定，之后就可以开始拂配。

拂配要求达到 25 mm×25 mm 面积范围内有 3～4 个接触点，接触面积不少于 70%，0.03 mm 厚度塞尺在锥度两端不得塞入。锥孔下端部位未接触到的位置用砂轮机进行扩大，以避免压入时被下口顶住，用刀口尺校验。

检验合格后做好标记，锥孔涂油防锈。

③舵杆与舵叶的液压安装

采用湿式液压安装方式，如图 8.6 所示。压入力根据计算，压入量 L 按图纸要求。舵杆与舵叶的液压安装工艺过程如下：

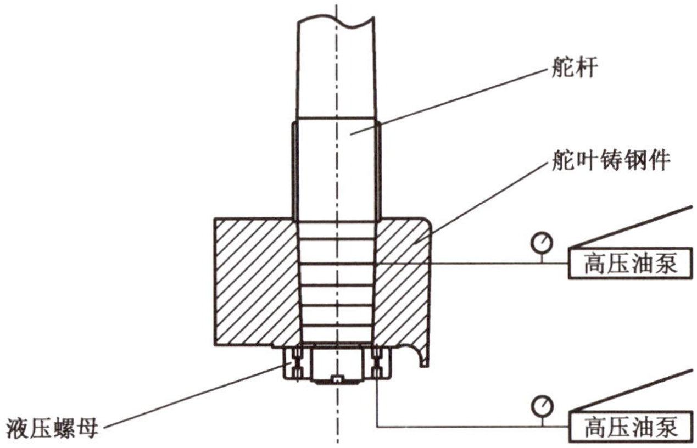

图 8.6　舵杆与舵叶的液压安装示意图

a. 装配前将配合面用汽油或煤油清洗，后用液压油涂抹，确认舵杆、舵叶上铸钢件温度大致相同，再将舵杆插入舵叶上铸钢件中。

b. 安装液压螺母，使环形活塞尽量向内收缩，活塞伸出不超过 5 mm。进油口应位于螺母最低位置。

c. 接好所有油管和附件，将管线中的空气排净。

d. 求起始点：仅向液压螺母轴向加压，使油压达到 5 MPa，将千分表刻度盘调至“零”点，继续加压至 10 MPa，15 MPa，分别得到千分表读数 X_0、X_1、X_2，用坐标纸作图，X 轴为推入量，Y 轴为油压，将 X_0、X_1、X_2 三点连成直线交 X 轴得 a 点，则 a 即为零点。如图 8.7 所示。后续压入量应为 $L-a$。

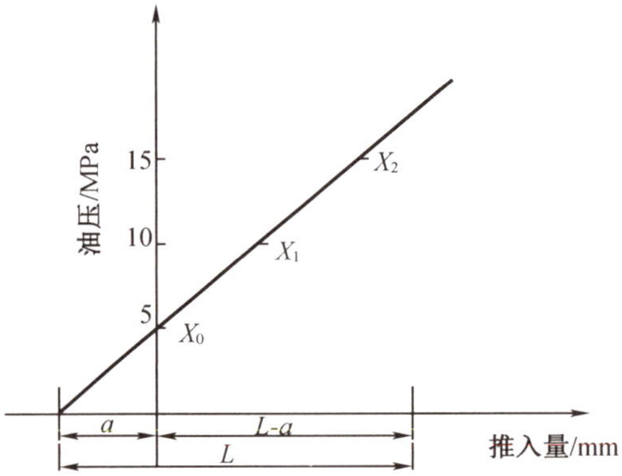

图 8.7　推入量起始点示意图

关于起始点的确定，有船级社规定：舵杆的锥体与舵叶上铸钢件锥孔应在车间进行着色试验，以检验其接触度，当接触面积达到要求(一般为 70%)时，此点即为推入起始点，然后在舵杆上做出相应的记号，舵杆在船台上压入时即以此标记点作为压入起始点。

e. 向配合面泵油(径向加压)直到上铸钢件端头出现气泡，渗出油滴为止，然后两台泵(1 台轴向，1 台径向)压力交替上升不断推动舵叶前移，当千分表上的读数为 $L-a$ 时，可认为推进距离达到设计要求，压装完毕。

f. 安装完毕后,必须先卸掉径向油泵的油压,轴向油压保持原位 20~30 min 后,再卸压,凭人力将液压螺母拧到位置为止,然后以此为起点,再将螺母拧紧 15°~20°左右,则舵叶装妥。安装完毕后,加装密封盖板,舵承油孔处加装丝堵并用聚硫橡胶填平。

舵杆与舵叶制作完成后需要在车间预压装,检验加工精度,保证实船安装质量。试压装过程中,每压入 0.5 mm,记录一次油压,绘制出压入量-油压曲线和表格,如表 8.3 所示,供上船安装参考,试装完毕后,应在舵杆及上铸钢件上做标记。

表 8.3　压入油压和压入量记录表

轴向油压/MPa								
径向油压/MPa								
推进距离/mm								

(3)舵叶与舵杆的焊接连接

焊接法常用于小型船舶的单板舵。单板舵的舵叶一般由钢板切割而成,校平后,在平台上与加工好的舵杆按图纸要求进行拼装,拼装的定位基准是钳工在舵杆上划出的舵杆中心线,拼装报检合格后即可将舵杆和舵叶焊接成整体。焊接前须按图纸要求开焊接坡口。施焊时须采取必要的措施以控制焊接变形。

如图 8.8 所示为某船单板舵与舵杆的焊接连接。

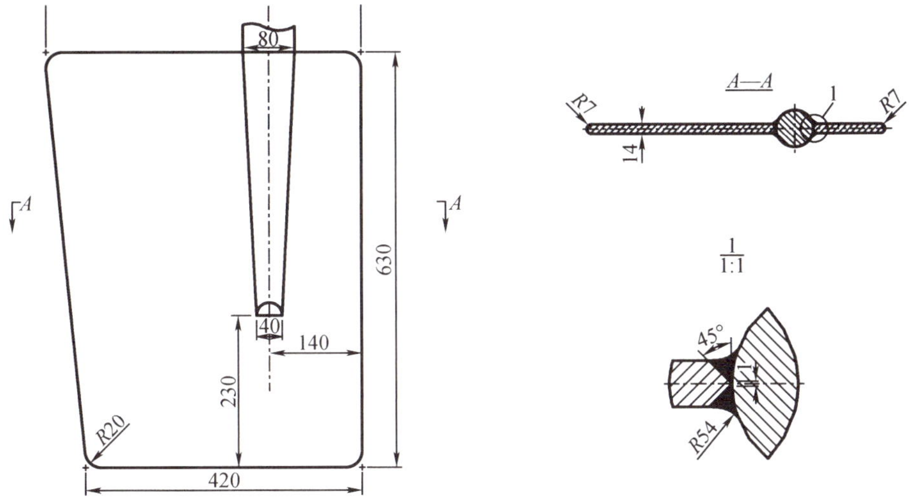

图 8.8　单板舵与舵杆的焊接连接

3. 舵轴承

舵轴承分类方法很多,大致有以下几种:

按其受力状态分为:支承舵承及支承推力舵承;

按其安装位置分为:上舵承、中间舵承和下舵承;

按其密性分为:水密舵承及非水密舵承;

按其舵承的摩擦副分为:滑动轴承及滚动轴承。

(1)上舵承

上舵承通常为支承推力舵承,它不仅承受由作用在舵上的水动力引起的径向负荷,还承受由舵杆和舵叶的重力引起的轴向负荷。上舵承一般安装在舵机舱的专门的上舵承基座上,如果其所在位置有可能低于满载水线,一般会选用带密封圈的有水密功能的上舵承。

转叶式舵机内置了推力轴承,所以,选用转叶式舵机的舵系不用设上舵承。

上舵承形式很多。图8.9所示为主要适用于长江、内河各类船舶的上舵承[《内河船舶上舵承》(JT/T 251—2004)],轴向负荷由平面推力球轴承承受,径向负荷则由滑动轴承承受。

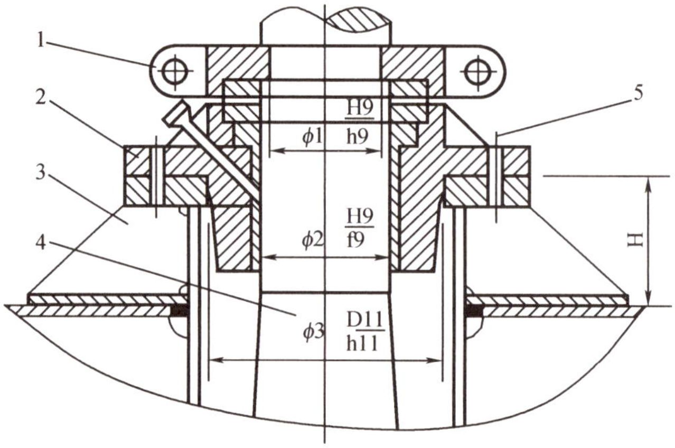

1—上舵承;2—上舵承本体;3—上舵承基座;4—舵杆;5—螺纹连接件。

图8.9　上舵承(JT/T 251—2004)

图8.10所示为滚子上舵承[《滚子上轴承》(CB＊789—1987)]的C型,轴向负荷由双列向心球面滚子轴承承受。

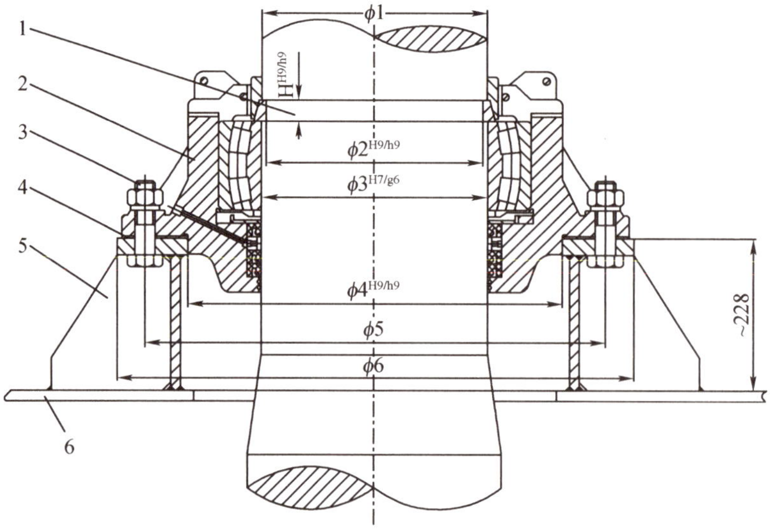

1—舵杆;2—上舵承;3—螺纹连接件;4—密封垫;5—上舵承座;6—舵机舱平台。

图8.10　上舵承(CB＊789—1987)的C型

图 8.11 所示的上舵承为平面磨擦水密上舵承[《平面磨擦水密上舱承》(CB/T 3282—2001)],适用于轴径 200 mm 以上的大、中型船舶。轴向负荷由摩擦片承受,磨擦片平面需要进行修刮,要求用色油检查接触情况,在 25 mm×25 mm 面积上应大于 3 点,接触均匀,接触面应大于 50%,0.05 mm 塞尺塞不进。检查时,在上舵承平面涂以薄薄一层色油,然后放下,使之与摩擦面相接触,转动舵杆,然后观察着色情况。

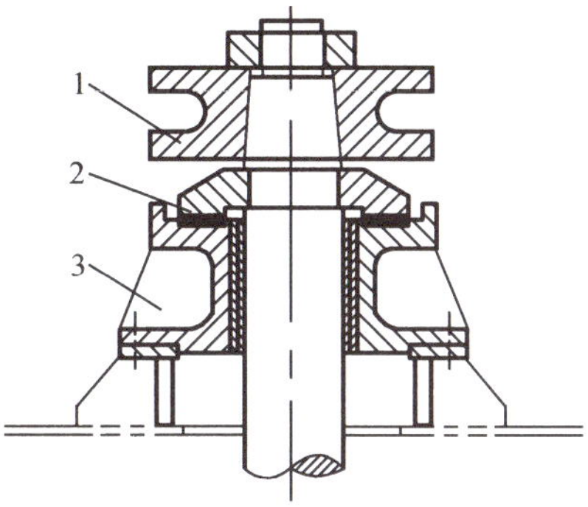

1—舵柄;2—摩擦片;3—舵承。

图 8.11　舵承结构示意图

上舵承与舵杆轴承位的配合应按照舵承厂家的技术要求执行,如滚子舵承(CB＊789—1987)推荐的轴承内孔与舵杆的配合是 H7/g6;或按照表 8.4 所示的规定。

上舵承与上舵承基座的配合也应按照舵承厂家的技术要求执行,如滚子舵承(CB＊789—1987)推荐的配合是 H9/h9;或按照表 8.4 所示的规定。

表 8.4　滚动轴承内外径配合公差　　单位:mm

内外圆直径	<80	80~120	120~180	180~260	260~360	360~500
舵杆配合内孔	0~-0.02	-0.01~-0.03	-0.02~-0.04	-0.03~-0.05	-0.04~-0.06	-0.05~-0.08
舵承座孔配合外圆	+0.015~-0.01	+0.01~-0.02	0~-0.03	-0.01~-0.04	-0.02~-0.05	-0.025~-0.06

(2)中间舵承和下舵承

中间舵承和下舵承均为支承舵承,仅承受径向负荷。中间舵承很少使用,设有两个以上舵销的舵有时不设下舵承。下舵承的本体多为铸钢件,同船体结构焊接固定。舵承下端设有密封圈和压盖。图 8.12 所示为下舵承[《内河船舶下舵承》(JT/T 250—2004)],主要适用于长江、内河各类船舶。

图 8.13 所示的下舵承,其舵承本体为铸钢件,轴承为复合材料,二者分别制造,待本体镗孔完成之后,根据镗孔尺寸加工轴承外圆,然后将轴承装入。舵承下部装有密封圈,用压板固定。

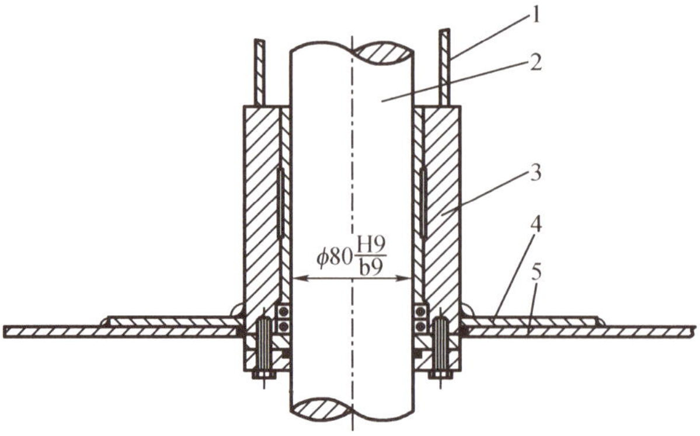

1—舵套筒;2—舵杆;3—下舵承;4—复板;5—船底板。

图 8.12　水密下舵承(JT/T 250—2004)在船上的安装示意图

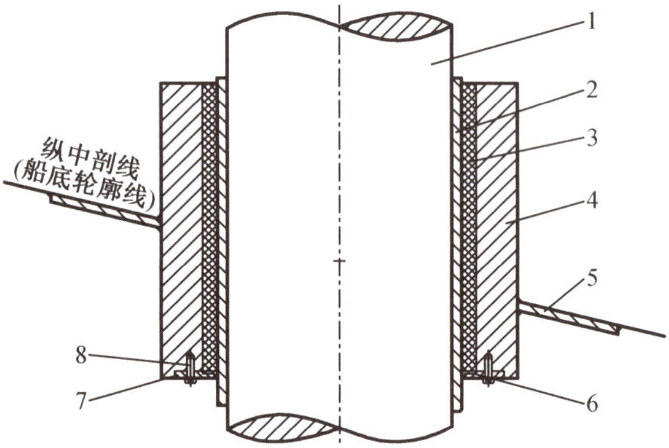

1—舵杆;2—轴套;3—衬套;4—舵承本体;5—复板;6—密封圈;7—压板;8—螺钉。

图 8.13　下舵承

下舵承与舵杆之间的间隙一般可参考舵承厂家提供的技术要求,如滑动水密下舵承推荐的配合是 H11/f9;或者参考相关表格,悬挂舵下舵承装配间隙参见表 8.5 所示规定,多支承普通舵各道舵承的装配间隙参见表 8.6 所示规定,如果选用了表格中未包括的高分子复合材料轴承,须参考轴承生产厂家的技术要求。

表 8.5　悬挂舵下舵承的装配间隙　　单位:mm

舵销直径	铜及白合金舵承装配间隙	铁梨木及层压板舵承装配间隙
<80	0. 30	0. 60
80～120	0. 30～0. 40	0. 60～0. 70
120～180	0. 40～0. 50	0. 70～0. 85
180～260	0. 50～0. 60	0. 85～1. 05
260～360	0. 60～0. 75	1. 05～1. 25
360～500	0. 75～0. 90	1. 25～1. 50

表 8.6 多支承普通舵各道舵承的装配间隙 单位:mm

舵销直径 d	舵杆承（铜及白合金舵承）	舵销承	
		铜及白合金舵承	铁梨木及层压板舵承
<50	0.25~0.33	0.50~0.60	0.55~0.65
50~70	0.32~0.40	0.60~0.80	0.65~0.85
75~100	0.36~0.44	0.80~1.00	0.85~1.10
100~130	0.42~0.50	1.00~1.20	1.10~1.30
130~180	0.50~0.60	1.20~1.40	1.30~1.50
180~260	0.60~0.70	1.40~1.60	1.50~1.75
260~360	0.70~0.80	1.60~1.80	1.75~2.00

4. 舵销和舵销轴承

舵叶与挂舵臂上舵钮的连接采用舵销的形式，如图 8.14 所示，舵销的圆柱部分插入舵钮孔中，锥体部分插入舵叶内承座孔中，用螺母拉紧，使舵叶与挂舵臂可靠地连接。结构形式如同锥体连接的舵叶与舵杆，但很少用键。

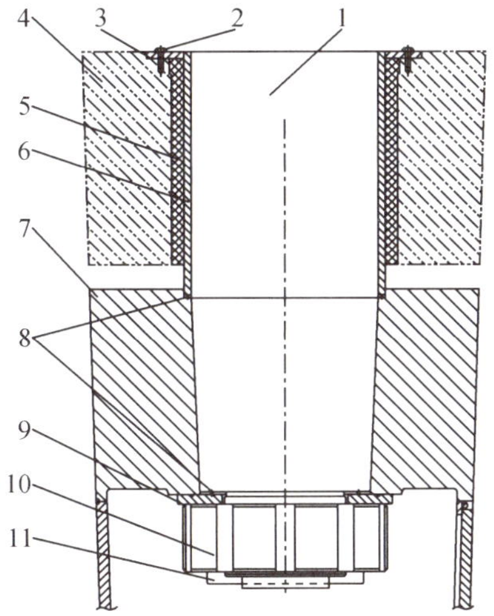

1—舵销；2—螺栓；3—压板；4—挂舵臂上的舵钮；
5—舵销轴承；6—轴套；7—舵叶内承座；8—O 形圈；9—垫片；10—螺母；11—止动片。

图 8.14 舵销与舵销承

(1)舵销

船舶规范对舵销及舵钮连接的锥形配合、锥体长度、舵销直径、螺母的尺寸、销座的厚度、舵销轴承的长度等，都有一定的要求。舵销锥体部分应无阶梯地过渡到圆柱部分，锥体端部有螺纹，用来安装螺母，舵销的工作部位安装有耐磨和耐腐蚀的材料制成的轴套，轴套多采用青铜和不锈钢。如图 8.15 所示。

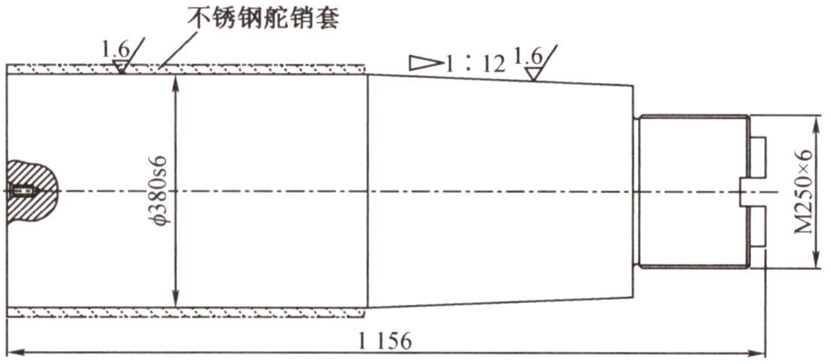

图 8.15　舵销结构图

舵销与轴套采用过盈配合。过盈量如表 8.7 所示。

表 8.7　舵销与轴套、舵叶的配合

项目	标准范围	备注
舵销与舵叶的锥面接触面积	>60%	
舵销与不锈钢轴套过盈量	(0.000 5~0.001 0)D	D 为舵销直径，单位：mm
舵销与青铜轴套过盈量	(0.000 75~0.001 5)D	

舵销不锈钢轴套烘装工艺过程如下：

①烘装之前做密性试验，压力 0.1 MPa。

②内孔加工到位，外圆留余量，待轴套装好后加工。

③舵销不锈钢轴套烘装多采用竖直摆放，首先将垫板找好水平并垫实，然后将不锈钢轴套竖直放置在垫板上，不锈钢轴套有标记处为不加工面，将没标记处朝上，同时根据图纸要求使用垫片调整不锈钢轴套的位置。

④在轴套表面布置好加热片，注意使加热片布满整个不锈钢轴套表面，确保每个加热片接线良好。均匀加热至 280~320 ℃，内径膨胀 1.5~2 mm。内径的测量使用专门制作的量棒。

⑤满足上述要求后，将舵销放入不锈钢轴套内。

⑥自然冷却。

(2)舵销与舵叶销孔的拂配

舵销与舵叶销孔之间要求紧密贴合，这要通过研配来完成。其工艺过程如下：

①舵叶水平放置，下面支以千斤顶及木墩，按舵叶纵剖面线找好水平，要求使各支承点尽量受力均匀。

②在舵销孔侧面及上面分别设置水平及垂直支架和拉线盘，通过调整 L_1、L_2、L_3、L_4 来找正水平和垂直钢线，然后根据钢线检测 L_5、L_6、L_7、L_8 的偏差情况以进行舵销和舵销孔的研配。挂重选取、钢线下垂量计算与轴系拉线相同。如图 8.16 所示。

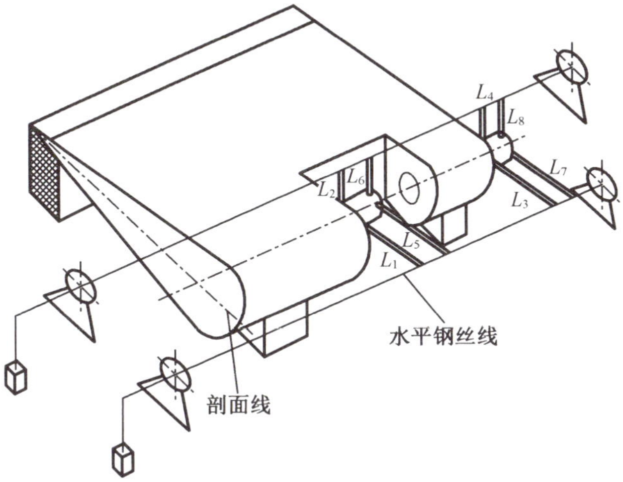

图 8.16　舵销结构图

③销孔的拂配。拂配工艺与螺旋桨拂配相同。要求用着色检查销轴与孔的接触情况，在 25 mm×25 mm 范围内，着色不少于 3 点，且分布均匀，着色面积不少于总面积的 70%；另外，两销轴研磨后的同轴度<0.10 mm。

(3)舵销与舵叶销孔的装配

舵销与舵叶内承座的连接采用常规方法时，螺母的旋紧一般采用用锤敲击扳手的方法，大螺母则用撞锤撞击。

液压安装一般使用液压螺母，按技术部门提供的推入压力和推入长度要求进行。在实际施工时，可根据液压螺母活塞面积计算出油压，安装时，压入力及压进量两项要求到位时即可认为已达到要求，然后旋紧螺母，并且使螺母再往旋紧方向转过 10°～15°，最后在螺母处安装防松装置。舵销与舵叶的连接一般要求在车间预装，预装合格后，舵销不用拆下，做好防护，装船时与舵叶一体吊装。

(4)舵销轴承

与舵销轴套配合的舵销轴承材料有铁梨木、白合金、不锈钢、合成材料以及青铜合金等。常用的匹配有铁梨木对青(黄)铜；青铜对不锈钢；合成材料对青铜或不锈钢等，现在用得比较多的是合成材料对青铜或不锈钢。

舵销轴承的加工主要是加工轴承的内孔和外圆。

舵销轴承的安装一般采用压入法、低温法和环氧树脂法。当使用前两种方法时，舵销轴承与舵销承座孔采用紧配合。轴承端部设止动垫圈固定或制成凸肩。轴承的外径和高度尺寸均应在现场测量挂舵臂(和舵托)上的舵销承座孔镗孔加工后的实际尺寸，并将测量结果填写表格，然后将其提供给机加工车间，由机加工车间综合材料的性质、水膨胀系数、热膨胀因素、过盈量的要求、规范要求以及内孔收缩等因素确定最终的加工尺寸，并按此尺寸进行加工。

舵销轴承内孔加工尺寸按舵销外圆配制，按图样及工艺要求加放轴承间隙。由于衬套内孔镶配的轴承材料(有铁梨木、层压板、铜或白合金)以及舵系结构形式的不同，其轴承间隙也不同。舵销与舵销承、舵底销承的间隙可由表 8.8 中的经验公式求得。

表 8.8　舵销与舵销承的配合

	销承材料	间隙	极限间隙	备注
舵销与舵销承	铜合金	$\Delta=0.008d+0.2$	$\Delta j=0.045d$	①Δ 为新制时间隙 ②Δj 为极限间隙 ③d 为舵杆直径 ④单位：mm
	木质	$\Delta=0.008d+0.4$	$\Delta j=0.05d$	
舵销与舵底销承	铜合金	$\Delta=0.002d+0.4$	$\Delta j=0.025d$	
	木质	$\Delta=0.003d+0.4$	$\Delta j=0.03d$	

舵销与舵销承的间隙也可以查阅相关表格。半悬挂舵的舵销与舵销承的装配间隙参见表 8.9。

表 8.9　半悬挂舵的舵销与舵销承的装配间隙　单位：mm

舵销直径	铜及白合金销承装配间隙	铁梨木及层压板销承装配间隙
<50	0.30~0.45	0.35~0.50
50~70	0.45~0.60	0.50~0.70
75~100	0.60~0.75	0.70~0.90
100~130	0.75~0.90	0.90~1.10
130~180	0.90~1.05	1.10~1.30
180~260	1.05~1.20	1.30~1.50

高分子复合材料(如赛龙)舵销承在确定内孔直径时,除了考虑轴承间隙,还需要考虑过盈配合的膛缩量、水膨胀系数、热膨胀等因素。

5. 舵柄

舵柄又称鱼尾,由柄毂和柄臂构成。除了传动方式不同而形状各异外,还分为整体式舵柄和剖分式舵柄两种形式。

如图 8.17 所示为一种整体焊接式舵柄。如图 8.18 所示为拨叉式舵柄,该舵柄为单拨叉,也有双拨叉的。

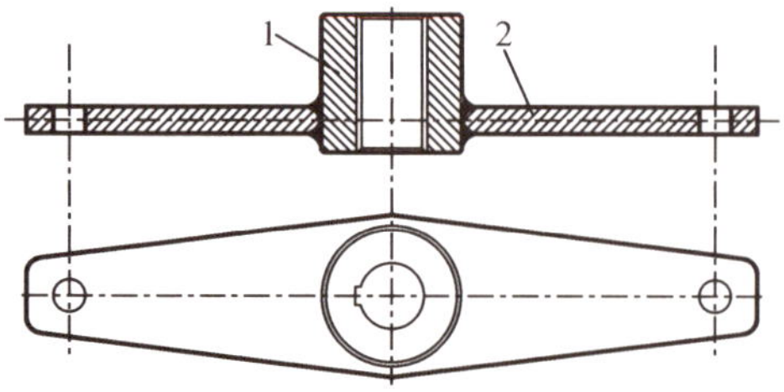

1—柄毂;2—柄臂。

图 8.17　焊接式舵柄示意图

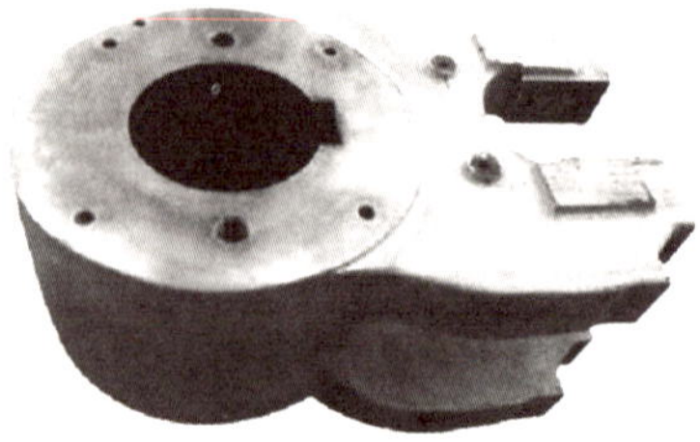

图 8.18　拨叉式舵柄

舵柄的材料强度应与舵杆材料强度相当,常用 35 号钢。舵柄一般是整体铸(或锻)造,如图 8.18 所示的拨叉式舵柄多是用铸钢浇铸而成的。对于铸(锻)造件,其质量须满足《材料与焊接规范》以及相关规范的要求,对于一些小缺陷,在不影响强度的前提下,可以做适当的修补。也可将舵柄分成柄臂和柄毂两个部分,分别进行锻(铸)造和粗加工,之后将其焊接成整体,热处理后再进行精加工。如图 8.19 所示。

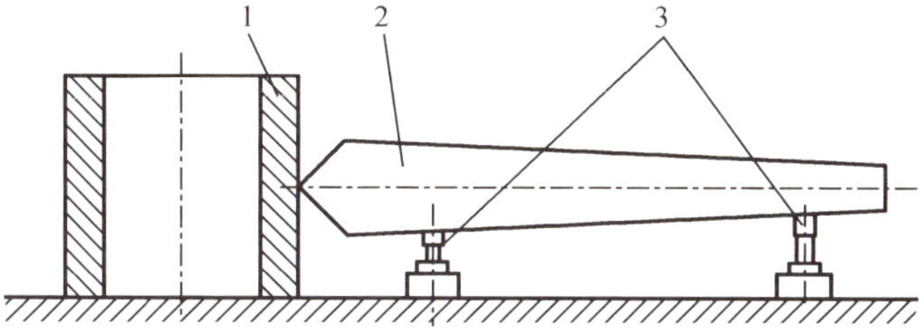

1—柄毂;2—柄臂;3—调位工装。

图 8.19　柄毂与柄臂焊接

舵柄的加工技术要求如下:

(1)若舵柄与舵杆为圆锥形配合,舵柄锥孔须按舵杆锥体为基准进行修刮。锥孔修刮后,要求色油接触均匀,在 25 mm×25 mm 面积上接触点大于 3 点,接触面积大于 70%。锥体小端用游标深度尺测量,与平面有 6~9 mm 间隙,作为旋紧螺母及以后修理用的余量。

(2)若舵柄与舵杆为圆柱形过盈配合,其过盈量值可参见表 8.10 的规定。

表 8.10　舵柄与舵杆配合公差　　单位:mm

舵杆直径	<80	80~120	120~180	180~260	260~360	360~500
配合过盈量	0.04~0.06	0.05~0.08	0.06~0.09	0.08~0.11	0.10~0.14	0.12~0.16

(3)当舵柄柄毂为剖分式时,配合应为 D/gc,而且至少安装一个键,且在每一端至少配置 2 个螺栓进行栓固。螺栓应进行预紧,每个螺栓的预紧力应对应螺栓材料许用应力的 70%,如使用双键,预紧力可适当降低。全部螺栓的总剖面积应满足规范要求。

(4)对于有键连接,键安装后,用 0.05 mm 塞尺检查键的两侧,应插不进,如插入,则深度应不大于 20 mm,键顶部间隙为 0.5~0.8 mm 或取键高的 2%。

图 8.17 所示舵柄的柄臂上设有销孔,目的是连接舵柄拉杆,舵柄拉杆如图 8.20 所示。

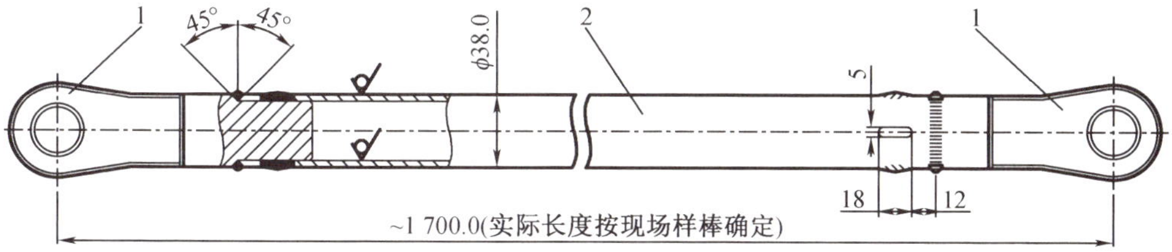

1—拉杆接头;2—无缝钢管。

图 8.20　某船舵柄拉杆

(四)舵系安装

1. 舵系中心线的确定

舵系中心线的确定是整个舵系安装的基础,其重要性不言而喻。

(1)舵系中心线找中应具备的条件

①船体工程应达到的程度及相关要求,与轴系拉线照光相同。

②舵系拉线做基准点工作必须与轴系拉线照光工作同时进行。

③舵系找中及安装期间,应停止一切振动性作业。

(2)舵系基准点的设置

上基准点一般设置在舵机舱顶部或舵机平台甲板上方,装焊可调节的拉线架或照光仪支架。单舵设在船中纵剖面线上的#0 肋骨,双舵则按图纸要求的距舯距离对称布置。

下基准点的设置视具体情况而定。一般是在最下方的舵销承座下方一个合适的距离的位置上焊装基准点支架,并在支架上设置可调节拉线架。也可以直接设置在船台地面上。水平船台使用拉线法确定舵线时,甚至还可以只设上基准点而不设下基准点,直接通过上基准点吊铅垂线即可。如图 8.21 所示。

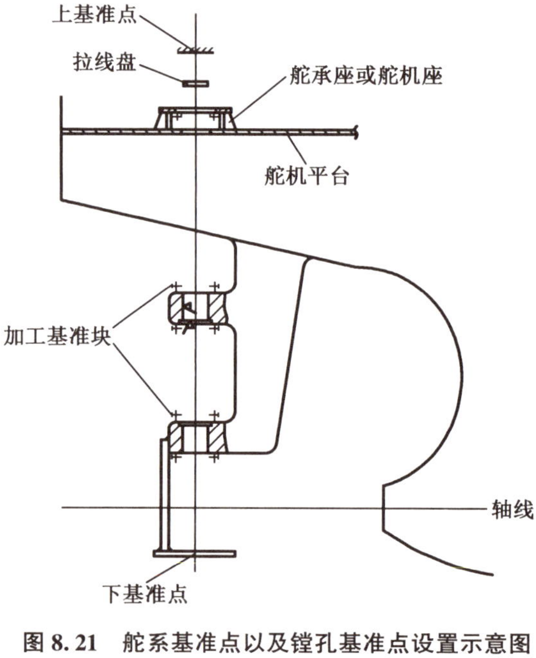

图 8.21 舵系基准点以及镗孔基准点设置示意图

如果是倾斜船台,须将铅锤点沿轴系中心线的投影线向前移一定距离 l,下基准点就在 B 点和上基准点的连线上。如图 8.22 所示。l 可由船台斜角 θ 和垂线 H 求得:

$$l=H\cdot\sin\theta$$

式中 θ——船台斜角;

H——垂线,mm。

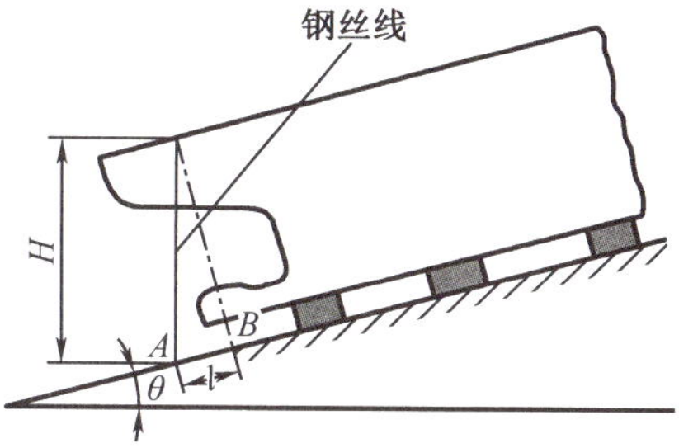

图 8.22　在斜船台上确定舵系基准点

(3)拉线法确定舵系中心线

很多船厂都采用简单方便的拉线法来进行舵系中心线的确定。因为舵系中心线是铅垂方向,不存在因钢丝自重而产生的挠度问题,精度容易保证,而且舵系比轴系短,支承的数量少,本身精度要求也比轴系低。另外,为了提高建造精度,很多船厂在舵系施工时,也引入了光学设备,将拉线法和光学仪器法结合起来一起使用。

①开孔:在舵线要通过的舵舱的上、下甲板和船壳板相应的位置预先开孔,孔的直径为设计孔径的 1/3~1/2 即可。另外,拉舵线之前还须将上舵承座大致放到位。

②拉线:钢丝选用 ϕ0.8 mm 的琴钢丝,钢丝应平直、清洁和无扭曲,挂重 50 kg。按照上、下基准点调节拉线架拖板,使钢丝与上、下基准点对正,或者说与船中纵剖面线#0 肋骨线重合。

③根据所拉舵线进行如下项目的检查:

a. 舵系中心线与轴系中心线的垂直度偏差不得大于 1 mm/m。

b. 舵系中心线与轴系中心线的相对位置偏差,不得超过下式计算数值:

$$\delta=\sqrt[3]{L}$$

式中　δ——舵系中心线与轴系中心线的相对位置偏差,mm;

L——船长,m。

c. 设置转动导流管的舵系,对舵系中心线与轴系中心线相交度要求更高一些,具体数据按照相关图纸要求执行。

d. 对于多舵船舶,各舵系中心线前后定位差,相互位置偏差均不应大于 5~10 mm,一般不允许同侧偏移。

e. 测量各舵(销)承座孔相对于舵线的中心偏差以及艉柱(或人字架)后端面相对于舵线的距离偏差情况,并确认其镗孔余量是否足够。

f. 检查舵系中心线是否符合图纸要求并留有足够的镗削余量。

④如果以上检查均能满足要求,则可将钢丝确认为舵系中心线;如果不满足,则需要对舵线进行适当的调整。舵系中心线确定后进行以下工作:

a. 确定上舵承基座定位及安装,以及舵机基座高度。

拉舵线时,先将上舵承基座大致放置到位,舵线从其中穿过。待舵线位置确定后,用内卡钳测量上舵承基座内孔壁在前、后、左、右四个方向上与舵线的距离,并借助角尺、水平尺和楔铁调整上舵承基座的位置,使其法兰内孔与舵线同轴,同时法兰上平面与舵线垂直,注意应是前后、左右两个方向,如是倾斜船台,还须预制一块与船台斜度相同的垫铁,放到水平仪和直尺之间来检查前后方向的垂直度(左右方向不需要)。垂直度调整好后,复验法兰内孔与舵线同轴度情况,当这两项要求都合格以后,测量上舵承基座法兰上平面到基线的距离。一般在制作上舵承基座时,下口均会留有修割的余量,因此此数据会大于图纸规定值。考虑了上平面的加工余量后,在舵承基座下部划切割线(又称捆身线),然后按照切割线进行切割。如图 8.23 所示。然后将修割好的上舵承基座重新找正位置,确认法兰内孔与舵线同轴,并且法兰上平面与舵线垂直,点焊固定,再次复验位置无误后,即将上舵承基座焊牢在舵机平台甲板(船体结构)上。焊接时须采取有效措施以防止和减少焊接变形。焊缝冷却之后,在上舵承基座法兰上平面上根据舵线划出镗孔加工圆线和检验圆线。这是针对采用镗孔工艺的上舵承基座。

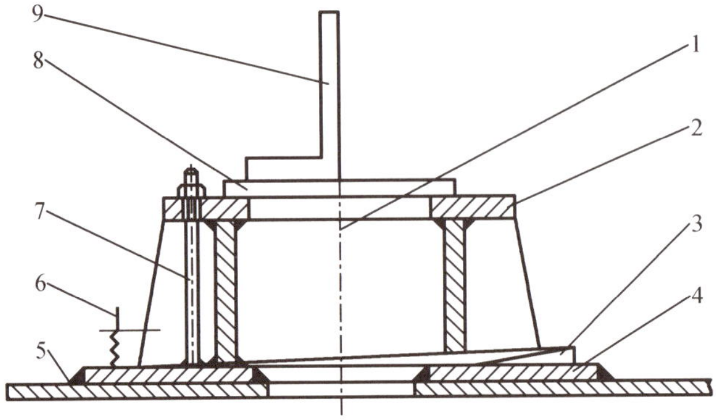

1—舵线;2—上舵承基座;3—楔铁;4—复板;5—舵机平台;6—划针;7—螺杆;8—水平尺;9—角尺。

图 8.23 上舵承基座定位示意图

如果是双舵系,舵叶通过液压缸、舵柄和舵柄拉杆实现联动,一般会要求各上舵承基座法兰上平面在一个水平面上。那么在确定了一个基座之后,其他的须以之为基准进行高度方向上的定位,这可以通过拉粉线或者使用经纬仪来实现。

b. 测量上舵承座、下舵承座、舵销承座镗削平面至基线距离,确定镗削定位尺寸,并打上样冲眼。

c. 舵杆实际加工长度的确定:测量记录舵销承座镗削平面及下舵承座端面至上舵承座镗削平面的实际距离尺寸,与图纸相应位置的理论尺寸来确定舵杆加工的实际长度,供机加车间加工。

d. 根据舵系中心线,划出上舵承座、下舵承本体、舵销轴承座等待镗孔的加工圆线及检查圆线,或制作校中镗杆基准点。

加工圆线及检查圆线的划法与轴系镗孔相同,检查圆线的直径必须比镗孔圆直径大 20 mm 左右,并打上样冲标记,作为镗孔和检验镗孔中心的依据。

镗杆校中基准点制作过程与轴系相似。首先,在以钢丝为中心的适当位置将基准点分别焊于待镗孔的两个端面上,一个端面一组,一组四个;然后精确测量基准点至钢丝的距离,并用细锉刀和油石逐步加工基准点,直至各点偏差不超过 0.02 mm 为止,也可以选用细牙螺钉来制作基准点。

另外,确定舵线时,也可以将拉线法和光学仪器法结合起来一起使用。

拉线前,在上舵承及下舵销轴承座处各安装一个带划线套筒的光靶,拉线时钢丝穿在套筒孔内。舵线确定后,按照钢丝线中心,用内径千分尺测量钢丝至光靶套筒前、后、左、右四个方向的尺寸,如有偏差,调整光靶套筒,使之相等。此时,光靶中心与钢丝同轴。

在上舵承基座上方安装照光仪架,装入准直照光仪,调整照光仪位置,使照光仪中心与上舵承座和下舵销两个基准光靶(图 8.24 中 A、E 处)所确定的中心一致。

按上述已调整好的照光仪中心,将光投到各道舵轴承两端的光靶上(B、C、D 处),并调整各道光靶中心至目测无明显偏差为止。

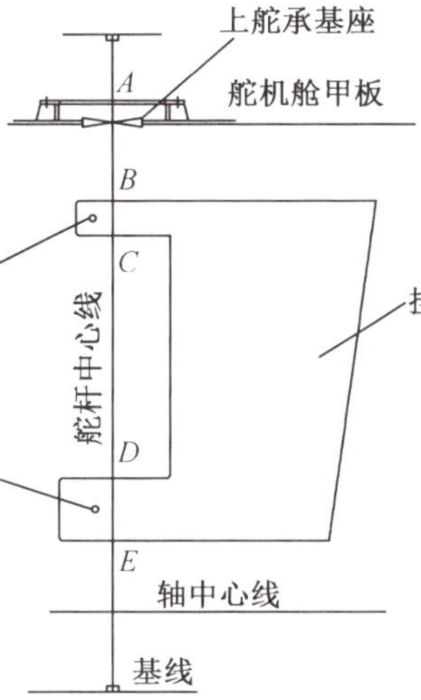

图 8.24　照光示意图

上述过程确认合格后,拆去钢丝,安装划线靶心,按图样尺寸,在端面上划加工圆线及检查圆线,并打样冲眼标记。

2. 按照舵系中心线对舵承座和舵销承座进行镗孔

(1)舵系镗孔

舵线以及镗杆校中基准点(或加工圆线及检查圆线)确定之后,即可安装镗排。按工艺布置图安装镗排的轴承支架,根据交验后的两组基准点找正镗杆,要求偏差不超过 0.02 mm。然后即可进行镗孔。镗杆的找正以及镗孔工艺均与轴系镗孔相似。如果跨距太大,可以分段镗孔,先加工舵销承孔,后加工上、下舵承孔。如图 8.25 所示。

舵系分段镗孔工艺如下:

①舵销承孔的镗孔:

a. 按舵销承座上平面和下调节拖板上的镗孔加工圆或检查圆校正镗杆。

b. 粗镗:直径留 1 mm 余量,以便精加工。

c. 精镗:精镗最后一刀(t=0.2~0.5 mm)前,应校正镗排中心,并经检查员检验合格,方可进行精加工,以达到镗孔的技术要求。精镗最后一刀,镗刀的走向应与衬套压入的方向相同。

d. 镗削舵销承孔止口,应符合图纸要求。

e. 镗削舵销承座的上平面，且留半个样冲眼，并按图倒角，拆除镗排。

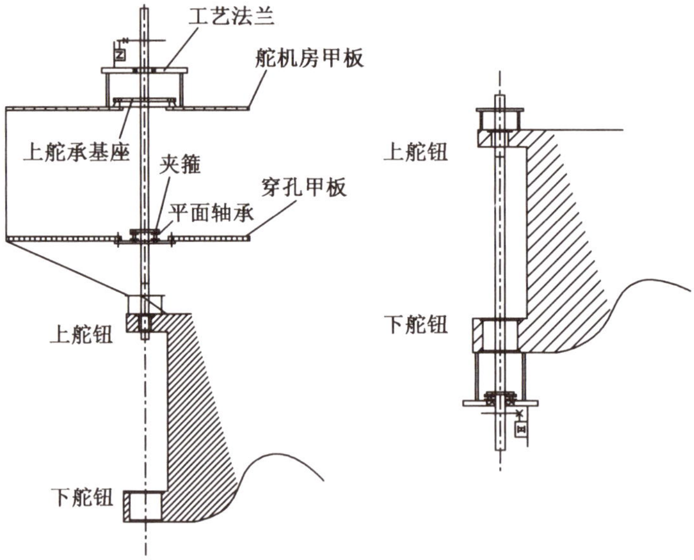

图 8.25　舵系分段镗孔示意图

②上、下舵承座的镗削：

a. 按上、下舵承座或工艺法兰上的镗孔加工圆或检查圆校正镗杆。

b. 下舵承本体粗镗，直径留 1 mm 余量，以便精加工。

c. 精镗：精镗最后一刀（t=0.2~0.5 mm）前，应校正镗排中心，并经检查员检验合格，方可进行精加工，以达到镗孔的技术要求，精镗最后一刀，镗刀的走向应与衬套压入的方向相同。

d. 上舵承座面板的内孔镗圆，应保证同轴，孔直径应保证上舵承本体的安装。

e. 按上、下舵承座的样冲眼，镗削上、下舵承座的平面。留半个样冲眼，并按图倒角。

f. 镗孔结束，拆除镗排，报检。

③测量镗孔尺寸，做好记录，供内场加工下舵承衬套和舵销衬套用。表格形式参见表 8.11。

(2)舵系镗孔的技术要求

①镗孔后的成品圆孔径尺寸应控制在图纸理论尺寸±1 mm 以内。

②镗孔后的各挡内径应同轴，其同轴度偏差 ΔL 应小于其装配间隙的 1/2，一般要求不大于 0.30 mm。检查方法：在每道轴承孔两端安装照光靶架，并用百分表校准照光靶中心，使之与轴承孔同心。根据上舵承及下舵销两端的光靶中心，调整准直照光仪中心，然后检查各道轴承端面光靶十字线的偏差是否符合要求（左、右、前、后四个方向）。如图 8.26 所示。

③镗孔各端平面与舵系中心线应垂直，垂直度偏差均控制在 0.15 mm/m 以内，平面度允差为 0.15 mm。

④孔的圆度和圆柱度公差值参见表 8.12。

表 8.11　挂舵臂上、下舵钮实测尺寸表

测量位置	a	b	c	d	平均值	理论值	测量位置按示意图
1							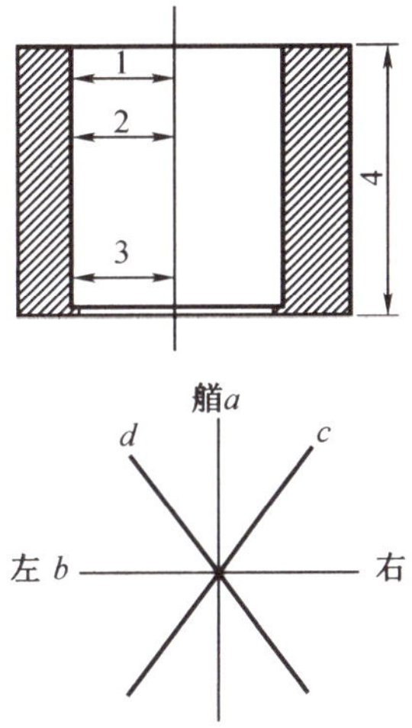
2							
3							
4							

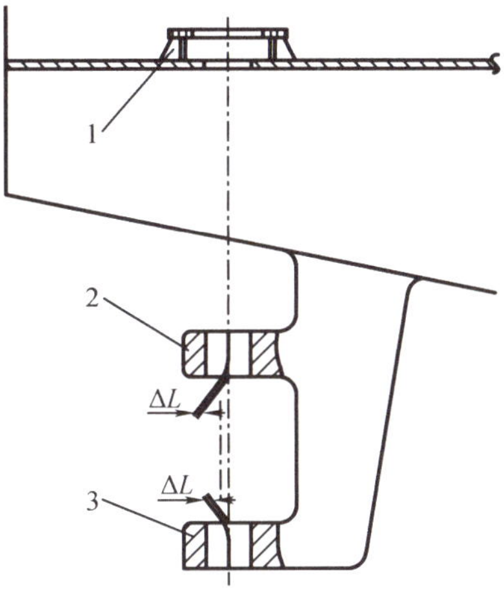

1—上舵承座或舵机座；2—上舵钮；3—下舵钮。

图 8.26　舵系各孔加工后径向偏差示意图

表 8.12　镗孔圆度、圆柱度公差值　　单位：mm

孔径	≤120	>120～180	>180～260	>260～360	>360～500	>500～700	>700～900
允差	0.015	0.020	0.025	0.030	0.035	0.040	0.050

⑤舵承座内孔表面粗糙度为 Ra3.2 μm，舵承座端平面表面粗糙度为 Ra6.3 μm。

3. 舵销承和舵承的加工和安装

上舵承的安装比较特殊，它一般是在舵系吊装时安放在上舵承基座上的，通过止口定位，然后借助于铰制孔螺栓固定在基座上。本节主要介绍舵销承和下舵承的加工和安装，二者比较接近。

下舵承一般由本体和轴承组合而成，本体一般是铸钢件，焊接在船体底板上，轴承为复合材料。镗孔完成之后，根据镗孔尺寸加工轴承外圆，然后将轴承装入，或冷装，或环氧树脂黏接。

舵销轴承一般采用压入法、低温冷装法和环氧树脂法。

(1)舵销承和舵承的加工

无论采用哪种方法，舵销承和舵承的内孔均在安装之前已经按照图纸要求加工完成。外圆稍有不同：当使用环氧树脂黏接方法时，轴承的外圆同样按照图纸要求加工完成；当使用压入法和低温冷装法时，轴承的内孔按照图纸加工，外径(销承还包括高度尺寸)则需要根据现场测量所得的镗孔加工后的实际尺寸，并且综合材料的性质、水膨胀系数、温度膨胀因素、过盈量的要求、规范要求以及内孔收缩等因素，提出轴承的最终尺寸和相关技术，机加工车间按此尺寸进行轴承的加工。

轴承与孔的配合参见表 8.13。

表 8.13　舵系衬套与孔的配合

单位：mm

配合处直径	<120	120～180	180～260	260～360	360～500
配合值	+0.01～-0.01	0～-0.02	-0.01～-0.04	-0.02～-0.05	-0.03～-0.06

非金属(如赛龙)轴承按照轴承制造厂家的要求进行加工和安装。

(2)舵销轴承和下舵承轴承的安装

一般采用压入法、低温法、环氧树脂法、偏心衬套法和工艺轴法。

①压入安装

具体工艺与艉轴承压入方法相似。压装时最好不要直接压轴承，而是做一块安装法兰放在轴承上，以便压装使用，法兰做出台肩，以限制轴承压装过位。如图 8.27 所示。

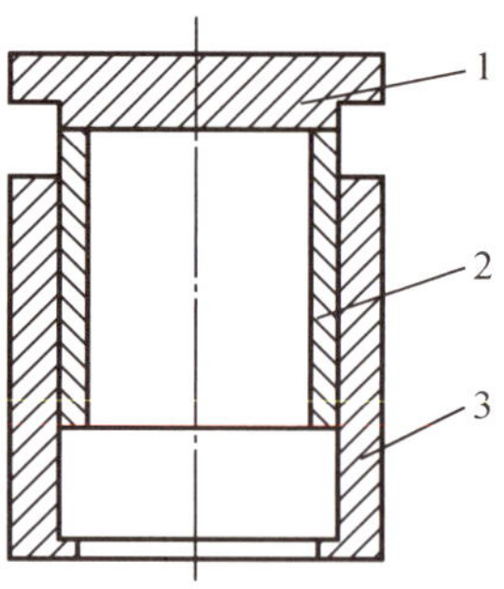

1—法兰；2—轴承；3—本体。

图 8.27　舵销承压装示意图

压装前应去除轴承及轴承座孔的毛刺，并且用丙酮去除轴承和轴承座孔的油污及其他杂物，然后利用千斤顶或丝杠将轴承压入，注意轴承不能倾斜。压装完成后完善后续工作，如配钻下舵承本体压板螺栓孔，在下舵承本体与衬套结合部安装骑缝螺钉等。

铜合金舵销轴承压入力参照艉轴承执行，铸钢或不锈钢衬套，装配过盈量压入力为

20~500 kN,极限值 800 kN。高分子材料(如赛龙)轴承参照轴承厂家技术文件,下面的公式是赛龙推荐的压装力计算公式:

$$F=\frac{\Delta\times\delta\times211}{D}\times L$$

式中　F——压装力,kg;

Δ——过盈量, mm;

δ——赛龙壁厚, mm;

L——赛龙长度, mm;

D——轴承座孔径, mm。

赛龙轴承压装时不允许使用任何润滑剂,铜合金衬套压装时外圆涂上润滑油。

②低温安装

近年来,舵销轴承和下舵承衬套经常采用高分子复合材料,如赛龙等,除了可以压装,高分子复合材料轴承更多地选择使用液氮或干冰进行低温安装。

其加工和安装要求如下:

按施工图给出的过盈量要求,以镗孔后的交验尺寸为基准,给出轴承外径的加工尺寸并进行加工,然后将轴承用丙酮清洁后放入密闭容器,注入液氮,最好使轴承完全浸没在液氮中,时间为 10~15 min,将轴承取出,装入之前已经清洁过的挂舵臂轴承孔中。如果使用干冰,注意要使赛龙的内、外壁与干冰充分接触,干冰最好破成小碎块。冷冻时间一般不小于 3 h。待轴承恢复常温后,检查确认轴承的安装状态,并完善后续工作。赛龙轴承低温安装时不允许使用任何润滑剂。

③环氧树脂安装

其工艺与螺旋桨、艉轴管的树脂安装相似。

施工前需要做以下准备工作:

a. 用喷砂、切削、打磨等机械方法将舵承座孔内表面处理到机体露出新鲜的金属表面。为提高黏结强度,对被黏结的舵承座孔内表面和舵承外表面要进行适当的粗化。

b. 将舵承按舵系中心线校中,并使用装夹工具临时定位。为保证注胶效果,舵承与舵承座孔之间的胶接缝不得小于 5 mm。如图 8. 28 所示。

c. 为防止注胶后胶由底部缝隙渗出,应采用毛毡等密封材料对底部环形缝隙进行密封。

d. 注胶时,舵承座孔处的温度不得低于 15 ℃(最低温度的具体数据由树脂厂家提供),如低于 15 ℃,可采用火焰烘烤周围钢板的方法使温度升高至规定要求。

准备工作完成之后,即可开始浇注,施工过程如下:

a. 将树脂与固化剂按照厂家规定的比例调配均匀。

b. 使用注射器将调配好的胶注入胶接缝隙中,直至将缝隙填满,灌注过程中,要随时测量舵承座孔处的温度,保证其温度不低于 15 ℃。

c. 灌注结束后,采用加温固化工艺,将被黏结处的温度缓慢加热至 45~50 ℃,并保持 10 h,以防止裂开或产生应力。

d. 完全固化后,撤掉装夹工具,清理周边。

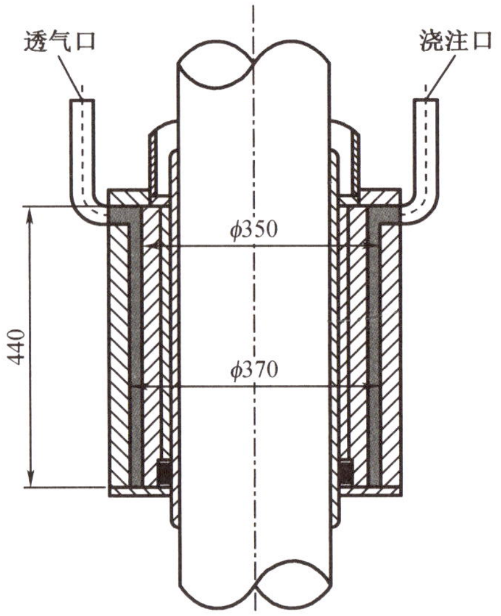

图 8.28　某船下舵承轴承使用环氧树脂安装示意图

固化完成之后，用目视法观察胶层周围有无翘起剥离现象，胶层是否均匀，颜色是否光亮一致；用金属棒轻击舵承内表面，如果发出的声音一致并且清脆，说明黏结良好，如果有些地方声音不均匀而且空洞，说明有气泡存在。

④偏心衬套安装

舵系镗孔的主要目的，除了保证舵承座孔和舵销承座孔的尺寸外，还要保证舵承座孔和舵销承座孔相对于舵系中心线的同轴度，为达到这个目的，船厂有时也使用偏心衬套。偏心衬套的工艺概况如下：

a. 按照舵线测量舵线与轴承孔的偏心数据。

b. 根据偏心数据加工轴承或者另外增加的衬套的外圆，如果是加工轴承，最小厚度需在规定范围之内，一般规定不得小于原来厚度的 75%。

c. 将加工好的轴承或者另外增加的衬套安装到位。轴承如果采用偏心套的形式，在挂舵臂（或舵托）和轴承套的端部应做好醒目的位置标记，以免安装时搞错方向。

⑤工艺轴安装

悬挂舵（图 8.29）不设挂舵臂轴承（舵销承），只设上、下舵承，上、下舵承的同轴度的保证，除了之前所述的焊接之后镗孔的方法外，还经常使用工艺轴法。

小型悬挂舵，可将上舵承座法兰、舵套管和下舵承本体预先在车间拼装、焊接成整体，按理论尺寸加工好，然后上船定位安装。定位时，以舵系中心线为基准，按照图纸规定的位置进行定位，定位完成之后点焊固定；然后将工艺轴（或直接用真舵杆）从船底部吊装灌入舵套管，安装上舵承和卡环，将工艺轴落在上舵承上，转动工艺轴，无阻碍，即可开始焊接；焊接时应采取适当的措施以控制焊接变形，而且边焊边测量间隙（无工艺轴则测量舵线与舵承孔前后左右的距离），不使舵承的同轴度超差。焊完后，若轴在筒体内可以自由转动，没有明显的卡滞现象，就可认为舵轴承的同轴度基本满足要求。舵承轴承位的圆度如有变形，可人工拂磨予以修正。

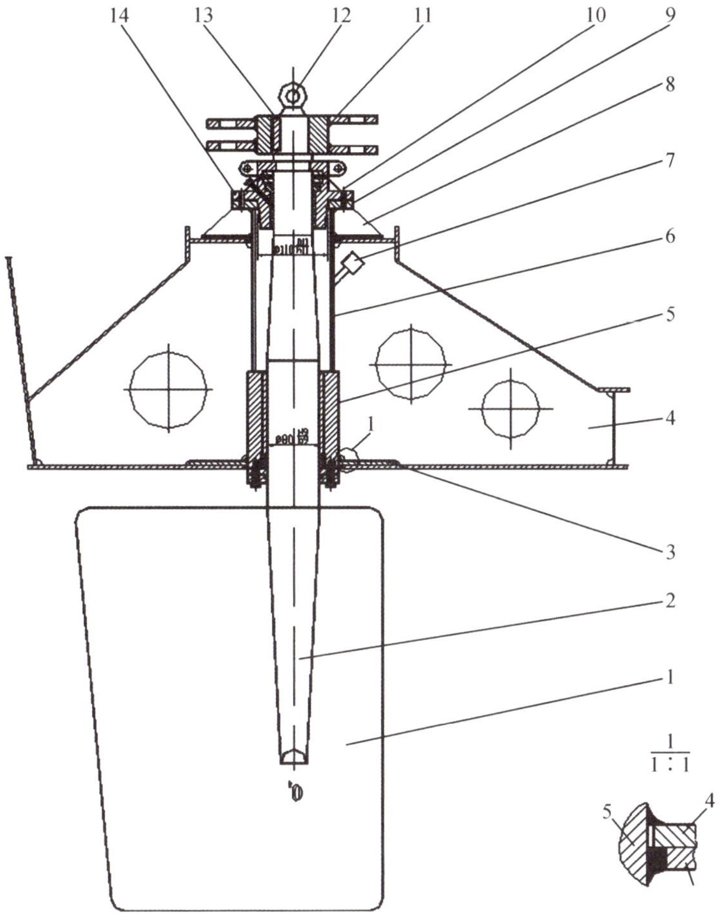

1—舵叶；2—舵杆；3—复板；4—舵机平台；5—下舵承；6—舵套管；7—油杯；8—上舵承基座肘板；9—上舵承基座法兰；10—螺纹连接件；11—舵柄；12—吊环螺钉；13—键；14—上舵承。

图 8.29　中、小型船舶悬挂舵示意图

工艺轴直径按照所取代的舵杆的尺寸再放大间隙的一半来加工，以保证定位之准确。

4. 舵系部件吊装

(1)舵杆吊装

①清洁舵杆，检查舵杆与滚珠轴承的配合尺寸是否符合图纸要求。

②在舵杆下舵承位和上舵承内孔涂上润滑油。

③将舵杆自船外缓慢穿过下舵承，从上舵承本体拉出，避免碰撞，按艏艉方向摆正，高度比其安装高度略高，临时固定。

(2)舵叶吊装

①将舵叶(含两舵销)吊运于挂舵臂的底部，仔细调整舵叶位置，使两个舵销准确地对准挂舵臂的轴承孔；将轴承孔和舵销表面清理干净并涂抹均匀的润滑脂；将舵叶慢慢升起，直至达到其所能达到的最高位置，然后在舵叶底部用垫墩将其稳妥地支承好。

②在舵叶法兰平面上摆放几块等厚的(约 50 mm)木板，慢慢地降下舵杆(使其法兰与舵叶法兰对正)，使其轻轻地落座于木板上，同时用葫芦将舵杆扶正。

③将舵承、舵承座和舵杆清理干净，轴承部位涂抹清洁的润滑脂，然后将舵承吊装于舵承座上。按施工图要求安装舵承卡环，安装后应妥善保护，防止污物、杂质落入舵承表面。

④将舵杆轻轻吊起，撤掉舵叶法兰平面间的木板，清理干净两法兰平面，然后对准螺栓孔慢慢落座于舵叶法兰上，安装好法兰临时定位螺栓。

⑤按舵杆和舵叶的配对记号，打入全部的定位螺栓和连接螺栓，用螺母固紧，并做好防松保险。定位螺栓也可采用干冰或液氮冷冻安装。若采用液氮冷冻法安装，先将法兰连接螺栓按顺序放入液氮箱内进行冷却降温，待液氮沸腾停止后，按顺序逐个将法兰螺栓放入螺栓孔内，螺母随手旋紧，待螺栓温度恢复到外界温度时，方可用锤敲紧螺母，并装上防松装置。

⑥在舵叶底部使用液压千斤顶慢慢降低舵装置的高度，并最终使舵承卡环落座于舵承平面上，撤掉液压千斤顶。人力推动舵叶，在左、右各 35°范围内应转动灵活、无卡滞现象。并检查舵叶下端与舵销承座上平面之间距离，应符合图纸设计要求。

如果是悬挂舵，一般会在车间将舵叶与舵杆连成一体，然后整体吊装。

如果是转动导流管舵，还应检查导流管内壁与螺旋桨之间上、下、左、右的间隙，应满足图纸要求。

如果是锥形配合的无键连接，舵叶到位后，舵叶锥孔对准舵杆，舵杆和舵叶拂配标记对齐，检查密封，将舵杆轻轻放入舵叶锥孔中（舵杆表面和舵叶锥孔表面要涂液压油润滑），装上液压螺母，拧紧，然后进行压装。压装过程与预压装相同，也需要记录压入量和油压数据、绘制压入量-油压曲线。

（3）上舵承基础安装

按图纸要求进行上舵承的基础安装工作。上舵承找正之后，用夹具将上舵承临时固紧在上舵承座上，通过上舵承本体螺栓孔在上舵承座法兰上配钻螺栓孔，铰孔，配铰制孔螺栓。螺栓孔及螺栓加工要求参见表 8.14 的规定，螺栓与螺孔不允许有倒锥，上舵承摩擦接触面应大于 60%，用 0.03 mm 塞尺检验，在 90%以上周长的范围内应插不进。螺栓的安装使用打入法或低温法。

表 8.14　螺栓孔及螺栓加工及配合要求　　单位：mm

直径		<30	30~50	50~70
配合值		0~0.01	−0.005~+0.005	−0.01~0
螺栓孔	圆柱度	0.02	0.02	0.03
	圆度	0.01	0.01	0.02
螺栓	圆柱度	0.015	0.015	0.02
	圆度	0.01	0.01	0.015

（4）舵柄安装

对于孔为圆柱体的舵柄，安装前应用外径千分尺复测舵杆轴径，用内径千分尺复测舵柄内孔，测得结果应满足过盈配合要求。此种结构一般采用热套法安装，也可采用油泵压入法。

对于孔为锥体的舵柄，一般采用液压安装，如图 8.30 所示。压入量与压入力须满足图纸要求。压入时应做好液压压力、压入量记录，并按记录绘制压入力-压入量曲线。具体工艺过程与螺旋桨液压安装方法相似。

(5)舵系零位确定

装上舵柄之后，即校正舵叶的零位。对于大型船舶的舵叶零位，可按螺旋桨中心来校正，如图 8.31 所示。将螺旋桨桨叶中心线盘车置于左右水平位置，扳动舵叶并测量舵叶中心线及桨叶中心线与桨叶尖距离，使 $L_1=L_1'$，$L_2=L_2'$，该位置即为舵叶之零位。

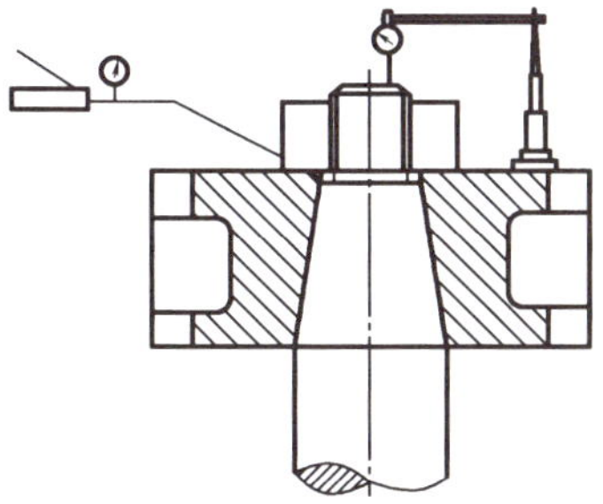

图 8.30　舵柄压入示意图

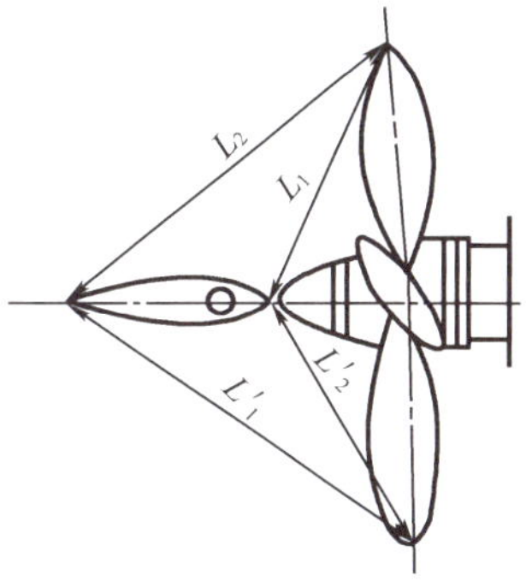

图 8.31　大型船舶零位确定示意图

对于中、小型船舶，可将船体中心线引到船台或船坞的地面上，并向后延长适当距离。然后在舵叶上端面中心线的尾端向下吊线锤，或者从船尾中部向下吊线锤至舵叶上平面约 2 mm 处，然后调整舵叶的角度位置，使线锤的尖部正好与船台(坞)上的船体中心线或者与舵叶上平面上划的中心线重合，允许偏差不超过±1.5 mm，该位置即为舵叶之零位。如图 8.32 所示。

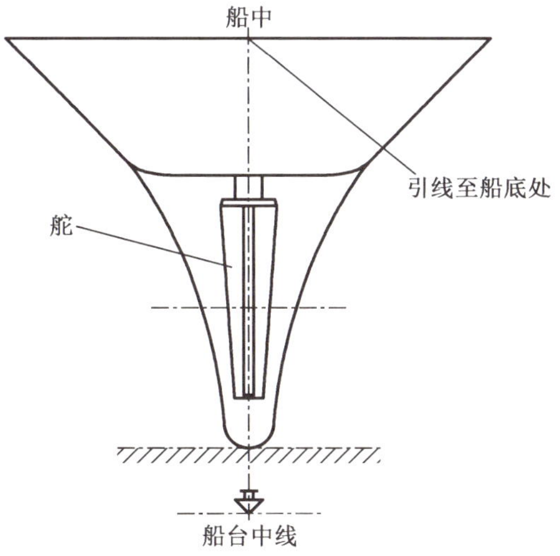

图 8.32　中、小型船舶零位确定示意图

零位确定后,在舵柄轴毂上安装舵角指针,在舵机平台上安装舵角指示器,在上舵承和舵柄轴毂的适当位置做出零位标记,作为舵机调整定位的依据。

船下水前,应将舵叶连接法兰上、下的螺栓头和螺母处用水泥敷设,并应用钢丝绳或花蓝螺丝将舵柄从两边拉紧后固定之,或在舵柄上的十字处装设临时固定支架,防止下水时转动。

(6)舵系间隙的检测

舵系安装完成之后、船下水之前,还需要检查舵系间隙,见表 8.15。检测工作应在舵叶处于零位(也有要求位于左满舵、右满舵和零位 3 个位置)时进行。由于船体尾部区域受温度影响变形较大,检测时间一般应控制在每天气温变化比较稳定的时间进行。检测部位包括:舵承轴承、挂舵臂轴承(舵销轴承),如图 8.33 所示。

表 8.15 舵装置各部位间隙要求

单位:mm

舵杆直径 d	闭锁舵销安装间隙 C_t	舵叶与舵钮、舵叶与舵托平面间隙 C
180~260	22~27	22~27
260~360	24~29	26~31
360~500	26~31	30~35

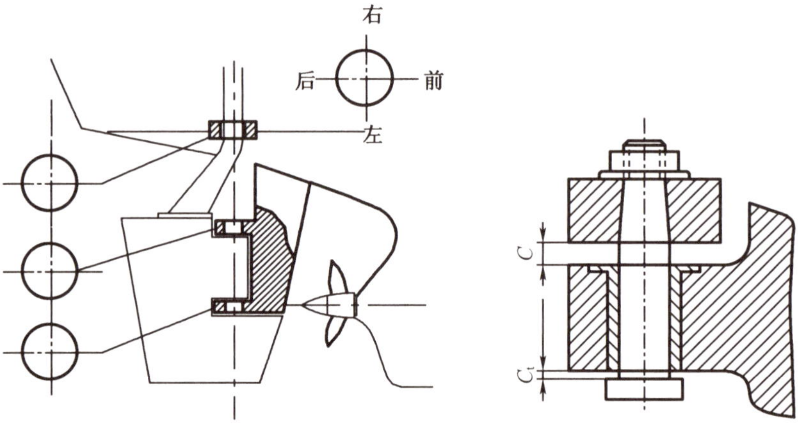

图 8.33 舵系间隙测量示意图

5. 舵系其他附件的安装

(1)止跳装置

设置止跳装置是为了防止船舶在航行时,舵叶因受到波浪冲击和其他因素的影响而发生垂向移动,导致舵被抬升,进而造成推舵油缸的损坏。

止跳装置可以制成哈呋式,如图 8.34 所示。舵系吊装完成之后,将其卡在下舵承下方的舵杆的环槽上,用螺栓固定。环槽在舵杆上的位置是在舵系镗孔完成,上、下舵承轴向位置确定之后,现场使用样棒测量并确定的。

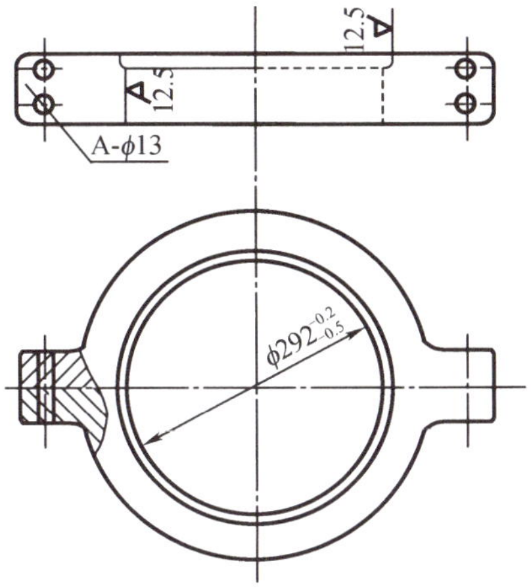

图 8.34　哈呋式止跳装置

(2)舵角限位装置

动力转舵的操舵装置,除装设限位开关或类似设备以限制最大的操舵角外,还应设置机械止动装置,以便限位开关失效时,能限制转舵角度,该角度应比最大操舵角大 1.5°~2.0°。舵角机械止动装置设于舵柄两侧,止动装置应有坚固的结构,并同船体结构牢固地连接。

(3)舵柄拉杆

舵柄拉杆的安装在舵柄安装和舵系零位确定工作完成之后进行。首先将钢管套入拉杆接头的头部,然后将拉杆接头装入舵柄并插入销轴,调整好姿态,点焊固定,检查销轴是否拆装自如,不得有卡滞现象,然后拆下拉杆,按照图纸要求施焊。焊接完成之后,连同销轴一并安装到位。

6. 舵机安装

舵机形式很多,目前使用最多的是液压舵机。常用的液压舵机有往复柱塞式、摆缸式、转叶式等。液压舵机通过液压缸将液体的压力转变为机械能,或通过舵柄传动,或直接驱动,使舵轴和舵叶转动,从而实现船舶转向。

(1)舵机安装定位的前提条件

①舵柄安装交验结束。

②舵装置间隙交验结束。

③舵叶角度处于零度。

(2)舵机的找正

①在确认了舵机基座制作和安装质量合格,活动垫片厚度在规定范围之内,而且固定垫片上平面拂磨报验合格之后,将舵机吊装于舵机基座上,用调整顶丝支承好,并进行初步调整。

②确认舵叶零位准确性。

③按下列要求找正舵机,找正过程中各有关参数的检测应交叉兼顾,确保各参数的准确。如图 8.35 所示。

a. 用长臂圆规分别检查 a、b、c、d 四个交叉尺寸的正确性，并用调整顶丝进行精确调整。要求：$a=b=c=d$，允差不大于 0.5 mm。

b. 用长臂圆规分别检查 L_1、L_2、L_3、L_4 四个尺寸的正确性，并用调整顶丝进行精确调整。要求：$L_1=L_2=L_3=L_4$，允差不大于 0.5 mm。

c. 用长臂圆规分别检查舵杆中心至柱塞销中心的距离 W_1 和 W_2，要求 $W_1=W_2$，允差不大于 0.5 mm。

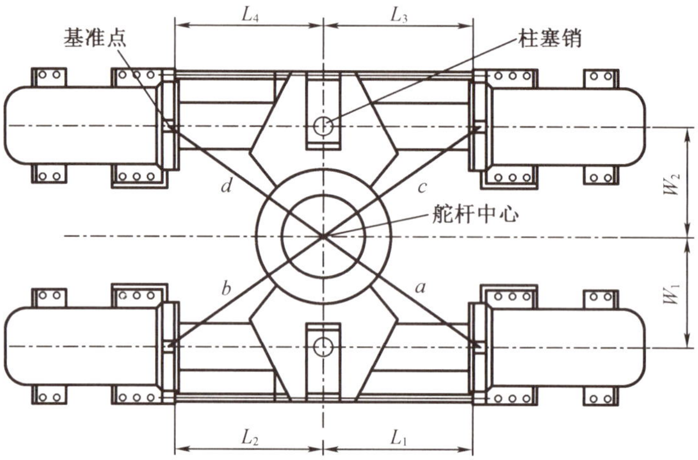

图 8.35　舵机定位示意图

d. 如图 8.36 所示，用大平尺交叉检查舵机柱塞中心线所在的平面与舵柄上平面之间的平行度。具体方法是：首先检查舵柄上平面有无高点等缺陷，如有高点存在，应使用油石将其研平，然后将大平尺分别交叉平置于舵柄上平面上，再用百分表仔细检查平尺下平面至舵机柱塞上母线的高度尺寸 h，要求 $h_1=h_2=h_3=h_4$，允差不大于 0.05 mm。

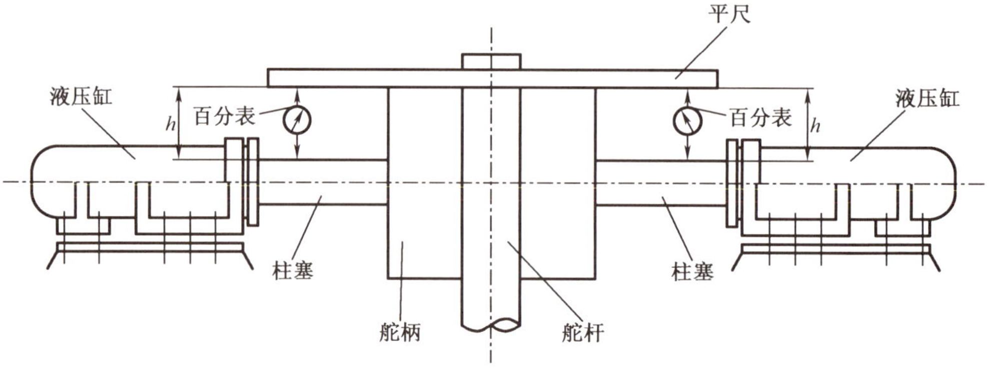

图 8.36　舵机定位时舵机柱塞中心线与舵柄上平面平行度测量示意图

在确定 h 时，应首先确保舵机柱塞位于舵柄拨叉的中心高度 $X_1=X_2=X_3=X_4$，允差不大于±2 mm，如图 8.37 所示。

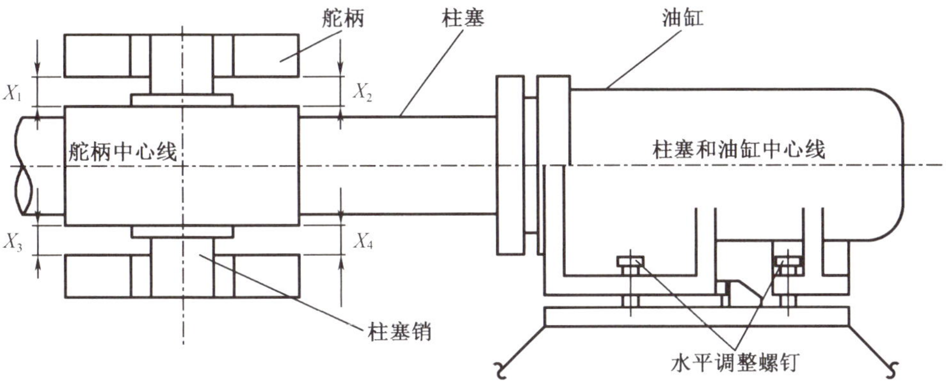

图 8.37　舵机柱塞位于舵柄拨叉的中心示意图

e. 如图 8.38 所示,用塞尺检查油缸套与柱塞的间隙,要求 C_1、C_2、C_3、C_4 相等,允差为±0.03 mm。

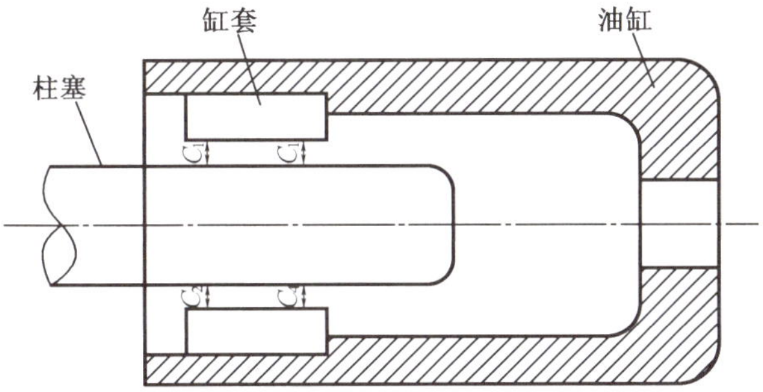

图 8.38　测量油缸套与柱塞的间隙

(3)舵机基础安装

舵机定位完成之后,即可进行舵机的固定工作。主要包括矩形垫片的配制、螺栓孔的配钻、铰孔、铰制孔螺栓的配制以及止推的安装。具体的工艺过程与主机安装相似。

螺栓孔和铰制孔螺栓技术要求如表 8.16 所示。

表 8.16　螺栓孔和铰制孔螺栓技术要求　　单位:mm

直径		<30	30~50	50~70
配合值		0~0.01	-0.005~+0.005	-0.01~0
螺孔	圆柱度	0.02	0.02	0.03
	圆度	0.01	0.01	0.02
螺栓	圆柱度	0.015	0.015	0.02
	圆度	0.01	0.01	0.015

需要说明的是,舵机推舵油缸的螺栓孔一般都是在定位之后配钻,如果舵机结构紧凑,空间狭小,无法安装钻机,则可以按下面工艺过程进行垫片和螺栓的施工:

①用划针顺着舵机的地脚螺栓孔在舵机基座面板上划螺孔线,并打样冲。

②吊开舵机,空间许可时也可以采用旋转角度的方法。

③按预定位置将焊接垫片按图纸要求焊接于舵机基座面板上,然后对焊接垫片上平面进行拂磨。要求着色均匀,每 25 mm×25 mm 面积上应有色油接触 2~3 点。

也可以在舵线确定之后、舵机定位之前,将焊接垫片焊接安装到位,此时垫片未钻孔。

④将舵机重新落位并找正。

⑤用取样模板测量活动垫片的厚度尺寸,交机加工车间加工。机加工之后采用着色的方法对活动垫片进行拂配,要求着色均匀,每 25 mm×25 mm 面积上应有色油接触 2~3 点,用 0.05 mm 塞尺检查应插不进,局部插入深度不大于 10 mm。报验后用划针顺着舵机的地脚螺栓孔在活动垫片上划螺孔线,并做垫片位置标记,取出,按照标记加工孔。然后将垫片复位,着色检查。

⑥铰孔,配制铰制孔螺栓。

矩形垫片工艺比较麻烦,因此,目前很多船厂在舵机安装时经常使用环氧树脂垫片,其工艺过程、技术要求与主机环氧树脂垫片配制相同。

另外,舵机基座处四个侧面应安装侧向止推,此塞铁应有一定的斜度,其垫片的检验要求与基座的矩形垫片相同,检验合格后,用电焊焊牢。

(4)后续施工

按施工图要求,进行液压泵站的安装以及管、线的连接等后续施工。

(5)摆缸式液压舵机的安装

摆缸式液压舵机用于中、小型船舶,安装比较简单,要求也比较低。一般不需要定位螺栓和拂磨垫片,只需要普通的穿螺栓和钢垫片,可靠固定即可。也没有校中过程,油缸在船宽和船长方向的定位尺寸按照图纸上的尺寸进行施工,高度尺寸在舵柄安装完成之后确定,油缸中心线与舵柄高度中心等高。

如图 8.39 所示为摆缸式液压舵机安装示意图。

(6)转叶式舵机安装

转叶式舵机内置了推力轴承,结构紧凑,一般采用整体安装工艺。工艺概况如下:

①舵系镗孔完成后,安装舵(销)承,吊装舵杆、舵叶并将二者连接成整体。

②清洁舵机转子内孔与舵杆表面,然后将舵机转子套入舵杆,按要求压配到位。

转叶式舵机与舵杆的装配:转子与舵轴的连接多采用套装式,与螺旋桨液压安装工艺相似;采用可拆法兰连接时,则需要按照图纸和舵机技术文件要求的法兰偏移曲折值进行找正,找正工艺与轴系直线校中相似。如图 8.40 所示。

③按照舵系布置图确定舵叶的轴向位置、调整轴承间隙、舵的零位以及舵机的水平。

④用取样模板测量舵机机脚与舵机基座之间活动垫片(图 8.41 中的零件 2)的厚度尺寸并送机加工车间加工,拂配活动垫片,配钻螺栓孔,配制铰制孔螺栓,固紧,固紧时应交叉进行,确保受力均匀,最后按照图纸要求配制止推。止推的配制工艺过程和技术要求与主机侧向止推相同。

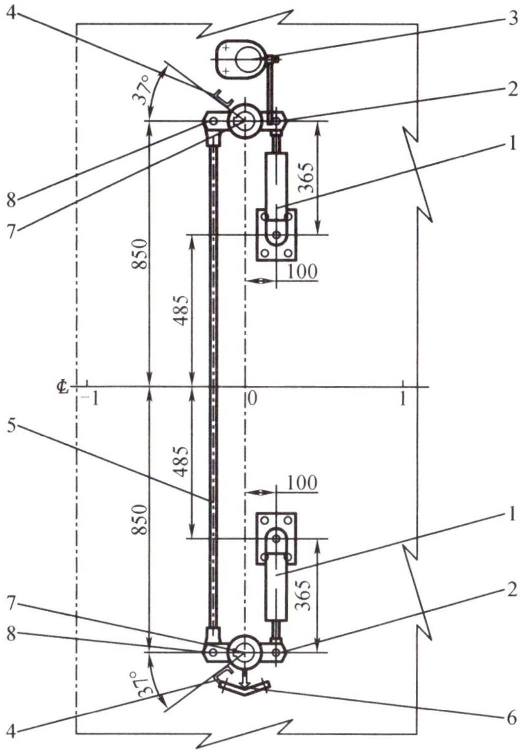

1—油缸;2—油缸销轴;3—舵角发信器;4—限位;5—舵柄拉杆;6—舵角指示器;7—舵柄;8—舵柄销。

图 8.39　摆缸式液压舵机安装示意图

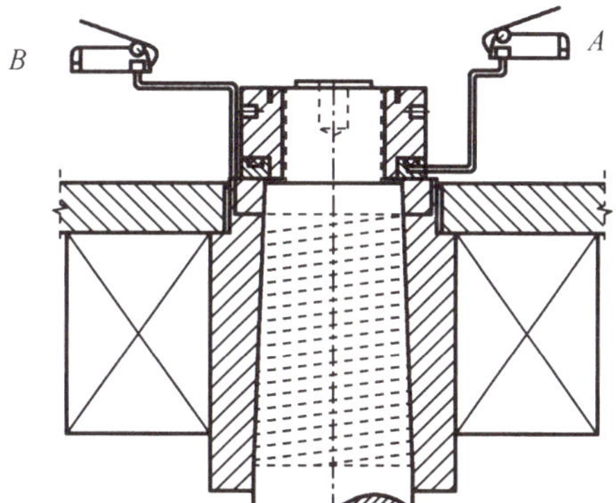

图 8.40　转叶式舵机与舵杆的液压装配示意图

舵机基座面板(图 8.41 中的零件 1)上平面的平面度可以通过铣削加工来保证,也可以采用焊接垫片工艺,与主机基座加工相似。

(7)舵机安装检验

舵机安装前,应对舵机基座焊接垫块进行检验。舵机安装定位采用样棒检查,舵处于零度状态时,舵机的液缸应处于中间位置。检验方法:在舵杆上端的吊装螺孔处安装专用指针式工具,并在其指针的端部安装一只百分表,转动指针检查舵机 液缸的基准平面 *A*、*B*、*C*、*D*,四处的百分表读数偏差应在 0.05 mm 以内,并检查液缸在 *A*、*B*、*C*、*D* 四个基准平面的基准点至舵杆中心处的尺寸 a、b、c、d，应基本相等。此时，还应检验舵柄与滚柱的间隙 g_1、g_2、g_3、g_4 应基本相等。舵柄至液压柱塞十字头平面的间隙，其上平面间隙应略大于下平面间隙（主要是考虑舵经长期使用，上舵承止推轴承会产生一些磨损，而导致舵杆向下）。舵机按上述要求定位安装后，应用色油检验舵机与基座垫片接触，每 25 mm×25 mm 面积上应有 2~3 点，垫片上下平面处用 0.05 mm 塞尺检查，应插不进，如局部插入，深度不大于 10 mm。舵机基座处四个侧面应安装侧向塞铁，此塞铁应有一定的斜度，其检验要求同基座垫片，检验合格后，在侧向塞铁处用电焊焊牢。舵机安装应做好各项测量记录，记录内容参见表 8.17。

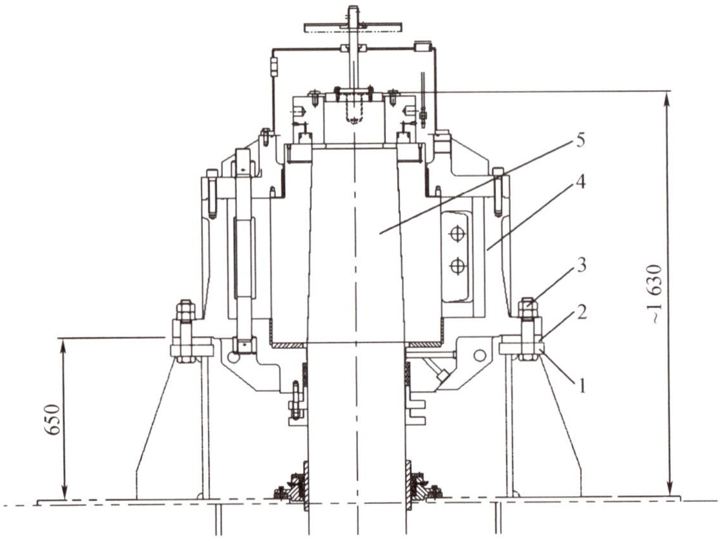

1—舵机基座面板；2—活动垫片；3—螺纹连接件；4—舵机；5—舵杆。

图 8.41　某船转叶式液压舵机安装图

表 8.17　舵机安装测量记录表

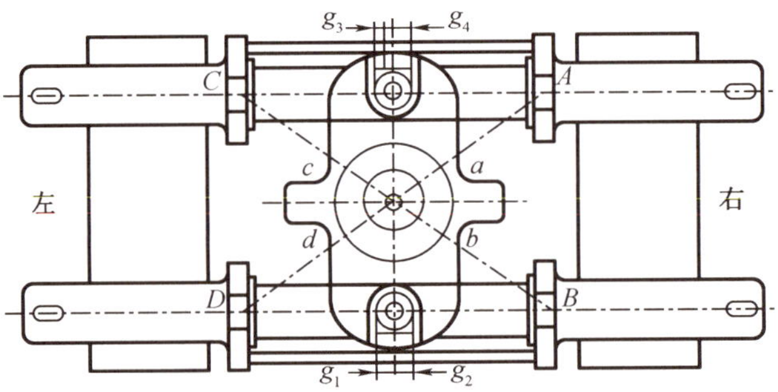

舵机液缸定位　　单位：mm

位置	A	B	C	D	a	b	c	d
图样								
实例								

表 8.17(续)

舵柄与滚柱间隙					单位:mm
位置		g_1	g_2	g_3	g_4
量位测部	上部				
	下部				
	上平面				
	下平面				

(五)舵系安装检验

1. 检验内容

①上舵承本体安装;

②杆与舵叶安装;

③舵柄安装;

④舵机安装。

2. 检验标准与要求

(1)上舵承本体基座绞孔及螺栓加工要求:螺栓表面粗糙度、圆柱度、圆度以及螺栓与绞孔的配合过盈量, 参见表 8.18 的规定,螺栓与螺孔不允许有倒锥度,上舵承磨擦接触面应大于 60%,用 0.03 mm 塞尺检验,在 90%以上周长的范围内应插不进。

表 8.18　螺孔及螺栓加工及配合要求　单位:mm

直径		<30	30~50	50~70
配合值		0~0.01	-0.005~+0.005	-0.01~0
螺孔	圆柱度	0.02	0.02	0.03
	圆度	0.01	0.01	0.02
螺栓	圆柱度	0.015	0.015	0.02
	圆度	0.01	0.01	0.015

(2)舵杆与舵叶安装要求:舵杆与舵叶连接螺栓安装可采用锤击法安装,也可采用二氧化碳干冰冷冻法安装。若采用冷冻法安装,螺母应在螺栓安装后,待温度恢复到外界温度时再安装,一般为隔天敲紧,并装上防松装置。

舵杆与舵叶连接后,检查舵各道轴承的间隙,要求舵中心偏差不大于 0.5 mm 或 1/2 的装配间隙,并测量舵间隙,测量记录如图 8.42 所示;舵销平面的装配间隙,如图 8.43 所示,其标准参照表 8.19 所示规定。舵组装后应进行转动轻便性、灵活性检查。

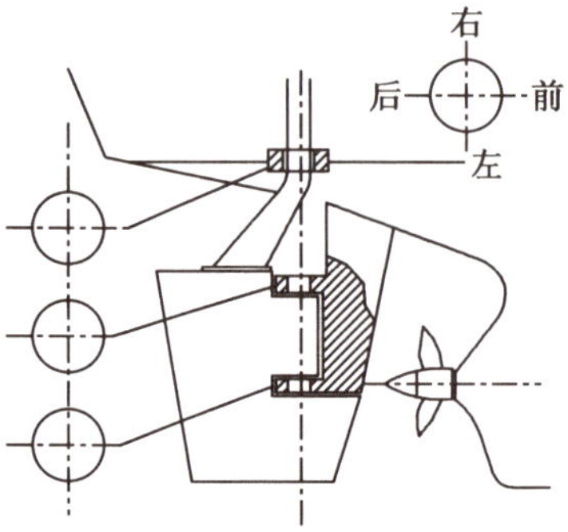

图 8.42　舵间隙测量示意图

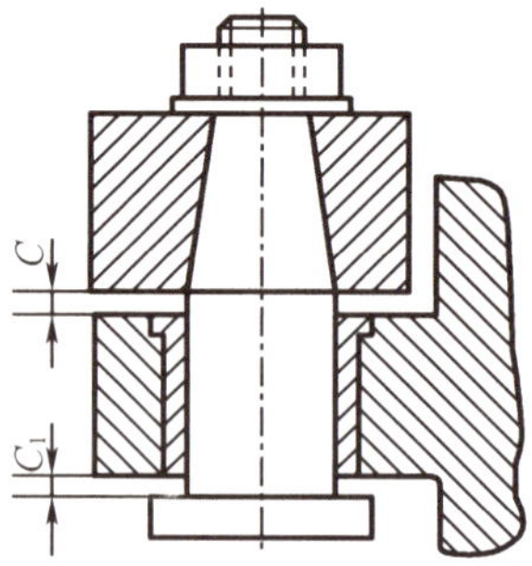

图 8.43　舵销平面装配间隙示意图

表 8.19　舵销平面装配间隙

单位:mm

上舵杆直径 d	闭锁舵销安装间隙 C_t	舵钮与舵钮、或舵叶与舷底托平面间隙 C
<80	16~21	12~17
80~120	18~23	15~20
120~180	20~25	18~23
180~260	22~27	22~27
260~360	24~29	26~31
360~500	26~31	30~35

(3)舵柄安装。舵杆与舵柄的结构形式有两种：一种是圆柱体连接结构，另一种是圆锥体连接结构,其中圆锥体结构在目前建造的船舶中被普遍采用。圆柱体连接结构的舵柄,安装前应复测舵杆与舵柄的装配过盈量。圆锥体连接结构的舵柄,采用专用液压螺母压入安装。技术部门在装前应提供压入力与压入量的数值，装时应按此要求安装到位。最后将舵叶转至零度,制作舵柄至基准点处的舵零度样棒。

(4)舵机安装要求如下：

①舵机基座焊接垫块加工后，要求用色油检查，在 25 mm×25 mm 面积上应有色油接触 2~3 点，且平面应向外倾斜 1:100。

②在舵叶处于零度位置时,舵机液压缸应处于中间位置,用舵杆上端安装的专用工具,检查舵机液压缸的中心线是否在同一个平面内,其偏差应不大于 0.5 mm。

③舵机基座垫片用色油检查,每 25 mm×25 mm 面积上应有色油接触 2~3 点,用 0.05 mm 塞尺检查应插不进,局部插入深度不大于 10 mm。

3. 检验方法

(1)上舵承本体安装与基座绞孔检查

用内径千分尺测量孔径、圆柱度、圆度,用视觉检验孔表面粗糙度,并按孔径尺寸加放过盈量配制螺栓。用外径千分尺测量螺栓,其圆柱度、圆度、表面粗糙度及螺栓过盈量应符合要求。测量时应做好原始记录,安装时应旋紧螺母。

(2)舵杆与舵叶连接螺栓安装

螺栓直径较小的常用锤敲入法,螺栓直径大一些的,常用二氧化碳干冰冷却螺栓的方法安装。若采用干冰等冷却方法安装,一般将螺栓放入螺孔内,螺母随手旋紧,待螺栓温度恢复到外界温度时,方可用锤敲紧螺母,并装上防松螺母或焊接防松止块。在舵杆与舵叶连接成一体后,即可用塞尺检查舵系各道轴承前、后、左、右四个方向的间隙,根据间隙分析舵系中心是否符合要求,并用钢皮尺测量舵销平面间隙,做好测量记录。最后进行舵转动轻便性检查,用绳固定在舵叶叶尾处,一般用 2~5 人拉动舵叶,使舵左右转动大于 370°,转动应灵活。

(3)舵柄安装检验

对于孔为圆柱体的舵柄,安装前应用外径千分尺复测舵杆轴径,用内径千分尺复测舵柄内孔,测得结果应满足过盈配合要求。此种结构安装时一般采用热套法安装,也可采用油泵压入法,但装配要到位。对于孔为锥体的舵柄,安装时一般采用专用液压螺母压紧,其压紧要求按技术部门提供的压入量与压入力,压入力可按专用液压螺母的有效液压面积乘油压力计算得出。舵柄压入量起始点以舵柄与舵杆贴合算起,一般按压力表起压至 2~3 MPa 为压入量起始点,此时将百分表调整为零,见表 8.20。在压入过程中,记录压入时百分表读数及油压。压装时,一般压到压入量或轴向压入力有一个先到位时为止。待稳定一段时间后将螺母内油压放掉,用扳手将螺母从旋紧方向敲紧。舵柄压入时应做好液压压力、压入量记录,参见表 8.20,并按记录绘制压入力与压入量曲线。

表 8.20 舵柄压入记录表

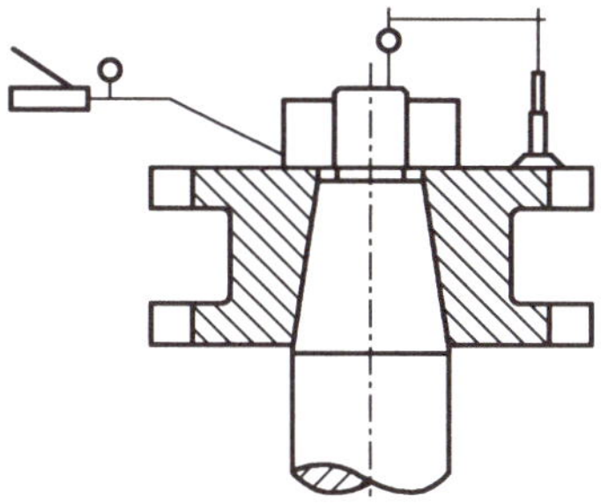

液压螺母活塞面积: cm^2

液压压力/MPa	
压入力/kN	
压入量 /mm	

模块九

船舶管子的加工与管系的安装

一、学习情景描述

1. 教学情景描述：同学们进入管系生产、加工车间，观察管系车间管子生产的流程；
2. 关键知识点：管子的弯制、校对、清洗、安装与检验；
3. 关键技能点：管系制作、安装与检验。

二、学习目标

1. 了解管子弯曲操作的方法；
2. 了解管子加工的工艺流程；
3. 掌握管子校对和焊接工艺；
4. 掌握管路系统强度试验的方法。

三、任务书

班级		组号		指导教师	
组长		学号			

表(续)

<table>
<tr><td>组员</td><td>
<table>
<tr><th>姓名</th><th>学号</th><th>姓名</th><th>学号</th></tr>
<tr><td></td><td></td><td></td><td></td></tr>
<tr><td></td><td></td><td></td><td></td></tr>
<tr><td></td><td></td><td></td><td></td></tr>
<tr><td></td><td></td><td></td><td></td></tr>
<tr><td></td><td></td><td></td><td></td></tr>
<tr><td></td><td></td><td></td><td></td></tr>
<tr><td></td><td></td><td></td><td></td></tr>
</table>
</td></tr>
<tr><td>任务分工</td><td></td></tr>
</table>

四、获取信息

引导问题1:在船舶建造过程中,管子的弯制是不可缺少的工艺过程之一。由于机舱设备拥挤,船体结构和空间位置的限制,金属热胀冷缩以及其他因素的影响,管子要相应地弯制成各种形状。

1. 弯管的方法主要分为________和________两种。弯制工艺的选择主要取决于________、________、________、________条件等因素。

2. 在进行弯管时应考虑到________________________,因此实际的弯曲角度应比图纸所规定的________。

3. 管子弯曲半径一般采用________倍管子外径,只有在个别情况下才允许小于________倍,但不得小于________倍。

引导问题2:管子校对工作是指管子弯曲(无余量加工管子除外)之后,按图纸规定各部分形状和尺寸来固定法兰、支管和管子接头等。

1. 按照修造船的不同形式,校管工作可分为________、________、________和________。

2. 靠模校管的步骤

____

____

____

____

____

____

____

3. 直支管装配步骤

____

____

____

____

____

____

____

引导问题 3：管子制成后应进行液压试验，其目的是要检查管壁的缺陷或不紧密的情况。

1. 管子的液压试验一般用________，也可用________，两者都可以检查出管子的缺陷或不紧密的地方。

2. 试验压力对一般工质温度在 120~300 ℃的管子为________倍工作压力；工质温度在 300~400 ℃的管子，试验压力为________倍工作压力。

3. 管子液压试验的安全技术要求

____

____

____

____

____

____

____

引导问题 4：管路的绝缘为了最大限度地减少热损失或稳定舱室温度，很大一部分高温管系需要包扎绝缘层，高温管系的绝缘不仅减少了管路的热损失，而且还消除了因管子周围温度过高而灼伤工作人员和旅客的现象，以及防止易燃物品发生火灾的危险。

1. 用于船舶管系的绝缘材料必须具有较小的________和良好的________，密度小且要有一定的强度，耐火，不自燃，对金属不腐蚀，耐振动，此外还要求价格低廉，在受热时不应散发____________。

2. 热油系统、货油系统的包扎采用橡塑保温绝缘材料，外表面再包扎________并用____________固定。

3. 居住区冷水管(海水、淡水、消防)、空调柜冷却进口管用______________。

4. 管子涂色标是为了区分管内不同介质和加强对管路的管理，管子色标的色别具体为：压缩空气管路为________色、润滑油管路为________色、燃油管路为________色、海水管路为________色、消防水管路为________色、舱底水管路为________色、淡水管路为________色以及蒸汽管路为________色。

5. 管路敷设绝缘层的工艺程序

____

____

____

____

____

____

____

五、评价反馈

各组代表展示作品，介绍任务完成情况，并完成评价表。

学生自评表

任务	完成情况记录
任务是否按计划时间完成	
相关理论完成情况	
技能完成情况	

表(续)

任务	完成情况记录
材料上交情况	
收获	

学生互评表

序号	评价项目	小组互评	教师评价	总评
1	任务是否按时完成			
2	材料上交情况			
3	任务完成质量			
4	语言表达能力			
5	小组成员合作情况			

教师评价表

序号	评价项目	小组互评	教师评价	总评
1	学习准备			
2	引导问题填写			
3	规范操作			
4	完成质量			
5	关键操作要领掌握			
6	完成速度			
7	参与讨论主动性			
8	沟通协作			
9	展示汇报			
10	5S 管理(如有)			

注:评价档次统一采用 A(优秀)、B(良好)、C(合格)、D(努力)4 档。

六、学习情境的相关知识点

船舶管子生产流程如图 9.1 所示。

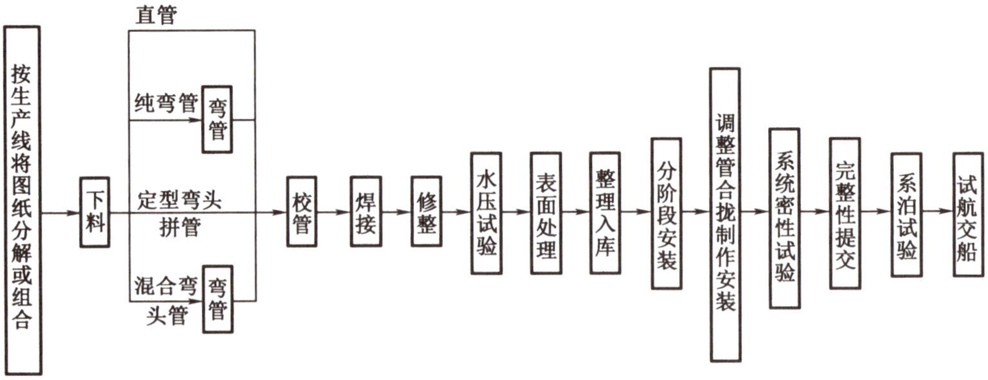

图 9.1　船舶管子生产流程图

本项目要求学生读取管系零件图信息和安装图信息。根据读图信息，确定管子的加工工艺流程、弯管程序、压力试验和表面处理要求等。对管子进行下料、弯制、校正、焊接、打磨等加工，并通过水、气等介质来检查管系的密性和强度，了解并掌握镀锌、酸洗、涂塑等管子表面处理的方法，最后能根据管子安装图信息，使用安装工具，按照正确的安装工艺对管子进行安装和检验。

(一)管子的预制

1. 管子下料

(1)备料

根据管子加工托盘表，统计出相应的管子和连接附件(法兰、套管、标准弯头、异径接头、管座等)的规格和数量，由领料人员到相应仓库领料。

(2)材料的质量控制

①检查质量。

②修补表面缺陷。

③材质报告和证书。

(3)材料管理

①在船级社认可的Ⅰ级、Ⅱ级钢管端头，分别涂上相应色标。

②管子和附件按管子切割日、生产线分开，放于各生产线相应位置，并做好切割日标志。

③有特殊用途的专用管子单独存放，并做好特殊用途标志，采取必要的保护措施。

（4）管子切割方法

①钢管：公称通径 DN≤100 mm 的钢管用砂轮机、锯床切割。DN>100 mm 的钢管用火焰（氧乙炔、氧丙烯）切割机切割。

②紫铜管：用手锯切割。

③不锈钢管、铝黄铜管、铜镍铁合金管：用手锯、机械割管机或等离子切割机切割。

（5）任务实施步骤

①画线

按零件图或者切割计划表上管子长度进行画线，并在管子上写上工程编号、托盘连续号、切割日、加工托盘序号等记号。切割线可用细石笔画出，在需要画出较长切割线时，可用靠板画线以保证切割线与管子轴线垂直，画线靠板示意图如图 9.2 所示。对于有色标的管子，画线从无色标端起始，以便保留余料色标。

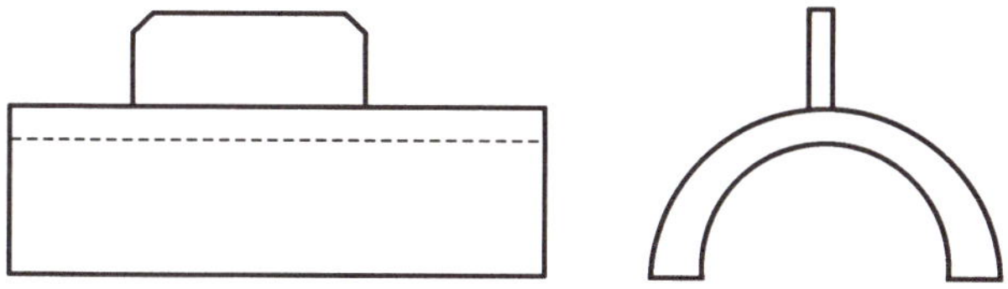

图 9.2　画线靠板示意图

②切割

使用砂轮切割机切割：

a. 将管子切割线和砂轮片对准，固定好管子。

b. 接通电动机电源，当转速充分稳定后，开始进行切割。

c. 切割精度：±1.5 mm。

d. 用砂轮对管子端部进行打磨，去除切割端毛刺，并在装焊法兰处的管子外部进行打磨除锈，长度不小于 50 mm。

使用火焰切割机切割：

a. 移动切割机，火口到切割线为止。

b. 将火口下降到离管子表面 10~15 mm 距离，确定火口位置。

c. 打开燃气、氧气开关，点火，调整火焰。

d. 预热后，打开高压氧气开关，开始切割，接通旋转用的电动机电源，使管子转动，边调整切割速度，边进行切割。

e. 对于厚度大于 6 mm 的钢管与标准弯头、异径接头对接的端口，割嘴须与管子端部呈 30°夹角，使钢管切割的同时开好坡口。

f. 切割精度：±1.5 mm。

g. 用砂轮对管子端部进行打磨，去除切割端毛刺和焊接区的铁锈，除锈长度法兰端为 50 mm，对接端为 30 mm。

使用锯床切割：

a. 将管子的切割位置对准锯刃，固定管子。

b. 调整切割速度,对管子进行切割。

c. 切割精度:±1.5 mm。

使用手锯进行切割:

a. 固定管子。

b. 将手锯锯条对准切割线,进行切割。在切割过程中,锯条与管子轴线保持垂直。

c. 对于口径较大的管子,在管子部分圆周切割后,转动管子再进行另一部分圆周切割,直至全部完成,此时管子切割线应为整个圆周。

d. 切割精度:±1.5 mm。

e. 用锉刀锉去切割端的毛刺。

2. 管子弯曲加工

在船舶建造过程中,管子的弯制是不可缺少的工艺过程之一。由于机舱设备拥挤,船体结构和空间位置的限制,金属热胀冷缩以及其他因素的影响,管子要相应地弯制成各种形状。

(1)弯管的方法

弯管的方法主要分为冷弯和热弯两种。冷弯是在常温下用弯管机直接弯管,热弯则是将管子的弯曲部分加热到一定温度后,再用机械(弯管机)或是手工进行弯管。弯制工艺的选择主要取决于管材特性、弯制功率、弯曲半径、工厂设备条件等因素,原则上小直径管子采用冷弯为宜,而较大直径的管子,多数采用热弯工艺。例如镀铸钢管适宜冷弯,因其在热弯时,表面镀层要脱落,需要重新镀层;而塑料管只宜热弯,因其冷态下无法弯曲。

冷弯和热弯各有其优缺点:冷弯需要消耗更多的弯曲功率,金属会产生加工硬化,且回弹和残余应力都比热弯大,而且冷弯不能弯制曲率半径很小的急转弯头。但是冷弯不会破坏金属原来的性质,冷弯后可以不用清洗和除去氧化皮,并且不会发生热变形。

热弯具有冷弯不能比拟的适应性。例如,在一根管子上两相邻弯头之间直线距离可留得很小,甚至能不留直管段间隔进行连续弯曲;能将冷延性很差的材料加工成弯头;能加工冷弯时需要花费较大机械能的弯头,并能将冷弯时管子易破裂的脆性材料弯曲成形。热弯可以在管子上弯成小半径弯头。对于碳素钢管和大多数的合金钢管,热弯的弯曲半径要比冷弯小得多,弯曲半径可小到管子外径的0.7~1.5倍。热弯尚存在如下缺点:设备复杂、加工成本高、生产效率低和表面光洁度差。对于铜管来说,采用冷弯工艺,由于免除了高温加热,根除了产生“氢病”的可能性。

由于以上原因在部分船用弯管技术条件中明确规定:各种管子在可能情况下,应尽量采用冷弯,仅在如下情况下,才允许采用热弯。

①管子弯曲半径小于冷弯所规定的弯曲半径,或小于现有模子的弯曲半径。

②管子形状复杂或弯头间无直线管段,不能在弯管机上固紧。

③管壁过薄,冷弯后容易产生较大瘪陷和折皱。

④直径较大或不常用管子,目前尚无该种模子。

⑤管壁太厚无法冷弯时。

(2)管子的弯曲原理

金属材料当其所受外力超过材料的屈服极限时,将产生塑性变形,这就是管子弯曲的基本原理。

管子在弯曲时,其管壁外侧因受拉伸而变薄,内侧因受压缩而变厚,但其中性层 $M—M$ 处不受压力,因此其长度和厚度都不改变。由于拉伸和压缩作用的结果,在弯曲过程中,管子截面有改变,有圆形变成椭圆的趋势。此时椭圆的短轴位于管子的弯曲平面 $B—B$ 上,而长轴在 $A—A$ 上(图 9.3)。这种变形随着弯曲半径-弯曲角度和管子材料-管径大小而有所不同。

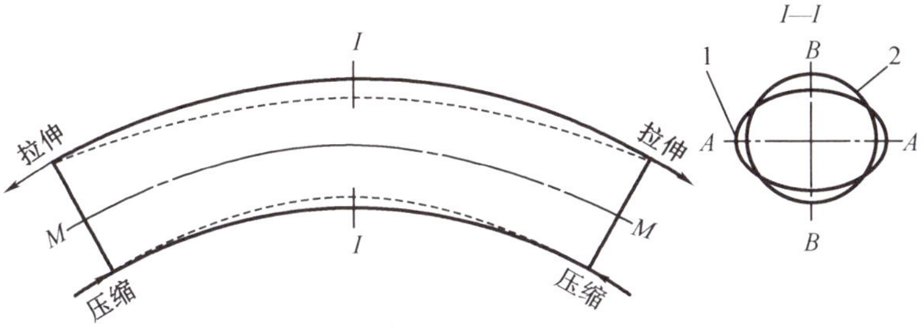

1—弯曲后管子的椭圆截面;2—管子原来的圆形截面。

图 9.3　弯曲时管子截面的变化

①弯曲半径对变形的影响

管子的弯曲半径由管材的拉伸与压缩变形极限来确定。如果管子的弯曲处有一个较大的弯曲半径(图 9.4(a)),那么金属组织 C_2-C_3 的长度,比原来长度 C- C_1 略微缩短些,变形程度很小。在弯曲半径比较小的时候,弯曲以后的金属组织长度相差很大(图 9.4(b),因此变形程度也就增加。所以管材弯曲时的可塑性特性是用相对伸长率来评定的。假如不考虑管子椭圆度和其他的原因,而且认为弯曲开始与终了的变形是近似的(即均匀变形),那么:

$$L=\alpha R=\text{常数}$$

弯管的外侧:

$$L_1=\alpha\left(R+\frac{D}{2}\right)$$

弯管的内侧:

$$L_2=\alpha\left(R-\frac{D}{2}\right)$$

平均伸长率或压缩率:

$$\delta_{\text{平均}}=\frac{L_1-L}{L}=\frac{L_2-L}{L}=\frac{D}{2R}$$

式中　L——沿弯管轴线展开的弧长;

L_1-L_2——沿弯管外侧-内侧展开的弧长;

α——弯曲角度,rad;

R——弯曲半径,mm;

D——管子外径,mm。

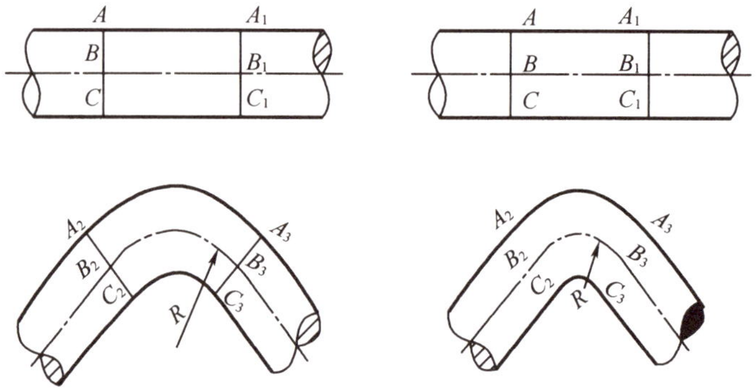

(a) (b)

图 9.4　弯曲半径的影响

选择最小弯曲半径时应首选考虑管材的最大伸长率。

如果没有其他条件的限制,最小弯曲半径通常可按下列经验公式计算:

$$R_{最小}=9.25D\sqrt{0.2-\frac{S}{D}}$$

式中　S——管壁厚度, mm;

D——管子外径, mm。

为保证质量,管子的弯曲半径应符合下列规定:

a. 热弯的管子:钢管——$R \geqslant 3D$;

铜和铜合金管——$R \geqslant 2D$;

受水击的管子——$R \geqslant 5D$。

b. 焊接的管子:弯头——$R \geqslant d$,d 为管子内径。

c. 弯管机冷弯的管子:直径>110 mm 和蒸汽管必须符合规定;直径≤110 mm 时,$R \geqslant 1.5D$。

②弯曲角度对变形的影响

管子外层金属组织的伸长和内层组织的缩短,在弯曲角度大的时候很小,而在弯曲角度小的时候就很大,如图 9.5 所示。

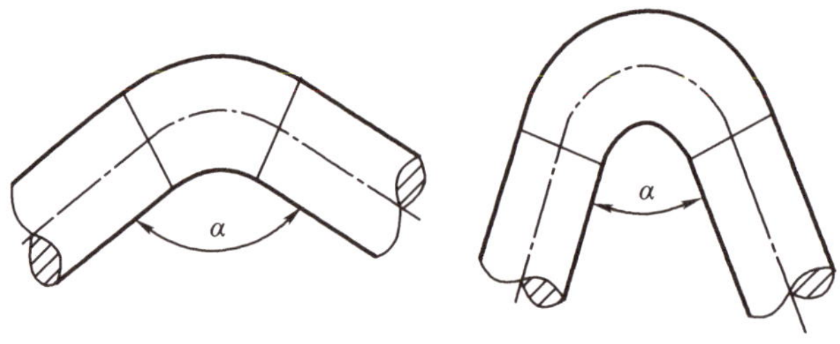

(a)弯曲角度小　(d)弯曲角度大

图 9.5　弯曲角度的影响

③管径大小对变形的影响

在管径小的最外层组织，距离中性层近，而在管径大的最外层距离中性层远，如图 9.6 所示。因此管径愈大变形程度愈大。

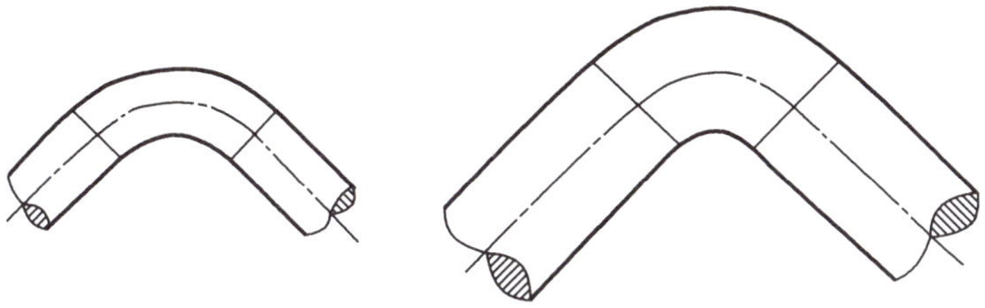

(a)管径小　　(b)管径大

图 9.6　管径对变形大小的影响

在管子弯曲时，断面的变形是由弯曲的一瞬间而产生的。管子弯曲处断面的变形会通过横断面上的许多零点，也就是在弯曲过程中没有改变位置的 a、b、c、d 各点，如图 9.7 所示。显然，这些点的应力最小，通过管子各横断面上相应点的连线就是管子的安全线，因此在弯制有缝钢管时，应把焊缝放在安全线上，它约在平面图上管径的 1/4 处，如图 9.8 所示。

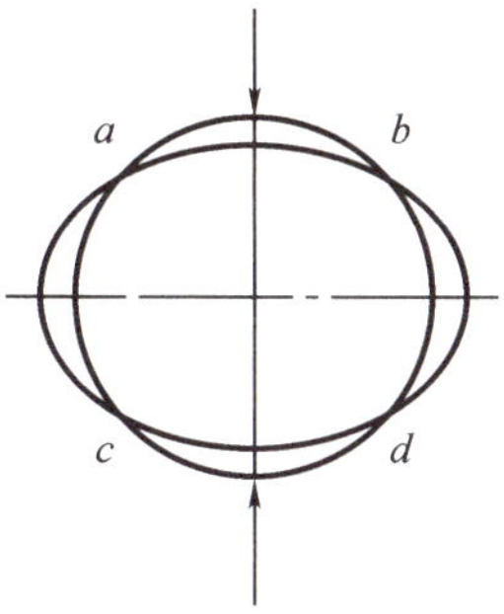

图 9.7　弯曲断面处没有改变位置的零点(a、b、c、d)

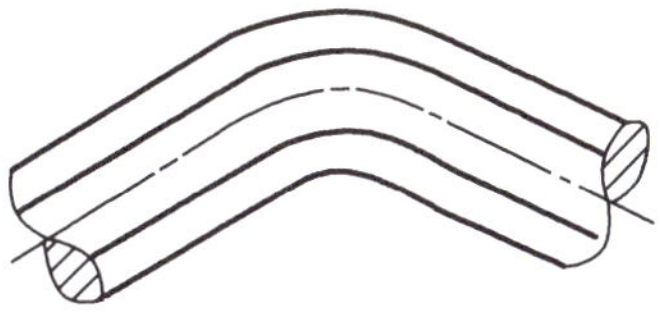

图 9.8　弯曲断面变形焊缝应放在管径的 1/4 处

3. 弯管机

冷弯弯管机按驱动形式可分为手动、电动、液压驱动三种类型，还可分为有芯弯管机和无芯弯管机。现分别将基本类型的弯管机介绍如下：

(1)手动弯管机

图 9.9 所示是弯制直径在 32 mm 以下的手动弯管机简图。它由弯模 1、滚轮 2 和杠杆 3 等组成，在弯模 1 的工作部分上制有与管子外径大小相同的槽，滚轮 2 也具有同样的槽，而在杠杆 3 上则有滚轮的销轴。

待弯的管子 5 用卡板 4 紧压在弯模上，并在施于杠杆 3 上的力的作用下弯曲。图中虚线所示为弯曲前的原始位置，在弯曲的过程中，滚轮要一直跟管子和弯模接触，以保证管子的截面形状不变。

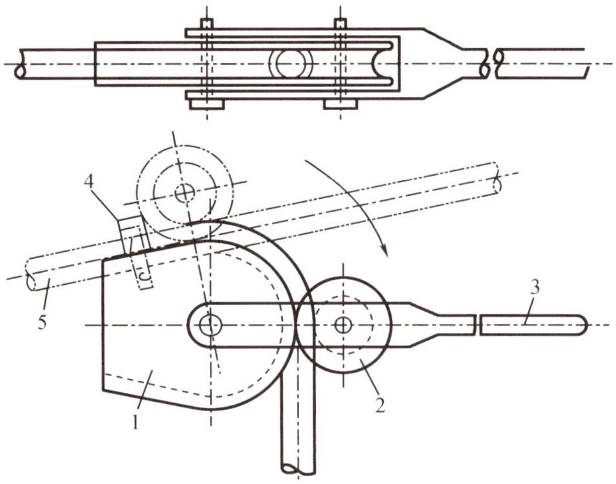

1—弯模；2—滚轮；3—杠杆；4—卡板；5—管子。

图 9.9　手动弯管机简图

(2)携带式弯管机

图 9.10 所示为携带式弯管机中的一种。这种弯管机，在弯管架上装有油压千斤顶，用高压橡皮管与手揿油泵，可向油压千斤顶送油，把千斤顶柱塞顶出。利用装在千斤顶前端的弯管压模，便可将两端支承在弯管架上的管子弯制成形。管径规格不同和弯曲半径大小，可通过调换相应的弯管压模以及改变弯管架两端上两个滚轮的距离来实现。

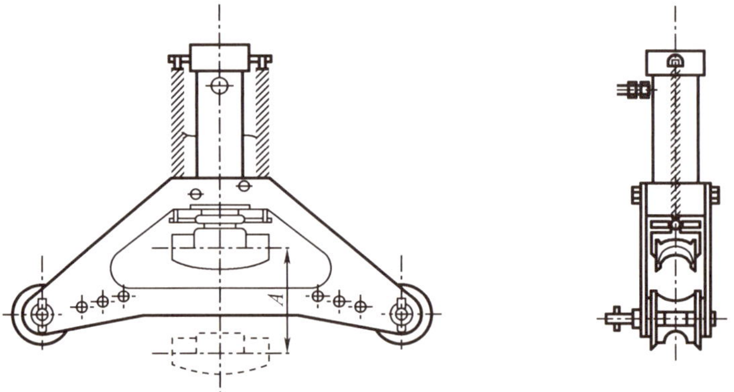

图 9.10　携带式弯管机

(3)电动弯管机

电动弯管机的传动部分有机械减速、电机调速两种。电动机通过皮带减速装置、齿轮减速装置、蜗轮蜗杆减速装置减速后，使套在蜗轮中心的主轴以 1 r/min 的转速顺时针旋转。

(4)液压弯管机

液压弯管机有链条、齿轮、油马达传动等三种。它的机械结构部分与电动弯管机相同，唯一不同的是它有一套液压系统，用以实现弯模的转动、夹头的夹紧与松开、导槽的靠紧与松开、芯棒的送进与抽出等。

(5)有芯弯管机

图9.11所示为一种类型的有芯弯管机。其主要零件是弯管压模2,模子的圆周上有槽,槽的半径等于被弯管子的外半径。弯管压模2可以由电动机经过减速齿轮-蜗杆蜗轮传动系统驱动做回转运动;更多的是采用液压驱动做回转运动。稳定台7和压紧模8是弯管压模的辅助件,压紧模8上也具有与弯管压模2上同一半径的槽,因此在弯模和压紧模之间形成一个圆孔。待弯管子3用夹紧棒4将管子紧压在弯模上,当弯模回转时,带动管子缓慢地旋转,管子由于压紧模8的限制不能从两旁脱出,而只能沿着弯模流道被弯曲,并保证被弯管子的圆形截面基本不变。夹紧模与压紧模的移动通常用手动或油压实现。

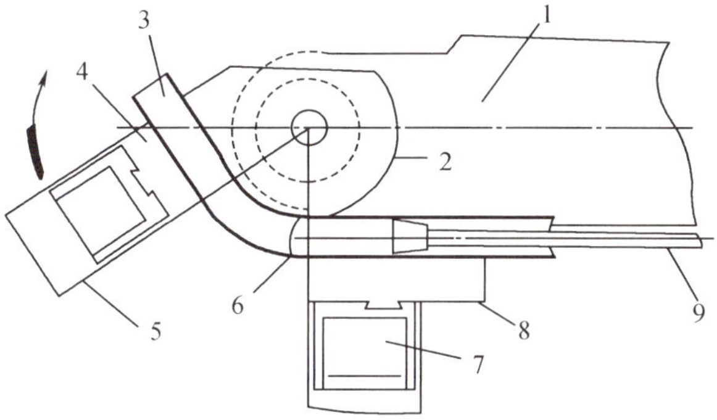

1—机身;2—弯管压模;3—管子;4—夹紧棒;5—转台;6—芯棒;7—稳定台;8—压紧模;9—连接杆。

图9.11　有芯弯管机

考虑到由于管子弯曲时可能引起弯曲部分损坏,常采用校准芯棒(定径塞芯)6,通过连接杆9使它位于拐弯处的切点上,它的位置是不变的,这样就能在弯管时防止形成折皱。

管子具有一定的尺寸公差,为了避免在弯模和压紧模之间有楔嵌现象,槽的直径应比管径做得大一些(近似于管径的1/100):

$d \leq 50$ mm	>0.25~0.5 mm
d>50~76 mm	>0.5~0.75 mm
d>76~120 mm	>1.0 mm
d>120~170 mm	>1~3 mm

为了保证管子能够紧密地贴合于弯模和压紧模的槽面上,压紧模导向圆槽边上应切去1.5~2 mm。

在进行弯管时应考虑到外力去除后管子的弹性回跳,因此实际的弯曲角度应比图纸所规定的大一些。例如,对于90°的弯头,钢管应弯到93°~95°,铜管应弯到92°~93°。

除了回弹角外,由于弹性变形的恢复,弯曲半径也将变大,因此弯模的半径应适当减小,一般可取碳素钢为0.97R;合金钢为0.94R。

校准芯棒的外径应小于管子的内径:

$d \leq 50$ mm	<0.5~1 mm
d<100 mm	<1.0~1.5 mm
d<200 mm	<1.5~2.0 mm

由于冶金部门所制造的管子不但在外径上有公差,且在内径上也有公差,特别是壁厚规格不同,因此对于同一公称直径的管子,有时需要有几套不同直径的芯棒以适应公差变化及壁厚规格不同的需要,其直径大小变化由试验方法决定。

为了保证管子导向均匀和防止弯曲时芯棒的偏斜,校准芯棒应有一圆柱形部分,其长度取决于被弯管子的内径:

$d \geqslant 32 \sim 50$ mm	$5.0D_{棒}$
$d > 50 \sim 76$ mm	$4.5D_{棒}$
$d > 76 \sim 120$ mm	$3.5D_{棒}$
$d > 120$ mm	$3.0D_{棒}$

芯棒的形式很多,常见的有匙形[图 9.12(a)]和球形[图 9.12(b)]两种。匙形的优点是其端部的圆柱弧面和理论的弯曲管子内壁相贴合,因此弯头质量好;缺点是加工较困难,且只适用于一种弯曲半径,安装调整复杂。球形的优点是可适用于同一内径的不同弯曲半径,制造调整方便,适用性强。

一般在弯制薄壁管($\delta < 4$ mm)时,特别是 $R < 2d$ 时,以用匙形为宜,而在弯制厚壁管($\delta > 4$ mm)时,以及 $R > 2d$ 时,则以球形为宜。

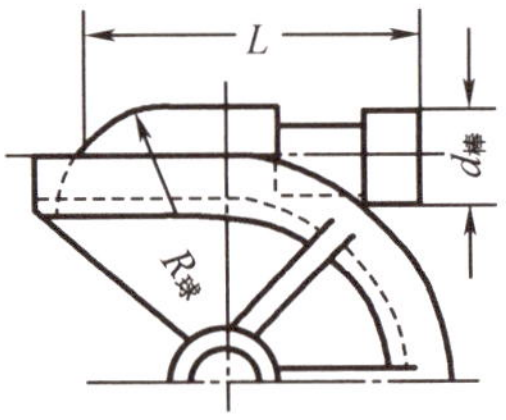

(a)匙形芯棒

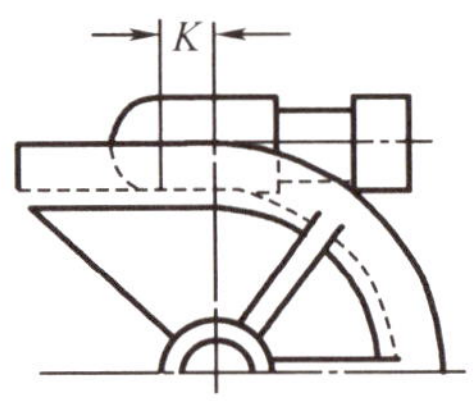

(b)球形芯棒

图 9.12　芯棒的形式

在冷弯管子时,弯曲部分的质量在很大程度上取决于芯棒安装位置的正确性,为了保证弯头的质量应将球形芯棒的位置安装得超前一些。超前值 K 如图 9.12(b)所示,其大小取决于管子的内径、弯曲半径、连接杆的刚性,以及芯棒和管子之间的间隙。超前值 K 过大,管子凸出部分的壁厚也就会过分变薄,同时芯棒亦不易拔出;超前值 K 减小时,管子凹入部分上的折皱高度便会增加。初次安装时可参照表 9.1 来选取,确切的数值应根据试验来决定。

表 9.1　冷弯钢管时超前值 K 的选择

弯曲半径	超前值	弯曲半径	超前值
2.0D	0.25d	3.0D	0.33d
2.5D	0.28d	3.5D	0.38d
2.75D	0.31d	4.0D	0.41d

匙形芯棒的特点是其端部的圆柱弧面与弯曲管子的内壁相贴合,因此它不必带有任何超前值。匙形芯棒的球面半径 R_{R} 按下列公式来确定:

$$R_{\mathrm{R}}=R+\frac{1}{2}d$$

式中　R——管子的弯曲半径, mm。

匙形部分的长度由圆柱形部分的中心线和球面形成线的交点位置来确定,且可按下式算出:

$$L=d\left(R-\frac{1}{2}d_{棒}\right)$$

为了减少芯棒和管壁之间的摩擦,应在芯棒圆柱部分上车出一段 1.0~1.5 mm 深的环槽,其长度当 $d<120$ mm 时为$(1\sim2.5)D_{棒}$;大于 120 mm 时为 $1.5D_{棒}$。此处在匙形表面上应开出润滑油槽。

管子在开始弯曲前要在其内外表面上涂上润滑油,这样就能显著地减少在弯管过程中所产生的摩擦力。

弯管机所需模子的数量不仅取决于管子的直径,而且还取决于管子的弯曲半径。不同直径和不同的弯曲半径,就要求有适合于它们的单独的弯模和压紧模。

要大量削减弯管机所需模具的数量并提高弯管机的利用率,最重要的办法就是统一管子的弯曲半径。统一管子弯曲半径的实质就是一定外径的管子,或外径相近的管子,应按同一的半径来弯制。

除将管子的弯曲半径规格化外,还应把造船中所用的管子直径加以限制,这样也可以减少模子的数量。

(6)无芯弯管机

为了解决有芯弯管机对配置多套芯棒的困难,以及节省装卸管子芯棒的辅助时间,可考虑采用无芯弯管工艺,即弯管时没有芯棒。为了防止管子在弯曲过程中产生过大的椭圆度,往往采用预变形(反变形)的方法,如图 9.13 所示。

因此,必须设计特殊的模子,来控制其反变形量,其模子的形状应该不是正圆,它的曲线形状类似椭圆,可以通过实际试验获得。

管子进入弯模前形状是正圆的图 9.13(a),通过第一个滚轮后故意造成预变形,其椭圆方向是水平的图 9.13(b);管子通过最后弯模图 9.13(c)时产生的变形方向是垂直的,因而使管子得到较为正确的截面形状。

无芯弯管在实际使用中,也存在一些问题,如管子外圆卡毛、弯模易磨损、较大尺寸管子易产生较大折皱等,所以目前只在小尺寸范围内采用无芯弯管工艺。

如在较大尺寸管子弯制采用无芯弯管工艺时,通常可在弯模圆槽上加工出等间距凹槽,使管子弯制成形后,获得等间距波浪形皱纹,这样可显著减少折皱缺陷,保证管子的弯管质量。

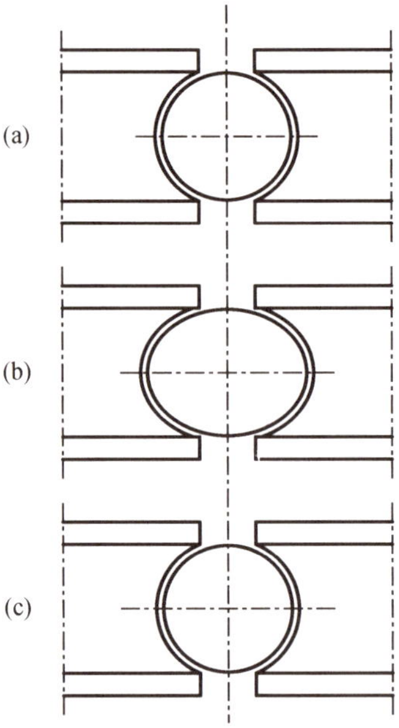

图 9.13　无芯弯模预变形示意图

4. 弯管实例介绍

弯制 9L53-9 管子 1 根,零件图见图 9.14。

编号	H1266A	外径	壁厚	材料	长度	*R*	法兰	标准弯头	异径接头套管
船号	5668TEU	34	2.5	ST20	1 789	100	5K25A		
区域	03						CBM1012-81		
代号	9L53-10						2只		

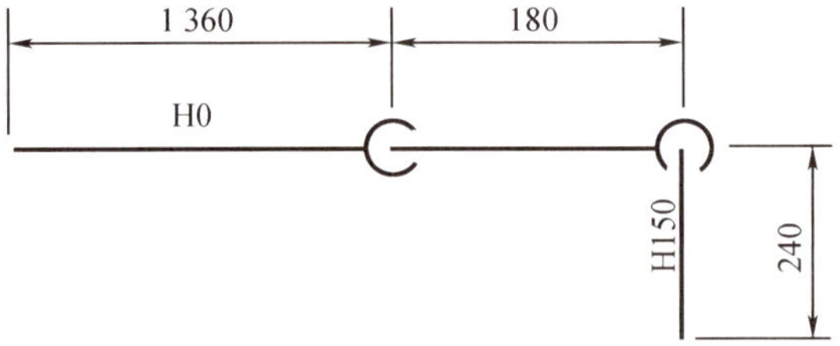

分段号		
肋骨号		
水压	0.4 MPa	
水压验收		
镀锌		
合拢后镀锌		
油漆		
酸洗	√	
制造数	P(左)	
	S(左)	1

弯管程序	长	弯	长	转	弯	长	转	弯	长	转	弯	长
	1 324	39.8°	98°	-90°	90°	140						

图 9.14　零件图

按此管规格,可用 ϕ14~32 mm 电动弯管机弯制,方法为无芯冷弯。根据弯管程序,第一段直线长 1 324 mm,最后一段直线长 140 mm。考虑弯管方便性,一般先弯直线长短的一端,因此此管应逆弯,即为长 140 mm,弯 90°,转-90°,长 98 mm,弯 39.8°,长 1 324 mm。

(1)弯管过程

①下料,长度为 1 789 mm。

②在距管子端部距离为 140 mm 处用石笔画出细线,并将细线与弯模起弯点对准,夹紧前、后夹头,如图 9.15 所示。

③按下正车开关,使弯模旋转到管子弯曲 90°为止,如图 9.16 所示。由于回弹作用,夹头松开后,管子弯角会减小,因此弯管时,弯模转动的角度要略大于弯管程序上的角度,具体数据要凭经验掌握。初弯时,可按弯管程序中的角度弯曲,松开前夹后,用角度尺测量弯角,不足时夹紧前夹再弯。

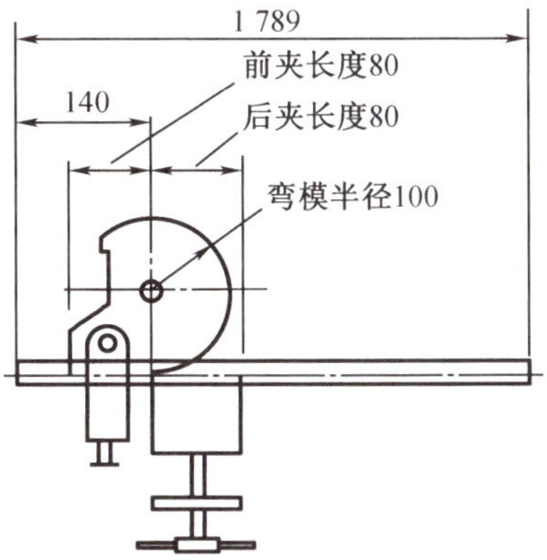

图 9.15　弯管机起弯准备

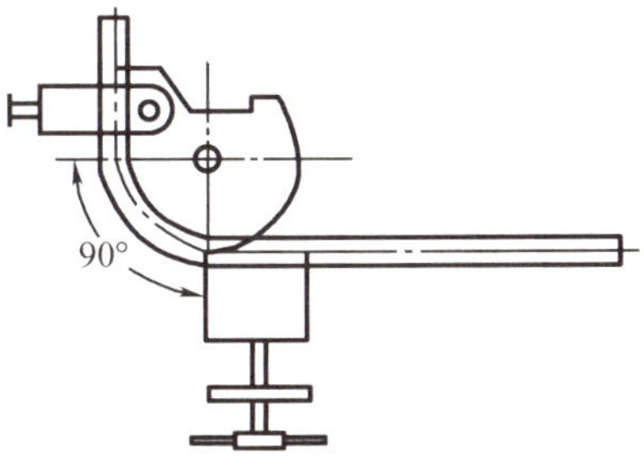

图 9.16　管子弯曲 90°

④松开前、后夹头,在管子弯角弧线终点处向后量取尺寸 98 mm,用石笔画出细线。此线为第二个弯头的起点。

⑤向前拉出管子,按下倒车开关,使弯模回复到初始位置。

⑥将管子上第二个弯头的起弯点对准弯模上起弯点,用后夹稍微夹紧,将管子旋转 90°至垂直向下位置,然后夹紧前、后夹头。如图 9.17 所示。

管子转角的准确性对弯管质量相当重要,检查转角的准确性可用如下方法:

转角为±90°的,可用目测的方法,目测的条件为附件有垂直方向的参考物。上一弯角为 90°,转角为±90°的,可用线垂、水平尺和角度尺测量。

转角为 180°的可用水平尺测量,也可以目测,目测的条件为附件有水平方向的参考物。

除以上情况外,转角的度数都需要用角度尺测量。

⑦按下正车开关,弯第二弯头,使弯角为 39.8°。如图 9.18 所示。

⑧松开前后夹头,去除管子,按下倒车开关,使弯模复位,本管弯管结束。

(2)弯曲技术要求

①管子弯曲半径一般采用 2~3 倍管子外径,只有在个别情况下才允许小于 2 倍,但不得小于 1.5 倍。

②外径大于 120 mm 的碳素钢蒸汽管和任何直径的合金钢管,冷弯后应进行不低于 600 ℃的高温退火,保温不少于 40 min,退火后先在炉中冷却,温度降至 500 ℃以下时,可在空气中冷却。

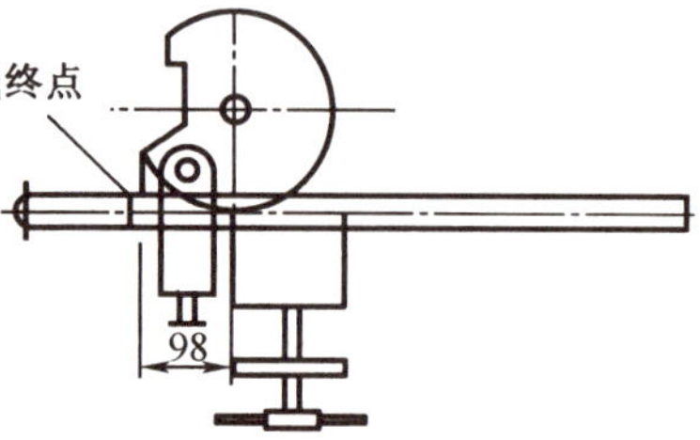

图 9.17　第二弯头起弯准备

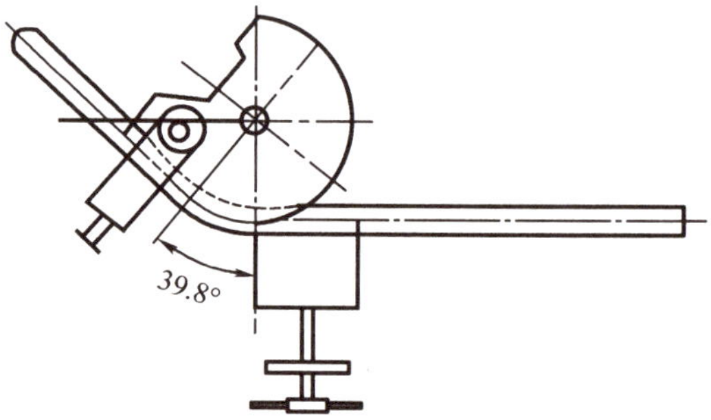

图 9.18　管子弯曲 39.8°

③弯曲后的弯曲角 α 及旋转角 ψ 的公差均为±0.5°,管段长度 L 的公差为±7 mm。

④管子弯曲以后的变形要求:

a. 管子弯曲时,受弯曲力的作用,使其截面变为椭圆。这样就增大了流体的压头损失,因此其圆度符合表 9.3 的规定。

表 9.3　弯管时允许的圆度百分率

弯曲半径 R	$R\leqslant 2D_w$	$2D_w<R\leqslant 3D_w$	$3D_w<R\leqslant 4D_w$	$R>4D_w$
圆度/%	≤12	≤10	≤8	≤6

圆度就是管子弯曲后截面处的最大长轴尺寸和最小短轴尺寸之差和管子实际外径的比值,取其百分率:

$$T=\frac{A-B}{D_w}\times 100\%$$

式中　T——圆度,%;

A——弯曲处截面最大外径, mm;

B——弯曲处截面最小外径, mm;

D_w——管子实际外径, mm。

圆度可用钢球通过管子的方法进行测量。钢球的最小直径不得小于管子内径的 90%。

b. 管子弯曲时,由于弯曲部分金属强度的影响而产生了截面的收缩,这样,就减小了管子的有效截面,增加了管内的流动阻力。因此规定:

管子弯曲后截面的收缩率不得小于 95%。

截面收缩率即为截面处的平均直径与管子实际外径之比,取其百分率:

$$Q=\frac{A+B}{2D_w}\times 100\%$$

式中　Q——截面收缩率;

A、B、D_w——同上式。

c. 管子弯曲时,外侧管壁由于受拉伸就伸长而减薄。这样就降低了管子的承压强度,在承受高压的情况下,容易发生胀裂。因此减薄率应符合表 9.4 的规定。

表 9.4　弯管时管壁的允许减薄率

弯曲半径 R	$R\leqslant 2D_w$	$2D_w<R\leqslant 3D_w$	$3D_w<R\leqslant 4D_w$	$R>4D_w$
管壁减薄率/%	≤25	≤20	≤15	≤10

其值可按下列公式计算：

$$W=\frac{\delta-\delta_0}{\delta}\times 100\%$$

式中　W——管子外侧减薄率；

δ——管子弯曲前壁厚，mm；

δ_0——管子弯曲后壁厚，mm；

其中，δ_0 可由下式进行计算：

$$\delta_0=\frac{2R\delta+D_w}{2(R+D)}$$

式中　R——弯曲半径，mm；

D_w——同上式。

d. 管子弯曲时，内侧壁受挤压而增厚，由于金属材料的可塑性较差，挤压力不仅使其产生压缩变形，而且在很大程度上使其产生皱折变形。

管壁的皱折减小了管子的流通截面，增大了流动阻力系数，破坏了金属组织的稳定性，容易产生腐蚀现象。因此规定：

外径≤ϕ50 mm 的管子，不允许有皱折。

外径>ϕ50 mm 和管子实际外径尺寸大于管壁厚度 20 倍时的管子，允许有均匀皱折存在，但皱折高度不得超过管子外径的 4%，在皱折处不得有目测可见的裂纹。

e. 管壁不应有擦伤沟槽和碰撞形成的明显凹陷。沟槽深度在管壁厚度 20%~30% 范围内时沟槽处允许补焊；凹陷深度不超过管子外径的 5%时，允许使用。管子弯曲处的背部不得有裂纹、结疤、烧伤、折叠、分层等缺陷存在，如有上述缺陷应完全清除，被清除的部位壁厚的减薄应在减薄率的范围内。

(二)管子校对和焊接

1. 管子的校对

管子校对工作是指管子弯曲(无余量加工管子除外)之后，按图纸规定各部分形状和尺寸来固定法兰、支管和管子接头等。

按照修造船的不同形式，校管工作可分为现场校管、靠模校管、校管机校管和平台校管。

(1)现场校管

将弯制好的管子直接到船上的安装部位进行校对管子，就叫现场校管。

这种校管方法是一种工作效率低、劳动强度大的工艺，但在管系综合放样工艺普遍采用后，还是不能淘汰，一般用在管系放样中留出的调整管段。

(2)靠模校管

在修船工作中,往往要调换一大批管子,为了减少外场作业和保证修船质量,可以先将欲调换的管子全部拆下并做好标记,然后全部运回车间,采用靠模定位校管的方法。如图9.19所示。这种方法虽然工序较多,但对提高管子的安装精度有很大的作用,提高了工作效率,降低了劳动强度,改善了工作条件。

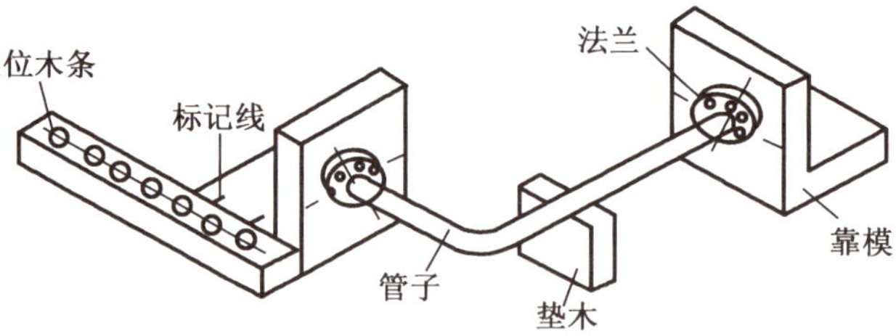

图9.19　靠模校管

(3)校管机校管

在校管机上进行校管,通常是按照管系放样后绘出的管子零件图反映的各部分形状和尺寸进行。校管机结构如图9.20所示。

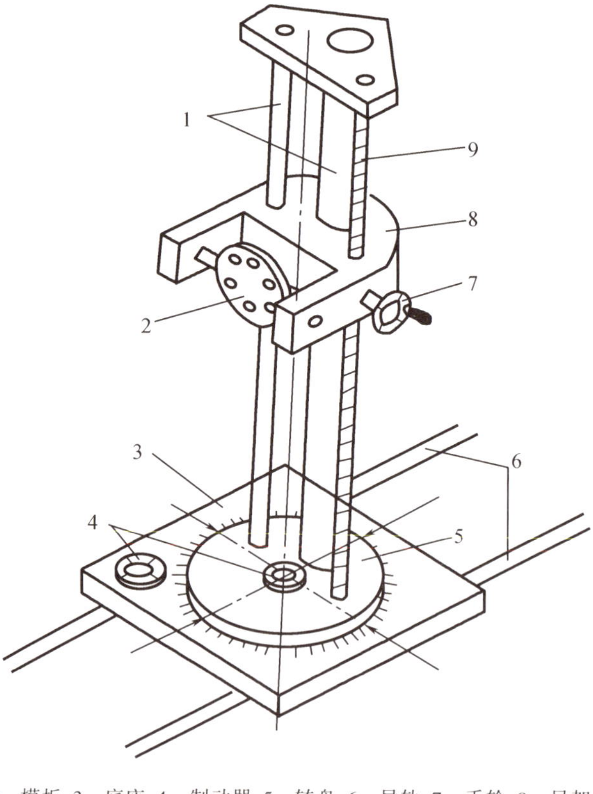

1—立柱;2—模板;3—底座;4—制动器;5—转盘;6—导轨;7—手轮;8—导架;9—丝杆。

图9.20　校管机结构图

校管机具有四种运动：

①通过手轮 7 可调整导架 8 沿丝杆 9 做上下升降运动；

②转盘 5 可在底座 3 上做 360°定轴旋转运动；

③底座 3 可在导轨 6 上做直线往复运动；

④模板 2 可根据所校管子的法兰平面的要求做任意转动。

校管机安装在内场车间的轨道上，轨道铺设的方向应是相互垂直布置，供一组校管机（两台）配合使用，如图 9.21 所示（俯视图）。

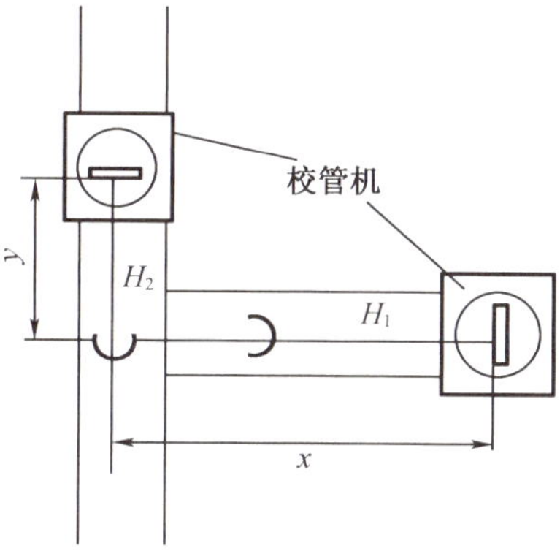

图 9.21　校管机校管俯视

校管机校管既保证了质量又减轻了劳动强度，改善了劳动条件，从而大大地提高了劳动生产率，对批量造船来说，特别有利。

（4）平台校管

平台校管是在主管上装配搭焊式法兰的一种方法，它是根据管子数值零件图上的法兰螺孔角数据，用在法兰面上画线的方法，利用法兰定规、水平尺、角度尺、重锤等工具，将管子按一定的要求放在平台上，进行法兰的定位工作。

2. 法兰螺孔转角

（1）弯管法兰螺孔的转角

如图 9.22 所示，带有法兰的管段 P_1P_2 与相邻管段 P_2P_3 组成的平面 $P_1P_2P_3$ 与平分法兰两相邻螺孔的直线 P_1F 与 P_1P_2 组成的平面 P_1P_2F 间的夹角称为法兰螺孔的转角。

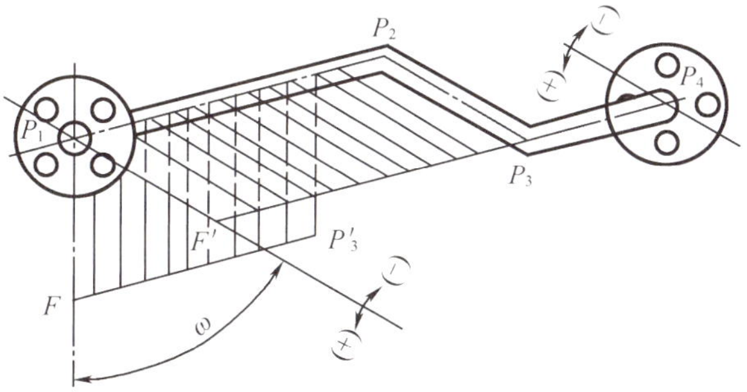

图 9.22　弯管法兰螺孔的转角

(2)直管法兰螺孔的转角

如图9.23所示，选择其中一只法兰螺孔平分线与直管组成的平面作为公共基准面，这样这只法兰螺孔的转角为0。另一只法兰的法兰螺孔平分线与此基准面间的夹角即为这只法兰的螺孔转角。

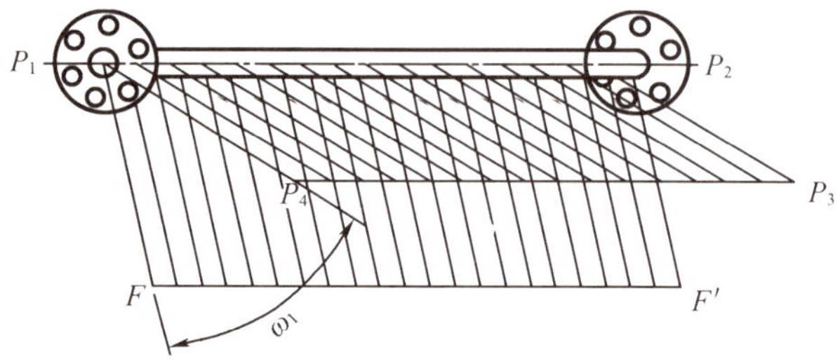

图9.23　直管法兰螺孔的转角

3. 钢管的对接接头装配

①钢管与对焊钢法兰的对接；

②钢管与标准弯头的对接；

③钢管与异径接头的对接；

④钢管与三通接头的对接；

⑤钢管与钢管的对接。

4. 支管的制作方法

①展开法。展开法是根据支管外径、主管外径、支管与主管的夹角，将支管马鞍形状用作图的方法展开，制成样板，然后将样板包在管子外壁，画出切割线，按线切割，再开出坡口。

②使用马鞍切割机切割。

③凭经验在管子上画出切割线，切割后再放在主管上检查、修正。

5. 主管开孔方法

①展开法。展开法是根据支管内径、主管外径用作图及数学计算的方法画出主管上开孔的相贯线，制成样板，再将样板放到主管上划出线条，然后按划线开孔。

②利用马鞍切割机切割。

③利用支管划线的方法，即将支管马鞍直接放到主管上，沿支管内壁在主管外壁上划出切割线条。如果支管不是直支管，则可先沿支管外壁画出线条，然后再根据支管的壁厚在线条内侧再画出一根线条，这就是切割线。

6. 二次组立

为了提高船舶的经济性，机舱等区域的空间不断在缩小，为了提高大口径管的制造质量，迫使管子生产设计和管子加工必须采用较多的标准弯头，使焊接工作量大量增加，而且有定型弯头的管子整根装配好后再焊接，就无法利用回转胎架焊接，需要焊工实施全位置焊接，费力费时，焊接成形也差。另外，燃油、滑油、液压油、涡轮蒸汽等系统中，管子内部不允许存在焊渣、飞溅等硬质颗粒，且对焊缝成形也有一定要求，如果采用常规的装配方法，当一根管子如用两只或两只以上弯头拼接，至少有两道焊缝内壁无法打磨，达不到管子加工制造的质量要求，使用二次组立的方法，就是要使管子内部无法打磨的焊缝减少，进而提高制造质量。

二次组立的方法是将带定型弯头的管子装配过程分两个阶段，第一阶段制造直管状态的管段，称为一次组立，用回转胎架或半自动焊接机焊接。焊接时管子转动，焊工施焊位置基本不动。焊接后进行打磨，清洁焊缝。然后进行第二阶段装配，按零件图装配成形，称为二次组立，用手工焊焊接。

7. 管子的焊接和打磨

(1)钢管的搭接焊

搭接焊可用手工电弧焊焊接，如图 9.24 所示，焊缝高度为管壁厚度，同时外观不得有气孔、夹渣、裂纹，咬边深度不得超过 0.2 mm，不得残留有焊渣和飞溅物。焊条根据管子材质分别选用船焊 40A 或船焊 395。

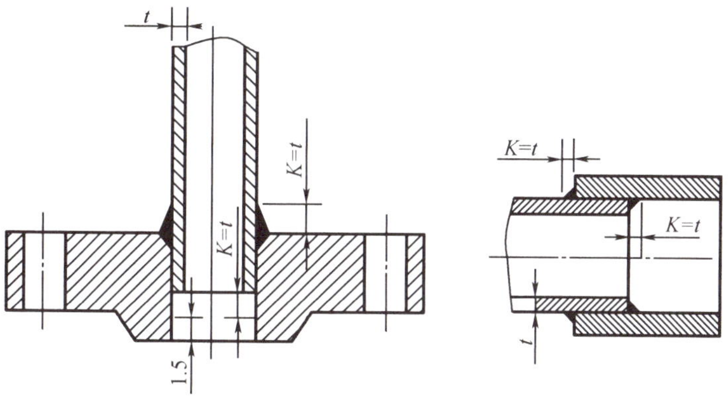

图 9.24　钢管的搭接焊结构图

(2)钢管的对接焊

钢管的对接焊焊缝尺寸按图 9.25 所示，对于燃油、滑油管系的对接焊，采用二氧化碳气体保护焊封底。同时外观不得有气孔、夹渣、裂纹，咬边深度不得超过 0.2 mm，不得残留有焊渣和飞溅物。

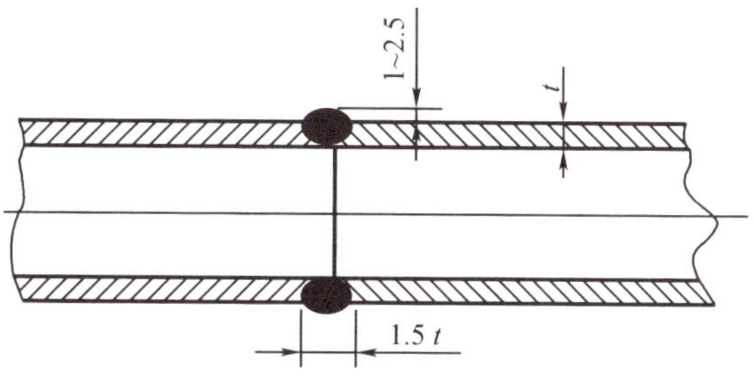

图 9.25　钢管的对接焊结构图

(3)铜管的焊接

铜管采用氧乙炔钎焊或紫铜电弧焊,焊前必须将焊接部位清洁干净,并用砂纸磨去氧化皮,露出金属本色。焊接后焊缝必须饱满,不得有气孔、夹渣、裂纹等缺陷。钎焊丝采用HSCuZn-1(即牌号221)。紫铜管电弧焊采用TCu焊条(牌号铜107,即上焊80)。

(4)HDR不锈钢管的焊接

高压管的焊接工作必须由持有压力容器不锈钢管氩弧焊合格证的焊工担任,高压管所有的焊缝均采用手工钨极氩弧焊,焊机必须采用直流电源正接极,一般可采用NSA-300型号弧焊机或陡降外特性的直流电焊机和装有控制电焊机运转及输送氩气的控制箱。焊机的引孤、稳弧特性好,焊接过程中参数稳定,调节方便,水气供应系统安全可靠。

HDR不锈钢管的焊缝焊接,焊前应清理,焊前将管子坡口端20~30 mm内用丙酮清洗干净,其表面应无水、无油、无氧化物等污物。管子点焊固定,点焊固定时采用奥507焊条,其焊缝高度应不超过焊件厚度的2/3。所有的点焊缝不应有气孔、裂纹、夹渣。不合格的点焊缝必须清除干净后再焊接。

HDR不锈钢管的焊接选用超低碳铬25镍6钼2不锈钢焊丝进行焊接,焊丝牌号为00Cr25Ni6Mo2,规格为$\phi 2\sim 3.2$ mm。手工钨极氩弧焊采用的氩气纯度应不低于99.9%,并符合《氩》(GB 4842—2017)规定。钨极直流氩弧焊接时,建议采用铈钨或钍钨电极,钨极端部应磨成夹角$\alpha = 60^\circ \sim 90^\circ$,钨棒规格为$\phi 2\sim 3$ mm。

HDR不锈钢管的焊接坡口形式、焊缝尺寸按图9.26所示,氩弧焊焊接按表9.5所示。焊接时应快速且速度均匀,使焊缝处于稳定状态,以防止不锈钢焊接接头过热产生热裂纹,并避免未焊透等其他缺陷。多层焊时,每焊完一层须彻底清除表面缺陷,并对焊缝进行仔细检查,且等前层焊缝冷却后(<60 ℃),再焊接下一道。封底施焊时,须向管内充氩气保护,焊接时用锥形木塞将两端塞紧,木塞的一端从中心钻一个小孔,用塑料软管一端接入氩气,另一端穿入小孔向管内通入氩气,可以加强保护、改善焊缝内面成形。当焊接中断或结束时,焊枪必须在结束处停留一段时间,继续送气直至焊缝冷却方可离开焊炬,同时采用电流衰减以改善收尾弧坑处的焊缝质量。

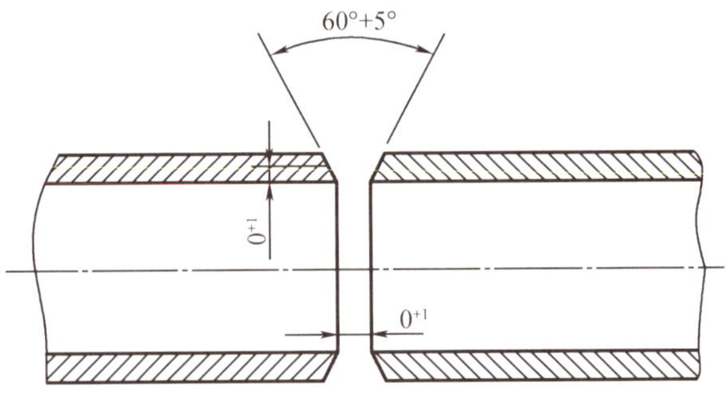

图9.26　HDR不锈钢管的焊接坡口形式、焊缝尺寸图

表 9.5　氩弧焊焊接形式

接头形式	焊件厚度/mm	钨极直径/mm	钨极伸出长度/mm	喷嘴直径/mm
管对接	3~4	2~3	3~5	12
焊接电流/A	焊接电压/V	氩气耗量/(L/min)	焊接层数	焊接位置
80~90	17~20	6~8	第一层自熔 第二层填丝	水平滚动

(三)管子的强度试验

管子制成后应进行液压试验,其目的是要检查管壁的缺陷或不紧密的情况。

管子的液压试验一般用水,也可用压缩空气,两者都可以检查出管子的缺陷或不紧密的地方。但在检查长管或承受较低压力的管子时,用压缩空气试验则不易查出,因此一般不宜采用压缩空气,仅在试验水箱时应用。而用水做液压试验最为广泛。

试验压力对一般工质温度在 120~300 ℃的管子为 1.5~2 倍工作压力;工质温度在 300~400 ℃的管子,试验压力为 2~2.5 倍工作压力。如果图纸中对管子的强度试验压力提出特殊要求,应按图纸要求进行试验。

1. 非船级社、船东验收管子的试验方法

①试验前,先检查已制成的管子内外的缺陷和不紧密处,特别是接头处,情况良好时方可进行试验。

②在管子一端的法兰上安置管塞,另一端连接水泵的管路,如图 9.27 所示。

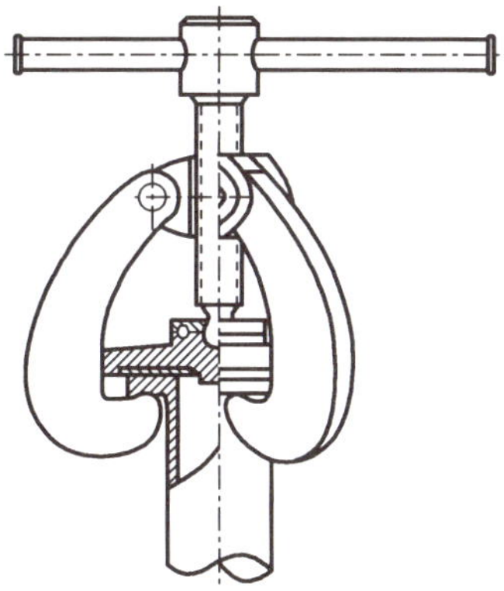

图 9.27　塞盖和夹持器

在试验前,先在管内灌满水将管内空气排除。灌水时,必须将排气阀开启,见有水溢出时即关闭。

③管内水压力升高至规定压力时,停止液压泵的工作,维持 5 min 左右,待降压至工作压力时,再进行检查。其方法是用小锤轻击管子四周和焊缝处, 如果试验压力表上没有指出压力下降,且焊缝和法兰连接处又没有发现漏水与渗水,则认为试验合格,如发现法兰焊接处有渗漏,允许焊补。

2. 需船级社、船东验收管子的试验方法

①将试验的管子连接起来,必要时制造临时管连接,在管路最高处装放气阀,管路终端包括支路终端装放泄阀,水泵出口至管路的连接管中装压力表。

②关闭水泵排出阀、管路中泄放阀。打开放气阀、低压水进水阀,对管路整体灌水,排出管路空气。

③当充分排出空气后,关闭放气阀、低压水进水阀,启动水泵,打开水泵排出阀,边缓慢上升压力,边检查有无泄漏,直到规定的压力。

④当发现有泄漏时,应将压力释放后补焊或紧固螺栓,然后再重复上述步骤。

⑤在规定的压力状态下保持 60 min,再确定有无泄漏,如情况良好,则将压力降低至 1.0 MPa 左右待验。

⑥试验前 30 min 加压到规定压力。

⑦公司检验员认可后打报告由验船师及船东检查。

⑧合格后,在法兰侧面打上船级社认可的钢印。

⑨将管路中水排出,拆开管路,试验结束。

3. 安全技术要求

①严禁超过规定的压力,即使在很短时间内亦不允许。

②管子中的压力超过 29×10^4 Pa 时,禁止紧固附件或管子法兰上的螺栓。

③液压试验用的仪表,应保持准确,其读数须适合最大压力的需要,即应相当于规定试验压力的 1.5~2.0 倍。

④如发现被试验的管子有缺陷时,应很快降低其压力,标出缺陷所在处,并排出管内的存水。

⑤管内试验水压在 $196\sim588\times10^4$ Pa 以上时,不准突然泄放或骤降压力,以免引起管子的变形。

(四)管子的化学清洗与表面处理

管子清洗的目的是清除管内的杂质(铁锈、金属屑、砂子、油垢等),以免机件在试车时,因管子内的杂质进入机件,可能使机件受损,造成重大事故。

对于清洗质量要求较高的管路,一般均采用化学清洗法。用化学清洗法时,大致上有如下工艺过程:首先将管子放在苛性钠、硫酸钠、磷酸三钠及水玻璃溶液中进行脱脂;已去脂的管子用热水(或冷水)冲洗后再放到盐酸(或硫酸)溶液中进行酸洗;管子在浸蚀以后用流动的冷水冲洗;再放在碳酸钠溶液中中和,然后再一次用流动的热水清洗并用压缩空气吹干为止,并在内表面涂以保养油,管子两端用闷头封好。

由此看来,管件在加工完毕后安装到船上以前应进行化学清洗,以保证管路正常地运行。而且各种管件的化学清洗方法基本相同,但不同管材所用的酸洗液有所不同,并且铜管和不锈钢管清洗后不涂保养油。

管子的内部处理结束之后,还有表面处理,一般不锈钢管表面都采用镀锌处理,锌是一种化学性质很活泼的金属,既溶于碱也溶于酸。干燥的锌几乎不起变化,但在含有二氧化碳的潮湿空气或水中较易氧化。氧化后,其表面会生成一层碱性碳酸锌和一层致密的白色氧化物,这种表面生成物具有保护性。

钢(铁)管镀锌后,由于锌的电位较铁低,所以镀锌层对钢管来说就是阴极。在锌层和钢管之间形成了锌-铁微电池。在水、蒸汽、二氧化碳等介质中,锌逐渐地放出电子而氧化,这样,就防止了铁的氧化,使钢管少受或不受腐蚀,从而延长了钢管的寿命。因此,镀锌工艺在船舶管路上得到广泛的使用。

电镀原理是将经过除油、除锈等清洁工作后的被镀零件(管子)与直流电源的负极接通后,放入盛满电解液的电镀槽内,槽内还放置着与直流电源正极连接的高纯度(99.9%)的锌板。接通电源后,经过一定时间的电化学反应,就能在管子的外表面得到一层(30~40 μm)锌镀层。如果管子的内表面也需要镀锌,则要在管子的内表面添加辅助正极。辅助正极用锌丝绞成,外面用草绳或塑料带环周包扎,包扎不可过紧或过松。过紧会阻止锌的散发,过松则可能发生短路。

1. 管子的化学清洗步骤和方法

(1)准备工作

表面涂有油封的管子先用柴油或水基洗涤剂进行擦洗;除油过程中吹入压缩空气,帮助除油液翻动,以提高除油效果;为保证管内腔除油质量,除油过程中提起吊架1~2次以更换管腔溶液。

(2)热水清洗

60 ℃以上热水浸泡3~5 min,然后用流动冷水清洗。

(3)酸洗

将管子全部浸泡于酸洗液中,待锈层松动,用手轻拭铁锈,易掉时取出,为防止过度腐蚀,浸泡时间一般为2 h左右,具体浸泡时间由操作者依管壁锈层情况和气温高低酌情延长或缩短。清洗溶液的游离酸含量在20 g/L以下,或FeS04浓度高达150 g/L时,溶液应补充酸液或更换新液。

(4)流动冷水冲洗

用压力水冲洗锈层至管壁清洁,风压不小于0.392 MPa。

(5)浸酸

冲洗干净的管子由于受氧化作用很快产生浮锈,须浸入酸中3~10 s以去浮锈。然后用流动冷水清洗。

(6)中和

浸入5~10 g/L的碳酸钠溶液中进行中和处理,然后再用流动冷水清洗。

(7)钝化

经漂洗后的管件应立即浸泡于钝化液中处理,然后用无油、无水的压缩空气将管子逐根吹干。

(8)干燥、保养

用干燥压缩空气对管子进行吹干,管子表面及时涂上规定的保护层及封口处理。

2. 热浸镀锌工艺流程

(1)准备工作——表面涂有油封的管子先用柴油或水基洗涤剂进行擦洗。

(2)脱脂——用碱液或其他溶剂清洗工件表面污垢,pH≤8。

(3)酸洗除锈——浸泡在酸液槽内,注意清洗件装挂方向,并应翻动管子,使内腔溶液不断更换。当管子表面铁锈或氧化皮呈弧松状即可。

(4)活化处理——工件经过碱、酸清洗及热清水冲洗后,其表面往往留有一层用水很难洗掉的残渣类物质,它们会降低镀层金属与基体金属的结合强度,所以还必须进行活化处理,活化溶液允许用氯化锌和氯化铵,比例为 1∶3 的混合液,溶液温度为 30~60 ℃。

(5)浸锌——锌槽中锌含量不低于 97.5%,锌液温度控制在(470±10) ℃,锌池尺寸应保证工件全部浸入锌液中,并不触及锌池底部铁锌渣层;管子浸锌后出池,应用干热压缩空气或蒸汽吹干内外表面的积存锌液,再放入(60±10)℃清水池中冷却。

热浸镀锌工艺的常见缺陷及解决方法见表 9.6。

表 9.6 常见缺陷及解决方法

常见缺陷	解决方法
管子内有锌渣	清扫锌渣
镀锌流挂	流挂过分严重的予以磨去
法兰密封面特别是凹槽法兰槽内锌层不均匀	法兰密封面上锌层不均匀处予以磨去多余部分,凹槽内锌层不均匀处宜加热后用比凹槽略窄的铲形铁器铲除锌层,然后擦去加热产生的黑烟,均匀地喷上富锌底漆和面漆
锌层损坏或局部未镀到锌	锌层损坏或局部未镀到锌,如面积很小,可用富锌底漆和面漆修补,面积较大的重新镀锌

(五)船舶管路的安装与检验

1. 管系安装的方法

实施管系放样工艺后,管系的安装方法有三种:

(1)单个管系安装法(现场安装法)

单个管系安装法是指船舶下水之后,在机械设备安装完毕后,根据管系安装图逐个管系逐根安装管子的一种方法。显然这种方法只能在现场进行,工作效率还是比较低的;特别在管系密集程度高的机舱中,全面开展安装工作,加上其他工种的同时施工,不免带来相互干扰和不安全;安装甲板下方和舱壁上的管子还需要相当的辅助工作(如脚手架、起吊等)。

(2)分段预装法

分段预装法是指在建造船体分段的同时安装管系的一种方法,通过各分段的管子,在放样图上已标明了它们的安装位置,在建造分段时就可以安装通过该分段的所有管子。

这种安装方法,对于安装在甲板下方和舱壁上的管子特别有利,实现了将空中作业改为平面作业。这样既减轻了劳动强度,又减少了工作的危险性,更重要的是提高了工作效率和保证了安装质量。但采用分段预装后,给船体装配增加了一定的工作量,增加了起重设备的负荷。

分段预装法一般适用于甲板、机舱内各层平台、船体舷侧、双层底内及船体隧道内管子的安装。

(3)单元组装法

单元组装法也可以称为内场安装法。这种方法适宜用于机械设备和管系密集程度高的舱室中。按照机械设备和管系的功能划分成若干个独立的单元(功能性单元、组合性单元和管子单元),或者按舱室内的布置划分成若干块,进行单元组装设计,绘制单元安装图。按单元或块在内场将有关的机械设备、阀件、管路、电气设备和仪表安装在一个支架或底座上,经过检验和油漆,运往现场拼装合拢。这种安装方法总称为单元组装法,当然,单元中辅助机械设备和管路的安装工作与一般安装并无差别。

单元组装法摒弃了造船工业中传统的管系安装方法,把原来大量现场安装工作移到内场进行,船内安装工作只是各单元的定位和合拢。单元中包括的机械设备、管系附件等愈多,单元的容量也就愈大,从现场安装移至内场安装的工作量也愈多,它的优越性也愈显著。

2. 管系安装及检查内容

(1)一般安装步骤

①领出安装需要的管系安装图、开孔图、零件图、支架图、托盘管理表、合拢管水压验收表等生产设计资料。

②按托盘管理表领取机械设备、基座、管子、支架、管夹、阀件、管附件、支架复板、螺栓、螺母和垫片。

③对与管子安装有关的机械设备、基座,与轮机方面联系领出。

④带好必备工具和用品:扳手、榔头、锉刀、凿子、卷尺、直尺、线锤、粉线袋、风磨轮、割刀、电焊龙头等工具和砂纸、石笔、电焊条、富锌底漆和面漆等用品。

⑤拆开管子、阀件封口,检查内部质量。有未磨尽的飞溅、焊渣应去除。对镀锌层缺陷予以修补,喷富锌底漆和面漆。对液压、主机滑油等清洁度要求高的系统,由质管员认可。

⑥需现场开孔时,按开孔图在分段上画出开孔线。对于主甲板、内底板、外板、油水舱柜上的管孔经技术员校对认可。

⑦开孔并打磨。

⑧按安装图中的管子安装尺寸,在船体板上用粉线袋弹出安装尺寸线,并在相应的支架上画出管子中心线,根据安装尺寸线,借助于线垂,用拉线的方法定出支架位置。对于多联支架,以支架中安装最大管子的中心线为准。

⑨支架定位焊,位于基准位置的支架及需承受重负荷的支架先焊接,其余支架待管子安装后再焊接。

⑩贯通件安装并焊接。对于类似落水管之类的管子,主管上有多个支管,而且支管与贯通件相接,则只能先定位一件贯通件。

⑪管子安装。安装应根据管路布置情况,研究确定安装管子的先后顺序,其原则是先找到便于安装作业顺利进行的基准,按先大后小,先下后上,先里后外,先主管后支管,先支管多后支管少的方法进行。还要考虑管子安装后是否会影响作业人员的进出和后续管子的安装、管子制作误差的影响等,合理的次序视具体情况而定。

⑫支架焊接。焊接前,对支架下方的设备用三防布遮盖。对艉轴管内巴氏合金衬套,须用三防布加铁皮遮盖。

⑬校托盘内部调整管(与调整管相连的管子均为托盘内已安装的管子),并将调整管制造、安装结束。

⑭按托盘管理表带运管子,带运位置应安全、可靠,尽量不影响下道工作,如打磨、除砂、涂装等,且带运位置与实际安装位置之间应无间隔,最好带运在要连接的管子上。

⑮对影响分段涂装的吸口、测量管端部等安装完成后拆下,带运或取出保管。

⑯管子端部封口。末端管子安装时不应拆除封口,并检查封口的情况,如有问题,按下列要求检查和处理,对于液压管、主机滑油管、特涂管的法兰,用钢质盲法兰加装垫片,用螺栓螺母紧固,其他系统用塑料盖加胶带、铁皮加胶带等方式封口,对于非冲砂的分段,也可用塑料胶带粘贴。对设备、不锈钢膨胀接头等用三防布包覆,艉轴壳内的滑油管接口须用钢板点焊封住。

⑰对于用套管连接的焊缝(包括在管子分厂焊接的焊缝)用胶带粘贴,避免喷上油漆。

⑱对伸出分段边界,会影响吊运、搭载的管子进行移位或拆下带运。

⑲自检互检安装质量。

⑳回收多余物品,扫清场地垃圾。

(2)检查内容

①螺栓应有强度等级的钢印。

②管子与船体、舾装件之间的间距不小于 10 mm,对于有绝缘的管子,间距应从绝缘层外算起。

③阀件手轮与管子、船体及其他舾装件之间间距不小于 20 mm。

④法兰之间无明显裂面,法兰紧固螺栓螺母应拧紧,DN≥250 mm 的管子,法兰紧固后,对称点间距相差不大于 1 mm。

⑤吸口、测量管末端距舱底尺寸与设计要求偏差不大于 5 mm。

⑥吸口下防冲击复板位置应包含整个吸口范围。

⑦镀锌、涂塑外表缺陷应修补。

⑧同一管路中无镀锌管和涂漆管混装以及不同油漆颜色的管子混装的现象。

⑨U 形管夹单螺母、双螺母安装正确,并拧紧。

⑩修割过的支架及无法兰端管子应打磨光洁。

(六)管系密性试验

船舶管子安装完整后,须按系统进行密性试验。密性试验的目的是检查管子和附件的连接件,包括法兰、螺纹接头、套管等安装后是否存在渗漏现象,以保持整个系统的密封性要求。密性的介质按规范要求,压力按原理图要求。要严格按照密性试验步骤进行操作,对几种特殊的密性采取相应的措施方法。密性试验后,须按检验项目表分别向公司质保部、船东、船级社报验。

1. 系统检查

(1)检查布置和原理的一致性和完整性

①管子通径正确;

②阀件、管子附件、检测仪表的型号、规格、安装位置和流向正确;

③有编号名牌的阀件和附件位置正确。

(2)检查系统安装质量

①管子与船体及舾装件之间留有 10 mm 以上间隙,有绝缘层的管子应从绝缘层算起;

②需要操作的管系附件,如阀件、测量管头、过滤器应无操作障碍;

③有高度要求的附件,如油水舱吸入口、液位遥测探头、液位遥测通海阀、空气管头等,安装尺寸应符合设计要求;

④支架的管夹螺母全部拧紧,有双螺母要求的管夹螺母安装齐全;

⑤法兰螺栓螺母的材质、强度等级应符合设计要求,螺栓螺母安装齐全,并且全部拧紧,螺栓超出螺母尺寸不超过螺栓直径的 1/2;

⑥密封垫片的材质、规格应符合设计要求;

⑦套管连接的焊缝处不可有油漆。

2. 安装隔离盲板

(1)安装部位

①设备。对于难以安装隔离盲板且又能承受密性试验压力的设备,如泵和热交换器,可以不装隔离盲板,与系统一起进行密性试验。

②管子端部。

③对于液压系统,应按冲洗需要将管路连接,用临时管和高压油泵接通,然后在冲洗泵连接的管路上加装盲板,示意图见图 9.28。

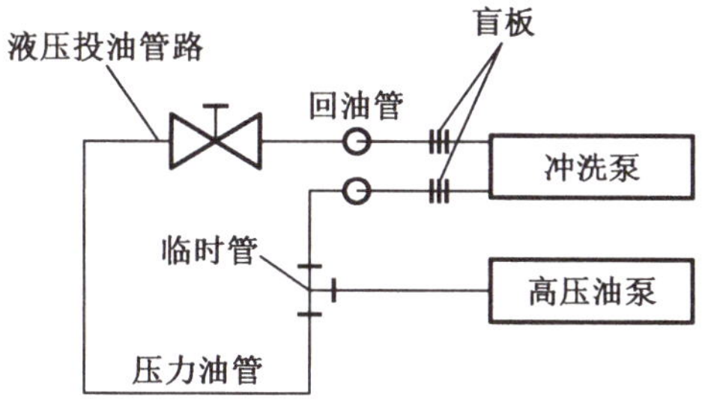

图 9.28　液压系统冲洗前按密性要求连接示意图

(2)安装要求和方法

①油水舱内吸入管上的盲板要靠近吸口。

②天花板、甲板内管系,包括合拢管全部制作、安装结束并参与密性试验,不装盲板。

③对管径较小、压力较低的管子可在法兰内加装铁皮盲板。大口径管、高压管用盲法兰,由于铁皮盲板受力后会变形,取出时必须拆开管路。因此,当吸口离舱底距离很小时,为避免因无足够间距拆开管路取出铁皮盲板,不可在管系与吸口法兰之间加铁皮盲板,而应移开吸口,在管子上装盲法兰。

④对无法兰的管端,可在管端装焊临时法兰,密性试验结束后割去。也可用木塞封堵或在管端安装压板、垫片,然后在船体上焊支马,用支马压紧压板的方法。

⑤对舷旁短管,在舷外一侧用螺塞封堵(舷旁短管制作时,在舷外一端安装螺纹座)。

⑥在管路的一只盲板上安装通入介质的接头。

⑦管路中所有加装的盲板应做好记录,以免遗忘。

3. 系统预密性

(1)方法

在管路中通入冷风,在管子法兰及套管焊缝处喷肥皂液进行预密性,发现焊缝及法兰渗漏予以消除。对于密性压力较高的系统,例如液压系统,用冷风进行预密性。压力太低,可在冷风进行预密性后,用氮气进行第二次预密性。发现渗漏后应释放系统压力,然后设法消除渗漏。

(2)渗漏消除的方法

①焊缝渗漏进行补焊,对工作压力低于 1 MPa 的系统允许使用 422 焊条。

②法兰渗漏:

a. 先检查螺栓螺母是否松动,是否安装了小规格螺栓螺母,然后拧紧螺栓螺母;

b. 当采用 a 方法无效时,须松开螺栓螺母,更换垫片;

c. 当采用 a、b 方法无效时,须拆下管子修整密封面;

d. 当采用 a、b、c 方法无效时,须更换螺栓螺母,使用强度等级更高的螺栓螺母。

e. 以上方法都无效时,管子返工,更换法兰。

4. 系统密性试验

(1)密性试验过程

预密性合格后,在管子内通入介质,然后缓慢加压,边加压边喷肥皂液并检查,当发现渗漏时,应释放压力消除渗漏。当达到管系原理图上规定的压力后,系统内保持压力 2 h,经检查无渗漏,且无明显压力下降后,向公司检验员报验,合格后向船级社、船东报验。

(2)密性试验介质

①滑油、压缩空气、二氧化碳系统的介质为压缩空气。

②液压系统的介质为液压油。

③燃油、蒸汽、凝水、油舱加热、热油、货油、惰性气体、洗舱及各种水系统的介质为水。

④燃油舱的空气、测量管密性试验介质为水,其余空气、测量管及液位遥测的介质为气、水都可。

(3)加压方法

①压缩空气系统用系统内压气机加压。

②液压系统用高压油泵加压。

③滑油、二氧化碳系统,在船上压缩空气可提供时,用船上压缩空气加压,不能提供时,用冷风及瓶装氮气加压。

④用水作为介质的系统用密性专用水泵加压。

5. 密性试验后工作

①燃油日用系统放掉密性用水,并用氮气吹净残水,准备冲洗。

②液压油系统密性试验后进行冲洗,冲洗结束后放掉系统内液压油,用氮气将剩油吹净,然后复位。

③滑油系统(包括凸轮轴滑油、汽缸油、艉管滑油系统等)须拆下进行冲洗前清洁工作的则拆下,不拆下的则按冲洗要求连接。是否拆下取决于清洁过程控制的方式。

④其他用水做密性试验介质的系统,放掉密性试验用水,管系复位。

⑤用压缩空气做密性试验介质的系统,拆下盲板复位。

⑥油水舱内吸口装复,安装时,应将已用过的垫片更换,安装后做好自检互检工作。

⑦清点加装的盲板,数量应与记录一致。

⑧对安装隔离盲板的部位,除油水舱吸口处外,其余部位在系统工作时检查是否泄漏。

⑨对法兰或螺纹接头连接的蒸汽管、凝水管、热水管,在管路中通入蒸汽或热水情况下,检查是否泄漏。

(七)管路的绝缘与油漆

1. 管路的绝缘

为了最大限度地减少热损失或稳定舱室温度,很大一部分高温管系需要包扎绝缘层,高温管系的绝缘不仅减少了管路的热损失,而且还消除了因管子周围温度过高而灼伤工作人员和旅客的现象,以及防止易燃物品发生火灾的危险。对于需要防止受热的管路(例如制冷系统),进行绝缘就保证了冷冻剂参数的相对稳定性,并防止在管路上凝结水珠。实际上,凡是工作介质温度大于 50 ℃的管路,以及通过住人房舱而工作介质温度低于 10 ℃的管路和非冷藏装置的管路通过冷藏舱时均应包扎绝缘层。

用于船舶管系的绝缘材料必须具备以下各种性能:应具有较小的导热系数和良好的耐高温性,密度小且要有一定的强度,耐火,不自燃,对金属不腐蚀,耐振动,此外还要求价格低廉,在受热时不应散发有害的气体和气味。

常用的绝缘材料有:石棉、石棉氧化镁、石棉白云石、铝箔、玻璃纤维、泡沫塑料、蛭石、泥灰、泡沫状水泥、多孔橡皮等。

为了牢固地在管路上固紧绝缘材料,同时也为了防止绝缘材料在振动中发生损坏,因此在安装绝缘层外还应包扎各种辅助材料,如金属网、镀锌铁皮、黄铜丝或铁丝、帆布、防水布或羊皮纸、玻璃布、沥青、水玻璃、环氧树脂等,以形成具有一定强度的保护层。

(1)工艺程序

①包绝缘层前先清除管子表面的灰尘、污迹。

②蒸汽管的法兰或阀件应用可拆卸护垫来绝缘。

③保温材料包扎在管路上的包扎顺序应为:先管子后阀门、法兰等。

④管子上绝缘层要有镀锌的铅丝来固定绑扎,并且绝缘层面最后一层应该黏上玻璃纤维布。

⑤凡涉及管子法兰及附件的绝缘,绝缘末端应当留出螺栓拆装的距离。

⑥花钢板以下的管子原则上只在人需要保护及减少热量流失的地方才进行绝缘处理。

⑦绝缘层包扎形式:包扎的管路上有压力表座、泄放螺塞,应留出工作位置。货油系统的包扎要在电伴热安装完成后进行。

(2)工艺方法

①热油系统、货油系统的包扎采用橡塑保温绝缘材料，外表面再包扎不锈钢皮并用不锈钢自攻螺丝固定。

②居住区冷水管(海水、淡水、消防)、空调柜冷却进口管用两层细帆布缝合。

③排气管系统的包扎内层用玻璃纤维+岩棉或玻璃棉+玻璃纤维包裹在管子的四周达到规定的厚度后用铅丝扎紧，待整个管路包裹完成后再包扎白铁皮。

④带蒸汽伴行管的管路、蒸汽和凝水管路内层用矿棉绝缘纤维包扎，四周达到规定的厚度后用铅丝扎紧，最外层用玻璃纤维布缝合。

(3)检验

①检验项目

检查要包扎的系统管路安装完整性。

②检验顺序

a. 白铁皮接缝及帆布缝合线放在被人不易观察到的位置。

b. 核实要包扎的系统使用的绝缘材料是否正确。

③检验方法和结果判定

a. 连接阀件法兰的六角螺钉处应减少 15 mm 包扎，以便螺栓可以方便地拆卸。

b. 包扎的管路上有压力表座、泄放螺塞，应留出工作位置。

c. 包扎的管路内层必须用铅丝或黏合剂黏接或扎紧敷料，外层用规定的材料贴敷，完工后整个管路呈现出一种光顺的感觉。

2. 管路的油漆

管子涂色标是为了区分管内不同介质和加强对管路的管理，一般由车间自检，检验部门抽查。管子色标的色别具体见表 9.6。

表 9.6　管子色标的色别

系统	工作介质	色别
压缩空气	空气	粉红
润滑油	润滑油、汽缸油	黄
燃油	重柴油、轻柴油	深棕 淡棕
海水	冷却水、压载水、卫星水	绿
消防	消防水	红
舱底	舱底水	黑
淡水	冷却水、热水	淡蓝
淡水	饮水、冷却(冷凝)水	深蓝
蒸汽	蒸汽、排汽凝水	红

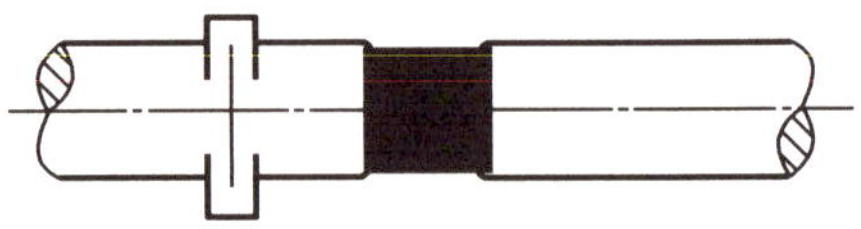

注:1. 所有管系涂乙烯基色漆，区分管系工作介质。

2. 消防箱及消防龙头均涂上红漆。

参 考 文 献

[1] 李斌,汤冬葵,倪春明. 船舶钳工实训指导手册[M]. 哈尔滨:哈尔滨工程大学出版社,2020.

[2] 孙文涛. 船舶钳工工艺与操作[M]. 哈尔滨:哈尔滨工程大学出版社, 2010.

[3] 刘光亚. 高级船舶管系工工艺学[M]. 哈尔滨:哈尔滨工程大学出版社, 2005.

[4] 谭仁臣. 初级船舶钳工工艺学[M]. 哈尔滨:哈尔滨工程大学出版社, 2005.

[5] 中国船级社. 钢质海船入级规范[S]. 北京:人民交通出版社,2023.

[6] 章炜樑, 许正权. 船舶管系工[M]. 北京:国防工业出版社, 2008.

[7] 彭辉. 中级船舶钳工工艺[M]. 哈尔滨:哈尔滨工程大学出版社, 2011.

[8] 叶平,乔国梁. 船舶管系工工艺[M]. 哈尔滨:哈尔滨工程大学出版社,1994.

[9] 童辛,等. 船舶管路实用手册[M]. 北京:国防工业出版社, 1988.

[10] 邵志深. 船舶管系工中级工培训教程[M]. 哈尔滨:哈尔滨工程大学出版社, 2007.

[11] 付锦云, 王滢. 船舶管系生产设计[M]. 2 版. 哈尔滨:哈尔滨工程大学出版社, 2022.

[12] 梁卫武. 船舶动力装置安装工艺[M]. 哈尔滨:哈尔滨工程大学出版社,2019.